사회복지정책론

강종수 지음

신정

머리말

사회복지정책은 매우 흥미롭고 중요하지만 공부하기 어렵고 까다로운 분야이다. 정치경제와 사회문화 전반에 걸친 이해를 요구한다. 정책 형성에는 사회의 하부구조들이 복합적으로 작동하기 때문이다. 사회복지정책을 통해 훌륭한 제도가 만들어지지 않으면 사회복지사의 실천 공간이 만들어지지 않고, 타당하지 않은 정책은 오히려 국민에게 큰 고통을 준다. 사회복지정책은 교과서에나 등장하는 이론이 아니라 우리 삶에 직접 영향을 미치는 살아있는 생물과 같다. 이론이 어떻게 정책으로 만들어져 작동하는지를 이해하여야 하고, 여러 정책대안 중에서 어느 것을 선택할 것인지 가치와 이념을 분명히 하여야 한다.

정책학을 창시한 라스웰(H. Lasswell)은 정부의 정책 실패로 숱한 어려움을 겪는 사회적 약자들을 목도하면서도 통계분석을 이용한 논문쓰기에 몰두하는 자신을 한탄하며 정책분석을 중심으로 한 새로운 학문을 창시하였다. 라스웰의 휴머니즘처럼 사회복지가 추구하는 이념과 가치는 사회복지정책을 통해 사회문제를 겪는 클라이언트의 인간 존엄성과 생존권 보장 등이 실현된다. 사회복지학에서 사회복지정책론이 중요한 이유이다.

이 책은 사회복지정책을 정책의 과정, 정책의 내용, 정책의 결과라는 관점으로 접근하였다. 제1부는 사회복지정책의 기초로서 정책의 개념, 가치, 발달과정, 정책과정과 분석 · 평가를 다루었고, 제2부는 사회복지정책의 내용으로 주체, 대상, 급여, 전달체계, 재원을 다루었으며, 제3부는 정책의 결과로서 복지국가와 빈곤, 공공부조, 사회보험, 사회서비스와 사회수당을 다룬다.

사회문제론과 사회보장론 등의 교과목과 겹치는 부분은 핵심 정도로 최소화하고 사회복지정책의 내용에 집중하였다. 정책학의 통설적 이론을 토대로 하였고, 행정고시 및 사회복지사 1급 국가시험 기출문제 등을 검토하여 범위와 수준을 설정하였다. 사회복지학도들이 꼭 알아야 할 내용만 추리고, 이론을 이해하도록 정책사례와 연결하여 설명하였다. 그리고 본문의 이해를 높이기 위해 읽어보기를 추가하였다.

집필과정은 무척 힘들었지만 행복한 지적 여정이었다. 사회복지정책의 전 과정을 조망하며 서로 연결하여 맥락에 따라 이해할 수 있었고, 기존 도서를 일독하면서 저자들의 고민과 정성도 느낄 수 있었다. 연구논문들을 최대한 참고하고자 하였으며, 외국 원서를 찾아 확인하며 집필하였다. 그럼에도 오랫동안 사용한 강의자료집을 바탕으로 하다 보니 인용표시가 빠진 곳이 많다. 고의가 아니니 원저자님들의 너그러운 양해를 부탁드린다.

집필에 도움을 주신 동료 학자들과 실천가들에게 깊이 감사드린다. 정책학 자료를 찾아주시고 토론해 주신 행정학과 왕재선 교수님, 사회복지정책에 관해 고견을 준 서초구청 정해경 주무관과 제일기독종합사회복지관 이정화 관장, 초고를 읽고 유익한 조언을 해주신 학계의 여러 교수님들에게 감사드린다. 그리고 언제나 정을 나누고 학과 발전을 위해 노고가 많으신 강원대학교 사회복지학과 동료 교수님들에게도 감사드린다. 학과 창설 20주년을 맞아 출간하게 되어 영광스럽고 더욱 발전하는 계기가 되기를 바란다. 아무쪼록 이 책으로 공부하는 사회복지학도 모두에게 큰 발전과 영광이 있으시기 바라며, 앞으로 훌륭한 사회복지사가 되시기 바란다.

2025년 새해 첫날
동해바다 등대연구실에서
강종수

차례

CHAPTER 02 사회복지정책의 가치와 사상 / 35

CHAPTER 03 사회복지정책의 발달 / 59

CHAPTER 04 사회복지정책 과정 / 83

CHAPTER 05 사회복지정책 분석과 평가 / 109

CHAPTER 06 사회복지정책 주체 / 131

CHAPTER 07 사회복지정책 대상 / 157

CHAPTER 08 사회복지정책 급여 / 175

CHAPTER 09 사회복지정책 전달체계 / 191

CHAPTER 10 사회복지정책 재원 / 215

CHAPTER 11 복지국가와 빈곤 / 239

CHAPTER 12 공공부조정책 / 273

CHAPTER 13 사회보험정책 / 297

CHAPTER 14 사회서비스정책과 사회수당정책 / 327

01 CHAPTER

사회복지정책의 개념과 구성

1. 사회복지정책의 의의
2. 사회복지정책의 특징
3. 사회복지정책의 구성요소와 유형
4. 사회복지정책의 영역

1 사회복지정책의 의의

1) 정책의 개념과 특성

(1) 정책의 개념

사회복지정책은 사회복지(social welfare)와 정책(policy)의 합성어이므로 정책의 개념을 어떻게 이해하느냐에 따라 사회복지정책의 개념이 정의된다. 우선 정책의 개념을 정의한 학자들의 사례를 살펴보면 다음과 같다.

- 공사의 기관에 있어 행동의 방향이나 계획의 기초를 이루는 제 결정과 선택(Gilbert & Specht, 1974)
- 목표와 그 목표를 실행하기 위한 행동 지침(Pressman & Wildavsky, 1984)
- 어떤 특정한 목적을 달성하기 위해 필요한 행동들에 관한 원칙(Titmuss, 1974)
- 목표, 가치 및 실천에 관한 프로그램(Lasswell & Kaplan, 1970)
- 주로 정부기관에 의해 결정되는 미래를 지향하는 행동의 주요 지침(Dror, 1983)
- 목표의 결정, 대안의 검토, 전략의 수립과 같은 합리적인 과정을 거친 일정한 계획(Kahn, 1979)
- 어떤 문제 또는 관심사를 다루는 데 행위자 또는 행위자 집단이 추구하는 의도적이고 실제적인 행동노선(Anderson, 2000)
- 미래의 바람직한 상태를 실현하기 위한 정책목표와 이를 달성하기 위해 강구된 과학적 정책수단에 대한 권위 있는 정부기관이 내린 미래의 활동 지침(권기헌, 2018)
- 정책문제를 해결하고, 정책목표를 달성하기 위해 정부가 의도적으로 선택한 일정한 행동경로 또는 무결정(남궁근, 2017)

이러한 정의를 통해 정책은 공통적으로 사회문제 해결, 정책목표를 달성하기 위한 전략, 미래지향적인 활동지침, 계획된 의도적 결정, 합리적 과정을 거친 계획 등을 내포하고 있음을 알 수 있다. 따라서 정책은 사회문제 해결을 위해 정책목표를 결정하고 이를 달성하기 위한 정책대안을 탐색하는 합리적 과정을 거친 행동 지침 내지 계획이라 할 수 있다.

(2) 정책의 특성

정책은 정책목표 달성을 위한 공식적인 의사결정이며 행동 지침이므로 본질적으로 다음과 같은 특성을 가지고 있다.

- 정책목표 달성을 위해 선택한 행동 지침이다(목표지향성).
- 정책목표 실현을 위한 구체적이고 실질적인 전략, 활동, 방안이다(행동지향성).
- 사회문제를 해결해 바람직한 상황으로 변화시키려는 의지를 담고 있다(변화유발성).
- 바람직한 미래상을 실현시키려고 하는 의지를 담고 있다(미래지향성).
- 하나의 정책은 다른 정책과 상호 영향을 주고받는 관계에 있다(상호연관성).
- 공익을 실현하려는 의지를 담고 있다(공익지향성).
- 누군가에는 편익을 주지만 동시에 누군가에는 손실을 준다(부분이익 선택성).
- 공적 권한을 이용해 제한된 자원을 강제로 배분한다(배분강제성).

(3) 공공정책과 일반정책

정책의 개념은 크게 공공정책과 일반정책으로 나눌 수 있는데, 공공정책을 중심으로 정책을 정의한 것들은 공공정책을 줄여 정책이라 하고 주로 공익의 실현과 공적 사항(public affairs)의 관리에 관련된 정책을 말한다. 정책의 policy는 도시국가를 의미하는 police에서 유래된 것으로, 라틴어 politia는 공공문제의 처리 또는 정부의 행정관리를 의미한다.

그런데 정책의 개념은 반드시 공공정책에만 한정되지 않는다. 가령 민간사회복지기관이나 심지어 기업도 사업관리 및 조직운영을 위해 공식적인 내부 규정과 방침을 정할 수 있고 이를 정책이라 할 수 있다. 즉 공사를 구분하지 않고 사회의 제반 행위자들이 특정한 목표를 달성하기 위한 공식적인 의사결정과 행동지침을 정책으로 본다.

2) 사회복지와 정책

(1) 사회복지 실천과정

사회복지의 실천과정을 거시적 관점에서 간략히 살펴보면, 사회복지의 이념과 가치를 바탕으로 해결해야 할 사회문제를 분석하고 사회복지정책을 통해 해결방안을 마련하면 사회복지법을 통해 법적 제도화를 갖추어 이를 사회복지행정을 통해 구체적인 서비스로 전환된다. 이러한 과정을 거쳐 클라이언트에게 사회복지서비스가 제공됨으로써 사회문제를 해결하고자 한다. 따라서 사회복지정책은 사회복지의 거시적 실천과정에서 사회문제를 해결하고 사회복지실천이 이루어지기 위한 핵심과정이라 할 수 있다.

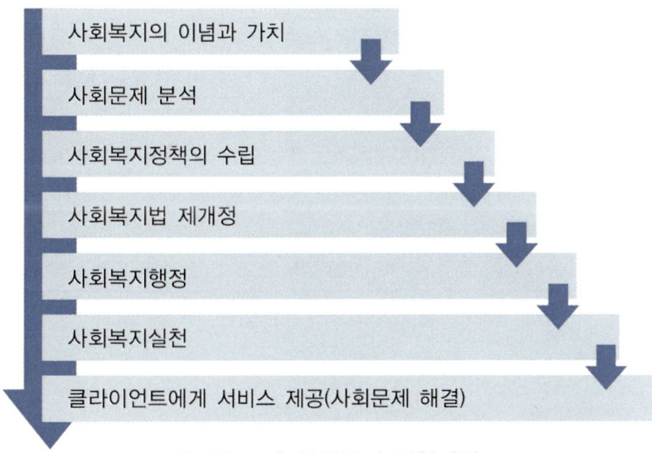

[그림 1-1] 사회복지 실천과정

(2) 사회복지정책과 사회복지실천

사회복지정책과 사회복지실천은 사회와 문제를 바라보는 관점에서 상당한 차이가 있으면서 동시에 상호보완적 성격도 가지고 있다. 사회복지정책의 관점에서는 사회문제를 사회적 맥락에서 파악하고 사회구조적인 보편적 문제로 인식하여 법과 제도를 통해 해결하고자 노력한다.

반면에 사회복지실천의 관점에서는 사회문제를 사회복지대상자들의 개인적 결함이나 도덕적 내지 정신적 문제, 부적응 등의 문제로 파악하여 사회복지사의 전문적 실천기술을 통해 해결하고자 하는 원조과정으로 파악한다. 이렇게 볼 때 사회복지정책과 기술적 실천영역은 상호 대립적 관점에서 출발하나, 궁극적으로는 상호 보완적으로 두 영역이 기능해야 사회발전에 기여가 가능하다.

길버트와 스펙트(Gilbert & Specht, 2013)는 사회복지정책은 사회복지전문가들이 사용하는 실천방법에 영향을 미치고, 또한 사회복지정책은 사회복지전문가들이 서비스를 제공하는 클라이언트 체계를 결정하기 때문에 사회복지정책을 공부하는 것은 사회복지현장에서 활동하는 실천가들에게 매우 중요하다고 하였다.

〈표 1-1〉 사회복지정책과 사회복지실천의 비교

구분	정책적 개입	실천기술적 개입
개입 대상	가족, 친족, 이웃, 공식조직, 지역사회, 전체 사회	개인, 가족, 소집단
개입목표	일차집단, 조직, 지역사회, 전체 사회의 변화	개인, 가족, 소집단의 사회적 기능의 향상을 통한 사회문제의 경감
토대 학문	사회구조의 변화에 관심을 두는 이론들(사회학, 경제학, 정치학, 행정학, 산업관계학 등)	개인의 변화와 관계되는 이론들(발달심리학, 인간발달 이론, 상담학 등)
변화전략	지역사회조직, 사회행동, 로비활동, 집단 간 갈등 조정, 사회구조변화 등	직접적인 상담, 위기 개입, 개별 대상자를 위한 옹호

출처: Whittaker, J. (1974), p. 45.

2 사회복지정책의 특징

1) 사회복지정책의 특징

사회문제 해결을 위한 사회복지적 개입방법인 사회복지정책은 공공정책이나 사회정책에 비해 다음과 같은 특징이 있다(Jones, 1985).

- 다른 정책에 비해 사회변동에 따라 빠르게 변화하는 정책이다(변화하는 정책).
- 가치와 이념에 관한 연관성이 높다(가치개입적 정책).
- 사회 내의 한정된 자원으로 충족되지 않고, 존재하는 욕구를 해결하기 위한 정책이다(희소성의 원칙이 지배하는 정책).
- 정책의 결과물인 사회복지서비스를 향유하는 대상집단이 이익집단화되는 경우가 많지 않다(이익집단의 힘이 약한 정책).
- 개념화와 내용 포착이 쉽지 않고, 정책목표가 모호하고 정책내용과 영역이 불분명한 경우가 많다(내용 포착이 어려운 정책).

사회복지정책은 무엇보다도 인간의 존엄성을 기본 가치로 하는 '인간지향적인 정책'이다. 사회복지정책은 누구나 인간으로서의 존엄성을 지켜나가면서 인간으로서 대우받을 수 있는 생활을 보장하는 데 그 목적이 있다. 또한 사회복지정책은 시장논리보다 정치논리에 좌우되는 경향이 있으며, 소득재분배정책으로서의 성격을 지니고 있다(송근원, 1994).

2) 사회정책과 사회복지정책

사회정책(social policy)은 사회질서 유지를 목적으로 하며, 공공서비스나 소득 등을 제공함으로써 국민의 삶의 질을 향상하려는 정부의 정책을 의미한다. 사회정책은 사회복지뿐만 아니라 의료, 형사 사법, 교육 및 노동분야의 공공정책을 다루며, 광범위한 사회과학 분야에 대응하여 사회적 필요에 대한 학제 간 응용 주제를 다룬다.

그러나 사회정책이나 사회복지정책 모두 지향하는 목표가 빈곤의 예방, 사회통합, 사회적 불평등의 완화, 소득재분배 등으로 일치한다. 이런 이유로 사회정책과 사회복지정책은 유사하기도 하고 일부 중첩되기도 하여 서로 혼용되어 사용되기도 하지만, 사회복지정책은 사회정책의 중요한 하위범주에 속한다. 사회정책이 사회복지정책 보다는 넓은 개념이지만 사회정책에서 사회복지정책이 차지하는 비중이 매우 크므로 사실상 매우 유사하다고 할 수 있다.

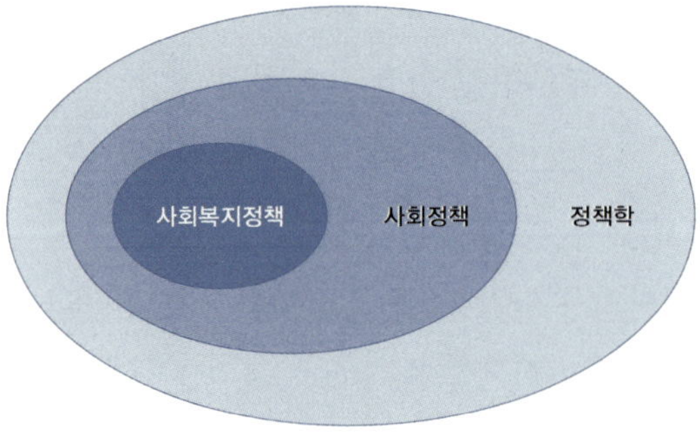

[그림 1-2] 정책학-사회정책-사회복지정책의 관계

3) 국가별 사회복지정책

사회복지정책은 사회보장, 사회서비스 등 많은 제도를 포함하고 있고 국가별로 사회복지의 발달과정과 문화적 배경 등이 상이하여 사회복지정책의 개념과 영역이 상이하다. 대체로 북유럽국가들은 사회서비스라는 용어가 일반적이고, 중부 유럽국가들은 사회정책이라는 용어가 일반적이며, 미국에서는 사회복지정책의 개념이 비교적 명확하게 인식되고 있다. 국가별 사회복지정책의 특징은 다음과 같다.

(1) 독일

독일은 최초의 사회보험을 실시한 국가로서, 사회정책을 분배과정의 조정 · 수정을 위한 윤리적 조치로서 계급 간의 갈등을 완화해 협조를 유도하기 위한 국가정책으로 간주한다. 권위주의적 국가정책의 성격이 강하다. 사회정책의 용어를 사회복지정책 용어보다 더 선호하며, 사회보험이 차지하는 비중이 압도적이고 공공부조의 비중은 그리 크지 않다. 공공부조는 사회보험으로 해결되지 않는 주변 집단에 대해 물질적 · 비물질적 서비스를 제공한다. 그 밖에 지방정부가 청소년 · 장애인복지 같은 사회복지서비스를 제공한다.

(2) 미국

미국은 1935년 사회보장법을 제정하면서 사회보험, 공공부조, 사회복지서비스의 3

대 사회보장 체계를 구축했다. 연금의 비중이 크고, 전국민 건강보험은 시행되지 않고 있다. 미국의 사회복지정책은 공공부조와 사회복지서비스로 국한되며, 사회정책보다 사회복지정책을 선호하며, 사회정책을 '국가정책'의 하나로 간주하는 독일과는 달리 민간기관의 사회복지정책까지도 포함하고 있다. 가장 권위적인 경향이 약하다.

(3) 영국

질서유지가 아니라 시민의 사회복지 증진을 위한 사회정책을 강조한다. 사회복지정책이라는 용어보다 사회정책(social policy) 또는 사회행정(social administration), 사회서비스(social service)란 용어를 사용하며, 사회정책의 범위를 전 세계에서 가장 넓게 본다. 사회보장(소득보장)뿐 아니라 보건의료 · 주택 · 교육까지 포함한다. 영국의 국민보건의료서비스(National Health Service, NHS)는 전 국민을 대상으로 하는 의료서비스로서, 보험료 없이 국가의 주도하에 의료서비스를 이용할 수 있다.

(4) 스칸디나비아 국가

스웨덴, 노르웨이, 핀란드 등이 이에 해당하며, 사회복지정책의 관대함 · 진보성 때문에 복지국가의 최고단계로 간주되고 있다. 나이, 직업, 자산 상태 등에 상관없이 복지 수요가 있으면 복지 혜택을 제공한다. 재분배나 사회통합 효과가 가장 크며, 재정의 대부분을 조세에 의존한다.

3 정책의 구성요소와 유형

1) 정책의 구성요소

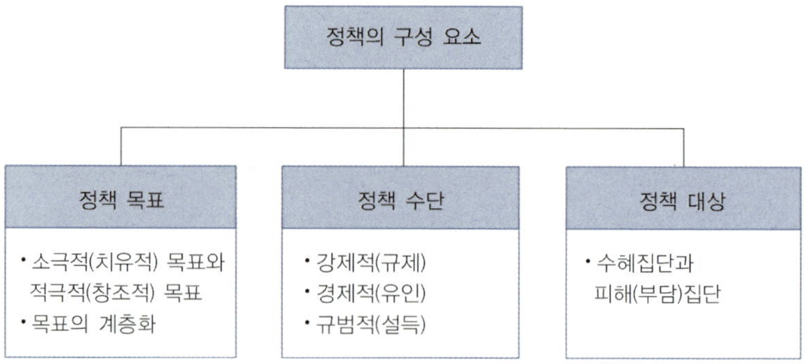

[그림 1-3] 정책의 구성요소

(1) 정책목표

정책목표는 정책을 통해 달성하고자 하는 바람직한 상태(Etzioni, 1964), 또는 현재는 존재하지 않지만 정책을 통해 미래에 실현되도록 하고자 하는 상태(Warner, 1967)를 말한다. 따라서 정책목표는 바람직한 상태에 대한 가치판단에 의존하기 때문에 주관적이며, 미래성과 방향성을 가지고 있다.

정책목표는 ① 바람직한 사회 상태를 이룩하기 위한 적극적(창조적) 목표와 ② 사회의 병리현상이나 문제점을 치유하기 위한 소극적(치유적) 목표가 있다. 또한 상위목표와 하위목표라는 정책의 계층화가 있다. 정책목표는 여러 가지 정책수단 중에서 최선의 것을 선택하는 기준이 되고, 정책집행과정에서 결정이나 활동의 지침으로서의 역할을 하며, 정책평가의 평가기준이 된다.

(2) 정책수단

정책수단은 정책목표를 달성하는 수단 또는 달성하기 위한 일련의 행동 방침들을 말한다. 정책수단은 정책의 실질적 내용으로서 가장 중요한 정책의 구성요소이며,

정책수단을 둘러싼 이해관계집단간의 갈등도 매우 치열하다. 따라서 정책수단은 효과성과 능률성뿐만 아니라 형평성, 대응성, 적합성, 적정성 등 여러 가지 평가기준도 만족시켜야 한다.

정책수단의 종류는 매우 다양한데, ① 법적인 의무를 부여하는 강제적 규제(regulation), ② 재화와 서비스를 제공하거나 제공하지 않음으로써 특정행동을 유도하는 경제적 유인(incentives), ③ 정보 및 지식의 제공을 통해 국민의 행동변화를 추구하는 규범적 설득(persuasion)이 대표적인 수단이다. 어떤 정책수단을 선택할 것인가는 문제 상황에 관한 인과관계 지식에 달려있다.

(3) 정책대상

정책대상은 정책에 의해 영향을 받는 사람 또는 집단을 말한다. 정책대상은 ① 정책의 혜택을 받는 정책수혜집단과 ② 정책 때문에 희생을 당하거나 비용을 부담해야 하는 정책피해(부담)집단이 있다. 정책대상은 대상집단의 규모가 작을수록 지지를 얻기 쉽고, 조직화되어 있을수록 정책과정에 영향을 크게 미친다.

2) 정책참여자

(1) 정책참여자 의의

정책과정에 관여하는 모든 사람과 기관을 정책참여자라 한다. 정책참여자는 정책과정이 전개되는 여러 단계에서 서로 복잡한 상호작용을 하게 된다. 과거 권위주의 정부 하에서는 소수의 지배층 엘리트를 중심으로 정책결정이 이루어졌지만, 현대 민주국가에서는 시민 등 정책관련자들을 무시한 정책은 정당성을 얻기 어렵다.

(2) 정책참여자 종류

① 정부 : 국회와 국회의원, 대통령과 국무위원 및 행정관료, 그리고 법원과 법관은 가장 중요한 정책참여자들이다. ⓐ 입법부는 입법 권한을 이용해 정책을 최종적으로 합법화(legalization)하는 기능이 있으며, ⓑ 행정부는 정책을 결정하고

집행하는 역할을 담당하며, ⓒ 사법부는 소송을 통해 분쟁 해결을 위한 정당한 법의 적용을 보장하는 업무를 담당한다. 흔히 공식적 참여자로 분류한다.

② 정당 : 정당은 정권 획득을 위한 결사체이지만 정치과정에서 주로 이익표출과 이익결집의 역할을 담당한다. 이익표출이란 정치적 요구의 한 형태로 정부에 어떤 행위를 해줄 것을 요구하는 행위이고, 이익결집이란 시민들의 각종 요구들을 정당의 정강정책을 통해 정책대안으로 전환시키는 기능을 말한다. 또한 정치적 의사 형성을 정치적 주장이나 정책 개발을 통해 추진한다.

③ 이익집단 : 특정분야에서 이해를 같이 하는 사람들이 자기단체의 이익을 위해 영향력을 행사하는 집단을 말한다. 이익집단은 정부의 정책결정과 정책집행에 영향력을 행사할 수 있고, 그들이 지지하는 정책에 정당성을 부여하거나 정책 집행을 돕는 기능을 수행한다. 이익집단은 ⓐ 같은 직종이나 직업에 종사하는 사람들로 구성되는 경제적 집단, ⓑ 특정 사회문제에 인식을 공유하는 공익집단 그리고 ⓒ 성별, 연령부터 동창회, 향우회, 종교 등의 특징을 공유하는 사람들이 결집한 동류이익 집단 등이 있다.

④ 언론 : 대중매체를 통해 여론을 형성하고 사회문제를 제기하거나 각종 정보와 주요 사건을 국민에게 널리 알려줌으로써 정책과정에서 중요한 역할을 수행한다. 언론은 여론 형성과 투입 기능을 통해 공중의제로 확산시킴으로써 정책의 제화에 결정적인 역할을 수행한다.

⑤ 시민사회단체 : 공공의 이익을 추구하기 위해 민간이 자발적이고 자주적으로 운영하는 비영리 민간조직을 말한다. 흔히 NGO(Non-Governmental Organization)라고 하고, 이들 NGO는 정책과정에서 시민참여를 통한 사회문제의 해결이나, 소외계층의 이익을 대변하는 집합적 행동을 주로 한다.

⑥ 시민 : 헌법 제1조 제2항의 주권재민의 원리와 같이 국민에 의한 통치는 헌법의 최고 원리이자 통치의 기본 원리이다. 비록 현실에서 시민이 능동적으로 정책과정에 참여하기는 쉽지 않지만 투표를 통해 집단적인 의사를 표시하기도 하고, 때로는 새로운 아이디어를 제시하거나 직접 정책대안을 개발하여 정책과정

에 영향을 줄 수도 있다.

⑦ 전문가 : 전문성이 부족한 시민이나 행정관료를 보완하기 위해 전문가의 자문과 분석은 매우 중요하다. 전문가들은 정책을 분석 · 평가하여 정책대안을 제시하는 역할을 하며, 이러한 고도의 과학적이고 전문적인 의견은 정책의 정당성을 넘어 권위와 영향력을 더해준다. 사회문제가 복잡하고 다양해질수록 전문가의 역할은 점점 더 증대되고 있다.

(3) 정책참여자 유형

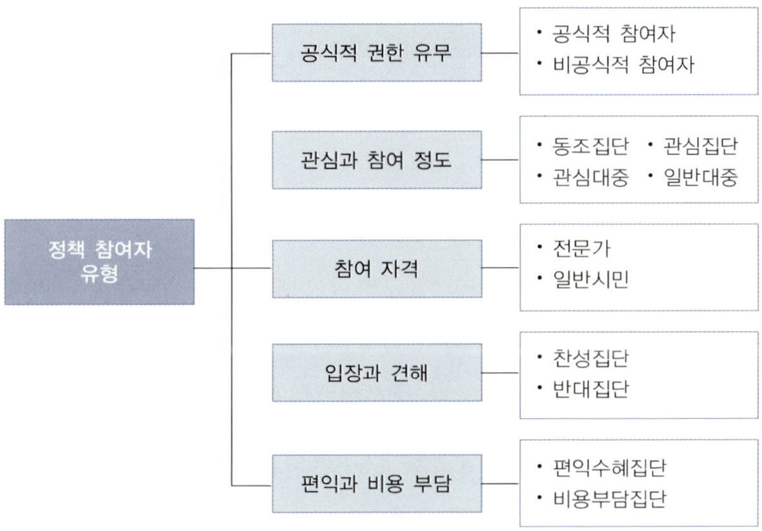

[그림 1-4] 정책참여자 유형

① 공식적 권한 유무: 정책결정이나 집행에 참여할 수 있는 공식적(합법적) 권한 유무에 따라 공식적 참여자와 비공식적 참여자로 나눌 수 있다. 공식적 참여자는 그 소관 사항에 대해 합법적인 권한과 책임을 가지고 공식적으로 각종 정책과정에 참여하고 결정하는 사람이나 기관으로, 주로 국회와 행정부 관료 등의 정부가 해당하고, 비공식적 참여자는 비공식적으로 정책과정에 참여하는 사람이나 기관으로, 주로 언론이나 이익집단, 시민사회단체 등이 해당한다.

② 관심과 참여 정도: 어떤 정책 이슈가 있을 때 이를 둘러싼 갈등에 여러 집단이

관여하기 마련이다. 이들 집단이 특정 쟁점이나 정책에 대해 관심을 가지고 참여하는 정도에 따라 다음과 같이 네 집단으로 나눌 수 있다.

〈표 1-2〉 정책 관심집단 종류

구분	개념	특징
동조집단 (identification group)	공통의 이해관계를 토대로 서로의 처지를 동일시하는 집단	• 집단 간에 강한 연대감 • 동일시하는 집단이 외부 집단과 이해관계 발생 시 민감하게 반응
관심집단 (attention group)	다른 쟁점에는 무관심하지만 특정 쟁점에 대해서는 특별히 관심을 가지고 있는 관심 공중	• 일단 쟁점이 제기되면 쉽게 동원 가능 • 쟁점에 관한 압력집단 포함
관심대중 (attentive public)	일반 대중들로서 일반적인 교양과 사회적 관심을 가진 계층을 포괄적으로 지칭	• 여론을 선도하여 사회의 무관심과 대중을 일깨우는 여론지도자 역할
일반대중 (general public)	어떤 쟁점에 대해 잘 알지 못하고 있고 발언하지도 않으며 관심을 가지지 않는 일반시민	• 좀처럼 행동으로까지 나서지 않음 • 행동화를 위해서는 이해관계가 있음을 알게 할 필요 있음

③ 참여 자격: 어떤 정책에 대해 그 분야의 전문가로서 참여하는 개인이 있는가 하면, 그렇지 않은 개인 참여자도 있다. 일반시민도 정책과정에 참여하는 양태에 따라 전문가와 일반시민으로 구분해 볼 수 있다.

④ 입장과 견해: 특정 정책과 관련해 찬성하는 사람이나 단체, 또는 반대하는 사람이나 집단으로 구분된다. 일반적으로 반대자는 찬성자보다 정책과정에 더 적극적으로 참여하며, 처음부터 입장과 견해가 정해지거나 또는 정책과정이 진행됨에 따라 정해지기도 한다.

⑤ 편익과 비용 부담: 정책은 모든 사람에게 편익(이익)과 비용(손해)을 균등하게 배분하는 것이 아니라 불균등하게 배분하는 부분이익 선택성(policy selectivity)을 지닌다. 따라서 편익수혜자와 비용부담자 사이에는 갈등이 발생한다.

3) 정책의 유형

정책은 기능별 혹은 주체별 등의 다양한 기준으로 분류할 수 있다. 가령 ① 정책이 미치는 영향이 국내외인지에 따라 국내정책과 대외정책으로 나눌 수 있고, ② 정책 내용에 따라 복지정책, 교육정책, 노동정책 등으로, ③ 주관부처에 따라 보건복지부의 복지정책, 외교부의 외교정책, 국방부의 국방정책 등으로, ④ 시간적 범위에 따라 사전 정책과 사후 정책, ⑤ 이데올로기에 따라 보수적 정책과 진보적 정책으로 나눌 수 있다. 그러나 정책의 실질적 내용에 따라 학자들이 제시한 유형은 다음과 같다.

- 로위(Lowi, 1972) : 분배정책, 규제정책, 재분배정책, 구성정책
- 리플리와 프랭클린(Ripley & Franklin, 1986) : 분배정책, 경쟁적 규제, 보호적 규제, 재분배정책
- 알몬드와 파웰(Almond & Powell, 1986) : 분배정책, 규제정책, 추출정책, 상징정책
- 샐리스버리(Salisbury, 1968) : 분배정책, 규제정책, 자율구제정책, 재분배정책

이 중에서 로위(Lowi, 1964, 1972)의 유형이 가장 일반적인데, 그는 정부가 강제력을 행사한다는 점에 착안하여 강제력의 행사방법이 직접적인지 혹은 간접적인지, 그리고 강제력의 적용대상이 개별적 행위인지 혹은 행위의 환경인지를 기준으로 정책을 다음과 같이 네 가지로 분류하였다.

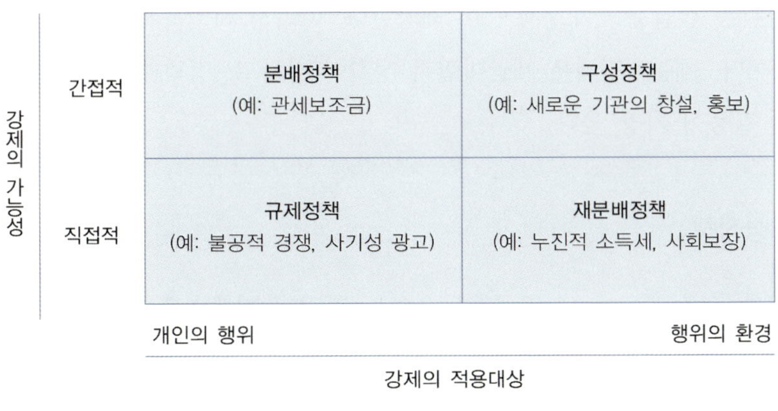

[그림 1-5] 로위(Lowi)의 정책유형화 모델

출처: Lowi(1972), p. 300.

(1) 분배정책

분배정책(distributive policy)은 정부가 적극적으로 국민들이 필요로 하는 재화나 서비스를 직접 산출·제공하거나 또는 각종 보조나 지원하는 사업을 말한다. 도로나 항만 등의 각종 사회간접자본(SOC) 사업을 구축하거나 보조금이나 융자금 지원, 국공립학교 교육서비스 제공 등이 대표적이다. 분배정책은 정책의제설정 및 정책결정과정에서는 이해관계자들의 경쟁이나 다툼이 치열하다.

(2) 규제정책

규제정책(regulatory policy)은 개인이나 집단의 재산권 행사나 행동의 자유에 규제를 가하여 다수를 보호하기 위한 정책이다. 독과점 등의 불공정거래에 대한 경제적 규제와 환경, 산업안전, 사회적 차별 등에 대한 사회적 규제 등이 이에 해당한다. 규제정책은 정부의 강제력이 동원되고, 비용이 소수집단에 집중된다. 따라서 정책과정에서 수혜자와 비용부담자간의 갈등이 매우 심하다.

(3) 재분배정책

재분배정책(redistributive policy)은 부와 소득, 재산 등의 가치를 고소득층에서 저소득층으로 이전하는 것을 목적으로 하는 정책이다. 세금을 징수하여 사회보장지출을 통해 사회적 약자를 돕고자 하는 정책들, 가령 기초생활보장이나 노인·장애인을 위한 정책, 각종 실업자 구제정책 등이 해당한다. 따라서 사회복지정책은 대표적인 재분배정책이다. 재분배정책은 계급대립적 성격이 강하고, 정책과정 전반에 이해관계자들간의 갈등이 가장 높다.

(4) 구성정책

구성정책(constituent policy)은 정부 운영과 관련된 정책으로, 주로 정부기구의 조정과 관련된 정책이다. 정부기구 설치나 공무원 보수와 군인연금 정책 등이 포함된다. 헌정질서가 확립된 나라에서는 급격한 변동이 없으므로 크게 중요시 하지 않지만, 그렇지 않은 나라에서는 현상을 유지하려는 세력과 변경을 원하는 세력 간의 갈등이 심각하게 나타난다.

4 사회복지정책의 영역

1) 정책 영역의 의의

국민 모두의 행복과 삶의 질을 다루는 사회복지정책은 단순한 빈곤의 예방이나 질병 치료가 목적이 아니므로 주거와 관련된 주택, 일자리와 관련된 고용정책, 소득재분배를 위한 조세정책 등 매우 광범위하다. 사회복지정책 영역에 대한 견해는 사회복지를 인식하는 관점에 따라 정책가나 학자마다 조금씩 다르다. 사회복지정책의 영역에 관해 학자들이 제시한 내용은 다음과 같다.

- 베버리지(Beveridge, 1942) : 소득보장, 의료보장, 교육보장, 주택보장, 고용보장
- 디니토(DiNitto, 2000) : 소득보장, 영양, 보건, 사회서비스
- 타운젠트(Townsend, 1979) : 소득보장, 건강, 교육, 주택, 대인적 사회서비스
- 칸(Khan, 1979) : 소득보장, 건강, 교육, 주택, 대인적 사회서비스, 노동정책
- 마샬(Marahall, 1970) : 소득보장, 보건·의료, 대인적 사회서비스, 교육, 주택

학자들의 견해는 대체로 사회복지정책의 영역을 협의로는 소득, 주거, 의료, 교육, 사회서비스 다섯 개 영역으로, 광의로는 여기에 조세, 노동의 두 개 영역을 포함한 일곱 개 영역으로 구성된다고 보는 것이 일반적이다.

그러나 이 중에서 ① 인간의 가장 기본적인 욕구는 생존의 욕구이므로 의식주와 같은 기본적인 생존을 위해 필요한 재화를 구매할 수 있는 소득보장, ② 질병의 예방과 치료를 위한 의료보장, ③ 인간다운 삶을 위한 사회적 욕구 충족을 위해 아동·노인·장애인 등 사회적 약자를 위한 대인사회서비스가 사회복지정책의 핵심 영역이다. 우리나라의 사회보장제도는 소득보장과 의료보장을 목적으로 체계화되어 있고, 여기에 사회서비스가 추가되어 있다.

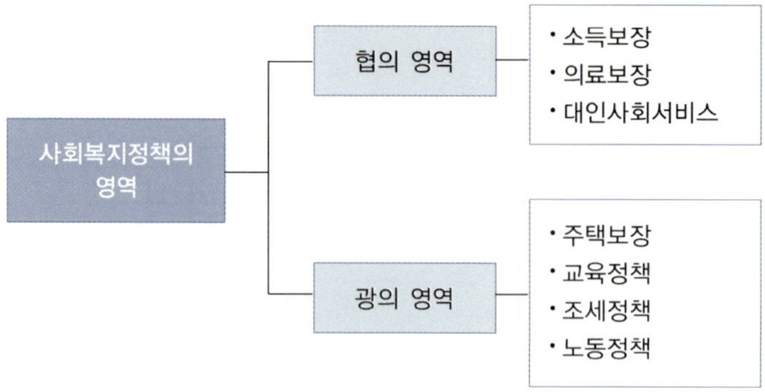

[그림 1-6] 사회복지정책의 영역

2) 협의 영역

① 소득보장 : 빈곤으로 인한 소득 결핍과 노령, 사망, 장해, 실업, 질병, 사고 등에 의한 소득중단과 감소에 대해 소득의 일부 또는 전부를 보장해 주는 것을 말한다. 즉 공공부조, 연금, 장해보상 같은 제도를 통해 소득이 감소하거나 중단되는 경우에 본인 또는 피부양자의 생활 불안정을 해소하기 위해 소득을 유지해 주는 기능을 하는 정책들이다. 또는 최저임금제도를 통해 저임금근로자의 생계유지를 보장한다.

② 의료보장 : 건강한 생활을 유지하고 질병과 부상 등으로 피해를 당하지 않도록 충분한 치료와 양질의 의료서비스를 보장하는 것이다. 이는 직접적인 의료서비스 제공의 형태를 띠거나 보험을 통해 의료비 지출을 보전하는 형태를 띨 수 있다. 전자는 공공이 직접 의료기관 및 의료 전문인의 적정한 배치를 통해 의료서비스를 보장하는 것이다. 후자는 사회보험방식 혹은 민간보험방식을 통해 필요에 따라 의료비의 경제적 부담을 덜고 전문 의료서비스를 받을 수 있게 하는 것이다.

③ 대인사회서비스 : 아동, 청소년, 노인, 장애인, 여성 등 사회적 약자를 대상으로 한 개별적 서비스들을 의미한다. 대인사회서비스는 대상별로 서로 다른 문제가 발생하거나 욕구도 다양하게 나타나기 때문에 그에 적절한 대응책을 마련하여 사회적 지지에 의한 보호 및 보장 등이 가능하도록 한다.

3) 광의 영역

① 주택보장 : 주거환경 개선사업, 공공임대주택공급, 임대료 지원 등으로 문제해결을 도모함이 주거 보장의 일반적 방법이다. 주택보장정책은 주택의 열악한 환경과 관련하여 질병, 가족해체, 정신적 스트레스 등의 문제 발생을 예방하기 위한 것이다. 일반적으로 주거환경이 열악한 지역에는 저소득층이 거주하고 있고, 지역적 환경은 위생, 질병 외에도 교육, 범죄, 사회와의 분리 등 각기 다양한 종류의 사회문제가 발생할 수 있다. 따라서 재개발, 환경 및 위생관리, 주택수당 등은 국가의 공적인 개입을 통하여 가능할 수 있다.

② 교육정책 : 교육정책은 국민의 지적 수준을 향상하면서 경제성장을 촉진하는 데 그 목표를 둔다. 따라서 교육의 불평등 해소를 통한 완전한 교육 보장은 빈곤의 대물림을 방지하여 사회적 평등에도 이바지할 수 있다. 이를 위해 도농간의 교육 접근의 기회를 확대하고, 열악한 교육환경을 개선하며, 또한 장애인을 위한 특수교육과 전인교육을 위한 사회교육을 활성화하는 등의 국가 정책이 요구된다.

③ 조세정책 : 조세정책은 국가의 조세 부과 및 징수 권한에 기초하여 사회복지적 목적을 위해 조세부담률을 조정하거나 조세를 면제하는 등의 정책을 펴는 것이다. 빈곤계층의 조세 부담을 줄이거나 면제해 주는 방법을 통해 이들의 소득이 빈곤선 이하로 떨어지지 않도록 한다. 또한, 오늘날에는 근로 유인, 가족에 대한 부양책임 완화, 계층 간 격차를 고려한 상대적 평등의 실현 수단으로 조세정책이 활용된다.

④ 노동정책 : 근로 능력이 있는 사람에 대해 고용 등을 통해 경제적으로 자립할 수 있도록 하여 빈곤을 완화하는 데 그 목표를 둔다. 통상 노동시장정책은 완전고용을 통해 소득보장을 달성하려고 한다. 이런 의미에서 노동시장정책은 빈곤의 근본 원인을 제거하려는 목적을 가진다. 고용지원, 교육훈련 등이 사회복지 차원의 목적을 가진 노동시장정책이라 할 수 있다.

02 CHAPTER

사회복지정책의 가치와 사상

1. 사회복지정책의 가치
2. 사회복지정책의 사상

1 사회복지정책의 가치

1) 가치의 의의

사회복지정책의 가치는 사회복지정책 수립의 밑바탕을 이루는 가치이면서 사회복지정책이 추구하는 목표이기도 하다. 가치(value)란 인간의 정신적 노력의 목표로 간주되는 객관적 당위 또는 인간의 욕망을 충족시키는 재화의 중요 정도를 의미한다. 사회복지정책은 가치중립적이지 않고 특정한 가치를 추구한다. 따라서 사회복지정책이 추구하는 가치에 대한 이해는 사회복지정책을 이해하기 위한 첫걸음이다. 사회복지정책의 가치에 관해 학자들이 제시한 내용은 다음과 같다.

- 퍼니스와 틸튼(Furniss & Tilton, 1977) : 자유, 평등, 민주주의, 사회적 연대, 생존권 보장, 경제적 효율
- 조지와 와일딩(George & Wilding, 1976) : 자유, 개인주의, 평등
- 프리들랜더(Frieddlander, 1980) : 개인 존중, 자기 결정권, 기회 균등, 사회 연대성
- 길버트와 테렐(Gilbert & Terrell, 2005) : 평등, 공평, 적절
- 박경일(2023) : 기본적 가치(인간의 존엄성, 생존권, 사회연대 의식), 상대적 가치(자유, 평등, 형평, 적절성, 효과성, 효율성, 사회정의, 국민적 최저기준)

2) 가치의 종류

(1) 생존권 보장

생존권은 기본적 인권의 하나로서 인간이 인간답게 살아갈 권리이며, 국가에 대하여 인간의 생존을 유지할 수 있는 생활에 필요한 서비스를 요구할 수 있는 권리이다. 서구 선진국은 사회복지수급권을 기본권의 하나로 인정하고 있는데, 독일 바이마르 헌법(1911)이 세계 최초이다. 우리나라 헌법 제34조는 “모든 국민은 인간다운 생활을 할 권리를 가진다”고 규정하고 있다. 생존권적 기본권은 국제조약으로 발전하여 UN

의 사회권조약이 1966년 채택되고 1976년 발효되었다.

생존권 보장은 모든 국민을 평등하게 만드는 것이 아니라, 빈곤이나 사고, 질병 또는 재해 등으로 최저생활 수준에 미달하거나 생계위협을 받는 사람들에게 생활비 지급 등을 통하여 인간다운 생활을 보장해 주는 것을 의미한다. 여기에서 최저생활은 단순히 목숨만 부지하는 정도가 아니라 육체적·정신적으로 건강한 상태를 유지하면서 노동력을 재생산할 수 있는 정도의 생활상태를 의미한다.

읽어보기 **99헌마33사건**

사회복지수급자가 받는 생계급여가 생활하기에 턱없이 부족하다면 국가를 상대로 소송을 제기할 수 있을까? 심창섭 이금순 부부는 보건복지부장관이 고시하는 "1994년 생계보호기준"(국민기초생활보장법 제정 이전 생활보호법)이 헌법상 행복추구권(제10조)과 인간다운 생활을 할 권리(제34조)를 침해하였다고 주장하며 헌법소원을 제기하였다.

이 사건에서 헌법재판소는 "국가가 인간다운 생활을 보장하기 위한 헌법적 의무를 다하였는지의 여부가 사법적 심사의 대상이 된 경우에는, 국가가 생계보호에 관한 입법을 전혀 하지 아니하였다든가 그 내용이 현저히 불합리하여 헌법상 용인될 수 있는 재량의 범위를 명백히 일탈한 경우에 한하여 헌법에 위반된다고 할 수 있다"고 결정하였다. 재판 결과는 어떻게 되었을까?

(2) 자유

자유(freedom)는 18세기 이래 현대사회를 움직여 온 사회가치로서 봉건세력에 대항하여 시민계급이 추구하였던 가장 중요한 가치였다. 자유의 순수한 의미는 구속이나 속박으로부터의 해방이고, 현대 복지국가는 더 나아가 개인이 자아를 실현할 수 있는 적극적인 자유를 추구한다. 자유는 다음과 같이 구분할 수 있다.

① 소극적 자유(negative freedom) : 타인이나 사회 또는 국가로부터 부당한 간섭을 받지 않을 자유를 말한다. 구속의 결여 혹은 타율적 강제를 벗어나는 것이며, 흔히 '~로부터의 자유'(freedom from), 하기 싫은 것을 하지 않을 자유로 표현된다.

② 적극적 자유(positive freedom) : 자신이 원하는 대로 할 수 있는 자유를 말한

다. 무엇을 할 수 있는 자유(freedom to)는 개인의 잠재력을 개발하고 실현할 수 있는 자유와 더 나은 교육을 받을 권리 등이 포함되며, 따라서 국가가 적극적으로 개입하여 국민들의 생활과 자유를 보장해야 한다는 의미가 내포되어 있다.

이외에도 무엇인가를 선택할 수 있는 능력을 의미하는 심리적 자유(psychological freedom)를 구분하기도 하지만 적극적 자유의 한 유형이라 할 수 있다. 사회복지정책은 구속이나 해방을 의미하는 소극적 자유가 아니라 개인이 자아를 실현할 수 있는 적극적 자유를 추구한다. 센(Sen, 2009)은 자유란 개인이 자신이 중시하는 가치나 목표를 실현하고 성취할 수 있는 능력을 가진 상태라 하였다. 국가의 강압이나 간섭뿐만 아니라 빈곤이나 경제적 자원의 부족, 공공서비스의 결여 같은 요인들을 제거하는 것이 자유의 실현에 필수적이다. 따라서 자유 실현을 위해서는 국민은 국가에 적극적으로 요청할 수 있고, 국가도 적극적인 개입 의무가 있다(Fredman, 2009).

(3) 평등

평등(equality)은 사회적 자원의 분배를 통하여 사회구성원의 삶의 질을 골고루 향상시키고자 하는 가치를 말한다. 자유가 개인을 중심으로 발전되었다면 평등은 집단을 중심으로 전개되었다. 모든 인간은 선천적으로 평등하다는 천부인권사상은 민주주의의 핵심적인 이념이고, 사회정의를 결정짓는 본질적 요소이며, 인권을 가늠하는 척도이다. 평등의 개념은 다음의 3가지 종류가 있다.

대통령 후보가 설명한 평등과 공평

① 기회의 평등(equality of opportunity) : 모든 사람에게 동등한 기회를 부여하는 것으로, 개인의 소질과 능력을 자유롭게 계발할 평등한 기회를 주는 것과 동일한 업적에 대해 동일한 보상이 주어지는 것을 의미한다. 성별, 종교 또는 사회적 신분에 의하여 차별을 받지 않는 것이다. 예를 들어 모든 참가자가 동일한 출발선에서 100미터 달리기를 시작하는 것이며, 다만 결과의 불평등은 개인의 책임이다. 가장 소극적인 평등의 개념이다.

② 조건의 평등(equality of condition) : 조건의 평등은 흔히 공평(equity)이라고 불리는 것으로 개인의 욕구, 능력, 기여 정도 등의 조건에 따라 사회적 자원을 다르게 분배하는 평등이다. 예를 들어 100미터 달리기에서 장애인은 비장애인에 비해 앞서 출발하도록 하는 것, 또는 소수인종 등 불이익을 받는 사회적 배경을 가진 아동들에게 적극적인 보상교육 혜택을 지원해 이들이 상대적 이익을 누리는 개인들과 대등하게 경쟁할 수 있도록 만드는 것이다. 이처럼 개인이 통제할 수 없는 모든 불이익에 대해 적극적인 보상을 하여 일부 개인이 다른 개인에 비해 지위경쟁에서 이익을 누릴 수 없도록 한다.

정책사례 **긍정적 차별정책**

긍정적 차별(positive discrimination)정책 또는 적극적 조치(affirmative action)정책은 인종, 성별, 장애 등의 이유로 불리한 위치에 놓인 사회적 약자들에게 우대조치를 제공함으로써 차별과 불이익을 시정하려는 정책을 말한다. 차별을 금지하는 소극적 입장을 벗어나 특별한 혜택이나 기회를 제공하여 기회의 평등을 촉진하려는 적극적인 정책이다. 미국에서 소수민족의 고용과 입학을 일정 비율 보장하는 소수집단우대정책과 한국의 장애인의무고용제도가 대표적이다. 초기에는 인종차별을 완화하기 위해 도입되었으나 지금은 성별, 종교, 장애 등으로 적용 범위가 확장되고 있다.

③ 결과의 평등(equality of outcome) : 모든 사람에게 욕구나 능력의 차이에 관계없이 법적 조치나 정치적 수단을 이용하여 사회적 자원을 똑같이 분배하는 평등을 말하며, 흔히 산술적 평등이라고 불리며 가장 적극적인 평등이다. 예를 들어 100미터 달리기에서 모든 참가자들이 똑같이 골인하는 것이다. 아동수당은 만 8세 미만의 아동에게 부모의 재산이나 세금 납부 여부와 무관하게 일률

적으로 매월 10만 원을 지급한다.

〈표 2-1〉 평등의 종류

종류	개념	정책 사례
결과의 평등	사회적 자원의 동일한 분배	아동수당, 기초연금
조건의 평등	능력이나 기여에 비례한 분배	사회보험
기회의 평등	자원획득 과정에 기회 제공	농어촌특례입학, 드림스타트

완전한 결과의 평등은 어떠한 사회에도 존재하지 않는다. 사회주의국가는 결과의 평등이 중심 가치이고, 자본주의국가는 어느 정도 불평등을 인정하는 가운데 기회의 평등과 조건의 평등을 강조한다.

읽어보기 **국민연금 받아서 기초연금 깎인 노인 60만 명**

기초연금은 65세 이상 노인을 대상으로 소득인정액으로 소득 하위 70%에게 지급한다. 그런데 기초연금에는 기초연금-국민연금 가입기간 연계 감액장치가 있어서 일정 금액 이상의 국민연금을 받으면 기초연금이 깎인다. 이런 이유로 2023년 기준으로 약 60만 명이 국민연금을 받는다는 이유로 기초연금이 삭감당했다. 즉 성실하게 일해 국민연금 보험료를 납부했더니 오히려 기초연금이 깎이고, 국민연금을 전혀 납부하지 않았더니 기초연금을 전액 받는 것이다. 이 제도는 연금 수혜의 공평성을 도모한다는 취지인데 성실한 국민연금 납부자의 불이익이 커져 국민연금 장기가입을 가로막을 수도 있다. 과연 어떻게 하는 것이 공평(equity)한가?

(4) 사회정의

사회정의(social justice)란 개인에게 정당한 몫을 부여하고 그 몫에 대한 권리와 책임의식 및 이익을 정당하게 부여하는 것을 의미한다. 아리스토텔레스(Aristotle)는 정의의 본질은 평등이라 주장하였고, 로마의 울피아누스(Ulpianus)는 각자에게 그의 몫을 돌리려는 항구적인 의지라고 규정하였다. 롤스(J. Rawls)는 정당화될 수 없는 불평등이 존재하지 않는 상태를 추구하는 것이라 하고 정의에 관해 두 가지 원칙을 내세웠다.

롤스(J. Raws)의 정의론

① 제1원칙 : 모든 사람이 다른 사람의 자유와 양립할 수 있는 한에서 가장 광범한 자유에 대하여 동등한 권리를 가져야 한다(최대 평등 자유의 원칙).

② 제2원칙 : 사회적 경제적 불평등은 다음 두 조건을 만족시키도록 조정되어야 한다. 첫째는 공정한 저축 원칙에 따라 가장 불리한 계층에게 최대의 이익을(차이 원칙), 둘째는 공정한 기회균등의 조건에서 모두에게 개방된 직위와 직책이 결부되도록 하여야 한다(기회균등 원칙).

롤스는 제1원칙이 우선하고 제2원칙에서는 기회균등 원칙이 우선한다고 하였다. 즉 부와 소득의 불평등한 분배와 권력의 계층화는 반드시 시민권과 기회 균등을 보장하는 기회 균등의 원칙하에서만 가능하다는 것이다.

(5) 사회적 연대

사회적 연대(solidarity)는 사회구성원들이 사회에 대하여 가지고 있는 소속의식 및 연대감을 말한다. 자본주의 사회가 개개인의 능력이나 경쟁을 지나치게 강조한 나머지 사회적 불평등과 인간소외 현상을 가져왔다고 보고, 따라서 사회복지정책은 사회구성원 간의 따뜻한 인정과 협동정신을 강조한다.

사람들은 공통의 위험에 빠지면 이를 제거하기 위해 협동하는 것이 필요하고 협동하게 된다. 오늘날 대표적인 사회적 위험이라고 할 수 있는 빈곤, 질병, 노령, 산업재해 등에 대해 국가적인 차원에서 마련되고 있는 사회보험제도들은 바로 이러한 사회적 위험에 대한 공동의 협동과 책임을 전제로 한 사회적 연대의식이라는 가치의 실현이다(박경일 외, 2023). 사회적 연대를 통해 사회통합을 이루고자 한다.

유럽 파업현장의 흔한 구호 SOLIDARITY

정책사례 **국민연금 A값과 스웨덴 연대임금정책**

- 국민연금의 기본연금액 산정수식은 1.5(A + B)(1 + 0.05N)이다. 여기에서 A는 '연금수급 전 3년간 전체가입자의 평균소득월액의 평균액, B는 가입자 개인의 가입기간 중 기준소득월액의 평균액, N은 20년 초과월수이다. 국민연금은 자기 소득의 9%를 보험료로 납부하는데, 연금을 받을 때는 전체가입자의 A값이 반영된다. 왜일까? 국민연금은 적금이나 개인연금이 아니라 국가가 운영하는 사회복지제도이며, 소득재분배를 통한 사회통합을 이루고자 하는 정책적 목표가 있기 때문이다. 비록 저소득자라 할지라도 연금을 받을 때는 전체가입자의 평균소득 정도의 노후생활을 일정 부분 보장하겠다는 사회적 연대의 상징이다. 흔히 A를 비례부분, B를 균등화부분이라 한다.
- 스웨덴의 노동조합총연맹인 LO가 1941년 개발한 연대임금정책(solidaristic wage policy)은 노동자가 고용된 산업이나 기업의 수익성 및 임금지불능력 수준에 관계없이 동일노동에 대해서는 동일임금이 지급되도록 하는 임금정책이다. 생산성 높은 기업의 고임금근로자의 양보와 희생이 전제되어야 하며, 반면에 연대임금을 감당할 수 없는 저생산성 기업은 파산을 유도해 생산성 높은 기업으로 옮겨가도록 정부가 적극적 노동시장정책을 펼친다. 스웨덴은 이 정책으로 기업 간 임금격차 해소, 기업경쟁력 강화, 공공복지 확대라는 세 마리 토끼를 잡으면서 지속적인 경제성장을 이룩할 수 있었다(박병현, 2021).

(6) 효율성

효율성(efficiency)은 최소한의 자원을 투입하여 최대한의 효과를 얻는 것을 의미한다. 사회복지정책은 희소성의 원칙이 적용되는 유한한 자원을 할당하는 것이므로 효율성을 추구해야 한다. 물론 투입된 자원과 달성된 결과를 계량화하기 어렵기 때문에 어떤 정책이 효율적인가를 결정하기는 쉽지 않다. 효율성은 다음과 같이 분류할 수 있다.

① 목표효율성(target efficiency) : 정책 대상자(target)에게 자원이 얼마나 집중적으로 배분되는가이다. 대상자가 아닌 일반시민에게 자원이 할당될수록 목표효율성은 떨어지며, 따라서 목표효율성을 높이려면 선별주의 입장에서 엄격한 자산조사를 통해 수급권자를 정확하게 찾아내야 한다.

② 운영효율성(administrative efficiency) : 정책 집행에 소요되는 행정비용을 최소화하는 것이다. 자산조사에는 행정기관의 인적·물적 자원이 소요되며 이

를 행정비용이라 한다. 행정비용이 많을수록 대상자에게 지급될 급여액의 비중은 낮아져 운영효율성이 떨어진다. 오쿤(Okun, 1975)은 이를 '새는 바구니효과(leaky bucket effect)'라 하였고, 정부기관의 낮은 운영효율성을 정부실패(government failure)라 한다.

정책사례 **사회보험통합징수와 아동수당**

- 국민연금공단과 국민건강보험공단, 근로복지공단은 각각 사회보험료를 징수하였으나 비효율성과 낭비를 줄이기 위해 2011년 1월부터 국민건강보험공단이 통합징수 하고 있다. 각 공단은 인건비와 고지서 등의 행정비용을 절감하고, 가입자 역시 각각 납부하는 불편을 해소하게 되었다.
- 아동수당이 도입된 2018년에는 지급 대상이 전체 가구의 소득 하위 90% 수준이었으나 상위 10%를 골라내는 행정비용이 10%에게 지급할 급여액보다 커서 2019년부터는 모든 아동으로 확대되었다.

③ 배분적 효율성 : 사회 전체의 효용(만족감)을 높일 수 있도록 사회적 자원을 배분하는 것이다. 즉 사회 내에서 어떤 사람의 효용을 감소시키지 않고서도 다른 사람의 효용을 증대시킬 수 없는 실현가능한 최적의 자원배분 상태를 의미하고, 이를 파레토 최적(Pareto optimum)이라 한다. 현실에서는 파레토 최적인 자원배분이 쉽지 않다.

2 사회복지정책의 사상

1) 사상의 의의

사상은 개인과 집단이 사회와 세계를 이해하는 이념적 논리구조이며 사회구성원들이 공통적으로 소유하는 신념 체계를 말한다. 흔히 이념 또는 이데올로기(ideology)로 표현된다. 이데올로기는 흔히 정치이념으로 통용되기도 하지만 정치에 한정되지 않고 사회가 어떻게 조직되고 운영되는지에 대한 전반을 다루는 세상을 바라보는 틀이다.

이데올로기라는 용어는 1789년 프랑스혁명 당시 트라시(A.L.C. Tracy)가 저서에서 '관념의 기원을 결정하는 과학'이라는 의미로 처음 사용하였다.

사회복지정책은 사상의 영향을 크게 받는다. 이데올로기는 복지정책에 대한 국가와 사회 그리고 개인과 집단의 가치와 행동양상을 '왜' 그리고 '어떻게' 일어나고 있는지를 살펴보는 데 중요한 기준이 된다(김영화 외, 2023). 국민 대다수가 사회복지정책과 제도를 어떻게 이해하고 있는지, 어떤 사회복지정책에 대해 찬성하고 반대하는지 등은 그 사회의 주류 사상에 따라 결정된다.

2) 사회복지정책에 관한 정치적 관점

사회복지에 관한 오랜 정치적 논쟁은 보수주의와 진보주의로 대립되는 이데올로기이다. 이 둘은 사회란 무엇이며, 그러한 사회 속에서의 정부의 역할은 무엇인지에 대해서 첨예한 차이를 보인다(Gilbert & Terrell, 2013). 이 둘을 비교하면 다음과 같다.

① 보수주의(conservative) : 각자의 운명은 각자의 책임이라는 기본 입장이다. 개인적 이익 추구를 강조하며, 자신의 적성과 야망을 바탕으로 성공적인 삶을 이룰 수 있게 보통 사람들에게 기회가 주어져야 한다고 믿는다. 개인주의와 자유시장 자본주의를 강조하며, 사회적 개입이 필요하다면 국가가 아니라 가족, 교회, 기업 그리고 사적 모임 등이 나서야 한다고 주장한다. 국가의 역할은 사회 질서를 보호하는 데 필요한 최소한의 안전망에 그쳐야 한다는 것이다.

② 진보주의(progressive) : 공동의 목표를 이루기 위한 공동의 행위를 강조한다. 사회구성원은 사회 내에서 공평한 몫을 배분받을 자격이 있으며 이것은 권리라고 본다. 사회문제는 개인의 잘못이 아니라 부적절한 사회경제 구조 때문이며, 특히 산업자본주의에서 소수에 집중된 경제력과 독점 그리고 탐욕스러운 사익추구를 주된 원인으로 본다. 국가는 다수의 이익을 소수의 이익으로부터 보호할 수 있는 권위를 가진 하나의 사회제도로 보며, 인간의 기본적인 욕구 충족을 보장하기 위한 적극적인 공공의 책임을 주장한다.

〈표 2-2〉 사회복지정책에 관한 정치적 관점들

	보수주의적 관점	진보주의적 관점
정치 이데올로기	개인주의	집합주의
사회문제에 관한 입장	사회문제는 그릇된 선택, 개인적 역기능, 빈곤문화에 의한 것임	사회문제는 근본적인 사회경제적 상황, 접근을 어렵게 하는 요인들, 기회의 부족에서 비롯됨
시장에 관한 입장	통제되지 않은 시장과 사적 재산이 번영과 복지를 약속함	통제되지 않은 시장은 위험한 경제 순환주기, 실업, 도시 황폐화, 빈곤, 불평등 및 환경악화를 초래함
정부의 책임	잔여적 관점 : 작은 정부-사적 제도를 보조하는 온건하고 분권화된 정부	제도적 관점 : 정부는 전체 공동체를 위해 복지를 증진시킬 수 있을 만큼 충분히 커야 함
사회정책의 의제	시장, 자발성 및 종교적 제도에 중점을 둠 : 빈곤층을 겨냥한 최소한의 안전망을 제공	공공부문의 리더십 : 충분한 기회, 경제적 안전 및 기본적인 사회재를 보장하기 위해 보편적이고 광범위한 프로그램을 제공

출처 : Gilbert & Terrell(2013), p. 44.

3) 사회복지정책의 이념모형

사회복지정책의 사상은 학자들의 관점에 따라 다양하다. 기본적으로는 이른바 좌파와 우파라 불리는 양분법에서 시작하여 연속선상에 다양한 모형이 존재한다. 학자들이 제시한 사회복지정책의 이념모형은 〈표 2-3〉과 같고, 중요한 몇 가지만 살펴보면 아래와 같다.

일반적으로 좌파는 현 사회체계의 문제점을 찾아 개선하려는 급진적이며 개혁적인 진보를 의미하고, 우파는 전통과 사회질서를 안정적으로 유지하려는 보수를 의미한다. 좌파는 대체로 자유보다 평등을 강조하고, 우파는 반대로 평등보다 자유를 강조한다. 현 체제를 유지하려 고집하면 발전이 없고, 성급하게 개선하려면 안정성이 깨질 수 있다. 좌파와 우파라는 용어는 프랑스혁명기에 소집된 국민 공회에서 개혁파인 자코뱅당(Jacobins)이 왼쪽에 자리했고, 보수파인 지롱드당(Girondins)이 오른쪽에 배석한 데서 유래하였다.

〈표 2-3〉 학자들의 사회복지정책 이념모형

연도	학자	개인주의 ← 이념의 연속선 → 집합주의					
1958	Wilensky & Lebeaux	잔여적	제도적				
1974	Titmuss	잔여적	산업적 성취-수행	제도적 재분배			
1975	Parker	자유방임	자유주의	사회주의			
1976	George & Wilding	반집합주의	소극적 집합주의	페이비언 사회주의	마르크스주의		
1977	Mishra	잔여적	제도적	규범적(혹은 사회주의)			
1979	Fumiss & Tilton	보수주의	적극적 국가	사회보장 국가	사회복지 국가	급진주의	
1979	Room	시장자유주의	정치적 자유주의	민주적 사회주의	신마르크스주의		
1979	Williams	고전파 경제이론	신중상주의적 집합주의	마르크스주의적 사회주의자			
1994	George & Wilding	신우파	중도노선	사회 민주주의	마르크스주의	페미니즘	녹색주의

출처 : 박경일(2023), p. 70.

(1) 윌렌스키와 르보 모형

초기의 사회복지정책의 이념모형은 윌렌스키와 르보(Wilensky & Lebeaux, 1958)가 제시한 잔여적 모형과 제도적 모형이다. 잔여적 모형은 사회복지정책을 가족이나 시장경제가 제 기능을 발휘하지 못해 개인의 욕구가 충족되지 않을 때 보충적으로 개입하여 응급조치 기능을 수행하는 것으로 본다. 제도적 모형은 사회복지정책을 가족이나 시장경제 등과 같이 사회의 기본적인 기능을 수행하는 하나의 제도로 보는 입장으로, 사회복지정책은 복잡한 현대 산업사회에서 각 개인의 욕구를 충족시키고 사회를 유지·발전시켜 나가는 최전선의 기능을 수행해야 한다고 간주한다.

(2) 티트머스 모형

티트머스(Titmuss, 1974)는 사회복지정책의 이념모형을 3분법으로 분류하였다. 그의 3분법의 장점은 2분법의 최대의 단점인 이념의 과대 단순화를 어느 정도 극복할 수 있었다는 것이다. 예를 들어, 중도 우파인 영국의 자유당과 중도 좌파인 노동당은 사회복지정책에서 분명한 차이가 있었으나 2분법의 사회복지정책 이념모형상 똑같이 제도적 모형에 소속되는 것으로 분류되어 왔는데 3분법 아래에서는 확연히 구별할 수 있게 되었다(김상균, 1987).

티트머스의 보충적 모형은 윌렌스키와 르보(Wilensky & Lebeaux, 1965)의 보충적 모형과 같은 것으로 일차적으로 가족과 시장을 통해 욕구충족이 안 되는 빈곤자나 요보호자를 대상으로 그들에게 잠정적으로 최소한의 생활을 보장하는 것을 말한다. 산업성취적 모형은 사회복지의 급여를 생산성, 즉 경제적으로 기여한 업적에 따라 결정하는 것이다. 즉, 사회복지정책을 경제성장의 수단 또는 종속물로 보기 때문에 일명 시녀적 모형이라고도 불린다.

제도적 재분배모형은 윌렌스키와 르보의 제도적 모형과 같은 것으로, 사회복지정책을 사회의 중요한 제도로 간주하며 욕구의 원리에 입각하여 시장경제 메커니즘 외부에서 사회의 구조적 불평등을 해소하기 위하여 보편적 급여를 제공하는 평등추구 입장의 모형이다.

(3) 조지와 와일딩 모형

조지와 와일딩(George & Wilding, 1976, 1985)은 사회복지정책의 이념모형을 다음의 네 가지로 구분하였다.

① 반집합주의(anti-collectivists) : 자유방임주의 이념을 바탕으로 국가의 개입은 최소한으로 국한되어야 하고 복지혜택은 주로 최저생계비 이하의 빈곤계층에 대하여 국가온정주의적 차원에서 정치적 안정유지를 위하여 최소한으로 주어져야 한다. 복지를 위한 국가 개입은 제도적 측면보다는 개인적 측면에 치중하게 되므로 보충적 모형과 유사하며, 영국의 신구빈법(1834)은 반집합주의에 입각한 대표적인 복지시책에 해당한다.

② 소극적 집합주의(reluctant collectivists) : 수정자유주의 이념을 바탕으로 하여 자본주의적 기본요소는 그대로 보존한 채 지나친 불평등을 제거하기 위하여 적절한 국가 개입을 통하여 베버리지(Beveridge)가 말하는 5대 사회악을 해결, 개선해 나가자는 것으로서 국민 최저한의 보장과 소극적인 평등을 주장한다.

③ 페이비안 사회주의(Fabian Socialists) : 사회민주주의 이념을 바탕으로 하여

평등, 자유, 우애의 세 가지 가치와 그 밖에 부수적 가치로서 민주주의와 인도주의에 기초를 두고 복지국가의 실현을 통해 빈곤퇴치와 불평등을 해소하고 자본주의를 개혁할 것을 강조한다. 여기서 자유라 함은 다른 사람의 간섭 없이 자신의 의지대로 행하는 소극적 자유의 의미가 아니고 사회적 권리로서 복지를 누릴 수 있는 적극적 자유를 의미한다.

④ 마르크스주의(Marxists) : 사회주의 이념을 바탕으로 하여 페이비안 사회주의와는 달리 빈곤퇴치와 불평등의 해소는 결코 복지국가의 실현을 통해서 이루어질 수 없다고 판단하면서 복지국가의 대안으로서 사회주의 혁명을 제시하고 있다.

〈표 2-4〉 조지와 와일딩(1976) 모형

복지모형	대표적 인물	중심적 사회가치	사회조직	정부의 개입	복지국가론	빈곤완화에 대한 국가책임
반집합주의	Hayek Friedman Powell	소극적 자유 개인주의 불평등	현존하는 불평등은 경제성장에 기여하므로 정당화될 수 있다고 봄. 경쟁, 수요와 공급, 이윤, 자유임금협약의 중요성을 강조함	부정적 사회적 붕괴 자원의 낭비 경제적비효율 개인자유의침해	반대 중앙집권적 계획은 권위적 사회주의 국가로 결과됨	필요악 자선과 이웃사랑의 정신에 입각
소극적 집합주의	Keynes Beveridge Galbraith	소극적 자유 개인주의 실용주의 인본주의 합리주의	자본주의는 비효율적·낭비적인 요소를 소지하고 있으며 비리와 빈곤을 소멸시킬 수 없고, 강자의 이해관계가 국익과 동일시되기 쉽다고 봄	조건부 인정 자본주의의 원활한 기능 및 시장체계의 약점보완을 위해, 사회악의 제거와 사회적 균형 유지를 위해	찬성 자동조절 능력이 없는 자본주의를 보완	국민 최저수준의 보장에만 국가책임 인정
페이비안 사회주의	Tawney Titmuss Crosland	평등 적극적 자유 동포애	수정자본주의하에서는 정치권력이 국민경제(생활)의 조정자가 될 수 있으며, 국가는 사회주의 건설의 도구로 이용될 수 있다고 확신	적극인정 자유시장 체계는 필연적으로 실패함. 시장체계의 수정, 보완 및 대리기능을 정부가 수행	적극찬성 복지국가의 확산을 통해 자본주의의 개혁이 가능. 복지국가는 사회주의 이행의 전 단계로 인식됨	점진적이고 지속적인 불평등의 완화에 대한 국가책임

마르크스 주의	Laski Strachey Miliband	적극적 자유 평등 우애	생산수단이 일부계급에 의해 독점될 때 갈등이 필연적이며, 계급갈등을 자본주의 고질병으로 간주함. 자본주의국가의 모든 기구는 중립적 심판관이 될 수 없고 오로지 자본가의 하수인에 지나지 않는다고 봄	적극인정 산업민주주의와 생산수단의 국유화는 경제적 평등을 실현시키며 계획경제체제는 정부의 개입에 의해 가능하다고 믿음	적극반대 복지국가는 자본계급의 노동계급에 대한 불가피한 최소한의 양보. 복지국가를 통한 사회주의 건설은 불가능	자본주의 체제가 존속되는 한 빈곤은 어떠한 형태의 국가개입에 의해서도 소멸 불가능

조지와 와일딩(George & Wilding, 1994)은 이후에 기존의 4가지 이념모형을 ① 신우파, ② 중도노선, ③ 사회민주주의, ④ 마르크스주의, ⑤ 페미니즘, ⑥ 녹색주의로 세분화하였다. 신우파는 반집합주의, 중도노선은 소극적 집합주의, 사회민주주의는 페이비언 사회주의와 흡사하다.

페미니즘(Feminism)은 복지국가가 남성들이 정책입안자이고 여성들은 단지 정책수혜자로 머무는 남성지배적인 국가라고 주장하였고, 녹색주의(Greenism)는 경제성장이 개인적 풍요와 공공서비스 자원을 증가시킴으로써 복지를 강화하는 수단으로 파악하고, 따라서 경제성장은 엄청난 비복지라고 주장하였다.

〈표 2-5〉 조지와 와일딩(1994) 6분형 모형

이념		복지국가에 대한 입장	복지국가란?
우파	신우파	매우 반대	자유시장 확립의 걸림돌
	중도우파	제한적 지지	사회안정, 질서유지에 도움
좌파	사회민주주의	매우 지지	평등한 사회실현에 도움
	마르크스주의	반대	자본주의체제 강화
페미니즘		제한적 지지	여성의 평등 지위 보장
녹색주의		반대	환경문제를 조장

(4) 우리나라 이념모형

서구에서는 2분법 내지 3분법, 그리고 4분법 등이 제시되었으나, 우리나라는 한국전쟁을 겪으면서 남북 간의 이념전쟁을 통해 사회주의 또는 마르크스주의 같은 급진적 좌파모형은 존재하기 어렵다. 이런 이유로 김상균 등(1999)은 우리나라 사회복지정책의 이념모형을 경제발전과 사회복지의 관계, 사회복지에 대한 국가의 책임에 대한 인식에 주목하여 경제성장 우선모형과 국가복지 확대모형으로 크게 구분하고, 이 중에서 국가복지 확대모형을 다시 복지제도 운영방식과 관련하여 분립복지모형과 통합복지모형으로 구분하였다.

〈표 2-6〉 우리나라 사회복지정책 이념모형

경제성장 우선모형	국가복지 확대모형	
	분립복지모형	통합복지모형
• 국가정책의 최우선 : 경제 성장 • 개인의 욕구충족 : 가족단위로 일차적으로 시장에서 해결 • 국가복지는 근로동기를 약화시키므로 극빈자에 한정 • 경제성장에 순기능적인 복지서비스만 허용 • 분배정책은 시기상조 • 사회보험의 정책결정권은 노 · 사가 행사	• 사회정책의 재분배기능 : 저평가 • 국가복지 예산확보 : 소극적 • 사회보험에 비해 공공부조에 대한 관심 미약 • 사회보험 행정 및 재정 : 통합반대, 조합분리운영 • 국가복지의 확대시행 연기 • 자영자 소득파악 가능성 : 부정	• 사회정책을 통한 재분배 : 적극적 • 국가복지 예산확보 : 적극적 • 총체적 사회안전망에 대한 관심 • 사회보험의 통합주장 : 사회정의, 행정효율성 증대 • 국가복지확대의 조기실시 • 자영자 소득파악 가능성 : 인정

출처 : 김상균 등(1999), p. 66.

이 모형을 조지와 와일딩(George & Wilding, 1976) 모형과 비교하면 첫째, 경제성장 우선모형은 반집합주의와 매우 유사하고 둘째, 국가복지 확대모형은 내용상으로는 소극적 집합주의와 페이비언 사회주의 모형을 섞어서 모아 놓은 것 같은 느낌을 받게 되지만, 우리에게는 사회주의 모형이 없다는 점이 큰 차이를 보이는 부분이다. 즉 우리나라에서는 친복지적이라 할지라도 반드시 좌파 성향의 이념이라고 보기는 쉽지 않다. 셋째, 분립복지모형과 통합복지모형의 차별성은 소극적 집합주의와 페이비언 사회주의 모형의 차이처럼 이념 측면에서 구별 짓기 힘들다(김상균 등, 1999).

4) 현대 사회복지정책의 주요 사상

(1) 케인스주의

경제학자인 케인스(J. M. Keynes)가 저서 『고용, 투자, 화폐에 대한 일반이론』(1936)에서 제시한 이론과 정책수단으로, 자본주의 경제는 구조적으로 총수효가 총공급보다 적게 되므로 정부가 실제로 구매력을 가진 유효수효를 늘리기 위해 투자를 해야 한다는 국가개입주의를 말한다. 자본주의는 부와 소득이 거대한 불평등을 야기한다는 점에서 관리되어야 하고, 시장실패에 대해 국가가 적절히 개입해야 한다고 주장하였다. 국가 개입은 사회주의를 위해서가 아니라 자본주의를 유지하기 위한 조치이다.

케인스(J. M. Keynes)

케인스 이론은 1929년에 시작된 대공황과 20세기 내내 경제학자뿐만 아니라 공공정책 수립에 큰 영향을 미쳤다. 우리나라에서 1998년 IMF 구제금융 사태와 2008년 세계금융위기가 발생하자 정부가 적극적으로 대책을 강구한 것이나, 2020년 코로나사태로 경기침체를 막기 위해 전국민 재난지원금을 지원한 것은 케인스주의에 기반하고 있다.

(2) 신자유주의

신자유주의(Neoliberalism)는 국가권력의 시장개입을 비판하고 시장의 기능과 민간의 자유로운 활동을 중시하는 사상이다. 자유시장, 규제완화, 재산권을 중시하고, 국가권력의 시장개입은 경제의 효율성과 형평성을 악화시킨다고 주장한다. 또한 공급측면 경제학에 기반하여 감세정책을 지지하며, 세계화와 자유화는 신자유주의의 산물이다. 1970년대 석유파동 이후 저성장 · 고실업이 장기화되어 케인스주의적 국가개입정책의 실효성이 상실되자 국가개입 축소와 시장의 복귀를 주장하는 신자유주의로 정책의 조류가 변화하기 시작하였다. 하이예크(F. Hayek)와 프리드만(M. Friedman) 등이 주장하였다.

신자유주의는 정부실패와 작은 정부, 감세정책을 지향하므로 복지지출을 삭감하고 복지서비스 제공에서 정부의 개입을 최소화하고자 한다. 그 결과 민영화가 확대되고 지역사회, 종교단체 같은 민간기관이 더 많은 책임을 갖도록 유도하며, 선별주의와 수익자부담의 원칙을 강조한다. 미국 닉슨행정부의 경제정책에 반영되었고, 레이거노믹스(Reaganomics)의 근간이 되었다.

읽어보기 **래퍼곡선**

래퍼(A. Laffer)가 제시한 세수와 세율 간의 관계를 나타낸 곡선으로, 적정세율을 초과하면 오히려 세수가 줄어든다고 주장하였다. 지나치게 세율이 올라가면 근로의욕이나 투자의욕이 감소해서 세원 자체가 줄어들기 때문이다. 따라서 세율을 낮춤으로써 세수를 증가시킬 수 있다고 본다. 레이건행정부가 실시한 감세정책의 이론적 토대이다.

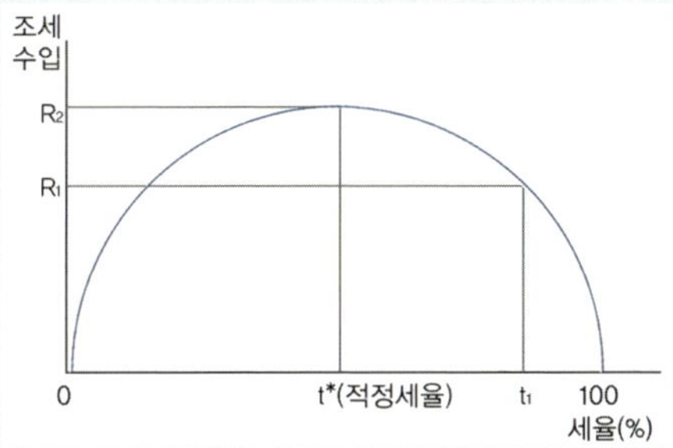

(3) 사회민주주의

사회민주주의(social democracy)는 마르크스주의 같은 폭력혁명과 프롤레타리아 독재를 부정하고 의회제 민주주의 방법을 통해 점진적으로 사회개량을 진행하면서 생산수단의 사회적 소유를 주장하는 사상이다. 사회주의 전통을 이어 받으면서 도덕적 휴머니즘과 개혁주의 등의 다양한 노선으로 전개된 온건한 개혁적 사회주의이다. 19세기 말 노동자에게 참정권이 주어져 정치적 민주주의는 달성되었으나 경제적 민주주의는 달성되지 않아 이것을 획득하려는 노력서 사회민주주의라는 용어가 생겨났다.

페이비언협회 포스터

사회민주주의로 가장 유명한 것은 페이비언주의라 할 수 있다. 영국에서 버나드 쇼(Benard Shaw), 웹 부부(Sidney & Beatrice Webb) 등이 1884년 결성한 페이비언협회는 로마와 카르타고 간의 포에니전쟁 때 지구전술로 한니발(Hannibal)을 격파한 로마의 파비우스(Fabius) 장군의 이름을 따서 명명하였다. 페이비언주의는 1918년 영국 노동당의 정책으로 채택되었고, 오늘날 독일과 스웨덴의 사회민주당 등 북유럽 노르딕모델의 사상적 기반이다.

(4) 마르크스주의

마르크스(K. Marx)

마르크스(K. Marx)와 엥겔스(F. Engels)가 변증법적 유물론과 잉여가치설, 노동 소외와 계급투쟁 등을 바탕으로 프롤레타리아 독재, 계급과 국가의 폐지에 의한 공산주의 실현 등을 주장한 사상이다. 모든 역사는 계급투쟁의 역사이며, 자본주의 시대의 계급관계는 부르주아계급과 무산계급인 프롤레타리아간의 적대적 대립관계이다. 공산주의(communism) 혁명을 통해 사적 소유의 철폐와 생산수단의 공유화 등을 통해 노동자의 해방을 실현해 지배와 피지배자로 나누는 사회적 계급이 소멸한 사회를 추구하는 사상이다.

〈표 2-7〉 사회복지정책에 대한 이념 비교

구분		자본주의 지향	사회주의 지향
사회복지정책에 대해	긍정적	케인즈주의(국가개입주의)	페이비언 사회주의
	부정적	신자유주의(자유방임주의)	마르크스주의

출처 : 박주현(2021), p. 76.

(5) 기타

① 제3의 길(The Third Way) : 기든스(A. Giddens)는 사회민주주의와 신자유주의를 변증법적으로 통합한 정책을 제안하였는데, 경제적 효율과 사회적 형평을 두 축으로 삼으면서 경제성장과 복지국가를 동시에 발전시켜 나가는 것을 기본방향으로 한다. 즉 복지국가 등장부터 고부담-고복지-저효율로 요약되는 사회민주주의 복지국가노선(제1의 길)과 대처리즘과 레이거노믹스를 통해 저부담-고효율-불평등으로 정리되는 신자유주의 시장경제노선(제2의 길)을 통합한 제3의 길을 제안하였다. 국민은 복지 수급자와 노동자로서의 권리와 의무를 가진다는 개인주의와 기회균등과 분배적 정의를 실현함으로써 공동체적 사회연대를 달성하려는 집합주의를 동시에 추구한다(김기원, 2017). 제3의 길에서 대표되는 복지정책은 사회투자국가,

복지다원주의 및 위험성을 공동부담하는 의식전환 등이다. 영국의 토니 블레어(T. Blair)와 독일의 게르하르트 슈뢰더(G. Schröder) 총리의 '새로운 중도' 노선이 이 사상에 기반하였다.

〈표 2-8〉 좌파와 우파 그리고 제3의 길 비교

사회민주주의(좌파)	신자유주의(우파)	제3의 길
• 사회경제적 영역에 대한 국가의 점증되는 개입	• 최소 정부	• 근본주의적 중도 (The radical centre)
• 시민사회에 대한 국가의 지배	• 자율적인 시민사회	• 새로운 민주적 국가
• 집합주의	• 시장 근본주의	• 적극적인 시민사회
• 조합주의와 연결된 케인지안 수요관리	• 강력한 경제적 개인주의와 도덕적 권위주의	• 민주적 가족
• 시장의 제한된 역할	• 투명한 노동시장	• 신혼합경제
• 강한 평등주의	• 불평등의 수용	• 포섭으로서의 평등
• 요람에서 무덤까지 보호하는 포괄적 복지국가	• 안전망으로서의 복지국가	• 실용적인(positive) 복지 • 사회투자 국가
• 국제주의	• 전통적 민족주의 • 국제질서에 대한 현실주의적 이론	• 코스모폴리탄 국가 • 코스모폴리탄 민주주의

출처: Giddens, A.(1989).

② 코포라티즘(corporatism) : 조합주의로 지칭되는 코포라티즘은 노사정 공동결정의 원칙 아래 경제사회정책에 국민적 합의를 통해 대립구조와 갈등구조를 극복하려는 삼자협동주의(tripartism)를 의미한다. 노동조합과 사용자단체 같은 경쟁적 이익집단들이 정부와 함께 정치과정에 참여하는 체제를 지칭한다. 역사적으로 코포라티즘의 등장은 국회 밖에서 국가적 현안들이 삼자에 의해 결정되면서 사회복지정책의 확대와 발전을 가져왔다. 따라서 코포라티즘은 복지국가의 성장과 확대를 촉진하였다.

정책사례 **노사정위원회**

IMF사태 당시 경제위기 극복을 위한 국민적 합의를 이끌어 내기 위해 노동단체와 사용자단체 그리고 정치권과 정부가 합의해 1998년 1월 노사정위원회가 발족되었다. 노사정 당사자가 사회양극화 해소와 사회통합 및 국민경제의 균형발전을 위해 산업과 경제 및 사회정책 전반에 걸쳐 사회적 합의를 이끌어내고자 노력하였다. 네덜란드의 바세나르협약(Wassenaar Agreement), 독일의 아젠다2020 등이 모델이다. 2018년부터는 경제사회노동위원회로 개편하여 사회적 대화를 이어가고 있다. 대통령 직속기구이며, 위원장은 장관급이다.

③ 능력개발국가 : 능력개발국가는 권한부여를 통한 능력개발, 민영화, 책임이라는 용어로 상징된다. 따라서 사회보호에 대한 이러한 접근의 지배적 원리는 사적 책임을 위한 공적 지원으로 요약된다(Gilbert, 1989). 그러나 시민과 비정부조직에 의한 사적 노력과 책임에 대한 관심은 능력개발국가를 전통적 복지국가와 구별하는 개념과 선호라는 더 큰 토대 속에서 구현된 것이다. 국가는 복지수급자들이 근로를 통해 자신의 생활을 책임지도록 유도하며, 복지 공급에서 민간부문의 역할이 증대된다. 사회보장 프로그램은 보편주의를 포기하고 선별주의에 기초한다.

〈표 2-9〉 복지국가와 능력개발국가의 비교

복지국가	능력개발국가
사회권 확대	권리와 의무의 연결
직접적 지출에 의존	간접적 지출의 증가
서비스 형태로 이전	현금 또는 교환권으로 이전
공공기관에 의한 전달	민간기관에 의한 전달
개인에 중점을 두는 정책	가족에 중점을 두는 정책
소비를 위한 복지급여	투자를 위한 복지급여
경제적 불평등 감소	사회공평의 회복

출처: Gilbert (1989). The Enabling State에서 재인용.

④ 근로연계복지(workfare) : 복지를 노동과 연계하여 제공하는 형태로서, 근로능력이 있는 복지 수급자에게 근로활동에 대한 참여를 의무화시키는 정책을 말한다. 다만 국가별로 다소 개념이 상이한데, 미국의 워크페어(workfare)는 복지수급자에게 근로를 의무화하는 정책이라면, 유럽의 근로를 통한 복지(welfare to work)는 자립할 수 있도록 노동시장에 복귀를 지원하는 복지라는 개념에 가깝다. 신자유주의가 노동시장 유연화를 추진하면서 등장하였고, 복지급여 축소와

개인의 책임을 강조한다. 노동을 조건으로 복지급여를 제공하므로 일종의 노동력의 재상품화(re-commodification) 정책이다. 근로장려세제(EITC), 자활사업, 사회보험 두루누리사업 등이 이 정책의 일환이다.

정책사례 **자활사업과 두루누리사업**

자활사업은 국민기초생활보장 수급자 및 차상위계층 중 근로능력이 있는 저소득층이 스스로 자활할 수 있도록 자활능력을 배양하고, 기능습득 및 근로기회를 제공하는 것을 목적으로 하는 사업이다. 즉 근로능력이 있는 저소득층에게는 노동시장에의 참여를 전제로 최저생활을 보장하기 위한 것이다. 생계급여 수급자 중 조건부 수급자는 자활사업 의무참여자이다. 두루누리 사회보험료 지원사업은 소규모 사업을 운영하는 사업주와 소속 근로자의 사회보험료 일부를 국가가 지원함으로써 사회보험 가입에 따른 부담을 덜어주고, 사회보험 사각지대를 해소하기 위한 사업이다. 근로자 수가 10명 미만인 사업에 고용된 근로자 중 월평균 보수가 270만원 미만인 신규가입 근로자와 그 사업주가 대상이며, 신규가입 근로자 및 사업주가 부담하는 고용보험료와 국민연금 보험료의 80%를 최대 36개월까지 지원한다.

03 CHAPTER

사회복지정책의 발달

1. 사회복지정책의 발달과정
2. 사회복지정책의 발달요인
3. 사회복지정책의 발달이론

1 사회복지정책의 발달과정

1) 3단계 발달이론

사회복지정책의 발달과정을 페르게(Z. Ferge, 2001)는 〈표 3-1〉과 같이 세 단계로 구분하였다. 첫 단계는 14~18세기 영국의 빈민법 시대이고, 두 번째 단계는 1880년대 독일 비스마르크의 사회입법으로 시작된 사회보험 시대이고, 세 번째 단계는 제2차 세계대전 이후 영국에서 시작된 복지국가 시대이다.

〈표 3-1〉 사회복지정책의 세 단계

	빈민법	사회보험	복지국가
대상자	걸인, 부랑자, 구제 가치가 있는 빈민	노동자계급	시민, 개인
복지 주체	국가/교회/봉건영주	국가, 노동조합	국가, 시민단체
대상 욕구	최소한의 생존	산업화·도시화로 인한 사회적 위험에 대한 최소한의 지원	국민 최저한 이상, 완전고용과 복지의 관련성 중시
주요 제도	시설 및 거택보호, 공공부조	사회보험, 공중보건·교육·주택 복지의 시작	확대된 사회보장, 시장을 보완하기 위한 케인스주의적 사회경제정책
권리수준	무 권리/정책당국의 재량	사회보험에 입각한 권리(구매한 권리)	시민권
경제와의 관계	주변적/사회문제를 경제와 무관한 것으로 인식	경제에 종속/잔여적 복지정책	경제와 거의 대등한 파트너 관계

출처 : 원석조(2023), p. 128.

2) 빈민법 시대

(1) 빈민법의 의의

빈민법은 유럽 절대왕정 시대의 사회통제를 위한 국가정책으로서, 국가와 교회 및 봉건영주가 주체가 되어 걸인과 부랑자 등의 빈민을 대상으로 최소한의 생존 욕구에 한정된 구빈원과 작업장에 수용 또는 구호물품 제공 같은 방법을 사용하였다. 오늘날의 시설보호와 거택보호에 해당하며, 수급자의 권리성은 전혀 인정되지 않았다.

(2) 주요 빈민법

빈민 규제를 통한 사회통제적 성격은 노동자규제법(1349)과 걸인 · 부랑자 처벌법(1531) 등의 초기 입법에서부터 명확히 드러났다. 엘리자베스 빈민법(1601)은 부랑자 통제를 위해 빈민법 대상자를 분류하였으며, 정주법(1662)은 부랑자를 연고가 있는 곳으로 추방하기 위해 제정되었고, 길버트법(1782)은 구빈비용 충당을 위해 교구가 연합하여 빈민공장을 설립과 운영을 허용하였고, 스핀엄랜드법(1795)은 임금 상승을 억제하기 위해 임금의 인상 대신 빈민의 생계비를 지급하였다. 각 빈민법의 주요 내용은 다음과 같다.

〈표 3-2〉 14~18세기 영국 빈민법

빈민법	내용
노동자규제법(1349)	주민은 자신이 속한 장원을 떠나서는 안 되고 영주가 주는 임금을 받고 일을 해야 할 의무 규정. 임금은 영주가 결정. 노인과 근로능력이 없는 빈민을 제외한 사람의 구걸행위 금지. 구제가치가 있는 빈민(노인, 장애인, 과부 부양아동)과 구제가치가 없는 빈민(근로능력이 있는 성인 실업자)을 최초로 구분.
걸인 · 부랑자 처벌법(1531)	영국 최초의 빈민구제 법률. 지방법원에 노인과 장애인에게 구걸 라이센스를 발급하는 권한과 라이센스 없이 구걸행위를 하는 사람에 대한 처벌권 부여.
건장한 빈민 · 걸인 처벌법(1536)	빈민을 분류하고 민간 시주금 모금과 그 기금 사용에 관한 절차를 규정. 최초의 구빈세 규정. 단, 중앙정부가 아닌 지방정부의 징수권. 지방정부의 구빈세 징수권 인정은 교회나 민간인이 아닌 국가의 빈민구제 의무를 의미.
구빈세(1572)	빈민구제 비용 조달을 위해 국세인 교구 구빈세(the parish poor rate) 신설. 빈민구제를 원하는 빈민을 등록. 빈민기금으로 근로능력 있는 빈민을 위한 일자리 창출에 사용 가능. 민간의 빈민구제 시주금(모금)에서 탈피.
엘리자베스 빈민법(1601)	1536년 헨리 8세 빈민법과 1572년 교구 구빈세의 경험에 입각해 제정. 이후 200년간 빈민법의 전범이 됨. 지방정부 차원의 빈민구제 행정 유지. 지방 자체 빈민을 위한 구빈세. 빈민의 분류 : ① 노동능력이 없는 빈민(노령자, 만성병자, 맹인, 정신병자)은 구빈원에 수용, ② 노동능력이 있는 빈민은 교정원(실제로는 작업장)에서 강제 노역, ③ 아동은 도제로 삼음.

정주법(1662)	세계 최초로 원조 자격 취득을 위해 정주 요건 요구. 지방당국은 빈민의 정주자격 판단 권한 보유. 정주자격이 있는 빈민만 구제, 정주자격이 없는 빈민은 타지로 추방.
작업장제도(1697)	브리스톨에서 최초의 작업장 시작. 곧 영국 전역과 유럽 일부 국가로 확산. 작업장 입소를 거부하는 사람은 구제 거부. 작업장 운영은 지방정부와 계약을 맺는 민간기업이 담당. 입소자(아동, 장애인, 노인 포함)에게 최소한의 케어 제공. 입소지 근로를 활용. 노예 같은 장기간 중노동.
토마스 길버트법(1782)	많은 작업장 폐쇄. 거택보호제공. 6세 이하 유아는 가족과 생활(의무). 작업장 운영자를 민간기업에서 지방정부 고용 운영자로 대체. 교구연합 빈민공장 허용.
스핀엄랜드법(1795)	일정소득 이하의 빈민에게 스핀엄랜드 수당(보조금) 지급. 수당은 빵의 가격과 부양자 수에 기초. 스핀엄랜드 수당은 빈곤선의 원조.

출처 : 원석조(2021), pp. 130~131.

(3) 신빈민법

신빈민법(1834)은 산업혁명을 통해 도시 노동자계급이 등장하였고, 이들의 열악한 생활조건과 만성적인 실업, 극도의 저임금과 고한노동, 열악한 위생과 보건 등의 사회문제는 그 이전 봉건사회의 부랑자와는 전혀 달랐음에도 기존의 빈민법을 개악하는 시대착오적인 방식으로 대처하고자 하였다(원석조, 2021).

신빈민법에는 ① 빈민구제의 수준은 최하층의 독립 근로자의 생활수준보다 낮아야 한다는 열등처우의 원칙(less eligibility principle)이 적용되었는데, 빈민법 폐지를 주장한 맬더스(Malthus)의 주장을 반영한 것으로 노동 가능한 빈민에 대한 구제를 국가가 거절할 수 있는 법적 · 논리적 근거를 갖게 만들었다. 이외에도 ② 빈민들은 유형과 거주지에 상관없이 동등한 조건으로 처우를 받아야 한다는 전국 균등처우의 원칙, ③ 노동능력이 있는 빈민과 그 가족에 대한 구제는 작업장 내에서만 가능하다는 원외구제 금지의 원칙이 적용되었다.

3) 사회보험 시대

(1) 사회보험의 의의

비스마르크의 사회보험은 국가와 노동조합이 주체가 되어 노동자계급을 대상으로 산업화·도시화로 인한 사회적 위험, 즉 산업재해, 실업, 질병, 노령화 등의 욕구를 보장하고자 하였다. 주요 제도는 사회보험이고, 권리 수준은 사회보험에 가입하여 보험료를 부담하였으므로 수급권을 보장받는다는 구매한 권리(purchased right)에 따른다.

산업혁명으로 시작된 자본주의는 도시의 공장들이 농촌 노동력을 대거 흡수하여 부랑빈민의 문제는 해결하였지만 새롭게 형성된 임금노동자계급의 새로운 사회문제를 야기하였다. 따라서 빈민법 같은 공공부조보다는 사회보험이 등장하게 된 배경이다. 1880년대 독일 비스마르크의 사회보험과 1911년 영국의 국민보험, 1935년 미국 루스벨트의 사회보장법이 대표적이고, 사회보험은 진정한 의미에서 사회복지정책이 시작된 시기로 평가받는다.

(2) 공제조합과 사회보험법

사회보험은 노동자들의 상호부조조직인 공제조합에 기원을 두고 있다. 국가복지가 시작되기 이전 노동자들은 재해, 질병, 사망, 고령 등의 사회적 위험을 스스로 해결하기 위해 상호부조형태인 공제조합을 만들었다. 대표적인 공제조합은 17세기 영국 노동자들이 자생적으로 만든 우애조합(friendly societies)이었는데, 1877년 275만 명, 1887년 360만 명에 이르렀다(원석조, 2021).

독일 비스마르크는 건강보험(1883)과 산재보험(1884), 노령폐질보험(1889)을 도입하였고, 영국 자유당 정부는 국민보험(1911)을 도입하였다. 국민보험은 건강보험과 실업보험으로 구성되었는데, 건강보험은 로이드 조지(Lloyd George)가, 실업보험은 처칠(Winston L. Churchill)이 베버리지의 도움을 받아 도입을 주도하였다.

(3) 뉴딜정책과 사회보장법

1929년 10월 24일 뉴욕 주식시장 대폭락으로 시작된 대공황(The Great Depression)으로 기업이 대규모 도산하여 실업률은 4%에서 25%까지 치솟았고 공업 생산량은 약 3분의 1로 줄었다. 당시 경제학에서는 아담 스미스(Adam Smith) 이론을 토대로 '공급은 스스로 자신의 수요를 창출한다'는 세이의 법칙(Say' law)이 일반적이었다. 그러나 대공황은 이 법칙이 틀렸음을 입증하였고, 케인스는 대공황 시기에 부족한 것은 공급이 아니라 수요라고 주장하여 정부가 인위적으로 재정지출을 늘려 총수요를 높여야 한다고 하였다. 이러한 이론적 토대를 기반으로 루스벨트 대통령은 뉴딜정책을 통해 대규모 재정지출을 시행하게 되었다.

루스벨트
(F. D. Roosevelt)

뉴딜(New Deal)은 카드게임에서 카드를 바꾸어 새롭게 시작한다는 용어이다. 지금까지의 자유시장경제에서 정부의 적극적인 시장 개입정책으로 전면적인 전환, 혁신적인 변화를 의미한다. 1933년 대통령에 취임한 루스벨트가 실시한 뉴딜정책은 ① 실업자들과 가난한 사람들을 구제하기 위한 구호(relief), ② 경제를 정상 수준으로 회복(recovery), ③ 반복적인 불황을 방지하기 위한 금융 개혁(reform)에 초점을 두었다(3R).

뉴딜정책은 대규모 토목사업을 통한 일자리 창출로 인식되고 있으나 탐욕스러운 자본을 통제하는 정부 규제와 자본과 노동 사이의 불균형으로 인해 자본가가 이윤을 독차지하는 구조를 노동3권 보장을 통해 힘의 균형을 유지함으로써 노동자 스스로 정당한 임금을 받게 되어 소비가 촉진되고 경제가 선순환되는 구조를 만드는 것, 그리고 사회보장법을 통해 노령연금과 실업급여를 통해 생계를 안정시키고 구매력을 유지하는 것이 핵심이다.

4) 복지국가 시대

(1) 복지국가의 의의

세 번째 단계는 제2차 세계대전 직후 영국에서부터 시작된 복지국가이다. 복지국가는 사회복지정책의 대상자를 전 국민으로 확대했고, 국가와 시민단체가 사회복지정책의 주체가 되어 국민 최저한(national minimum) 이상으로 확장되었다. 또한 전 국민으로 확대된 사회보장과 시장을 보완하기 위한 케인스주의적 사회경제정책이 핵심 정책 수단이 되었으며, 시민들의 복지 수급권이 완전히 보장되었다. 소득보장뿐만 아니라 보건의료, 주택, 교육 등의 다양한 프로그램으로 확대되었고, 국가의 재정이 대규모로 투입되었다.

(2) 베버리지 보고서

제2차 세계대전 직후 총선에서 영국 노동당이 집권하였고, 노동당은 베버리지 보고서에 입각하여 복지국가를 만들어 나갔다. 베버리지 위원회는 영국노총(TUC)의 제안으로 1941년 6월 창설되었고, 1942년 12월에 베버리지 보고서가 발간되었다. 이 보고서의 계획을 '요람에서 무덤까지'의 사회보장이라 표현하였고, 국민들의 90%가 찬성하였다.

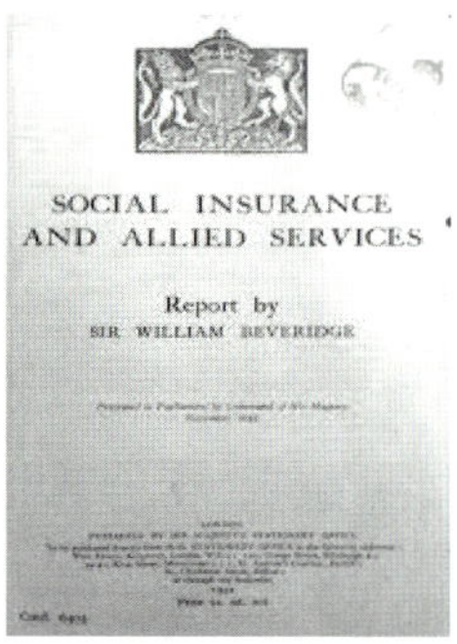

베버리지 보고서

베버리지 보고서의 핵심은 보편주의를 바탕으로 보편적이고 통일된 사회보험체계를 주장하였다. 그는 5대 사회악을 극복하고자 하였는데, 5대 사회악은 결핍, 질병, 무지, 불결, 나태를 말한다. 그리고 사회보험이 성공하기 위해서는 가족수당, 포괄적인 보건서비스 그리고 완전고용이라는 3가지 기본 전제조건이 필요하다고 하였다. 국가는 단지 국민 최저한만을 보장하고, 그 이상은 개인과 가족의 노력에 달려있음도 명백히 하였다. 그가 제시한 사회보험의 6가지 원칙은 다음과 같다.

- 소득을 상실할 경우 그 이전의 소득과 관계없이 동일한 보험급여를 제공한다(균일급여의 원칙).
- 근로자와 고용주는 자산과 무관하게 정액의 강제 기여금을 부과한다(균일갹출의 원칙).
- 효율성을 위해 행정관리를 통합하여 일원화한다(행정관리 통합일원화의 원칙).
- 급여 액수와 제공 기간은 적절해야 한다(급여 적절성의 원칙).
- 적용대상 인구와 사고 모두를 포괄해야 한다(포괄성의 원칙).
- 인구층을 6개 층으로 분류하고 모든 인구층의 욕구를 보장해야 한다(계층 분류의 원칙).

(3) 신자유주의와 복지국가 위기

20세기는 복지국가 성장기였다. 그러나 두 차례의 석유파동과 스태그플레이션은 복지국가의 사상적 기반인 케인스주의를 무력화시켰다. 또한 1979년 집권한 영국의 대처(M. H. Thatcher)와 1980년 미국의 레이건의 신자유주의 정책은 복지국가 위기론을 가져왔다. 그 결과 많은 국가들이 복지다원주의와 민영화 및 복지급여 삭감 등의 정책을 취하였다. 미슈라(Mishra, 1984)는 복지국가 위기의 증상을 5가지로 정리하였다.

대처(M. H. Thatcher)　레이건(R. W. Reagan)

- 스태그플레이션이 시작되고 경제성장이 느려지거나 멈춘다.
- 완전고용이 붕괴되고 대량실업이 만연하게 된다.
- 국가 재정적자가 확대된다.
- 사회서비스 지출을 삭감한다.
- 복지국가에 대한 국민 신뢰가 상실된다.

읽어보기 **석유파동과 스태그플레이션**

중동전쟁 발발 후 중동의 6개 산유국이 가격 인상과 감산에 돌입하여 배럴당 2.9달러였던 원유가 1974년 11.6달러까지 폭등하였고(1차 석유파동), 1979년 이슬람혁명을 일으킨 이란은 전면적인 석유수출 중단에 나서 원유가 20달러를 돌파하였다(2차 석유파동). 그 결과 대부분의 국가들이 극심한 스태그플레이션을 겪어야 했다. 스태그플레이션(stagflation)은 경기침체(stgnation)와 인플레이션(inflation)의 합성어이다. 불황기에는 물가가 하락하고, 호황기에는 물가가 상승하는 것이 일반적인데, 물가 폭등과 경기침체가 겹치면 스태그플레이션이 된다.

그러나 복지국가 위기에 대해서는 복지국가 실패로 보는 견해와 복지국가 성숙론이 대립하고 있다. 복지국가 성숙론은 1980년대 이후 복지국가가 축소된 것이 아니라 안정기에 접어들었다는 주장이다(구인회 외, 2007). 즉 복지국가 성장이 멈춘 것은 위기가 아니라 자연스러운 현상이며, 안정기에 접어든 복지국가는 기술적 조정을 통해 효율성과 유연성을 높이게 될 것으로 기대한다.

5) 우리나라 정부별 사회복지정책

우리나라의 문민화 이후 최근까지 역대 정부별 주요 사회복지정책을 살펴보면, 김대중정부('98~'02)는 생산적 복지, 노무현정부('03~'07)는 참여복지, 이명박정부('08~'12)는 능동적 복지, 박근혜정부('13~'17)는 맞춤형 고용・복지, 문재인정부('17~'22)는 포용적 복지, 윤석열정부('22~)는 약자복지라는 정책 기조를 표방하였다.

(1) 국민의 정부의 생산적 복지

김대중 대통령의 국민의 정부는 민주주의와 시장경제를 국정이념으로 설정하였으나 IMF 외환위기로 파생된 빈곤과 실업문제에 대해 사회안전망이 너무 허술하다고 인식하여 생산적 복지를 제3의 국정이념으로 제시하고 복지제도를 적극적으로 확대하였다. 애초 생산적 복지는 적극적 노동시장정책을 지칭하는 것으로, 1970년대 신자유주의가 근로연계복지(workfare)라는 개념으로 세계적으로 확산되면서 그 영향을 받은 것으로 보인다.

생산적 복지는 생산에 기여하는 복지 또는 생산에의 참여를 통한 복지로 해석되어 국가는 시장경제의 활성화에 기여하는 방향으로 복지정책을 추진하며, 개인은 능력 닿는 대로 노동시장에 참여하여 자신과 가족의 복지를 향상시켜야 한다는 것이다(최경구, 2002). 따라서 생산적 복지정책의 주요 내용으로는 모든 국민의 기초생활 보장, 사회보험제도의 확충 및 내실화, 사회취약계층의 자활을 돕기 위한 다양한 취업방안 마련 등이다. 생산적 복지의 최종 목표는 모든 시민이 국가로부터의 복지혜택을 받을 필요가 없도록 노동시장에 참여하게 하는 것이다(조영훈, 2002).

(2) 참여정부의 참여복지

노무현 대통령은 참여정부를 표방하면서 국정목표로 국민과 함께하는 민주주의, 더불어 사는 균형발전사회, 평화와 번영의 동북아시대로 설정하고, 사회복지정책의 기본노선으로 참여복지를 제시하였다. 참여복지정책의 주요 내용으로는 첫째, 자립과 사회연대가 조화를 이루는 복지체계 구축, 둘째, 성장과 분배의 조화를 통해 중산층과 서민이 잘 사는 시장경제 추구, 셋째, 사회적 약자를 존중하는 복지사회 건설,

넷째, 빈부격차를 해소하고 분배구조 개선 등이다(김기원, 2003).

참여복지는 이전 국민의 정부의 생산적 복지를 계승 발전시키는 복지이념으로 평가되며, 영국의 블레어리즘(Blairism)의 일하는 복지(welfare to work) 정책을 답습하여 '일하는 사람에게는 일자리를, 일할 수 없는 사람에게는 복지를'이라는 방향과 유사하고, 또한 기든스(A. Giddens, 1989)의 제3의 길 복지정책 노선과 유사한 것으로 평가된다.

(3) 이명박정부의 능동적 복지

이명박 대통령은 국정지표로 섬기는 정부, 활기찬 시장경제, 능동적 복지, 인재대국, 성숙한 세계국가로 설정하여 사회복지정책의 기본노선을 능동적 복지를 표방하였다. 능동적 복지의 주요 내용으로는 복지국가체제의 유지, 능동적 국민, 능동적 공동체, 지적 능력을 갖춘 능동적 국가이다. 한편, 능동적 복지의 정책적 지향으로는 첫째, 위험에 미리 대비하는 예방형 복지, 둘째, 국민의 복지욕구에 폭넓게 대응하는 보편형 복지, 셋째, 생애주기별 맞춤형 복지이다.

이명박정부는 2009년 12월에 제3차 사회보장장기발전방향을 발표하였고, 이 계획은 범정부차원에서 '사회통합과 경제성장을 함께 이루어 가는 능동적 복지 구현'을 정책비전으로 설정하고, 이를 달성하기 위한 5대 정책방향과 세부추진과제들을 제시하였다(관계부처합동, 2009).

(4) 박근혜정부의 맞춤형 복지

박근혜 대통령은 '국민행복, 희망의 새 시대'라는 국정비전과 함께 5대 국정목표와 21개 국정전략, 140개 국정과제를 발표하였다. 5대 국정목표에 맞춤형 고용 · 복지를 제시하고 세부전략으로 생애주기별 맞춤형 복지 제공, 자립을 지원하는 복지체계 구축, 저출산 극복과 여성 경제활동의 확대를 설정하였다.

2014년 8월에 제1차 사회보장기본계획(2014~2018)을 발표하였는데, 그 비전을 '더 나은 내일, 국민 모두가 행복한 사회'로 정하고, 생애주기별 사회적 위험에 대한 안전망을 구축하고 고용과 복지의 연계를 통해 자립을 지원하여 자아실현을 유도하는 '맞춤형 고용-복지'를 핵심가치로 설정하였다. 정책목표로는 첫째, 생애주기별 맞춤형 사회안전망 구축, 둘째, 일을 통한 자립지원, 셋째, 지속가능한 사회보장 기반구축을 제시하였다(관계부처합동, 2014).

(5) 문재인정부의 포용적 복지

문재인 대통령은 '내 삶을 책임지는 국가'라는 국정목표 하에 모두가 누리는 포용적 복지국가를 20대 국정전략의 하나로 추진하였다. 포용적 복지국가란 어느 계층도 소외됨이 없이 경제성장의 과실과 복지서비스를 모두가 골고루 누리고 개개인이 인간으로서의 가치를 존중받는 국가를 의미한다.

이를 뒷받침하기 위해 문재인케어라 불리는 건강보험 보장성 강화와 기초연금과 치매국가책임제, 아동수당 도입으로 출생아와 영유아를 위한 혜택을 확대하였다. 부모의 소득격차가 학생들의 교육기회 격차로 이어지지 않도록 전학년 고교 무상교육도 도입하였으며, 청년내일채움공제를 통해 청년의 자산형성에 도움을 보탰다. 또한 복지 사각지대 해소를 위해 보호종료아동 소득 및 주거 안전망 강화, 장애인등급제 단계적 폐지, 기초생활보장 부양의무자 기준 폐지 등을 실시하였다.

(6) 윤석열정부의 약자복지

윤석열정부의 국정비전은 '다시 도약하는 대한민국, 함께 잘 사는 국민의 나라'이고 6대 국정목표를 제시하였는데, 세 번째 국정목표인 '따뜻한 동행, 모두가 행복한 사회'는 어려운 이웃과 사회적 약자를 더욱 따뜻하게 보듬어 한 사람의 국민도 홀로 뒤처지지 않도록 약자와 동행하는 사회를 목표로 한다. 도움이 필요한 곳을 더 두텁게 지원하는 맞춤형 복지를 제시하여 약자복지를 정부 국정 운영의 핵심기조 삼았다. 이를 위해 기초생활보장제도 강화, 장애인 맞춤형 지원 확대, 노인맞춤형돌봄서비스 등을 지속 확대해 나가겠다는 사회복지정책을 발표하였다.

〈표 3-3〉 역대 정부별 사회복지정책

정부별 (대통령)	문민정부 김영삼	국민의 정부 김대중	참여정부 노무현	이명박정부 이명박	박근혜정부 박근혜	문재인정부 문재인
	(1993~1997년)	(1998~2002년)	(2003~2007년)	(2008~2012년)	(2013~2017년)	(2017~2022년)
정책 기조		생산적 복지	참여 복지	능동적 복지	맞춤형 고용 · 복지	포용적 복지
사회 보험	• 고용보험 (1995)	• 산재/고용보험 적용 확대 (2000~05)				• 산재보험 적용 확대(2018.12)
		• 의약분업(2000) • 건보 통합(조직 2000, 재정 2003)		• 노인장기요양 보험(2008)	• 의료보장성 강화(2013~) • 노인장기요양 보험 치매특별 등급(2014)	• 건강보험 보장성 강화(2017~) • 치매국가책임제 추진(2017.9.)
	• 국민연금 확대	• 전 국민 국민 연금 기반 구축(1999)	• 국민연금법 개정(급여 인하 등, 2007)	• 공무원연금법 개정(2009)		• 국민연금 취약 계층 가입 대상자 확대 (2018)
공공 부조 · 국가 보훈		• 경로연금(1998) • 국민기초생활 보장제도(2000)	• 기초노령 연금법(2007) • 차상위계층지원 (의료급여, 자활, 2004) • 장애수당 확대 (2005)	• 기초노령연금 (2008) • 장애인연금 (2010)	• 기초연금(2014) • 기초보장 맞춤형 급여체계(2014) • 일을 통한 빈곤 탈출지원(2013)	• 기초연금 인상(2018) • 장애인연금 기초급여 인상 (2018)
사회 서비스	• 공중보건, 건강증진정책 확대(1995) • 보육시설확충 3개년계획 (1995) • 퇴직연금제도 도입(1995)	• 장애인복지 5개년계획 (1998)	• 보육확대(2004) • 저출산 · 고령 사회 본격 대응 (2005) • 사회서비스 일자리(2004) • 다문화가족 지원센터(2006)	• 5세아 누리과정 0~2세아 무상 보육(2012) • 적극적노동 시장정책 확대(ALMP, 2008)	• 무상보육 · 무상 교육 실현과 내실화(2013~) • 보편적 주거복지 • 경력단절 여성 지원, 양성평등 확산 등	• 장애등급제 축소(2018), 폐지(2019) • 맞춤형 주거복지 실현(2017~)
교육비 지원				• 든든학자금대출 (ICL, 2010) • 맞춤형국가 장학금(반값 등록금, 2012)	• 든든학자금 대출 이자 인하 • 반값등록금 지원 확대 (2013)	• 사회적 배려 계층 지원 강화 (성적 기준 완화 · 폐지) (2018~)
조세지출				• 근로장려세제 (EITC, 2009)	• 근로장려세제 확대	• 근로장려세제 지원 대상, 지급액 확대

출처: 한국보건사회연구원(2019), p. 37.

2 사회복지정책 발달요인

1) 정치적 요인

(1) 정치권력

통치자나 정당은 이념을 불문하고 국민의 지지를 얻기 위한 수단, 즉 정치권력의 획득을 위해 사회복지정책을 사용한다. 선거철이 되면 정당이나 후보자들이 사회복지공약을 대거 내세우는 이유이다. 역사적으로 비스마르크가 사회보험을 도입한 것이나 루스벨트 대통령이 사회보장법을 제정한 것, 미국에서 재향군인을 위한 각종 혜택 등은 이러한 이유에서이다. 이러한 관점에서는 특정정당의 정치적 세력보다는 그 나라의 정치적 민주주의 발전여부가 사회복지발전과 밀접한 관계가 있다. 정치적 민주주의가 발전된 선진국이 후진국보다, 자본주의 경제체제의 국가들이 사회주의국가 보다 정치적 요인의 영향을 크게 받는다.

반면에 정당의 정치적 이념을 중시하는 입장에서는 북유럽국가들의 사회복지정책 발달에서 사회주의정당의 세력이 거론된다. 사회주의정당이 노동자계급을 비롯한 불이익집단의 이익을 대변하는 정책정당으로서 사회복지의 확대를 주요 목표로 한다고 본다(Korpi, 1978). 또한 사회주의정당을 뒷받침하는 집단은 노동자계급이기 때문에 노동자계급의 조직화정도를 사회복지발전의 중요 변수로 간주된다. 노동조합조직율이 높을수록 사회주의정당의 세력은 강하고 결국 사회복지는 발전된다고 본다. 일반적으로 보수주의정당과 사회주의정당을 구분하여 전자는 사회복지의 발전을 저해하고 후자는 촉진시킨다고 본다(김태성, 1990).

(2) 사회통제

통치자들은 사회불안을 방지하기 위한 사회통제의 수단으로 사회복지정책을 활용한다. 영국의 구빈법은 부랑인이 배고픔을 참지 못하면 약탈과 방화 같은 소요사태를 일으켜 기존의 사회질서가 무너질지도 모른다는 염려에서 만들어졌다. 역사적으로 폭정과 생활고가 심해지면 약탈, 방화 같은 소요사태가 발생한다.

주로 음모이론(conspiracy theory)이 이러한 입장을 취하는데, 비스마르크가 노동자들의 사회주의운동을 저지시켜 사회를 안정하려는 목적으로 사회보험을 도입한 것이나, 미국에서 대량실업 같은 심각한 사회문제가 사회혼란을 야기하면 어김없이 공적 복지가 확대된 것들은 이러한 사실을 뒷받침한다.

(3) 정책의 부수적 영향

어떤 사회복지정책의 부수적인 영향으로 다른 사회복지정책이 만들어지기도 한다. 애초 계획되거나 의도한 것은 아니지만 결과적으로 만들어지는 경우이다. 예를 들어 클라이언트의 자활을 위해 직업훈련을 시키면 자연히 보육시설이 필요해 시간이 흐르면서 그 규모가 커지게 된다.

2) 경제적 요인

(1) 경제발전

경제가 발전할수록 사회복지가 발달한다는 논리는 바그너 법칙(Wagner's Law)에 근거한다. 이 법칙은 경제가 발전해 국민소득이 증가하면 국민들의 사회복지에 대한 욕구도 증가되고 또한 세금을 낼 능력과 의도도 커져서 결국 국가의 재정지출의 규모가 팽창한다는 것으로, 국가의 재정지출 확대를 통해 사회복지가 발전한다. 재정지출과 국민소득의 관계에서 케인즈이론과는 정 반대 방향이다.

많은 실증연구들이 이러한 논리를 뒷받침하였으나, 일부에서는 경제발전의 정도가 심각한 차이를 보이는 국가들을 모두 포함해 분석했기 때문에 그런 것이고, 경제발전의 정도가 높은 국가들만을 분석하면 경제발전 보다는 다른 요인들이 사회복지발전을 더 잘 설명한다고 한다.

또한 국방비와 사회복지비는 대체관계이므로 국방비가 많을수록 사회복지의 발전은 낙후된다는 주장도 있고, 양자는 서로 보완관계라는 주장도 있으며, 또는 국방비가 국민총생산(GNP: Gross National Product)의 5% 이하에서는 국방비와 사회복지비가 같이 증가하지만 5% 이상부터는 국방비가 증가할수록 사회복지비가 감소하는 대체효과가 나타난다는 주장도 있다(Miller, 1976).

(2) 사회적 비용

사회문제가 심각할수록 그 문제로부터 발생하는 사회적 비용 역시 증가한다. 따라서 정부는 비용-편익분석(cost-benefit analysis)을 통해 기대되는 정책효과가 정책집행에 소요되는 비용보다 크다거나 사회복지정책이 사회문제로 야기되는 사회적 비용을 감소시킬 수 있다고 판단되면 사회복지정책이 수립된다.

또한 사회문제가 생산성 내지 경제발전에 부정적인 영향을 미친다면 생산적 고용을 증대시키기 위한 목적으로 사회복지정책의 수립이 필요하다. 예를 들어 출산율을 높이기 위한 각종 정부의 정책들은 심각한 저출산으로 인한 폐해를 방지하기 위한 사회적 투자로 인식하여 찬성하는 입장이며 계속 새로운 정책들이 개발된다. 또는 여성의 사회활동과 취업 촉진을 위해서는 탁아프로그램이 필수적이다. 이와 같이 사회복지정책이 사회적 비용을 절감한다면 이러한 경제적 요인이 사회복지정책을 정당화시킨다.

3) 사회문화적 요인

(1) 사회계층의 경직성과 구성원의 동질성

유럽국가들이 미국보다 사회복지가 발달된 이유가 유럽국가들이 갖고 있는 엄격한 계급구조를 든다. 즉 유럽국가들은 전통적인 농노계급이 산업화를 통해 공장근로자계급이 되었고, 산업화와 도시화 과정에서 좌절된 이들의 계급의식이 높아져 조직화, 세력 확대 등을 통해 사회복지의 발달을 가져왔다.

또한 사회구성원들이 인종, 언어, 종교 등에서 이질적인 국가일수록 동질적인 국가에 비해 사회복지가 발전할 가능성이 낮다. 이질적일수록 집단 간의 대립으로 하나의 노동자계급으로 조직화될 가능성이 낮기 때문이고, 국가 전체의 통합적인 사회복지발전 보다는 이질적인 집단 내에서 단편적으로 발전할 가능성이 크다.

(2) 인구학적 구조와 도시화

경제발전으로 국민의 영양과 건강상태가 좋아져 출산율이 증가하면 아동의 수가 증가해 아동복지가 발달하게 되고, 반대로 저출산고령화로 노인인구가 증가하면 노인복지가 증가하는 것은 그 사회의 인구학적 구조가 변화하기 때문이다. 전체 인구에서 차지하는 비중이 증가하는 인구대상집단은 사회복지의 잠재적 수혜자계층을 증가시켜 사회복지가 확대될 수밖에 없다.

또한 도시화 역시 사회복지발달을 가져오는 중요한 요인이다. 도시화가 진전될수록 도시빈민, 산업재해, 실업, 주택 등의 문제를 악화시켜 사회복지의 욕구를 확대시켜 사회복지의 발전이 필요하게 된다(김태성, 1990).

(3) 문화적 유산

한 사회를 오랫동안 지배해 온 신념이나 가치, 태도 등의 문화적 유산은 사회복지정책의 발달에 영향을 미친다(박병현, 2003). 예를 들어 개인주의와 자기이윤의 추구 및 경쟁을 강조하는 사회에서는 불평등을 당연한 사회질서로 받아들이지만, 반면에 집단주의적 가치와 협력을 강조하는 사회에서는 모든 사회구성원들의 평등을 보장하는 사회복지정책의 발달을 조장한다. 신자유주의를 강조하는 미국의 사회복지정책이 미흡하고, 사회적 연대를 강조하는 북유럽의 사회복지정책이 발달한 이유이다.

읽어보기 사회복지발전의 결정요인

김태성(1990)이 141개국을 대상으로 위의 3가지 요인 중 어느 것이 사회복지프로그램 발전에 중요한가를 분석한 결과, 사회적 변수 중 노인인구의 비율이 선진국·후진국 혹은 자본주의·사회주의를 불문하고 사회복지발전을 설명하는 가장 중요한 변수로 나타났다. 경제발전은 어느 수준에 도달할 때까지는 경제발전수준이 높을수록 사회복지발전도 높아지지만, 일정수준 이상부터는 더 이상 중요한 변수가 되지 못한다. 국방비와 사회복지발전과는 아무런 관계가 없고, 오히려 교육비 지출이 많은 나라가 사회복지발전도 높은 것으로 나타났다. 정치적 요인으로 정치적 민주주의가 발전된 선진국과 자본주의국가들에서 사회복지발전을 설명하는데 더 중요한 역할을 하는 것으로 나타나 산업화론이 지지된다고 하였다.

3 사회복지정책 발달이론

1) 수렴이론

수렴이론(convergence theory)은 산업화론(industrialization theory) 또는 기술결정론이라고도 불리는데 사회복지의 발달은 산업화 내지 기술수준에 따라 수렴된다는 것이다. 경제가 발전하면 사회복지도 발전하게 되고, 경제발전이 일정 수준에 이르면 각국의 사회복지제도가 유사한 형태로 수렴하게 된다.

윌렌스키와 르보(Wilensky & Lebeaux, 1965)는 전통사회에서 산업사회로 변화하는 과정에서 사회구조와 사회체제가 변화하면서 도시화, 고령화 등의 사회문제가 발생하고 이를 해결하는 과정에서 사회복지가 발전한다고 하였다. [그림 3-1]과 같이 산업화(기술)는 경제 성장과 동시에 새로운 욕구를 유발하며, 경제 성장은 복지확충에 필요한 자원을 제공하며, 새로운 욕구는 새로운 복지 프로그램을 등장하게 하여 결국 복지국가로 나아가게 된다.

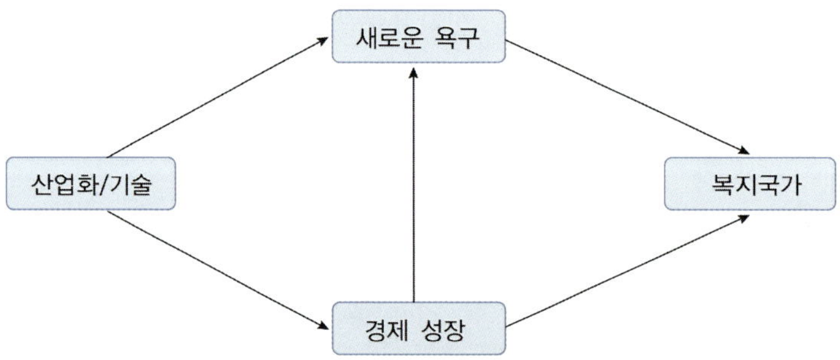

[그림 3-1] 수렴이론의 과정

출처 : Miles(1992), p. 146.

수렴이론은 사회복지정책 발달이론 중 가장 먼저 등장하였지만, 기술수준 및 경제성장이 사회복지정책의 구조와 내용을 결정한다는 것은 지나치게 결정론적이며, 특히 경제적으로 부유한 선진국가 간에 실제로는 사회복지제도가 비슷하게 수렴하지 않고 상당한 격차를 보여주고 있는 현실을 타당하게 설명하지 못한다는 비판을 받고 있다.

2) 확산이론

확산이론(diffusion theory)은 어떤 국가의 새로운 사회복지정책이 다른 국가에 영향을 미쳐 확산되어 간다는 이론이다. 즉 사회복지정책의 발달과정을 국제적인 모방으로 본다. 영국의 로이드 조지(Lloyd George)가 1900년 초 독일의 사회보험을 시찰하고 1908년 노령연금을 도입한 것과 독일 유학을 한 일본 내무성 관료가 1922년 건강보험을 도입한 것, 그리고 우리나라 건강보험 역시 일본의 건강보험을 거의 비슷하게 도입한 것들은 국제적 확산과정을 보여주는 사례이다. 확산의 유형은 두 가지가 있다(Collier & Messick, 1975).

① 위계적 확산(hierarchical diffusion) : 선진국의 새로운 사회복지제도나 기술혁신이 후진국으로 확산되는 경우이다. 미즐리(Midgley, 1984)는 제3세계 국가들이 식민지 시절 선진국의 사회복지정책이나 사회보장제도를 모방한 뒤 시행한다고 주장하였다.

② 공간적 확산(spatial diffusion) : 어떤 국가에서 만들어진 사회복지정책이 지리적으로 인접한 주변 국가 순으로 확산되는 경우이다. 콜리어와 메식(Collier & Messick, 1975)에 의하면 다음 [그림 3-2]와 같이 1891년 이전 독일에서 도입된 사회보험이 인접한 유럽국가(2단계), 그리고 더 먼 유럽국가(3단계), 다음으로 아시아와 라틴아메리카 등(4단계)으로 퍼져나간 것을 보여준다.

그러나 플로라와 알버(Flora & Alber, 1981)는 한 국가가 외국의 사회복지정책을 모방할 수는 있지만 그 자체가 사회복지정책 발전의 근본적인 동기가 아니며, 각국의 내부적인 사회경제적 · 정치적 요인이 더 중요하다고 주장하였다. 또한 위계적 확산에 의하면 선진국에서 후진국으로 전파되어야 하지만 근대화가 뒤졌던 독일이 영국보다 먼저 사회보험을 만들었다는 점에서 이 이론은 비판받고 있다.

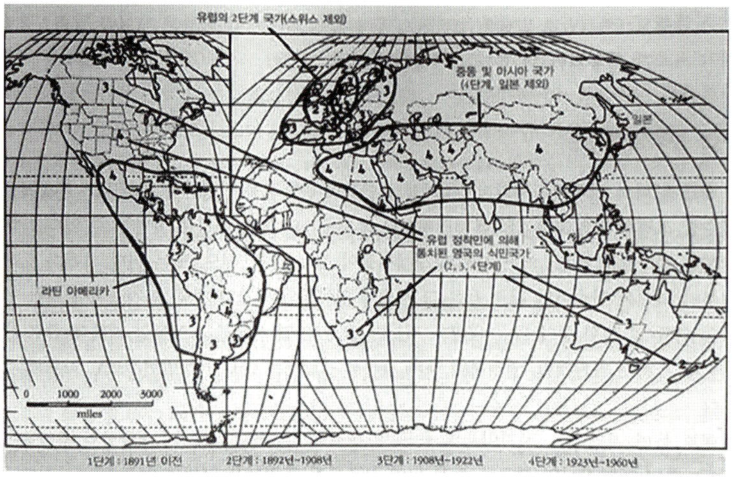

[그림 3-2] 사회보장 도입의 공간적 확산

출처 : Collier & Messick(1975), p. 1312.

3) 시민권론

시민권(citizenship)이란 사회구성원 모두에게 부여된 여러 가지의 권리와 권력을 향유할 수 있는 지위를 말하며, 이러한 시민권은 다음의 3가지 권리로 구성되어 있다.

① 공민권(civil rights) : 개인의 자유, 표현 · 사상 · 신념의 자유, 사유재산권, 정당한 계약의 권리, 재판받을 권리 등 개인의 자유에 필요한 권리이다.

② 정치권(political rights) : 정치적 권위가 부여된 기구의 성원 또는 그 같은 기구의 성원을 뽑는 유권자(선거인)로서 정치권력의 행사에 참여할 수 있는 권리를 말한다. 유관제도는 국회와 지방의회이다.

③ 복지권(welfare rights) : 최소한의 경제적 복지와 보장에 대한 권리로부터 사회적 유산을 공유하고, 사회의 통상적 기준에 따라 문명화된 삶을 향유할 수 있는 권리에 말한다. 교육제도와 사회복지제도가 여기에 속한다.

초기에는 이 3가지 권리가 혼합되어 있었지만, 점차 지리적 융합과 기능적 분리의 진화과정을 거치면서 발전하였다. 공민권은 18세기, 정치권은 19세기, 복지권은 20

세기에 확립되었다. 마샬(Marshall, 1977)에 의하면 계급은 재산과 교육제도, 국민경제의 구조적 산물이며 사회적 불평등의 체계이다. 계급이 사회적 불평등 체계이므로 시민권과는 갈등관계에 있지만, 사회적 효율을 해치지 않으면서 사회적 불평등을 완화할 수만 있다면 사회적 불평등과 시민권은 서로 양립할 수 있다. 사회적 불평등의 완화제가 시민권이다.

〈표 3-4〉 시민권의 발달단계

단계	공민권	정치권	복지권
시기	18세기	19세기	20세기
특징	개인의 자유에 필요한 권리	정치권력의 행사에 참여할 수 있는 권리	문명화된 삶을 향유할 수 있는 권리

4) 사회양심론

사회양심론(social conscience theory)이란 사회구성원들의 집단 양심을 사회복지의 변수로 보아 사회적 양심의 증대가 사회복지 발전의 원동력이라는 이론이다. 이 이론을 주장한 바커(Barker, 1979)는 다음과 같이 주장하였다.

- 사회복지는 인간 누구나 가지고 있는 타인에 대한 사랑을 국가를 통해 표현하는 것이다.
- 사회복지정책은 사회적 의무감의 확대와 사회적 욕구에 대한 과학적 지식의 증대에 의해 변화된다.
- 변화는 누적적이며, 사회복지는 균일하지는 않지만 계속 발전한다.
- 사회복지정책의 개선은 역전될 수 없고, 현재의 서비스는 역사적으로 가장 높은 수준이다.
- 현재의 사회복지정책은 불완전하고 결점이 있지만 해결될 것이며 개선에 대한 전망은 낙관적이다.

그러나 이 이론은 사회복지를 국가의 자선활동으로 보고 있으며, 특히 사회복지정책에 인도주의적 특성을 과도하게 강조함으로써 국가의 역할과 사회정책 발달과정을 왜곡하고 있으며, 정책과정에서의 정치적 맥락의 중요성을 과소평가하고 있다. 또한 모든 사회에서 사회복지정책이 비슷하게 발전해야 하지만 실제로는 그렇지 않다.

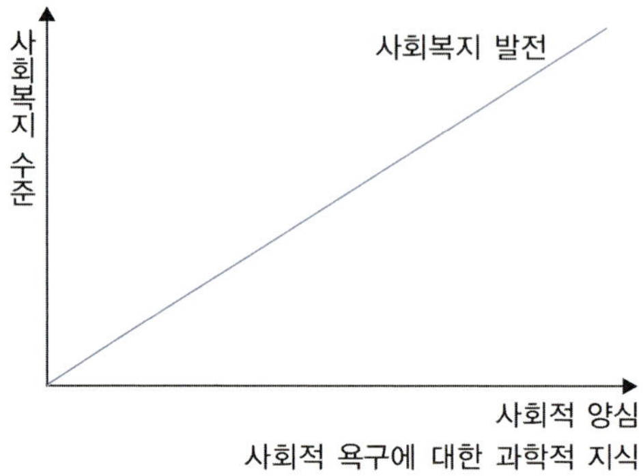

[그림 3-3] 사회양심론

5) 음모이론

음모이론(conspiracy theory)은 사회양심론과는 반대입장으로, 사회복지정책을 사회안정과 질서유지를 위한 사회통제 수단으로 보는 관점이다. 역사적으로 여러 민란에서 보는 같이 폭정과 생활고가 심해지면 약탈, 방화 등의 소요사태가 발생하여 사회가 불안해지고 체제 유지가 어렵게 된다. 따라서 지배계층이 사회복지라는 수단을 통해 민심을 달래 사회를 안정시키는 수단으로 사용되면서 사회복지가 발전한다는 것이다.

비스마르크(Bismark)가 노동자들의 사회주의운동을 저지시켜 사회를 안정시키려는 '채찍과 당근'으로 사회보험을 도입하였고, 미국 구빈제도의 발달과정을 연구한 피븐과 클로워드(Piven & Cloward, 1971)는 빈민을 규제하기 위해 공적 복지제도를 사용하였다고 주장하였다. 대량실업 같은 심각한 사회문제가 사회혼란을 야기하면 공적 복지가 확대되고, 고용이 안정되면 반대로 축소된다는 사실을 제시하였다.

피븐과 클로워드의 「빈민 규제」

이 이론은 사회복지 정책목표 중 이른바 '숨겨진 목표'가 주로 사회통제라는 지배계층의 음모에 해당한다는 것이나, 실제로 노인이나 환자 등 복지서비스의 혜택을 집중적으로 받는 사회적 약자들이 사회안정에 큰 위협이 되지 않는다거나 정책결정과정을 지나치게 왜곡되게 바라본다는 점, 시민들은 과거와는 달리 사회적 불만을 소요사태가 아닌 선거로 심판한다는 점 등에서 비판을 받고 있다.

6) 이익집단론

이익집단은 공통의 목적을 가지고 공공정책에 영향을 미치기 위해 노력하는 조직체를 말한다. 따라서 이익집단론(interest group theory)은 사회복지정책을 이러한 이익집단들 간의 갈등과 타협의 산물로 간주한다. 이익집단은 노동조합과 경영자단체, 의사와 변호사 같은 직능단체뿐만 아니라 대한노인회, 장애인협회 같이 연령, 종교, 인종 등 다양하게 결성된다.

경제발전과 민주주의 진전과 함께 이익집단의 요구가 커지는 것은 모든 국가의 공통된 현상이다. 이익집단은 단결을 무기로 정치적 압력을 행사해 자기 이익에 유리한 복지비의 증대를 가져온다. 정부 지출은 이익집단들이 자신의 이익을 실현하기 위해 벌이는 정치적 단체 활동의 정치적 과정이다(Pamel & Williamson, 1992). 이익집단은 규모가 클수록 유리하지만, 그보다는 동질적일수록 집단응집력이 높아지고 정치적인 힘도 커진다.

7) 국가중심론

이익집단론에서는 국가와 관료조직을 사회복지정책 도입의 중개자(transferring media)로 간주하고, 계급투쟁론에서는 국가를 지배계급의 도구로 본다. 그러나 국가중심론(state-centered theories)은 사회복지정책을 국가 스스로 문제를 인식하고 해결하려고 하는 노력의 산물로 파악한다. 국가 중에서 관료조직의 역할을 중시한다.

국가중심론에서는 사회적 쟁점과 그 해결책은 점차 복잡해지는 경향이 있으며, 따라서 정치인과 이익집단의 역할은 약화되고 반면에 관료와 전문가의 역할은 더욱 중요해진다고 본다(Baldwin, 1990). 이 이론에서는 국가가 중앙집권적이고 조합주의적인 형태일수록 사회복지정책이 잘 발달한다고 보았다. 실제로 사회복지정책의 형성 과정을 살펴보면 정부관료의 역할은 매우 크다.

04 CHAPTER

사회복지정책 과정

1. 정책과정
2. 정책의제 설정
3. 정책결정
4. 정책집행
5. 정책평가와 정책변동

1 정책과정

1) 정책과정의 의의

정책과정은 정책의 형성부터 집행, 평가, 그리고 변동에 이르는 일련의 과정을 말한다. 정책과정은 각 단계별로 수많은 기능적 활동으로 이뤄져 있으며, 그 기능적 활동은 정책의 내용과 성격 등에 따라 일정하지 않고 다양한 모습을 보인다. 사회복지정책은 이러한 복잡하고 동태적인 과정을 거쳐 만들어지며, 또한 다양한 참여자에 의한 수많은 활동으로 이뤄진다. 그러나 정책과정 전반에 대한 논리적 이해를 위해 기능적 활동을 일반화하고 단순화해서 논리적인 몇 단계로 나눠 살펴보는 것이 일반적이다.

2) 정책과정의 특성

정책과정은 다음과 같은 특성을 가지고 있다(허범, 1988).

- 과정이 명백히 구분되지 않고 혼재된 상태로 진행될 수 있다(혼재성).
- 단선적인 순서로만 진행되지 않고 반복되거나 생략되기도 한다(반복성 및 생략성).
- 채택된 정책은 고정된 것이 아니라 정책과정에서 수정되고 변화된다(가변성).
- 협상과 타협 그리고 권력이 작용한다(정치성).
- 시간적 적절성과 시차에 대한 인식이 필요하다(적시성 및 시차성).

3) 정책과정의 단계

사회복지정책은 지속적으로 변화하는 복잡한 활동 단계들을 거치면서 이루어지며, 이러한 과정들은 학자마다 각기 여러 단계들로 분류하고 있다.

- 라스웰(Laswell, 1951) : 정보, 추진, 처방, 제기, 적용, 종결, 평가
- 브루어(Brewer, 1974) : 시도, 추정, 선택, 집행, 평가, 종결
- 칸(Khan, 1979) : 기획의 선동, 탐색, 기획과제의 정의, 정책형성, 프로그램화, 평가 및 환류
- 디니토(DiNitto, 1995) : 정책문제 확인, 정책대안 형성, 정책 정당화, 정책집행, 정책평가
- 프리만과 셔우드(Freeman & Sherwood, 1970)는 기획, 프로그램 개발과 집행, 평가
- 길버트와 스펙트(Gilbert & Specht, 1974) : 문제 확인, 문제 분석, 공중 홍보, 정책 목표의 개발, 공중 지지의 형성과 정당화, 프로그램 설계, 집행, 평가와 사정

학자들이 제시한 정책과정은 서로 다른 듯하면서도 공통점을 갖고 있다. 이러한 특징들을 감안하여 본 장에서는 정책과정을 정책의제 설정, 정책결정, 정책집행, 정책평가 및 정책변동의 4단계로 분류하여 살펴보고자 한다.

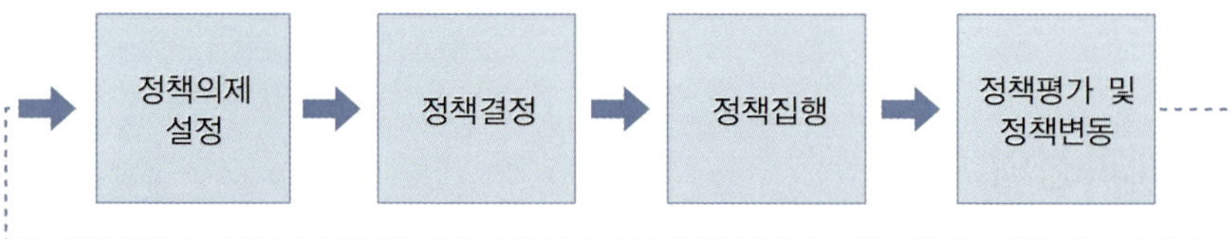

[그림 4-1] 사회복지정책 과정

2 정책의제 설정

1) 정책의제의 의의

정책의제(policy agenda)란 수많은 사회문제 중에서 정책담당자가 정책적 해결을 시도하기 위해 공식적으로 채택한 정책문제를 말한다. 즉 어떤 사회문제가 이슈화되어 정책결정자나 관계자들의 관심을 끌게 됨으로써 공공정책의 형성을 위해 검토되고 논의될 수 있는 상태에 놓이게 된 것을 말한다. 정책 아젠다라고도 한다. 원래 의제(agenda)란 의회에서 토의할 의안 또는 안건을 지칭한다. 따라서 정책의제 설정(agenda setting)은 사회문제를 공식적으로 해결하기 위해 정책문제로 전환하는 행위

를 말한다. 정책의제 설정의 중요성은 다음과 같다.

- 사회문제가 정책의제로 설정되지 못하면 정책으로 만들어지지 않는다.
- 정책의제 설정과정에서 이미 정책대안의 범위가 어느 정도 결정된다.
- 누가 정책의제 설정을 주도했는가는 정책과정에 큰 영향을 미친다.

2) 정책의제 설정과정

정책의제가 설정되는 과정은 매우 복잡한데, 코브와 엘더(Cobb & Elder, 1983)에 의하면 ① 어떤 사회문제가 ② 사회적으로 이슈화됨으로써 ③ 공중의제가 되고 ④ 결국 정부의제가 되는 과정을 거친다.

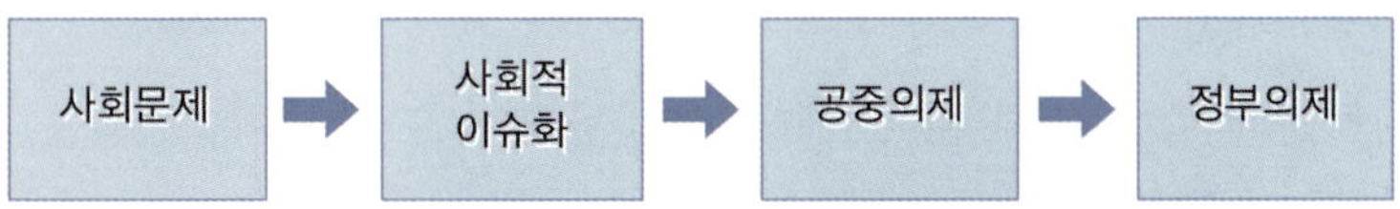

[그림 4-2] 정책의제 설정과정

① 사회문제 : 사회문제는 사회복지정책의 형성을 촉발시키는 원동력이자 원료이다. 어떤 사건이 불특정 다수에게 반복적으로 일어나게 됨으로써, 사회구성원 다수가 그것을 해결해야 한다는 공론이 제기될 때 사회문제가 된다. 즉 개인문제가 사회문제화되기 위해서는 불특정 다수에게 불만족스러운 상태가 일정 기간 이상 지속되어야 한다.

② 사회적 이슈화 : 이슈(issue)란 어떤 문제나 요구가 공공의 관심을 끌어 공공정책상의 논점으로 제시되는 경우를 말한다. 사회적 쟁점화라고도 한다. 모든 사회문제가 사회적 이슈가 되는 것은 아니다. 정책의제로 선정되지 못한 이슈를 억압된 이슈(depressed issue) 또는 논이슈(non-issues)라 하며, 정책의제로 선정은 되었으나 논의되지 않고 사장되는 이슈를 가짜의제라 한다.

③ 공중의제 : 사회적으로 이슈화된 사회문제가 한 단계 더 나아가 일반대중의 주

목을 받게 된 의제를 말한다. 사회적 이슈가 공중의제가 되려면 사회문제가 일반대중에게 널리 알려지고, 해결책이 강구되어야 한다는 공감대가 형성되고, 해결책 강구가 정부의 권한에 속한다고 인정되어야 한다.

④ 정부의제 : 정부의제는 공중의제 중에서 정부가 해결하기로 공식적으로 밝힌 문제를 말한다. 사회문제가 정부의제로 되는 과정은 정책의제 설정의 핵심이다. 그러나 정부의제가 되더라도 정치적 반대, 자원과 기술의 부족 등의 이유로 모두가 정책결정의 대상이 되는 것은 아니다.

3) 사회적 이슈화

(1) 이슈 점화장치

어떤 사회문제가 사회적 이슈가 되기 위해서는 그 문제를 제기하고 공론화하는 역할을 담당하는 이슈 제기자(issue initiator)와 문제나 요구가 이슈화되는 과정에 도움을 주는 예기치 못한 사건, 위기, 재난 같은 점화장치(촉발 기제: triggering mechanism)가 있다. 트리거(trigger)는 총의 방아쇠를 말하며, 이러한 점화장치로 인해 일반대중의 광범위한 관심을 불러일으키게 되어 정부의제로 발달하게 된다. 이슈 제기자의 의도적인 노력이나 점화장치에 의해 사회문제가 이슈화된다.

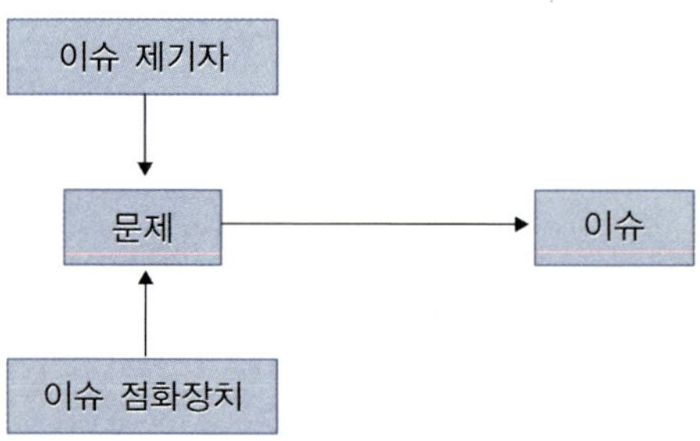

[그림 4-3] 문제의 이슈화 과정

출처 : 송근원 · 김태성(2007), p. 45.

읽어보기 **이슈 점화장치**

이슈화 과정에서 이슈 점화장치가 되는 사건·사고가 다수 발생한다. 송파 세모녀사건(2014)을 계기로 국민기초생활보장제도가 맞춤형복지체제로 개편 및 사회보장급여법이 제정되었고, 대구 불로동 영아사망사건(2004)을 계기로 긴급복지지원법이 제정되었으며, 광주인화학교 성폭력사건(일명 도가니사건, 2005)을 계기로 공익이사 도입 등의 사회복지사업법이 개정되었다. 최근에는 음주운전 사망사고(2018)를 계기로 음주운전자에 대한 처벌 기준을 강화한 윤창호법, 스쿨존에서 발생한 교통사고(2019)를 계기로 마련된 민식이법, 발전소 비정규직 근로자 사망사건(2018)을 계기로 위험의 외주화 방지를 위한 김용균법 등 사회적 이슈화된 사건을 법률안의 명칭으로 부르기도 한다.

(2) 이슈 제기자

사회문제를 이슈화하고자 할 때, 누가 이슈제기자가 되어야 할 것인가는 이슈화 전략에서 매우 중요하다. 일반적으로 이슈 제기자는 다음의 네 종류가 있다.

① 클라이언트 : 클라이언트는 사회문제로 인하여 고통을 받는 당사자이므로 가장 강력한 이슈 제기자일 수 있다. 그러나 클라이언트 개인 또는 클라이언트 집단은 문제의 원인과 해결책에 대해 정확히 파악한 능력이나 지식이 부족한 경우가 많고, 특히 사회문제를 이슈화하는 데 필요한 권력자원이 부족하여 사회문제를 체계적으로 조직화하거나 이슈화하지 못하는 경우가 많다.

② 사회복지전문가 : 사회복지전문가는 클라이언트와 늘 접촉하는 전문가집단이기 때문에 클라이언트의 문제에 대해서도 잘 알고 있고, 문제의 사회적 해결의 필요성에 관해서도 잘 알고 있으며, 그러한 문제의 해결을 지향하는 의지도 강한 사람들이다. 따라서 사회문제 해결을 위한 가장 중요한 대리인이며, 영향력 있는 자원을 동원하는 역할을 수행한다.

③ 언론 : 언론은 사회문제의 훌륭한 이슈 제기자이며, 사회문제 해결을 위해 앞장서기도 하며, 무엇보다도 국민들의 관심을 동원하는 데 큰 영향력을 발휘한다. 그러나 언론은 항상 능동적이지는 않다. 대중의 관심이 없는 뉴스는 보도되기 어렵고, 보도되더라도 쉽게 잊혀진다. 따라서 사회문제의 심각성과 중요성을

기자들에게 꾸준히 인식시킬 필요가 있고, 어떤 사회문제가 발생했을 때 시의적절하게 보도될 수 있도록 조치를 취하여야 한다.

④ 정치인 : 사회문제와 관련해 정책의제 설정에 주도적 역할을 담당하는 것은 정치인이다. 그러나 정치인 역시 언론과 마찬가지로 늘 적극적이고 능동적이지는 않다. 선거기간에는 사회문제에 집중적인 관심을 갖고 의정활동을 하면서 꾸준히 입법활동을 하므로 사회복지전문가는 정치인과 꾸준히 관계를 맺고, 사회문제에 관한 정보를 제공하며, 경우에 따라서는 클라이언트를 동원하는 등 이들을 적극 지원할 필요가 있다.

읽어보기 **송파 세 모녀사건**

2014년 2월 서울 송파구에 거주하던 엄마(60세)와 두 딸(35, 32세)이 생활고로 고생하다 집안에서 번개탄을 피워 동반자살한 사건으로, 이들은 마지막 집세와 공과금 70만원, 그리고 죄송하다는 내용의 유서를 남기고 세상을 떠났다. 세 모녀는 질병을 앓고 있었고 수입도 없었음에도 어떠한 사회보장급여도 받지 못했다. 이 사건이 언론의 집중적인 조명을 받으면서 부실한 사회보장제도의 한계가 드러났고, 사회적으로 이슈화되면서 그 결과 국민기초생활보장제도가 맞춤형복지로 개편하게 되었고, 단전·단수 등의 가구 정보를 이용해 위기 가구를 발굴할 수 있도록 「사회보장급여의 이용·제공 및 수급권 발굴에 관한 법률」이 제정되었으며, 「긴급복지지원법」이 개정되었다.

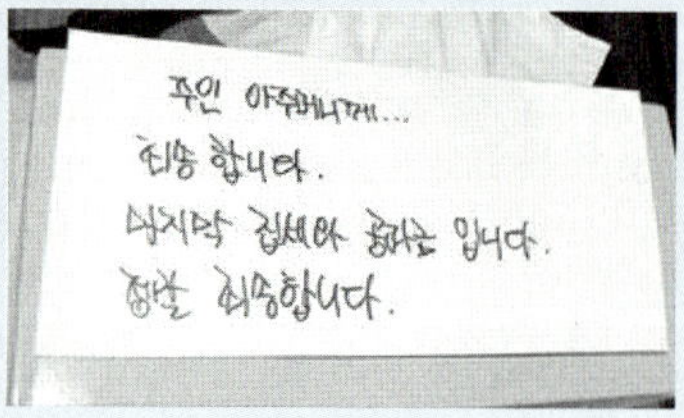

(3) 이슈화 방법

① 제도화된 수단 : 사회복지 문제를 선거나 합법적인 이익집단의 활동 등 이미 제도화한 통로를 통하여 이슈화하는 방법으로, 선거기간 동안에 후보자의 입을 통해 사회복지 문제를 이슈화하거나 이익집단으로서의 시민단체나 여성단체가 그들과 관련된 법안 개정에 대한 청원 등 합법적인 활동을 벌이는 것 등이 그것이다. 이 방법은 합법적인 정책통로를 사용함으로써 마찰은 적지만 이슈화의 효과성은 비교적 낮다.

② 비제도화된 수단 : 비제도화한 수단이란 합법적으로 인정되지 않는 위협적 수단이나 폭력의 사용 또는 시위, 파업 등과 같은 극단적 방법으로 이슈화하는 수단을 말한다. 이 방법은 국민들의 비난과 정부와의 마찰을 유발할 수 있다. 그러나 대중의 관심 유발과 정부로 하여금 해결책을 논의하게끔 만드는 데는 효과적이다.

읽어보기 전국장애인차별철폐연대 지하철 운행방해

2021년 12월부터 전국장애인차별철폐연대(전장연)가 장애인 이동권 보장을 요구하며 지하철 운행을 방해하는 불복종운동을 주도하였다. 시위는 특정일 오전 8시에 이용객이 많은 주요역에서 진행되며, 휠체어로 이동하며 지하철 출입문 개폐를 방해하는 등 열차운행에 지장을 주어 최소 20분 이상 지연시키는 방식이다. 시민들의 불편을 가중시켰지만 언론의 관심을 크게 받아 사회적으로 이슈화되었고, 저상버스 의무화 등 「교통약자법」이 제정되는 소정의 성과를 얻었다.

4) 정책의제 설정모형

(1) 코브 등 모형

코브와 로스와 로스(Cobb, Ross & Ross, 1976)는 정책의제 설정모형으로 의제설정 주도자와 대중의 관심도에 따라 외부주도모형, 동원모형, 내부접근모형의 세 모형을 제시하였고, 여기에 메이(May, 1991)는 공고화모형을 추가하였다.

구분		대중의 관여정도	
		높음	낮음
의제설정의 주도자	민간	외부주도(outside-initiation)	내부접근(inside-access)
	정부	공고화(consolidation)	동원(mobilization)

[그림 4-4] 코브와 로스의 정책의제 설정모형

출처 : May(1991), p. 140.

① 외부주도모형 : 정부 외부에서 이슈가 제기되고 그것이 공공의제를 거쳐 정부

의제로 오르는 경우이다. 즉 시민들의 요구가 언론을 통해 정부관계자에게 수용되고 정책의제로 채택되는 과정이다. 민간주도모형이며, 정부의 반응도가 높은 민주화된 선진국 정치체제에서 많이 나타난다.

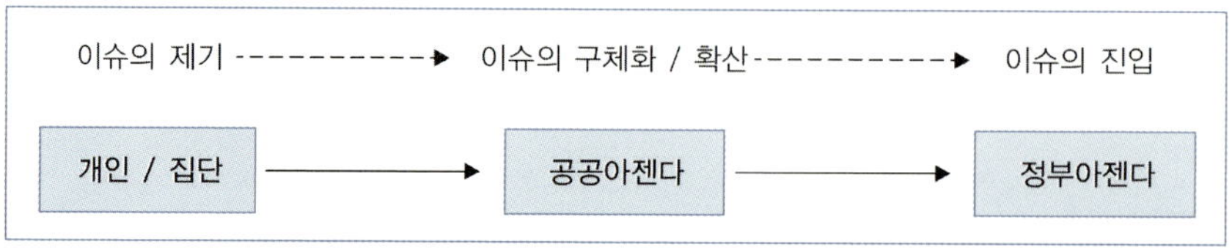

[그림 4-5] 외부주도모형

② 동원모형 : 정부 내부에서 문제 제기되어 정부의제가 되고 성공적인 정책집행을 위해 일반대중의 공공의제로 확산되는 과정을 거친다. 즉 정부나 정치지도자가 이슈를 제기하지만 국민들의 지지를 얻기 위해 공론화된다. 정부의 힘이 강하고 민간부문이 취약한 상황에서 주로 나타나며, 정부의제가 공공의제로 이슈가 옮겨가는 과정을 설명하는 데 적합하다.

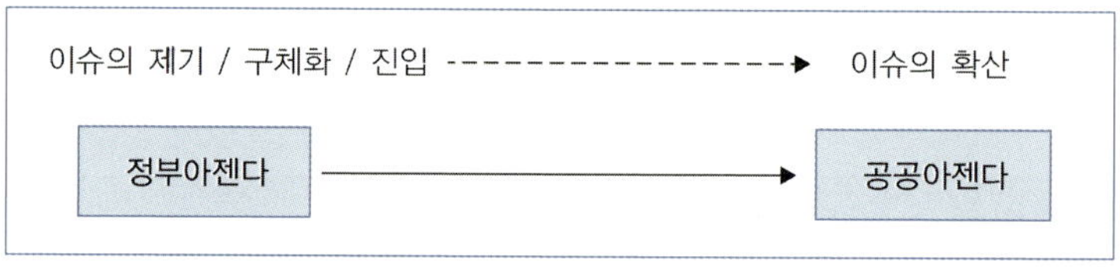

[그림 4-6] 동원모형

③ 내부접근모형 : 동원모형과 동일하게 정부 내부에서 문제 제기되어 정부의제가 되지만 일반대중에게 확산시키지 않아 공공의제 단계를 거치지 않는 모형이다. 정부가 신속하게 사회문제를 다루고자 할 경우 또는 일반 대중의 관심이 정책추진에 방해가 된다고 보는 경우에 나타나며, 주로 권위주의 국가에서 많이 사용된다.

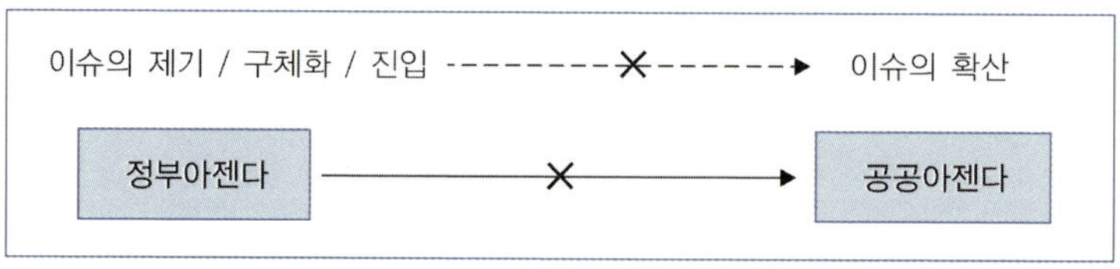

[그림 4-7] 내부접근모형

〈표 4-1〉 정책의제 설정모형 비교

구분	외부주도모형	동원모형	내부주도모형
전개 방향	외부 → 내부	내부 → 외부	내부 → (x) 외부
공개성	높다	중간	낮다
참여도	높다	중간	낮다
정부 역할	수동적	적극적 · 능동적	적극적
이슈 성격	강요된 정책문제	선택된 정책문제	선택된 정책문제
정책과정 특징	세력 간 타협 · 조정	분석적 · 합리적	일방적
정책 내용	일관성 결여, 단기적	체계적 · 일관적, 장기적	권위적

출처 : Cobb, Ross & Ross(1976).

읽어보기 **국민기초생활보장법 정책결정과정 1**

1994년 9월 발족한 참여연대 사회복지위원회는 생활보호법 폐지와 모든 국민에게 최저생계비 수준의 소득을 보장해야 한다는 국민복지기본선(National Minimum) 운동을 시작하였다. IMF사태가 발생하자 1998년 3월 '긴급제안: IMF시대 고실업사회의 사회적 대안'이라는 공청회를 개최하고, 4월 기자회견을 통해 생활보호법 전면개정을 위한 입법청원을 하기로 하였다. 이후 전국 사회복지학과 교수들의 사회안전망 구축을 위한 공동성명서 발표, 7월 참여연대와 민주노총 등 19개 단체가 국민기초생활보장법 제정을 위한 국민청원 및 제정촉구대회를 개최하였다. 이들 단체가 청원한 법안이 1998년 12월 국회 보건복지위원회 법안소위를 통과하였으나 최종적으로 좌절되었고, 이에 참여연대는 1999년 3월 국민기초생활보장법 제정추진을 위한 연대회의를 발족하여 공청회 개최, 성명서 발표, 서명운동, 대국민 홍보 등의 활동을 벌였고, 김대중 대통령이 1999. 6. 2. 국민기초생활보장법을 제정하겠다고 언급하였다(안병영, 2000).

(2) 킹던의 정책흐름모형

킹던(kingdon, 1984)은 정책의제 설정이 인간의 합리성이나 의도에 의한 것보다 비합리적이고 우연적인 요인들에 의해 이루어지는 측면을 강조하는 정책흐름(policy stream) 모형을 제시하였다. 즉 서로 무관하게 자신의 규칙에 따라 흘러 다니는 다음의 세 가지 흐름이 서로 결합하여 정책의제를 설정하며, 이 세 가지 흐름 중 2개 혹은 3개가 결합하면 정책변동이 이루어진다는 것이다.

① 정책문제의 흐름 : 정책문제는 극적인 사건이나 위기 같은 점화장치가 있기 전

까지 그 자체의 논리로 흘러 다닌다. 지표의 변동, 위기 또는 재난, 환류 등으로 이루어진다.

② 정치의 흐름 : 정책문제와는 별도로 정치의 흐름은 독자적인 논리를 가지고 있다. 정권의 교체, 국회의석의 변화, 국민적인 분위기, 이익집단의 압력 등에 영향을 받는다.

③ 정책대안의 흐름 : 정책대안 역시 정치의 흐름과는 별도로 독자적으로 흐른다. 학문이나 전문가집단, 정책혁신가의 활동, 이익집단의 개입 등 정책공동체를 중심으로 정책문제에 대한 다양한 대안들이 논의되고 토론된다.

즉, 정책문제, 정치흐름, 정책대안 등은 서로 아무런 관련 없이 각자의 고유한 규칙에 따라 흘러 다니는데, 각자의 흐름이 극적 사건이나 정치적 사건이 점화장치 역할을 하게 되어 서로 만나는 경우가 있다. 킹돈은 세 개의 흐름이 결합하는 현상을 '정책의 창(policy window)이 열린다'고 표현하였다.

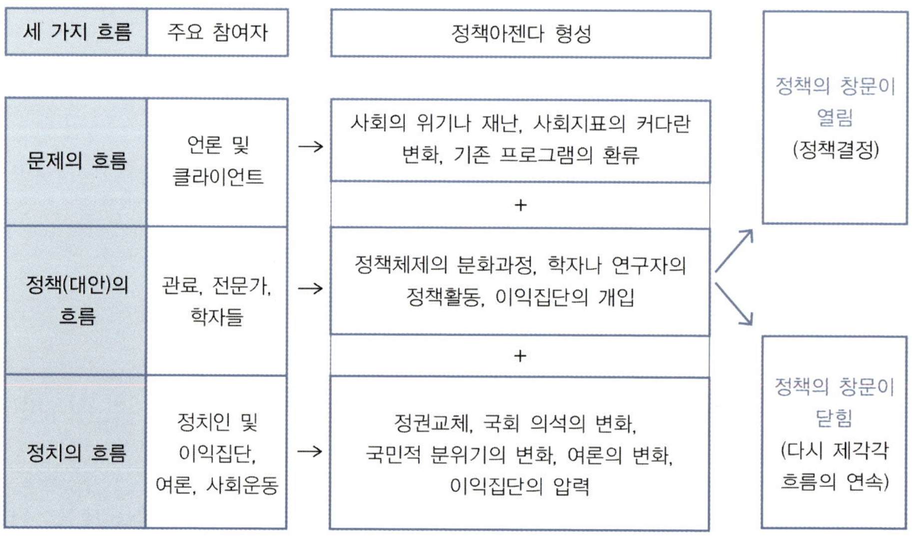

[그림 4-8] 킹던의 정책흐름모형

읽어보기 국민기초생활보장법 정책결정과정 2

국민기초생활보장법 제정과정에 참여연대와 연대회의가 주도적인 역할을 수행하여 정책의 제화에 결정적인 기여를 한 것은 사실이나, 박윤영(2002)은 시민단체의 활발한 입법활동이 곧바로 법 제정에 결정적이었다고 보기 어렵다고 분석하였다. 즉 문제의 심화와 이에 대한 대통령의 심각한 문제인식(문제의 흐름), 참여연대 등 시민단체의 입법활동 및 복지를 강조하는 근본적인 국정운영 기조의 변화(정치의 흐름), 시민단체가 마련한 국민기초생활보장법안(정책의 흐름)이 존재하다가, 이러한 세 흐름은 각기 합치되지 못한 채 별개로 존재하고 있었고 일련의 정치적 위기(옷로비 사건, 조폐공사 파업유도 사건 등)가 발생하고 나서야 이를 매개로 결합되어 법의 제정을 성사시키게 되었다는 것이다.

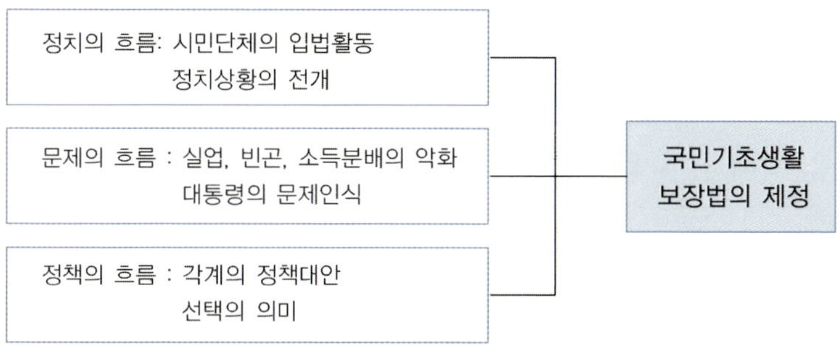

[그림 4-9] 박윤영(2002) 연구의 분석틀

출처 : 박윤영(2002), p. 270.

3 정책결정

1) 정책결정의 의의

정책결정이란 정책문제 해결을 위한 대안을 선택하는 과정이다. 즉 정책목표를 설정하고 이를 달성하기 위한 정책수단을 개발하며 이들 간의 관계를 예측하고 비교해 최선의 방안을 선택하는 과정이다. 정책결정은 정책을 통해 달성하고자 하는 바람직한 미래에 관한 것이므로 미래지향적이고 행동지향적이다. 정책결정의 특성은 다음과 같다(송근원 · 김태성, 2007).

- 정책결정을 할 수 있는 권한을 가진 사람만이 할 수 있다(권위 있는 결정)
- 사회세력들의 다툼 속에서 정책결정자에 의한 해결대안의 채택이다(해결방안의 채택).
- 정책대안 중 하나를 선택할 때는 공익을 기준으로 한다(공익적 성격).
- 결정과정은 사회세력들 사이의 타협의 산물이다(정치적 성격).
- 정책대안들의 우선순위를 매길 때 거시적 시각을 필요로 한다(거시적 시각).

2) 정책결정의 과정

정책결정과정은 다음과 같은 과정을 거치며, 이러한 정책결정 과정을 분석하는 것을 정책분석이라 한다. 정책대안 개발과 비교에는 상당한 사회과학 연구방법론이 적용되며, 다음 장에서 자세히 살펴본다.

[그림 4-10] 정책결정 과정

정책사례 **품의제**

정부의 정책결정 과정에서 가장 기본은 품의제(稟議制)이다. 다단계의 계층적 정책결정 구조에서 담당자가 기안문서를 작성하면 이것을 부처 내의 계층제를 통해 여러 단계의 검토와 조정을 거쳐 최종 결재권자가 서명함으로써 부처 안으로 결정된다. 즉 부하가 의견을 제시하면 상관이 검토하되 부하와 상의하는 하의상달식 정책결정 과정이다. 그러나 실제로는 품의 절차를 밟기 전에 대부분의 정책결정이 이뤄지고 품의절차는 이를 공식화하는 서류상의 작업에 불과하다.

3) 입법화 과정

정책결정은 입법부에서 법안의 통과, 행정부의 행정규칙, 사법부의 판결 등과 같은 형태로 이루어진다. 특히 중요한 정책은 주로 법률의 형태로 제정되거나 개정되므로 입법화 과정을 이해하는 것은 필수적이다. 위의 정책사례의 품의제에서 정부의 부처 안이 결정되더라도 입법이 필요한 경우는 입법화 과정을 거쳐야 최종적으로 완성된다.

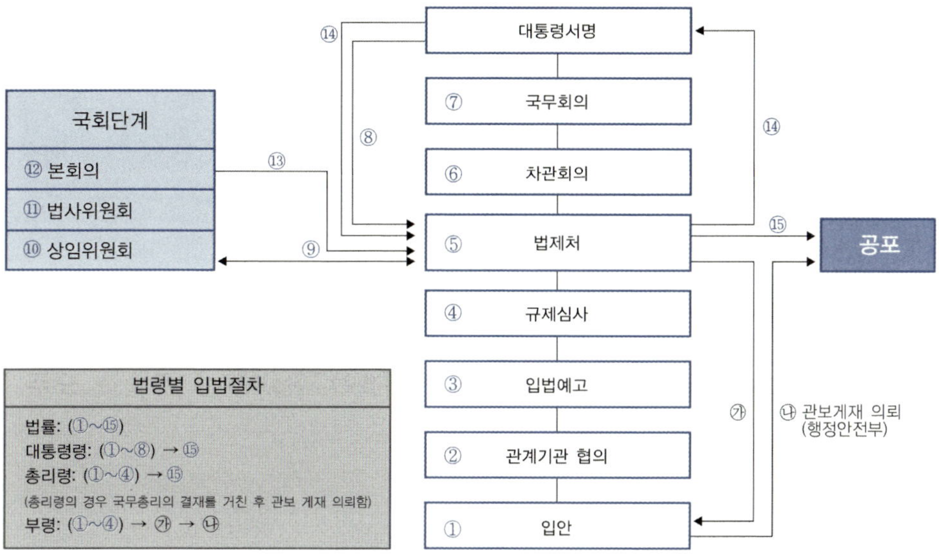

[그림 4-11] 법령의 입법절차

읽어보기 **의원입법 vs 정부입법**

입법권은 국회에 속하지만 정부도 법률안 제출권이 있다. 국회의원이 발의하는 법률안을 의원입법이라 하고, 정부가 제출하는 법률안을 정부입법이라 한다. 21대 국회('20. 5.~'24. 5.)의 법안 발의 건수는 25,806건이고, 가결률은 11.4%이다. 이 중 의원입법은 23,331건으로 90% 이상에 해당한다. 그러나 의원입법 상당수는 정부가 하려는 입법을 국회의원에게 부탁하여 발의하는 이른바 우회입법 내지 청부입법이라 판단되는데, 그 이유는 정부입법 절차는 위 그림과 같이 굉장히 복잡하고 규제영향분석과 규제개혁위원회를 거쳐야 해서 최소 6개월이 필요하지만, 의원입법은 이런 절차 없이 대표발의자 포함 10인 이상 서명만 받으면 1주일 안에도 가능하기 때문이다. 정부입장에서 속도감 있게 법안을 통과시키기 위해 의원입법 방식을 택하게 된다.

4) 정책결정 모형

(1) 합리모형

합리모형(rational model)은 인간의 과학적 지식과 이성에 대한 기본적인 믿음에 바탕을 두고 정책이나 의사결정과 관련하여 합리적으로 결정할 수 있다고 보는 입장이다. 즉, 정책결정자는 문제해결을 위해 대안을 검토하고 대안이 가져올 결과에 대한 정보를 수집하고 분석하여 비교·평가함으로써 최선의 대안을 선택한다. 가장 이상적이지만, 사실 인간의 능력은 제한되어 완전하고 종합적인 정보 수집과 처리가 어렵고, 문제해결 대안의 개발에서 현실적인 제약점을 고려하지 않기 때문에 실현 가능성이 낮다.

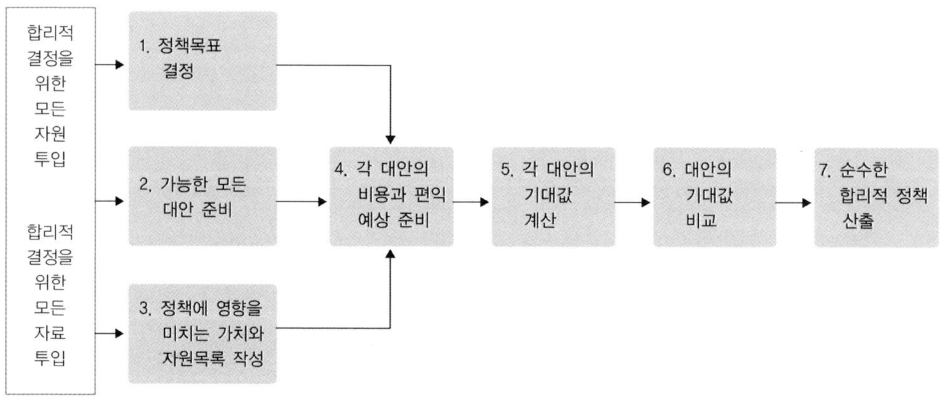

[그림 4-12] 합리모형

출처 : Dye(1998), p. 26.

(2) 점증모형

점증모형(incrementalism model)은 합리모형의 비현실성을 비판하며 린드블룸(Lindblom, 1968), 윌다브스키(Wildavsky, 1966) 등이 주장한 것으로, 기존의 의사결정을 인정하고 그보다 향상된 대안에 대해서만 부분적·순차적으로 탐색하여 의사 결정하는 현실적·실증적 접근방법이다. 기존의 실천을 정치적 합리성에 근거하여 조금씩 변경해 나가는 방법을 사용한다. 현재의 상황에서 가장 저항을 적게 받고 문제를 효율적으로 해결할 수 있다는 장점이 있지만, 현상유지적 문제방법에 지나지 않아 보수적이고 급속한 환경변화에 대응할 수 없다는 비판을 받고 있다.

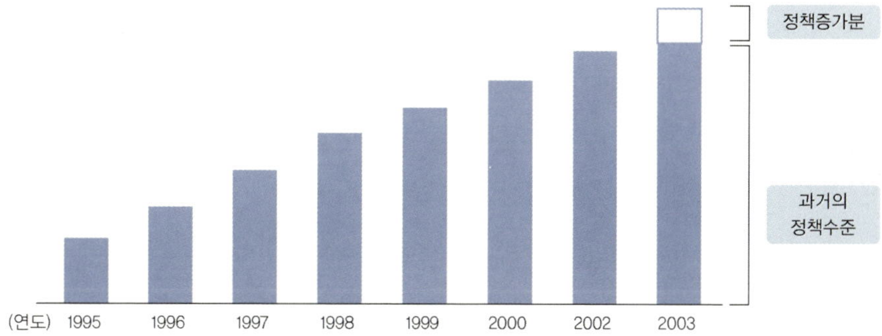

[그림 4-13] 점증모형

출처 : Dye(1998), p. 28.

(3) 혼합모형

에치오니(Etzioni, 1964)가 주장한 것으로, 인간의 정보 수집 및 처리능력의 한계와 현실적 제약을 인정하면서도 현실적인 제약의 한계 내에서 가능한 모든 대안을 개발하여 효과성과 효율성이 가장 높은 것을 선택한다는 모형이다. 합리모형을 정(thesis), 점증모형을 반(antithesis)으로 하여 변증법적으로 연합된 합(synthesis)으로서의 제3의 모형이라 할 수 있다. 종합적 합리성을 바탕으로 하여 일반적인 내용은 합리모형이지만 세부적인 결정은 점증모형의 방법을 사용하며, 사회복지정책의 기획과 의사결정 과정에서 이용할 만한 방법이다.

(4) 만족모형

마치와 사이먼(March & Simon, 1958)이 주장한 것으로, 합리모형의 현실적 제약점을 극복하기 위해 인간의 '제한된 합리성'에 기초하여 의사결정 한다는 것이다. 의사결정자는 만족할 만한 대안을 찾으면 그 대안을 선택함으로써 대안의 탐색이 중단되고 의사결정이 이루어진다고 보고 있다. 그러나 만족하는 수준이란 것이 지나치게 주관적이어서 만족의 정도를 결정짓는 객관적 기준이 없고, 대안이 보수적인 성격을 띠고, 환경이 급변하는 상황에서는 적용하기 어려우며, 조직의 의사결정에 이를 그

대로 적용하기 어렵다는 단점이 있다.

(5) 최적모형

점증모형과 만족모형의 보수성에 불만을 갖고 주장한 이론으로, 의사결정을 체계론적 시각에서 파악하고 성과를 최적화하려는 모형이다. 의사결정의 최적화를 위해서 경제적 합리성뿐만 아니라 직관, 판단, 창의성과 같은 초합리적 요인을 동시에 고려해야 한다. 의사결정에서 초합리성이 고려되고, 인간이 노력하면 최적의 결정에 이를 수 있다는 점은 장점이다. 하지만 의사결정체제 전반을 내용으로 하고 있어 최적의 의미가 불분명해지고, 초합리성의 이용방법이나 합리성과의 관계가 모호하다는 점이 단점이다.

(6) 쓰레기통 모형

의사결정이 합리성이나 협상, 타협 등을 통해 이루어지는 것이 아니라 조직화된 무정부 상태(혼란 상태) 속에서 나타나는 몇 가지 흐름에 의하여 우연히 이루어진다고 보는 모형이다. 복잡하고 혼란한 상황 속에서 조직이 어떠한 의사결정 형태를 나타내는가에 연구 초점을 둔다. 하지만 조직화된 혼란 상태는 모든 조직에서 나타나는 현상은 아니기 때문에, 일부의 조직 또는 일시적으로 나타나는 혼란 상태에서의 의사결정 형태를 설명하는 데 국한된다는 점이 단점이다.

4 정책집행

1) 정책집행의 의의

정책집행이란 결정된 정책의 내용을 구체화하여 실현시키는 과정을 말한다. 즉 정책수단을 실현하여 소기의 정책목표를 달성하고자 하는 과정이다. 정책결정이 바로 정책효과를 가져오는 것이 아니라 정책집행 자체가 다양한 요인들이 만들어 내는 복잡한 과정이기 때문에 정책내용이 수정 · 보완된다. 즉 결정된 정책은 집행과정에서 가감되거나 정교하게 만들어지기도 하고 무효화되기도 한다.

정책을 결정하는 사람과 집행하는 사람은 다르다. 정책집행은 주로 일선행정조직이 담당하는데, 최근에는 공사화, 민간위탁 등으로 공공기관, 비영리기관, 그리고 영리조직 등이 정책집행에 참여한다. 이러한 이유로 정책결정 이상으로 정책집행에 대한 분석이 중요하다. 정책과정에서 정책집행이 중요한 이유는 다음과 같다(남기범, 2023).

- 정책집행이 이루어져야 정책목표가 달성된다.
- 실질적 정책내용이 집행단계에서 구체화된다.
- 정책대상집단과 접촉하고 실질적으로 영향력을 행사하는 단계이다.
- 국민 생활과 직결되는 정부의 활동이다.
- 정책목표 달성은 일선 정책집행자의 성실한 수행에 달려있다.

읽어보기 **오클랜드 정책집행 분석**

정책집행 연구의 출발은 프레스만과 윌다브스키(Pressman & Wildavsky, 1973)의 오클랜드 사례 분석이라 할 수 있다. 1966년 미국 상무부는 흑인실업자의 취업촉진을 위해 오클랜드(Oakland)시에 2천3백만 달러를 투입해 공공건설사업을 실시해 신규일자리 2,200개를 창출하고, 추가로 160만 달러를 민간기업에 대여해 800개의 일자리를 마련하겠다고 발표하였다. 그러나 1969년까지 겨우 300만 달러가 지출되었고, 신규일자리는 10개 정도 만들어졌다. 정책집행을 분석한 결과 ① 과다한 참여기관과 참여자, ② 지속적이지 못한 리더십, ③ 부적절한 정책수단의 선택, ④ 부적절한 집행기관 선정 등이 실패원인으로 제시되었다(남궁근, 2017). 최선의 정책결정이 곧 정책효과를 가져오는 것은 아니며, 정책집행 연구가 필요한 이유를 보여주는 사례이다.

2) 정책집행의 과정

정책결정 다음에 정책집행이 진행된다. 정책집행 과정은 우선 ① 정책집행기관이 정책집행에 필요한 예산 · 인력 · 장비 등과 같은 인적 · 물적 자원을 확보하고, ② 정책내용에 의거하여 구체적인 지침이나 규칙 등을 제정하고 계획을 세운 다음에, ③ 정책집행을 위한 기구를 설치하고 업무처리 방법을 마련하고, ④ 마지막으로 정책집행기관이 수혜집단에게 편익과 서비스를 제공하는 과정으로 진행된다.

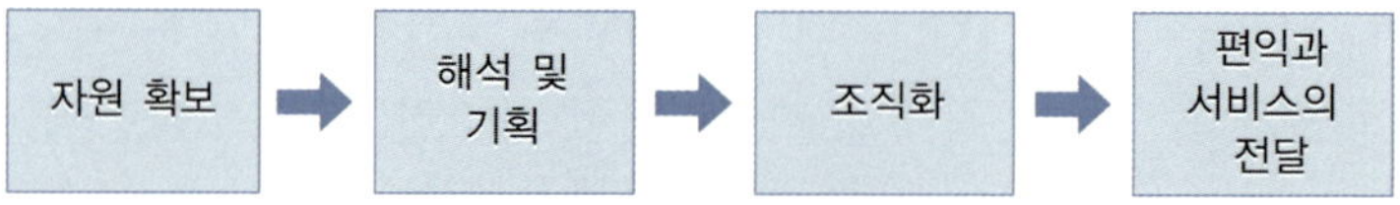

[그림 4-14] 정책집행의 과정

3) 정책집행의 접근방식

① 하향식(top-down) 접근 : 정책집행을 정책결정자 입장에서 정책집행을 주어진 정책목표 달성을 위한 수단적 행위로 파악하는 방식이다. 따라서 정책결정자의 의도가 충실히 집행되기 위해 관심을 가져야 할 집행과정상의 체크리스트 요인을 정책결정자에게 제시해 준다.

② 상향식(bottom-up) 접근 : 정책집행은 정책집행을 다수의 참여자 사이에서 발생하는 상호작용으로 이해하는 방식이다. 상향식 집행에서는 정책결정자가 아니라 정책문제 해결에 필요한 전문성과 지식을 가진 일선 집행자가 더 큰 영향력을 행사한다.

〈표 4-2〉 정책집행의 하향식·상향식 접근 비교

	하향적 접근 방법	상향적 접근 방법
성공요인	결정자의 리더십	집행관료의 재량권
결정과 집행	정책결정과 집행 분리	정책결정과 집행 통합
관리자의 참여	참여 제한, 충실한 집행	참여 필요
정책 상황	안정적 · 구조화된 상황	유동적 · 동태화된 상황
정책목표 수정	수정의 필요 낮음	수정의 필요 높음
집행자의 재량	집행자의 재량 불인정	집행자의 재량 인정

출처 : 권기헌(2018), p. 320.

4) 정책집행의 성공·실패요인

정책집행을 성공적으로 이끌기 위한 요인으로 사바티어와 매즈매니언(Sabatier & Mazmanian, 1990)은 다음과 같은 요인을 제시하였다.

- 계획의 기초가 되는 이론이 타당해야 한다.
- 법령에 있는 정책지침이 모호하지 않고 명확해야 한다.
- 집행담당자가 능력을 가지고 헌신해야 한다.
- 계획이 의회, 대통령 등의 확고한 지지를 받아야 한다.
- 사회경제적 상황이 변화하더라도 목표의 우선순위가 안정적이어야 한다.

반면에 팔럼보와 칼리스타(Palumbo & Calista, 1990)은 정책목표와 정책실행 사이의 갭(gap)이 발생하는 상황에 주목해서, 다음과 같은 경우에 갭이 발생하여 정책집행이 실패할 수 있다고 하였다.

- 정책이 너무 상징적인 경우
- 정책이 철저한 프로그램 이론에 근거하지 않은 경우
- 사회경제적 및 정치적 여건의 변화로 제시된 해결책이 부적절해진 경우
- 정책집행 중에 더 좋은 프로그램이나 조직적 구조가 만들어진 경우
- 정책집행에 할당된 자원이 불충분한 경우
- 정책집행자들이 정책집행 방법을 잘 모르는 경우

5) 정책집행의 순응과 불응

정책집행에서 순응(compliance)이란 정책결정자가 결정한 정책의 내용과 지침을 정책집행의 참여자, 즉 정책집행자와 정책대상집단이 일치하게 행동하는 것을 말하며, 불응은 일치하지 않는 행태를 말한다. 모든 정책이 정책결정자의 의도대로 자동적으로 집행되지 않고, 집행자와 대상집단의 행태에 따라 차질이 발생할 수 있는데,

집행자와 대상집단의 순응을 확보하지 못하면 정책효과를 기대할 수 없다.

정책집행자가 불응하는 경우로는 ① 의사전달이 불분명하거나, ② 정책집행에 필요한 자금, 시간, 에너지 등의 자원이 부족하거나, ③ 정책자체에 의혹이 있는 경우, ④ 순응에 수반되는 희생이나 부담이 큰 경우, ⑤ 정책결정이나 집행기관의 정통성이 약하거나 불신이 있는 경우 등이다(Coombs, 1981).

또한 불응하는 형태로는 ① 정책지시나 필요한 정보를 고의적으로 전달하지 않거나 선별 전달하여 왜곡시키거나, ② 집행을 지체하거나 연기, ③ 정책의 임의변경, ④ 부집행, ⑤ 형식적 순응, ⑥ 정책의 취소 시도 등이 있다.

5 정책평가와 정책변동

1) 정책평가

사회복지 정책평가는 본래의 정책목표를 달성하였는가를 평가하는 것이며 또한 평가된 내용은 다시 정책과정에 영향을 주게 되므로 사회복지 정책과정에 매우 중요한 과정이다. 정책평가란 정책활동에 관한 평가를 말하는데, 평가란 어떤 활동에 관해 정보를 수집하고 분석하며 해석함으로써 그 가치를 판단하는 것을 뜻한다. 따라서 정책평가란 특정 정책과 프로그램이 그것의 목표를 달성했는지 알아보기 위해서 정보를 수집, 분석, 해석하는 활동이다. 정책평가의 구체적인 방법은 다음 장에서 살펴본다.

2) 정책변동

(1) 정책변동의 의의

정책평가의 결과는 정책환류(feeback)을 통해 정책변동의 토대가 된다. 즉 평가결과를 바탕으로 정책과정의 다른 단계로 환류되며, 많은 경우에 의제설정 단계로 되

돌아간다. 정책변동은 정책환류의 결과에 따라 정책내용(목표, 수단, 대상집단 등)과 정책집행에 변화가 발생하는 것을 말한다. 정책변동이 정책환류를 통해 적절한 시기(timing)에 정책변동이 이루어지지 않으면 또 다른 심각한 사회문제를 야기한다. 산아제한정책에서 출산장려정책으로, 분식장려정책에서 쌀소비촉진정책으로 변동이 시기를 놓친 대표적인 사례라 할 수 있다.

정책사례 **산아제한정책**

한국전쟁이 끝나고 1차 베이비붐(1955~1963년)이 시작되자 정부는 1963년 산아제한정책을 실시하였다. 그러나 1983년 이미 대체출산율 2.1명 이하인 2.06으로 떨어졌지만 정부는 산아제한정책을 폐지하지 않고 계속 추진하다 1996년 1.57명이 되어서야 비로소 산아제한정책을 폐지하였다. 더구나 2002년 1.18명까지 떨어져 초저출산수준에 도달하자 뒤늦게 출산장려정책을 추진하였고, 그럼에도 2018년 1.0명이 붕괴해 2023년 0.72명 수준이다.

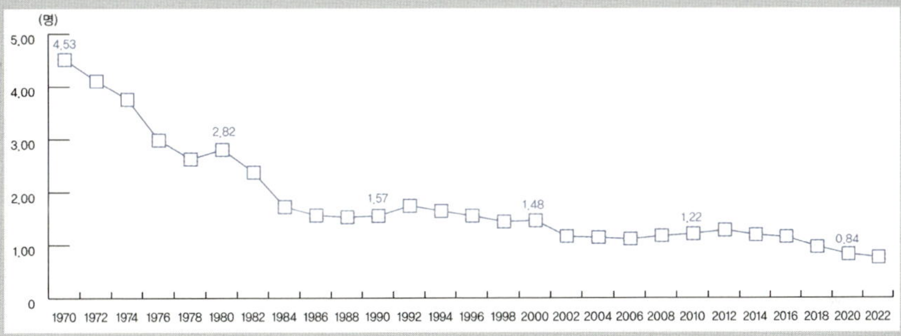

[그림 4-15] 합계출산율

(2) 정책변동의 유형

호그우드와 피터스(Hogwood & Peters, 1983)는 정책평가에서 생산된 정보를 바탕으로 정책이 변동되는 경우를 다음의 4가지로 구분하였다.

① 정책혁신(innovation) : 정부가 관여하지 않고 있던 분야에 개입해 새로운 정책을 도입하는 경우를 말한다. 즉 새로운 정책이 새롭게 만들어 지는 경우이다. 정책혁신으로 채택된 정책을 집행하려면 그에 따른 프로그램과 예산, 조직이 추가되어야 한다.

② 정책유지(maintenance) : 현재의 정책목표는 기본적으로 유지하면서 정책수단만 일부 변화하는 경우이다. 프로그램과 예산, 조직이 이전과 같이 지속되며, 정책유지는 정책평가 결과로부터 나오는 전형적인 환류과정이다.

③ 정책승계(succession) : 동일한 정책문제와 관련되어 정책목표는 유지되지만 이전의 프로그램과 조직이 새로운 것으로 대체되는 경우이다. 즉 정책목표는 변하지 않지만 수단만 크게 변화는 경우이다. 생활보호제도가 국민기초생활보장제도로 대체된 것이 정책승계에 해당한다. 정책승계는 새로운 프로그램으로 대체되거나 통합 또는 분할되는 경우가 많다.

④ 정책종결(termination) : 정책을 완전히 종료하는 경우로, 담당하는 프로그램, 예산 및 조직이 완전히 없어지는 경우이다. 실제로 사회복지정책의 종결은 수혜대상집단에게 불이익의 크므로 매우 어렵고 저항도 심하다.

〈표 4-3〉 정책변동 유형별 특징

구분	정책혁신	정책유지	정책승계	정책종결
기본성격	의도적 성격	적응적 성격	의도적 성격	의도적 성격
법령측면	법률 신규제정	기존 법률 유지	제정 및 기존 법률의 개정	기존 법률 폐지
조직측면	조직 추가	기존 조직 유지, 정책상황에 따라 조직보완 가능	기존 조직의 개편	기존 조직의 폐지
예산측면	예산 신규편성	기존 예산 유지	기존 예산 조정	기존 예산 폐지

출처 : Hogwood & Peters(1983), p. 29.

(3) 정책변동 유형 간 관계

정책이 최초로 채택되는 정책혁신 이후에 환경변화에 다라 정책목표는 유지하면서 정책수단이 수정되거나 보완이 이루어지는 정책유지 단계로 나아가고, 이후에 환경의 새로운 변화에 따라 정책이 대폭 수정 · 변경되는 정책승계 단계로 진행되거나 또는 정책종결이 이루어질 수 있다. 한편, 승계된 정책은 다시 환경변화에 따라 정책이 유지되는 과정을 거칠 수 있다.

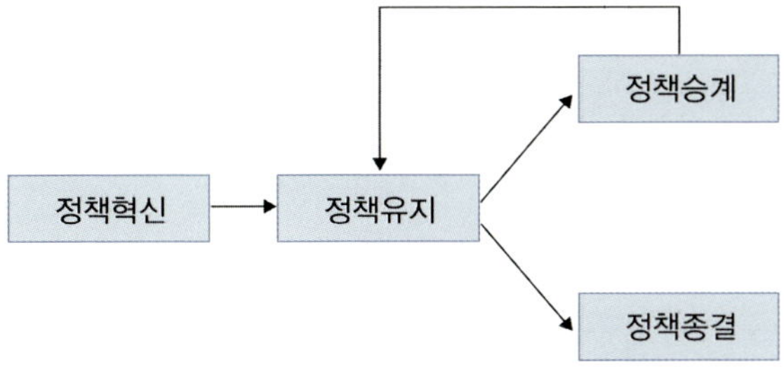

[그림 4-16] 정책변동 유형 간의 관계

출처 : 남궁근(2017), p. 512.

05 CHAPTER

사회복지정책 분석과 평가

1. 정책분석
2. 정책평가
3. 사회복지정책 분석틀

1 정책분석

1) 정책분석의 의의와 과정

(1) 정책분석의 의의

정책분석은 좋은 정책을 만들기 위해 이루어지는 지적이고 분석적인 활동이며, 정책결정에 필요한 정보를 산출하기 위해 이성적이고 합리적인 방법을 동원하는 활동이다. 흔히 정책분석이라 하면 앞 장에서 살펴본 정책형성 과정의 전반, 즉 정책의제 설정부터 정책평가의 과정전체를 분석하는 것으로 이해할 수도 있지만, 정책학에서 정책분석은 정책대안을 개발하고 비교분석해 최선의 정책대안을 선택하도록 하는 체계적인 분석활동을 지칭한다. 정책분석의 특징은 다음과 같다.

- 앞으로 만들어질 정책에 대한 사전적인 분석활동이다.
- 자료를 분석하는 합리적이고 체계적인 분석작업이다.
- 바람직한 정책결정을 위해 필요한 정보를 산출 · 제공한다.
- 정책대안을 탐색 · 개발 · 비교 · 평가하는 연합학문적 성격을 가진다.

(2) 정책분석의 과정

정책분석 과정은 다음과 같으며, 마지막의 최적대안 선택이 곧 정책결정이다. 사회복지정책의 형성과정 중에서 정책대안을 개발하고 비교하여 최적대안을 선택하는 과정을 분석하는 것을 정책분석이라 한다. 정책대안 개발과 비교에는 상당한 사회과학 연구방법론이 적용된다. 여기서는 정책대안 개발과 비교하는 방법을 살펴본다.

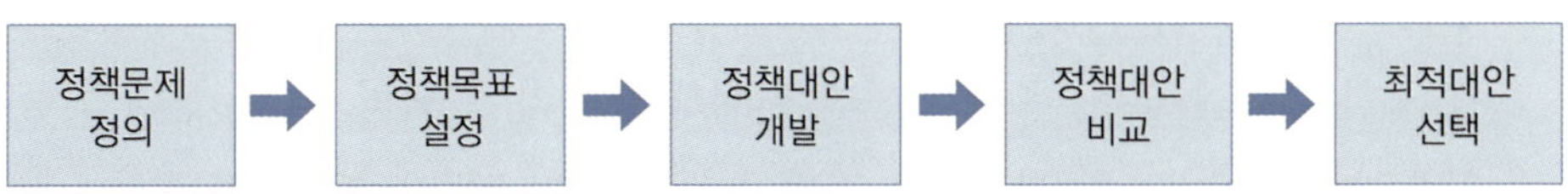

[그림 5-1] 정책결정 과정

2) 정책대안 개발

(1) 정책대안의 의의

정책대안(policy alternatives)이란 정책문제 해결과 정책목표 달성을 위하여 채택가능한 여러 가지 정책수단을 말한다. 가급적 다양하고 많은 정책대안을 개발하여야 각각의 정책대안을 비교 · 평가함으로써 최선의 정책대안을 찾을 수 있다. 따라서 성공적인 정책대안을 마련하기 위해 가능한 많은 정책대안을 찾기 위한 창조적인 노력을 기울여야 한다. 이 책의 다음 제6~10장은 사회복지정책의 내용을 다양한 정책대안을 중심으로 살펴볼 것이며, 여기서는 그러한 정책이 만들어지는 일련의 과정을 중심으로 살펴본다.

(2) 정책대안 원천

① 기존 정책 : 과거 또는 현재 시행중인 정책은 대안개발의 가장 중요한 원천이다. 점증주의 입장에서는 현재의 정책을 약간 수정하는 것이 최선의 정책대안이라고 본다. 그러나 결과 예측이 비교적 용이하지만, 사회적 · 정치적 상황의 변화로 예기치 않은 결과를 초래할 수 있다.

② 외국 사례 : 외국의 사례나 혹은 지방정부의 정책에서 아이디어를 얻을 수 있다. 발달이론 중 확산이론처럼 외국의 우수사례를 벤치마킹해 도입하는 경우이다. 이 방식은 사회 · 문화 · 정치적 상황, 경제적 여건의 차이 등으로 예상된 결과를 얻지 못할 수 있다.

③ 과학적 지식 : 정책문제에 관해 연구자들의 연구결과를 참조하여 학계에서 일반적으로 인정하는 사회과학적 이론과 지식을 활용한다.

④ 주관적 판단 : 위의 방법으로도 정책대안을 개발할 수 없다고 하여 대안 개발을 중단할 수는 없다. 주관적 판단은 이성적 논리, 판단력, 직관, 통찰력 등을 활용하여 정책대안을 개발하는 방법이다. 브레인스토밍이나 정책델파이 같은 방법을 사용할 수 있다.

(3) 정책대안 개발의 한계

정책대안 개발의 가장 큰 한계점은 인간의 예측 능력 부족이다. 정책대안의 결과를 예측하고 비교하기 위해서는 정확한 정보와 자료 등이 있어야 하지만 그러한 정보와 자료의 부족 및 정책분석가의 판단 잘못 등으로 정확한 예측이 쉽지 않다. 이 외에도 다음과 같은 한계점이 있다.

- 계량화할 수 없는 부분이 많다.
- 정책대안의 비교를 위한 공통 척도가 없는 경우가 많다.
- 정책대안 개발을 위한 시간과 비용이 한정되어 있다.
- 다른 국가목표와 상충하는 경우가 있을 수 있다.

읽어보기 **전세대란**

전세기간이 1년이면 매년 이사를 다녀야 하는 불편이 있다. 그렇다면 전세기간을 2년이나 그 이상으로 늘리면 이러한 불편이 해소될까? 이러한 이유로 1989년 12월 정부는 세입자 보호를 위해 전세기간을 1년에서 2년으로 늘리는 주택임대차보호법을 개정했다. 그러나 집주인 입장에서는 매년 전세가를 조금씩 인상할 수 있었는데, 이 법으로 2년에 한 번 인상할 수 있게 되자 대폭 인상하였다. 그 결과 1989년 서울 전셋값은 29.6%, 1990년에는 23.7% 폭등하여 1990년 초 두 달 사이에 17명의 세입자가 잇달아 자살하는 등의 사회적 혼란이 발생하였다. 미처 이런 결과를 예측하지 못한 정책결정 과정의 잘못이다.

3) 정책대안 비교

(1) 정책대안 비교의 의의

정책대안이 개발되면 각 정책대안이 가져올 결과들을 예측 또는 추정하여 비교한다. 정책의 미래예측은 정책문제에 관련된 사전정보를 토대로 미래의 사회상태에 관한 사실적 정보를 산출하는 절차이다. 각 정책대안의 미래예측을 토대로 서로 비교를 통해 가장 최선의 정책대안을 도출할 수 있다. 그러나 시간의 압박과 비용 등의 문제로 모든 정책 대안을 다 분석하는 경우는 드물다.

(2) 정책대안 비교방법

① 추세연장 예측 : 과거로부터 현재까지의 자료를 토대로 미래를 예측하는 방법으로, 시계열분석(time-series analysis)을 기초로 한다. 지속적인 경향과 규칙적인 파동 등을 분석해 미래의 변화량과 변화율의 평균을 제공한다. 또한 시계열 회귀분석 등을 통해 선형 경향을 추정한다.

② 브레인스토밍 : 오스본(D. Osborne)이 개발한 방법으로, 5~10명의 소규모팀을 구성해 즉흥적이며 자유롭게 머리를 쥐어짜며(brain storming) 아이디어를 내고 더 좋은 아이디어로 발전시키는 방법이다. 브레인스토밍에는 몇 가지 규칙이 있는데, 아이디어에 대해 비판이 금지되고, 자유로운 의견 제시가 가능하고, 질보다는 양을 중시한다.

③ 정책델파이 : 터롭(M. Turoff)이 델파이조사를 정책문제에 적용하여 개발한 기법으로, 정책문제에 정통한 전문가집단을 대상으로 질문조사를 반복적으로 실시해 의견을 모으고, 교환하고, 발전시켜 합의된 결과를 바탕으로 미래를 예측하는 방법이다. 전통적 델파이와는 달리 초기에만 익명성이 보장되고, 이후에는 상반된 의견을 가진 사람들을 대면시켜 의도적으로 갈등을 조장해 정책문제를 구체화한다.

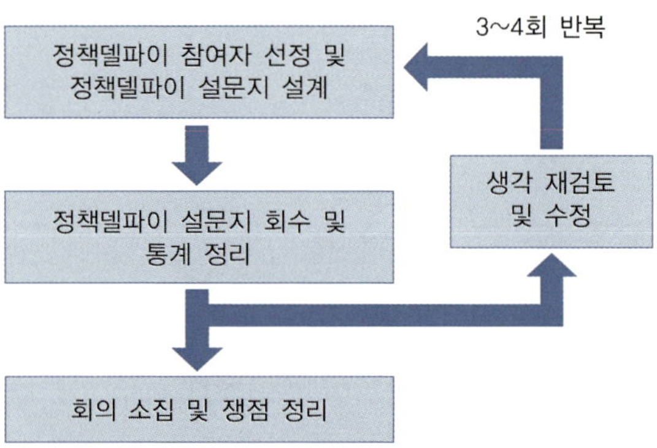

[그림 5-2] 정책델파이 순서도

④ 계층화분석 : 사티(T. Saaty)가 제안한 방법으로 AHP(Analytic Hierarchy Process) 분석이라 한다. 여러 가지 대안들 중 최적의 대안을 찾기 위해 중요도에 따라 우선 순위를 정하는 기법이다. 즉 복잡한 문제를 계층화해서 주요 요인과 세부 요인들로 나누고, 쌍대 비교를 통해 중요도를 도출한다.

읽어보기 **AHP분석 사례**

우리나라 미래에 가장 중요한 분야로 경제, 국방, 복지, 교육의 4가지가 있다고 하자. 이 중에서 무엇이 가장 중요하다고 생각하는지를 전문가 OO명에게 평가하도록 한다. 평가는 문항 2개를 서로 비교해서 상대적인 중요도를 평가하게 한다. 예를 들어 '경제 1 2 3 4 5 6 7 8 9 국방'과 같이 한 문항에서 경제가 국방보다 절대적으로 중요하면 1점, 반면에 경제보다 국방이 절대적으로 중요하면 9점, 동일하면 5점을 체크한다. 응답자료를 모아 분석하면 분야별 중요도가 산출되고, 그러면 연구자는 우리나라의 미래를 위해 힘써야 하는 분야를, 예를 들어 1위 경제, 2위 복지, 3위 국방, 4위 교육 등과 같이 순서대로 알 수 있다(최창현 외, 2018).

⑤ 비용편익분석(cost-benefit analysis) : 정책대안별로 실행에 필요한 비용과 대안이 가져올 편익을 체계적으로 비교·평가하는 방법으로, 정책의 비용과 편익은 모두 화폐 단위로 계산되어야 한다. 즉 각 대안별로 이용 대비 편익의 비율(B/C)을 비교하여 가장 합리적이고 효과적인 대안을 선택한다. 예를 들어 대안 A의 B/C값은 0.9이고, 대안 B의 B/C값이 1.5라면, 대안 B를 선택하는 것이 합리적이고 효과적이다. 대안의 성과를 화폐단위로 환산할 수 없는 경우에는 비용효과분석을 실시한다.

정책사례 **예비타당성조사**

예비타당성조사(Preliminary Feasibility Test)는 국가재정법 제38조에 따라 총 사업비가 500억에서 1000억 원 이상의 대규모 신규사업에 대해 예산편성 전에 기획재정부장관 주관으로 실시하는 조사이다. 그 사업의 타당성에 대한 객관적이고 중립적인 조사를 통해 합리적인 재정집행 의사결정을 지원하기 위함이다. 조사는 한국개발연구원(KDI) 공공투자관리센터와 한국조세재정연구원(KIPF) 정부투자분석센터에서 경제성평가를 실시한다. 평가기준은 B/C≥1이면 경제적 타당성이 있음을 의미하고, 정책적 타당성과 지역균형발전 등을 고려한 종합평가인 AHP≥0.5이면 사업 시행이 바람직함을 의미한다.

2 정책평가

1) 정책평가의 의의와 특징

(1) 정책평가의 의의

정책평가(policy evaluation)란 정책이 추구하는 이념을 달성하기 위한 수단으로서의 정책의 당위성, 정책집행의 영향과 효과, 설정하였던 목표의 성취정도, 정책대안의 효율성 등을 검토하는 일련의 활동을 말한다(권기헌, 2018). 즉 정책이 결정되어 집행된 이후에 어떤 결과와 효과를 가져왔는지를 사후적으로 평가하는 과정이다.

정책을 대상으로 정책 수립단계의 활동을 정책분석이라 하고, 정책집행 이후의 분석활동을 정책평가라 한다. 정책평가 대상에 수립단계를 포함하여 정책평가와 정책분석을 구분하지 않는 의견도 있지만, 이들은 구분하는 것이 일반적이다. 그리고 정책평가와 프로그램평가는 흔히 대체하여 사용된다. 프로그램을 정책의 하위개념인 정책수단으로 보기 때문에 정책이나 프로그램이 동일한 경우가 대부분이다.

(2) 정책평가의 특징

정책평가의 대상은 정책의 효과나 집행과정의 합리성뿐만 아니라 정책목표가 타당했는지 또는 정책수단이 최선이었는지 등도 비판적으로 평가한다. 따라서 정책평가는 정책과정상의 모든 활동이나 산출을 대상으로 수행된다. 정책평가의 특징은 다음과 같다(노화준, 2003).

- 회고적인 활동이다.
- 정책과정 중에서 집행, 산출, 성과 및 영향에 초점을 맞춘다.
- 정책목표의 달성여부뿐만 아니라 정책 영향을 사정하고 정책목표의 적합성까지도 평가한다.
- 정책평가는 공공간여에 대한 주의 깊은 사정(assessment)이다.

(3) 정책평가의 필요성

① 효과성 증진 : 사회복지정책의 개선에 필요한 정보를 얻을 수 있다. 평가를 통해 성공요인과 실패요인 등을 밝혀냄으로써 정책변동에 필요한 정보가 제공된다. 또한 사회복지정책 프로그램 시행이나 관리방법 등을 개선함으로써 정책의 효과성을 증진시킬 수 있고, 평가결과에 따라 자원을 할당하여 합리적인 자원배분이 가능하다.

② 책임성 확보 : 정책평가를 통해 목표 달성정도와 책임소재 등을 밝힐 수 있고, 정책평가 결과 원래 정책목표를 달성했다면 정책집행기관의 존립 근거가 되기도 한다. 반대의 경우라도 실패요인을 규명하고 그 책임소재를 밝혀서 응분의 책임을 물어야 한다.

③ 이론발전 기여 : 정책의 수립부터 집행에 이르는 인과경로를 검토하고 확인·검증하는 과정을 통해 정책개발 이론을 발전시킬 수 있고, 또한 정책개발과 집행에 필요한 지식이나 정보를 획득할 수 있다.

2) 정책평가의 종류

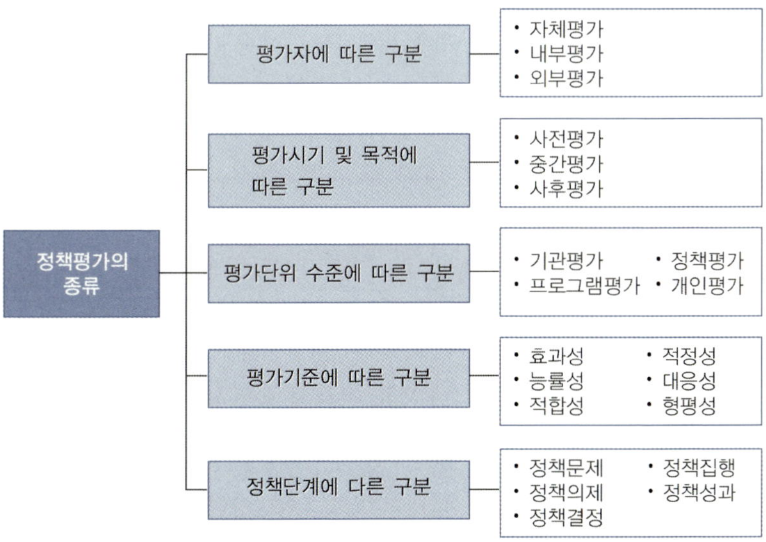

[그림 5-3] 정책평가의 종류

(1) 평가자에 따른 구분

평가자를 기준으로 ① 자체평가는 정책집행담당자 자신들이 직접 평가하는 방식이고, ② 내부평가는 정책집행담당자 자신은 아니고 그것을 수행한 기관에서 평가하는 방식이고, ③ 외부평가는 집행체제 밖에 있는 기구나 전문가들이 평가하는 방식이다.

(2) 평가시기 및 목적에 따른 구분

평가시기를 기준으로 ① 사전평가는 정책결정 이전에 계획된 정책의 효과와 결과를 미리 추정하는 평가로서 정책분석을 의미한다. ② 중간평가는 정책집행 도중에 평가하는 것으로, 흔히 형성(formative)평가라 하며 집행과정을 개선하려는 목적으로 실시한다. ③ 사후평가는 정책집행이 종료된 이후에 평가하는 것으로 흔히 총괄(summative)평가라 한다.

〈표 5-1〉 평가시기 및 목적에 따른 구분

평가유형	평가내용
사전평가	• 정책집행 이전에 정책계획이 타당한지 검증 • 사전평가 결과는 정책계획의 최종 승인을 위해 활용
중간평가 (형성평가)	• 정책집행 중에 정책계획에 맞게 진행되는지 평가 • 정책성과 제고를 위해 정책내용 개선을 위해 활용
사후평가 (총괄평가)	• 정책집행 종료 후 평가 실시 • 정책목표가 달성되었는지 등을 평가하고, 다음 정책계획 수립을 위한 피드백 제공

(3) 평가단위 수준에 따른 구분

평가단위 수준에 따라 ① 기관평가는 부처, 지방자치단체 등이 기관단위로 이루어지는 평가이고, ② 정책평가는 정책단위로 정책의 목표와 수단 등을 평가하는 것이고, ③ 프로그램평가는 정책을 구성하는 하부 프로그램 단위로 목표와 수단 등을 평가하는 것이다. 경우에 따라 정책평가와 프로그램평가는 혼용되기도 한다. 그리고 ④ 개인수준으로 정책집행 담당자를 평가하는 개인평가가 있다.

읽어보기 정책모니터링

과정평가의 한 유형으로 정책모니터링이 강조되고 있다. 형성평가가 프로그램 개선을 위한 평가라면 정책모니터링은 능률성과 효과성을 확보하기 위해 정책이 의도했던 대로 집행되었는지 확인하고 점검하는 평가이다. 정책모니터링은 집행모니터링과 성과모니터링으로 구분되는데, ① 집행모니터링은 프로그램 투입과 활동을 측정하고 이들을 사전에 결정된 기준값과 비교해 당초 설계된 대로 진행되고 있는지를 평가하는 것이고, ② 성과모니터링은 산출물을 측정해 사전에 설정된 기준값과 비교해 평가한다. 지역사회보장계획의 연차별 시행계획에서는 이행점검 모니터링과 결과확인 모니터링으로 구분하여 매년 실시하도록 하고 있다.

(4) 평가기준에 따른 구분

던(W. Dunn, 1981)은 평가기준을 크게 소망성과 실현가능성으로 구분하였는데, 소망성(desirability)은 정책이 얼마나 바람직스러운 것인가 하는 것을 의미하며 그것은 정책이 달성하고자 추구하는 목적이 무엇인가에 따라 달라질 수 있다고 하였다. 그가 제시한 정책평가 기준은 다음과 같다.

〈표 5-2〉 정책평가 기준

항목	개념	내용
효과성 (effectiveness)	목표의 달성 정도	정책이 집행될 경우 의도한 목표를 어느 정도 달성 가능한가?
능률성 (efficiency)	투입에 대한 산출의 비율	의도한 정책목표를 달성하는 데 얼마나 많은 노력이 투입되는가? (비용-편익분석)
적합성 (appropriateness)	정책의 가치성 정도	정책이 지니고 있는 가치나 비전이 현실적으로 어느 정도 바람직한 규범성을 지니고 있는가?
적정성 (adequacy)	문제의 해결 정도	정책집행 결과 당초의 정책문제를 어느 정도 해결할 수 있는가?
대응성 (responsiveness)	정책환경의 만족도 정도	정책이 어느 정도 정책수혜집단의 요구 · 선호 · 가치 등을 반영하는가?
형평성 (equity)	평등한 대우	정책의 비용-편익이 상이한 개인 · 집단에 얼마나 고르게 배분되는가?

출처: Dunn(1981), p. 343.

(5) 정책단계에 따른 구분

정채단계에 따라 평가내용이나 초점이 다른데, 정책평가를 목적으로 한 정책단계는 정책문제, 정책의제, 정책결정, 정책집행, 정책성과 등으로 구분한다. 각 단계별 구체적인 평가대상은 다음과 같다.

〈표 5-3〉 정책단계별 평가대상

정책단계	평가대상
정책문제	• 정책에서 다루어야 할 문제의 본질은 무엇이며, 어느 정도 심각한가? • 정책적용 대상의 규모와 분포는 어느 정도인가? • 적용대상 집단의 사회경제적 특성은 어떠한가?
정책의제	• 여러 문제 가운데 어떤 문제가 정책의제로 채택되는가? • 채택된 의제는 문제에 직면한 집단의 요구나 필요를 제대로 반영하고 있는가? • 정책의제 형성과정에 영향을 미치는 집단이 있는가?
정책결정	• 정책결정이 이루어지는 과정과 절차가 공정했는가? • 집단의 요구와 필요의 반영 정도가 어떠한가? • 정책의 사회적 형평성 실현여부는 어떠한가? • 정책의 효율성은 어떠한가?
정책집행	• 정책 프로그램이 의도한 대로 추진되고 있는가? • 정책적 편익이나 혜택이 적용대상 집단에게 고루 전달되고 있으며, 그 과정에 문제는 없는가?
정책성과	• 정책이 원래 의도한 목표를 달성하였는가? • 정책적용 대상 집단의 삶의 조건이나 상황이 바람직한 방향으로 변화되었는가? • 정책실현에 투입된 비용은 어느 정도이며, 비용규모가 사회적으로 정당화될 수 있는 수준인가? • 투입된 비용에 비해 집단에게 제공된 편익은 어느 정도인가? • 정책이 의도하지 않은 측면효과(side effect)는 있는가?

3) 정책평가의 과정

정책평가의 전 과정을 요약하면 크게 준비단계와 실시단계, 그리고 활용단계로 구분할 수 있다. 이들 과정은 순차적으로 실시되며 또한 순환적인 과정이다.

① **준비단계** : 평가 준비단계에서는 누가(who), 왜(why), 무엇을(what), 언제(when), 어떻게(how), 무엇으로(resources) 평가할 것인가를 결정한다. 우선 평

가팀을 구성해서 평가의 목적과 평가대상을 확인하고, 어떻게 평가할 것인가 등에 대한 평가방법을 설계한다.

② 실시단계 : 평가 실시단계에서는 평가계획에 따라 평가를 위한 자료 및 정보를 수집하고, 수집된 자료에 대한 분석과 분석 결과에 따른 해석을 실시한다. 이를 바탕으로 정책이 계획대로 집행되었는지, 집행되지 않았으면 그 이유가 무엇인지 등을 밝혀낸다. 평가결과를 바탕으로 정책 개선을 위한 권고안을 도출한다.

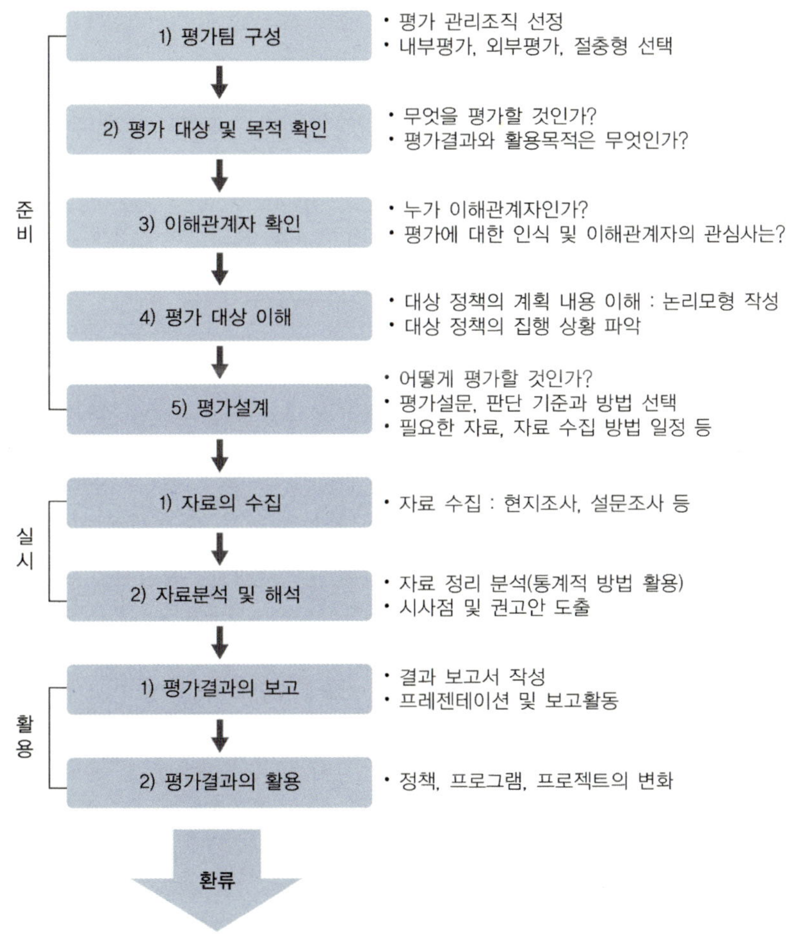

[그림 5-4] 정책평가의 과정

출처 : 박홍윤 · 박규동(2023), p. 177.

③ 활용단계 : 평가 활용단계에서는 평가결과를 바탕으로 정책 개선을 추진한다. 활용을 위해 평가결과에 대한 보고와 다양한 이해관계자들 간의 평가결과에 대한 공유가 필요하다.

4) 정책평가의 방법

정책평가에 사용되는 방법은 사회복지조사론의 모든 방법이 활용된다. 다만 정책의 특성과 분석의 목적에 비추어 보다 적절한 방법론을 선택적으로 활용된다. 대표적인 몇 가지만 살펴보면 다음과 같다.

① 욕구사정 : 욕구(needs) 충족을 목적으로 하는 정책 및 프로그램에 정보를 제공하기 위해 정책 대상집단의 욕구를 확인하고 우선순위를 설정하는 체계적인 과정이다. 욕구사정은 욕구평가, 정책 수요진단 등의 이름으로 널리 활용되며, 정책을 만들 때 공식 및 비공식으로 다양하게 활용된다. 욕구조사 방법으로는 공개토론회, 주요 정보제공자, 사회지표, 서베이, 델파이, 서비스제공자, 2차자료 조사 등이 사용된다.

② 사전평가 : 정책집행 이전에 어떤 정책이 정책목표를 극대화할 수 있는지를 확인하기 위한 광범위한 사업 초기 및 준비단계의 평가이다. 사전평가는 정책의 대상집단, 목표, 전달체계와 이에 따른 후속 방법들을 분석하고 확인함으로써 정책을 지원하는 데 사용된다. 정부의 사업선정평가, 예비타당성조사, 성별영향분석, 환경영향평가, 교통영향평가, 재해영향평가 등이 사전평가에 해당한다.

정책사례 **성별영향분석**

성별영향분석은 「성별영향분석평가법」에 따라 국가 및 지방자치단체가 소관 정책을 수립·시행하는 과정에서 당해 정책이 여성의 권익과 사회참여 등에 미칠 영향을 미리 분석·평가하도록 하는 제도이다. 주요 평가지표로는 정책형성단계에서는 성별 수혜도 등 성별 분리통계의 생산과 사용, 정책집행단계에서 재화나 서비스의 균등한 전달, 정책집행 후단계에서는 정책만족도 차이, 성별 격차 해소를 위한 대안 등이 있다. 성별영향분석은 중앙행정기관과 지방자치단체가 작성하고 여성가족부가 종합 검토한다.

③ 결과물 연구 : 상이한 정책대안들의 효과성에 관해 비교·검토하는 방법으로, 실험조사설계의 방법을 사용하여 특정 정책의 개입이 정책문제에 얼마만큼 영향을 미쳤는지에 관해 평가하는 방법이다.

④ 사례연구 : 특정 정책의 사례를 찾아 정책의 형성과 집행, 평가에 관한 체계적이고 상세한 분석을 수행하는 방법이다. 사례는 성공사례와 실패사례를 모두 포함하며, 사례연구는 정책의 이해관계자와 평가에 관심이 있는 사람들에게 정책에 대해 정확한 실체를 심층적으로 설명하는 것이 주된 목적이다.

⑤ 메타평가 : 평가를 평가한다는 차원에서 상위평가라 부르기도 한다. 즉 평가의 과정과 결과의 질적 측면을 판단하기 위해 평가를 체계적으로 다시 조망하는 일련의 과정으로, 평가계획과 집행 및 완료된 평가를 다시 평가하는 것이다.

5) 정부업무 평가제도

사회복지기관이 3년마다 사회복지시설평가를 받듯이 정부 역시 평가를 받는다. 정부업무에 대한 평가제도는 1962년 국무총리 심사분석제도를 시작으로 1998년 김대중 정부는 중앙정부에 기관평가제도를 도입하였고, 2006년에는 「정부업무평가기본법」을 제정하여 실시하고 있다. 이 법에 따르면 국무총리 소속하에 정부업무평가위원회를 설치하여 정부업무평가 업무를 총괄한다.

정부업무평가는 크게 중앙행정기관 평가, 지방자치단체 평가, 공공기관 평가로 구성된다. 중앙행정기관 평가는 특정평가, 개별평가와 자체평가로, 지방자치단체 평가는 합동평가, 개별평가 및 자체평가로, 공공기관 평가는 개별 법률에 의한 평가와 기본법에 따른 평가로 나누어진다.

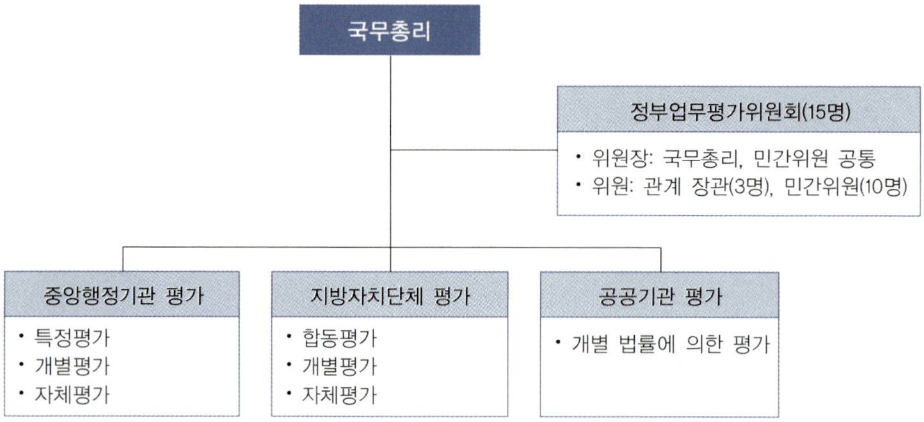

[그림 5-5] 정부업무평가 추진체계

3 사회복지정책 분석틀

1) 분석틀의 의의

사회복지정책 분석틀(analytical frameworks)이란 복잡한 사회문제와 사회복지정책의 모든 측면을 체계적으로 그리고 포괄적으로 이해할 수 있도록 하는 표준화된 도구를 말한다. 사회복지정책에서 어떤 주제와 영역이 중요한지는 알고 있지만 그것들이 모두 어떻게 조화를 이루는지에 대한 이론은 없다. 분석틀을 사용함으로써 어떤 정책의 전체적인 내용과 기능적 연관성을 이해할 수 있다. 이외에 분석틀을 사용함으로써 얻을 수 있는 이점은 다음과 같다.

- 정책분석에 합리적인 시사점을 얻을 수 있다.
- 동일한 사회복지정책을 분석함에 있어 결론과 예측의 차이를 최소화할 수 있다.
- 복잡한 현상 중 중요한 요소만 걸러냄으로써 질서정연하게 내용을 파악할 수 있다.

사회복지정책의 내용, 범위 및 기능은 매우 다양하므로 하나의 분석틀이 정책의 모든 측면을 완벽히 분석하기는 사실 어렵다. 일부 항목은 특정 정책과는 거의 관련이 없으므로 생략하기도 하고, 경우에 따라서는 중복이 불가피한 경우도 있다. 그리고 분석틀을 적용할 경우에 분석대상이 되는 정책의 내용을 명확히 해야 한다. 만일 정책이 법률로 제정된 경우라면 법률과 함께 해당 정책의 행정 규정과 사법적 결정도 함께 고려해야 한다.

2) 분석틀의 유형

(1) 프리그모어와 애서튼의 분석틀

프리그모어와 애서튼(Prigmore & Atherton, 1986)은 사회복지정책이 근본적으로 그 사회의 가치와 문화, 지식 등과 연결되어 있으며, 사회적 현실과 동떨어질 수 없다는 사실을 강조한다. 이러한 사회복지정책의 맥락을 가치에 대한 고려, 영향력의 차원, 지식 고려사항, 비용 및 이점과 관련된 사항이라는 4개 영역의 10가지 항목을 중심으로 정책을 분석하는 모형을 제시하였다.

〈표 5-4〉 프리그모어와 애서튼의 분석틀

구분	질문 내용
첫째, 가치에 관한 고려	1. 정책이 현대의 방식(style)에 부합하는가? 2. 정책이 중요하고 지속적인 문화적 가치, 특히 형평성, 공정성, 정의와 양립할 수 있는가? 3. 정책이 사회복지의 전문적 가치와 윤리체계에 부합하는가?
둘째, 영향력의 차원	4. 공식 의사결정 위치에 있는 사람들이 정책을 수용할 수 있는가? 5. 정책이 관련 이익집단을 만족시키는가?
셋째, 지식 고려사항	6. 어느 정도 검증된 지식에 기초한 정책인가? 7. 정책이 실행가능한가? 즉, 정책에서 나온 프로그램이 현실에서도 실행될 수 있는가? 8. 정책이 대중과 의도된 수혜자 모두에게 문제를 거의 일으키지 않는가?
넷째, 비용 및 편익과 관련된 요소	9. 정책이 합리적으로 효과적인가? 10. 정책은 효율적인가?

출처 : Prigmore & Atherton(1986), p. 189.

(2) 잰슨 분석틀

잰슨(Jansson, 2008)은 다음의 6단계 정책분석틀을 제시하였다. 이 분석틀은 해결해야 할 사회문제 분석부터 시작하여 대안을 브레인스토밍하고, 옵션을 비교하고, 접근방식을 선택하고, 그 제안을 지자자들이 내놓는 합리적인 과정을 거친다. 이와 같이 정책분석은 고정된 순서를 따르는 일련의 잘 짜여진 6단계의 분석절차를 따르게 하고 있으며, 이러한 분석내용과 질문은 실증주의 패러다임에 기반하고 있다.

〈표 5-5〉 잰슨 6단계분석틀

1. 구체적인 사회적 문제 또는 이슈, 또는 상호 관련된 문제 또는 이슈는 무엇인가?
2. 어떤 관련 정책과 프로그램 및 자원 옵션이 단독으로 또는 함께 사회적 문제 또는 이슈를 해결하기 위한 전략을 정의할 수 있는가?
3. 경쟁 옵션의 관련 장점은 무엇인가?
4. 정책 분석의 이전 세 단계에서 어떤 구체적인 정책 제안이 도출되는가?
5. 제안에 대한 지지자는 어떻게 모집되는가?
6. 제안의 내용에 대해 어떤 핵심 요소를 전달해야 하는가?

출처 : B. S. Jansson(2008), pp. 216-220.

(3) 시걸과 브루주지 분석틀

시걸과 브루주지(Segal & Bruzuzy, 1998)의 분석틀은 정책의 구현과 영향에 초점을 둔 것으로, 해결해야 할 사회문제가 무엇이며 정책목표에 대한 질문으로 시작한다. 다음으로 관련 정책이 있다면 상당한 시간을 투자하여 숨겨진 아젠다가 있는지 그리고 지지자와 반대자를 분석한다. 다음으로 어떻게 정책이 구현되는지와 그 영향을 분석한다. 영향을 의도한 영향과 실제 발생한 영향, 그리고 의도치 않은 결과 등을 구분하여 정책대상의 경험에 근거하여 분석한다.

〈표 5-6〉 시걸과 브루주지 분석틀

구분	질문 내용	
1. 사회문제가 무엇인가?	• 문제는 무엇인가? • 문제의 범위는? • 누가 반대하는가? • 경쟁하는 사회적 가치는?	• 정의는? • 누가 이것을 문제로 정의하는가? • 관련된 사회적 가치는? • 근본적 원인 또는 요인은?

2. 정책목표가 무엇인가?	• 일반적 목표는 무엇인가? • 하위 목표가 있는가? • 하위목표가 충돌하는가?
3. 관련 정책과 법은 무엇인가?	• 관련 공공정책은 무엇인가? • 없다면 그 이유는? • 정책의 목적은? • 숨겨진 아젠다는? • 정책의 지자자는? • 정책의 반대자는?
4. 어떻게 구현되는가?	• 정책 결과로 어떤 프로그램이 실행되고 있는가? • 프로그램이 효과적인가? • 강점은? • 약점은?
5. 영향받는 집단은 누구인가?	• 정책과 프로그램의 영향을 받는 사람은 누구인가? • 긍정적 효과는? • 부정적 효과는?
6. 의도한 영향은 무엇인가?	• 결과는 무엇이라 생각하는가? • 누가 영향을 받는가? • 사회문제는 어떻게 바뀌었다고 생각하는가?
7. 실제 영향은 어떠한가?	• 비용과 혜택은? • 사회문제가 바뀌었는가? • 그렇다면 어떻게 바뀌었는가? • 의도치 않은 결과가 있는가?

출처 : Segal & Bruzuzy(1998), p. 66.

(4) 길 분석틀

길(D. Gil, 1970)은 체계적 접근법(systrmetic approach)이라는 6개 부문 24개 항목으로 구성된 매우 범위가 넓고 복잡한 분석틀을 제시하였다. 이 분석틀을 사용하려면 많은 시간과 노력이 요구된다. 5개 부문은 다음과 같다(각 부문별 항목들은 생략함).

- A부문 : 정책의 초점을 구성하는 이슈(issues)나 문제(2항목)
- B부문 : 특정한 정책의 목표, 가치 전제, 이론적 입장 그리고 효과(5항목 5세부항목)
- C부문 : 사회구조와 정책체계에 대한 정책의 함의(9항목 19세부항목)
- D부문 : 정책의 개발과 실행을 둘러싼 사회적 세력들의 분야(2항목)
- E부문 : 대안적 정책 개발 및 대안적 정책 목표(2항목)
- F부문 : 비교(4항목)

이 분석틀은 3가지 목적을 달성하기 위해 고안되었는데, ① 주어진 정책의 초점을 구성하는 이슈 또는 문제에 대한 이해를 얻기 위한 것으로, A부문에 해당한다. ② 주어진 정책의 실행으로 인해 발생하는 구체적인 효과의 사슬을 식별하기 위한 것으로, B~D부문에 해당한다. ③ 대안 정책을 개발하기 위한 것으로, E~F부문에 해당한다. 따라서 정책분석에서 이러한 3가지 목적 중에서 어느 한 가지만을 분석할 경우에는 해당 부문만 사용하여도 무방하다. 그리고 이미 존재하는 정책을 분석할 경우에는 A부터 F부문까지 순서대로 진행하고, 새로운 정책을 개발할 경우에는 A, E, F부문 그리고 B~D부문의 순서를 따른다.

(5) 길버트와 스펙트 분석틀

길버트와 스펙트(Gilbert & Specht, 1974)는 사회복지정책을 크게 과정(process)분석, 산출(product)분석 그리고 성과(perfprmance)분석의 3가지로 구분하는 분석틀을 제시하였다. 소위 3P분석이라고 한다. 과정분석은 정책과정의 단계와 사회 내의 다양한 정치집단, 정부 그리고 이익집단 간의 관계와 상호작용이 정책형성에 미치는 영향을 분석하는 것이고, 성과분석은 정책의 집행결과를 분석해 효과성을 분석하는 것이다. 그러나 분석틀의 대부분은 산출분석에 집중해 급여와 할당의 메카니즘을 중심으로 다음의 네 가지 질문으로 표현된다.

- 사회적 할당의 기반은 무엇인가?
- 사회적 급여의 형태는 무엇인가?
- 사회적 급여를 전달하기 위한 전략은 무엇인가?
- 사회적 급여에 필요한 재정을 마련하기 위한 방법은 무엇인가?

그리고 이들 네 가지 질문은 각각 ① 네 가지 선택 차원 각기의 배후에 존재하는 대안의 종류, ② 각 대안의 근거가 되는 사회적 가치, ③ 각 대안에 내재한 이론 또는 가정이라는 세 가지 차원에서 입체적으로 분석되어야 한다고 제안하였다.

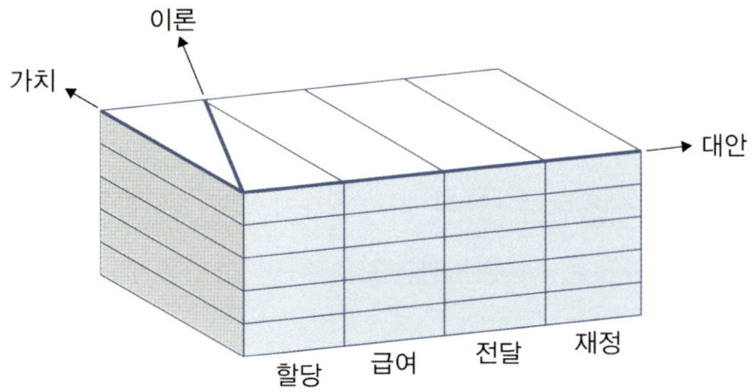

[그림 5-6] 선택의 차원

출처 : Gilbert & Specht(2013), p. 124.

산출분석의 네 가지 질문에 대한 선택의 대안은 〈표 5-7〉과 같다.

〈표 5-7〉 산출분석의 선택 대안

선택의 차원	의미	선택의 대안
할당(allocation)	수급자격(대상체계)	귀속적 욕구, 보상, 진단적 구분, 자산조사
급여(benefits)	급여종류(급여체계)	현금, 현물, 서비스, 증서(바우처), 권력, 기회
전달(delivery)	전달방법(전달체계)	중앙집권/지방분권, 통합 제공/개별 제공, 통합 배치/분산 배치, 서비스 조정/독립성 유지, 전문가/소비자
재정(finance)	재정마련 방법 (재정체계)	공공재원(조세, 사회보험료), 민간재원(이용료, 기부 등), 공공과 민간 재원의 혼합

그리고 여러 대안 중 어느 것을 선택하느냐 하는 것은 다음 〈표 5-8〉과 같이 그 선택에 영향을 미치는 경쟁적 관계에 있는 가치의 영향을 받는다. 표에 나타난 네 가지 경쟁적 가치는 보수주의와 진보주의 양극단을 보여주는 단지 대표적인 사례에 불과하고, 선택에 영향을 미칠 수 있는 가치를 다 보여주지는 않는다.

〈표 5-8〉 선택의 차원과 경쟁적 가치

보수주의적 가치	선택의 차원	진보주의적 가치
비용효과성	할당	사회적 효과성
선택의 자유	급여	사회통제
거부의 자유	전달	효율성
지방자치	재정	중앙집중

출처 : Gilbert & Specht(2013), p. 153.

할당을 선택할 때 앞에서 제시한 네 가지 선택의 대안 중 어느 것을 선택하느냐 하는 것은 극단적으로 볼 때 보수주의는 비용효과성, 즉 자원이 낭비가 없도록 자산조사 같은 고도의 선별을 필요로 하지만, 진보주의는 선별절차에서 낙인이나 치욕감이 없도록 보편주의를 선호한다. 급여 역시 6가지 대안 중에서 어느 것은 선택하느냐 하는 것은 선택의 자유를 더 중시하는지 아니면 사회통제를 더 중시하는지의 경쟁적 가치에 영향을 받는다.

06 CHAPTER

사회복지정책 주체

1. 주체의 의의
2. 공공부문
3. 민간부문
4. 복지혼합

1 주체의 의의

1) 주체의 의의

사회복지정책의 주체는 사회복지정책을 수립하고 집행하여 사회복지수급자에게 각종 급여와 서비스를 제공하는 주된 체계를 의미한다. 사회복지가 역사적으로 사회제도의 하나로 분화되지 않았던 시기에는 가족이나 친구 같은 비공식부문과 종교기관 등에 의해 실천되어 왔지만, 현대사회에서는 사회제도의 하나로 되어 기존의 실천주체와 더불어 국가가 강조되고 있다.

그러나 1980년대 이후 복지국가체제에 대한 새로운 모색으로 민영화와 시장화가 촉진되었으며, 비공식부문에 대한 새로운 인식 등으로 사회복지정책의 주체에 대해 다양한 논의가 진행되고 있다. 오늘날 사회복지의 주체는 보다 높은 전문화와 기술이 요구되고 있으며, 다양한 형태의 주체가 사회복지에 참여하고 있다.

2) 주체의 종류

사회복지정책 주체는 다양하며, 다양하게 분류할 수 있다. 우선 학자들이 제시한 사회복지정책의 주체는 다음과 같다.

- 길버트와 테렐(Gilbert & Terrell, 2013) : 친족, 종교, 기업, 시장, 상호부조, 정부
- 로즈(Rose, 1985) : 국가, 시장, 가계
- 존슨(Johnson, 1987) : 국가부문, 자원봉사부문, 비공식부문, 기업부문
- 에버스(Evers, 1990) : 가계, 국가, 시장경제, 자조집단, 자원봉사조직, 소규모 직업조성집단, 협동조직

길버트와 테렐(Gilbert & Terrell, 2013)은 6가지 주요 사회제도를 소개하면서 각각 고유한 기본기능 이외에 사회복지 기능을 부가적으로 갖는다고 하였다. 친족제도는 사회화 기능을, 종교제도는 영적 성장의 기능을, 노동제도는 고용 기능을, 시장제도

는 재화와 서비스의 교환 기능을, 상호부조제도는 상부상조의 기능을, 정부제도는 자원의 동원과 배분의 기능을 각각 담당하고 있다.

〈표 6-1〉 사회제도, 조직 그리고 기능

사회제도	주요 조직 유형	기본 기능	사회복지 기능
친족	가족	출산, 사회화, 보호, 친교 및 정서적 지원	요보호 가족 구성원을 위한 보호, 가족간 경제적 지원
종교	교회	영적 성장 및 발달 (사회통합)	신도 중심의 복지, 보건, 교육, 사회서비스, 상담
기업	근로조직	고용	종업원 급여
시장	생산자(회사), 소비자(가계)	재화와 서비스의 교환 (생산, 분배, 소비)	(영리목적의) 상업적 재화와 서비스
상호 부조	지지집단, 자발적 기관	상부상조, 박애	자조, 자원봉사, 지역사회복지서비스
정부 (조직)	국가, 주, 지방자치단체	집합적 목표를 위한 자원의 동원과 배분	빈곤 타파, 경제적 안정, 보건, 교육, 주거 서비스

자료 : Gilbert & Terrell(2013), p. 17.

사회복지정책의 주체는 역할과 책임에 따라 크게 공공부문과 민간부문으로 구분할 수 있다. ① 공공부문은 국가와 지방정부(지방자치단체)가 있고, 조세와 사회보험료를 바탕으로 국민의 최저생활보장과 생활 향상에 대한 모든 책임을 지는 사회복지정책의 가장 중요한 주체이다. ② 민간부문은 자선조직과 종교단체 같은 비영리부문과 영리조직 그리고 가족, 친구 같은 비공식부분으로 나눌 수 있다.

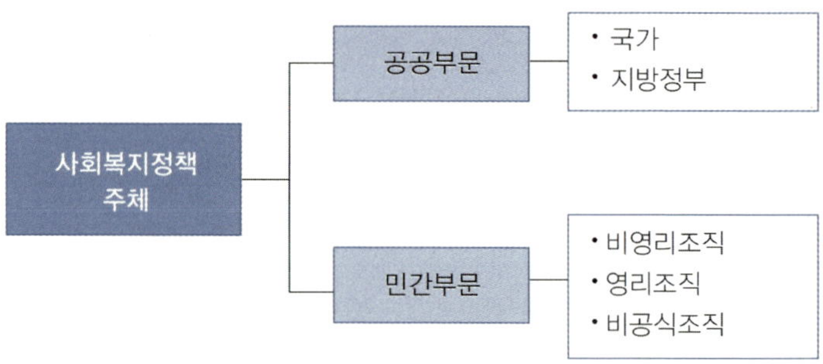

[그림 6-1] 사회복지정책의 주체

2 공공부문

1) 국가

(1) 의의

모든 국민이 인간다운 생활을 할 권리를 보장하는 것은 국가의 책무이다. 따라서 오늘날 대부분의 서구 복지국가들은 정부가 주체가 되어 사회복지정책을 수행하고 있고, 이들 복지국가에서 제공되는 재화나 복지서비스의 대부분은 정부에서 급여자격과 급여수준, 재원, 그리고 세부적인 공급전달체계 등에 관한 전반적인 것을 결정하고 있다. 특히 국민의 기본권과 생존에 관련된 1차원적 욕구에 대한 복지서비스 공급은 당연히 정부가 담당해야 한다.

(2) 국가 제공의 이유

사회복지를 국가가 제공해야 하는 당위성은 시장실패(market failure)에 근거한다. 시장실패는 정부의 개입 없이 시장에 자율적으로 맡겨두면 자원배분이 효율적으로 이루어지지 않는 상태를 말한다. 아담 스미스(A. Smith)의 '보이지 않는 손'(invisible hand)이 작동하지 않는 경우이다. 따라서 민간에 맡겨 둘 경우에 사회적으로 필요한 만큼 공급되지 않으므로 정부가 개입해야 할 이유이다. 시장실패의 원인은 다음과 같다.

① 불완전경쟁(imperfect competition) : 완전경쟁시장에서 효율성이 극대화되지만, 현실에서는 대규모 사업장이 규모의 경제를 통해 시장을 지배하는 자연적 독점이나 인허가로 인해 시장 진입이 제한되는 등의 불완전경쟁이 존재한다. 독점 기업은 이윤 극대화를 위해 완전경쟁시장에서의 균형보다 적은 재화를 생산하면서 더 높은 가격을 받으려 할 것이므로 시장의 효율성은 달성될 수 없다.

② 정보의 비대칭성(information asymmetry) : 거래 당사자 간에 갖고 있는 정보의 양과 질이 서로 다르면 양쪽 모두 합리적인 선택을 하지 못해 비효율적인

의사결정을 하게 될 위험이 높다. 예를 들어, 건강보험을 시장에 맡겨 자율적으로 가입하도록 하면 건강한 사람은 가입하지 않을 것이고, 반면에 병약한 사람들만 가입하여 보험 재정이 존속 불가능하여 결국 어느 누구도 건강보험 혜택을 받지 못하게 된다.

정보의 비대칭성은 역선택과 도덕적 해이를 초래한다. 역선택(adverse selection)은 '빛 좋은 개살구'처럼 정보 격차로 인해 도리어 품질이 낮은 상품이 선택되는 현상을 말한다. 건강보험 사례에서 병약한 사람만 가입하는 경우이다. 도덕적 해이(moral hazard)는 보험가입자가 위험발생을 예방 · 회피하기 위한 행위를 적게 하여 위험발생이 높아지는 현상을 말한다. 건강보험이 있으니 건강관리를 덜 하게 되는 경우이다.

읽어보기 **그레샴의 법칙**

영국의 헨리 8세는 금화의 순도를 83%, 은화는 33%까지 줄여서 제작하였다. 순금 금화와 순도 83%짜리 금화가 동일금액으로 유통되니 사람들은 순금 금화는 집에 감추고 83%짜리 금화만 사용하여 시장에서 순금 금화는 사라졌다. 그레샴(T. Gresham)은 엘리자베스 1세에게 보낸 편지에서 이를 '나쁜 돈이 좋은 돈을 몰아낸다(Bad money drives out good)'고 하였다. 동전 테두리에 톱니모양이 있는 것은 금화를 갈거나 깎는 것을 방지하기 위한 것으로 뉴턴(I. Newton)이 고안하였다.

③ 공공재(public goods) : 구매 비용을 지불하지 않더라도 소비를 배제할 수 없고(비배제성), 다른 사람의 소비에 지장을 주지 않는(비경합성) 재화를 공공재라 한다. 국방이나 치안이 대표적이다. 공공재는 적정가격 책정이 불가능하고, 무임승차(free riding)하는 경우가 많다. 따라서 이윤 추구를 목적으로 하는 민간기업은 공공재를 만들 아무런 유인이 없으며, 사회에서 필요한 만큼 공급되지 않으며 시장 스스로 해결할 능력도 없다. 사회복지서비스는 공공재에 해당하며, 따라서 정부가 제공해야 한다.

④ 외부효과(Externality) : 어떤 경제주체의 행위가 의도하지 않게 다른 주체에게 보상이나 가격 지불 없이 혜택이나 손해를 주는 현상을 말한다. 혜택을 주면 외부경제(긍정적 외부효과), 손해를 주면 외부불경제(부정적 외부효과)라 한다. 사

회복지 재화와 서비스는 긍정적 외부효과를 갖는다. 그러나 긍정적 외부효과는 개별 경제주체는 사회적 편익을 고려하지 않고 사적 편익만 추구하기 때문에 사회적 최적 수량보다 적은 양이 생산된다. 외부효과는 시장에 의해 자율적으로 통제되지 않으므로 정부가 보조금을 지급해 생산을 늘리거나 직접 생산하는 등의 개입을 해야 한다.

이상의 네 가지는 시장실패 이론에 근거한 국가 제공의 이유이다. 이외에도 시장실패에 근거하지 않는 국가 제공의 이유는 다음과 같다.

⑤ 가부장주의(paternalism) : 스스로 위험을 대비하지 못하는 개인을 위해 국가가 마치 부모와 같이 간섭하는 역할을 한다는 것이다. 이러한 현상은 개인이 합리적으로 자신의 효용을 극대화하기 위한 선택을 하지 못하기 때문에 발생하는 것으로(구인회 외, 2010), 시장 실패와는 무관한 또 다른 국가 제공의 이유이다. 예를 들어 건강보험과 같이 단기보험은 가입과 동시에 혜택을 누리므로 많은 개인들이 자발적으로 가입한다. 그러나 국민연금은 20대에 가입하더라도 은퇴할 시기에 연금을 받게 되므로 가입 필요성을 느끼지 않게 된다. 이 경우에 국가가 연금 가입을 강제하는 것이 가부장주의적 개입이라 할 수 있다.

⑥ 국가책무론 : 헌법 제34조 제1항에서는 모든 국민의 인간다운 생활을 할 권리가 규정되어 있고, 제2항에서는 국가의 사회보장 및 사회복지 증진 의무, 특히 제4항에서는 노인과 청소년을 위한 복지정책 실시 의무와 제5항에서는 장애인 및 빈곤자에 대한 국가 보호 원칙을 규정하고 있다. 즉 사회복지를 국가가 제공해야 할 가장 근본적인 이유는 국가의 존재이유 내지 책무이기 때문이다. 국가는 국민에게 일정한 의무를 요구하듯이 모든 국민의 권리를 보호하고 존중하여야 하는데, 이중에서 사회복지 제공의무가 국가의 중요한 책무이다.

읽어보기 **헌법 제34조**

① 모든 국민은 인간다운 생활을 할 권리를 가진다.

② 국가는 사회보장·사회복지의 증진에 노력할 의무를 진다.

> ③ 국가는 여자의 복지와 권익의 향상을 위하여 노력하여야 한다.
> ④ 국가는 노인과 청소년의 복지향상을 위한 정책을 실시할 의무를 진다.
> ⑤ 신체장애자 및 질병·노령 기타의 사유로 생활능력이 없는 국민은 법률이 정하는 바에 의하여 국가의 보호를 받는다.
> ⑥ 국가는 재해를 예방하고 그 위험으로부터 국민을 보호가 위하여 노력하여야 한다.

(3) 국가의 개입방법

국가가 사회복지정책의 주체가 되어 개입하는 방법은 다양한데, 대체로 다음의 3가지 방법이 있다.

① 직접 공급(provision) : 정부가 재화나 서비스를 직접 제공하는 가장 일반적인 방식으로, 교도소와 등대 같은 공공재의 대부분을 정부가 직접 서비스를 제공한다. 우리나라는 사회복지기관의 대부분을 민간위탁을 통한 재정 지원방식을 취하고 있고, 공공부문이 직접 운영하는 경우는 2.5% 정도이다(이봉주·김용득·김문근, 2008).

② 재정 지원(finance) : 민간 제공자나 소비자에게 재정적 지원을 하는 것으로, 사회복지기관의 민간위탁이 대표적인 방식이다. 외부효과가 있는 사용재의 경우에는 국가가 직접 서비스를 제공하는 것이 적절한지 여부가 불분명하고, 따라서 대부분 재정 지원방식을 통해 국가의 주된 역할을 한다.

③ 규제(regulation) : 직접 공급이나 재정 지원방식은 아니지만 민간 제공자나 소비자에 대해 규제를 가하는 방식도 있다. 장애인 의무고용이나 직장보육시설 의무 설치를 하도록 규제하여 결과적으로 필요한 재화나 서비스를 제공하도록 만든다.

2) 지방정부

(1) 의의

지방정부(local government)는 국가로부터 자치권을 부여받아 일정한 지역의 지방 사무를 처리하는 지방자치를 추구하는 단체를 말한다. 광역단위인 특별시·광역시·도 17개와 기초단위인 시·군·구가 226개 있고(2023년 기준, 75자치시, 82자치군, 69자치구), 지방자치단체 또는 줄여서 지자체라고 부른다. 주민의 복지 증진을 위한 사무를 처리하고 재산을 관리하며 법령의 범위 안에서 자치에 관한 규정을 제정할 수 있다. 사회복지는 국가(중앙정부)가 제공해야 하지만 별도의 전국적인 공급체계를 갖지 않아 지방정부에 위임하여 각종 사회복지 재화나 서비스를 제공한다.

(2) 중앙정부와 역할분담

일반적으로 ① 지역의 특수성이나 ② 근접성, ③ 현지 비용 절감, ④ 집행성 및 단순성이 있는 업무 등은 지방정부에서 담당하는 것이 효과적일 수 있다. 지방자치단체는 사회복지정책의 대인적·구체적·개별적 특성을 고려하여 조사, 시설설치, 입소 조치 등과 같은 실제적 집행을 중앙정부의 전국적 정책의 틀 안에서 각 지역의 실정에 맞게 수행하도록 권장된다. 그 예로써 사회복지시설, 경로당, 사회복지관, 재가복지, 봉사센터 운영 등은 각 지역의 특성에 맞게 지방자치단체가 주도적으로 개별적인 프로그램을 편성하고 운영하는 것이 바람직할 것이다. 중앙정부와 지방자치단체의 복지행정의 기능배분 기준을 살펴보면 다음 〈표 6-2〉와 같다.

〈표 6-2〉 복지행정의 기능배분 기준

기준	중앙정부			지방자치단체
획일성	통일성	←	→	지역특수성
거리	원격성	←	→	근접성
비용	규모의 경제	←	→	현지비용 절감
업무성격	기획성	←	→	집행성
전문성	전문성	←	→	단순성(급여 전달 및 관리)

(3) 지방재정조정제도

우리나라의 총조세 수입에서 국세와 지방세의 비율은 79 : 21 정도이며(2023년 기준), 따라서 지방정부는 중앙정부에 비해 재원 확보능력이 취약하고 독자적인 재정규모가 영세하여 재정자립도가 매우 낮은 실정이다. 또한 지방정부 사이에서도 불균형이 심각하다. 예를 들어 강원도 S시 2024년 재정자립도는 14% 수준으로, 세입예산 중 중앙정부로부터 받는 지방교부세와 보조금이 85% 이상이다.

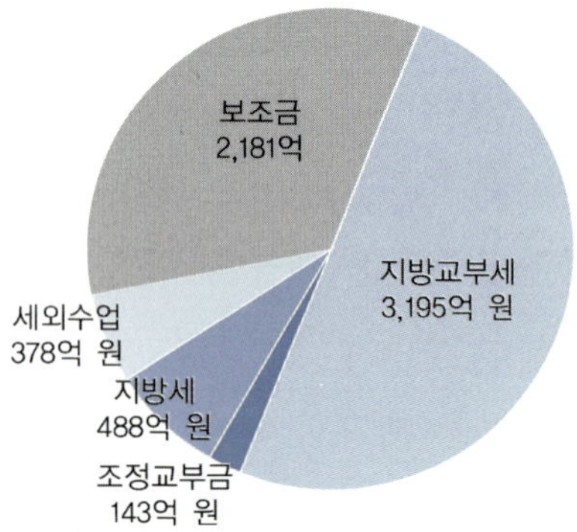

[그림 6-2] 강원도 S시 세입예산 규모

출처 : S시 홈페이지.

노무현정부에서 2005년 149개 국고보조사업이 지방정부로 이양되었다. 이와 같이 중앙정부가 지방정부의 재원을 일정 부문 지원해주어 원활한 사업운영을 보장하면서 지방정부 간의 재정 불균형을 조정해 줌으로써 공공서비스의 양과 질을 유지하는 제도가 지방재정조정제도이다.

지방재정조정제도는 국가에서 기초 지방자치단체에 재원을 지원하는 중앙정부 지방재정조정제도와 광역시도가 기초 지방자치단체에 지원하는 광역자치단체 지방재정조정제도가 있다. 중앙정부 지방재정조정제도는 지방교부세, 국고보조금이 있고(지방양여금은 2004년 폐지), 조정교부금은 광역자치단체 지방재정조정제도이다.

① 지방교부세 : 용도의 지정 없이 자치단체 일반재원으로 교부된다. 지방교부세의 재원은 내국세의 19.24% 등이며, 그 종류로는 보통교부세, 특별교부세, 부동산교부세 및 소방안전교부세 등이다.

② 국고보조금 : 지방자치단체에 국가사무를 위임하고 그 경비의 일부를 보조해 주는 것이다. 사용목적과 용도 등이 미리 정해져 있는 조건부이며, 위임사무의 모든 경비가 아니라 일부를 제공한다. 따라서 국가의 각종 복지사업이 증가할수록 지방정부의 재정부담은 커지고 재정운영의 자율성이 침해된다.

〈표 6-3〉 지방재정조정제도 주요 재원 비교

구분	국고보조금	지방교부세
근거	보조금 관리에 관한 법률 등	지방교부세(보통, 특별, 부동산교부세, 소방안전교부세)
목적	지방자치단체의 특정사업 지원	지방자치단체 재원보장 및 재원불균형 완화
재원	국가의 일반회계 또는 특별회계 예산	내국세 19.24%
재원성격	특정목적 재원	용도 지정 없는 일반재원 (자주재원에 포함)
배분	사업별 용도 지정 지방비 확보 의무	재원부족액 기준 배정

읽어보기 **재정자립도와 재정자주도**

재정자립도는 지방자치단체의 재정상황을 보여주는 지표 중에 하나로 당해 지방자치단체의 전체 예산규모 중 자체수입(지방세와 세외수입)의 비율을 말한다. 전국 평균이 48.6%이고, 특·광역시는 57.7%인 반면에 기초지자체인 시는 31.5%, 군은 17.2%이다(2024년 기준). 반면에 재정자주도는 일반회계의 세입 중 자체수입과 자주재원(지방교부세와 조정교부금)의 비율을 나타낸다. 재정자립도와 재정자주도는 비슷하지만 지방자치에는 재정자주도가 더 유용한 개념이다.

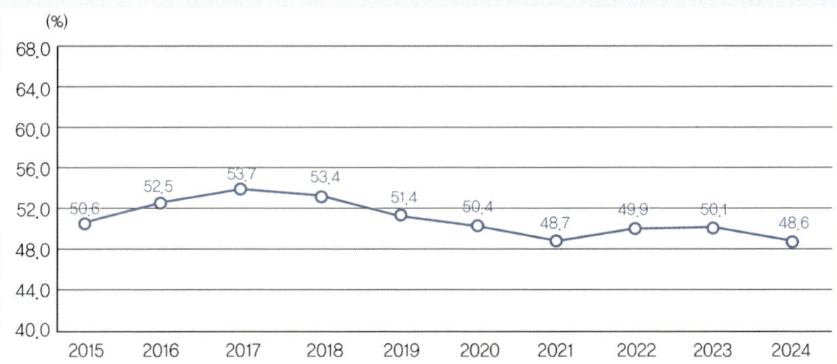

[그림 6-3] 연도별 전국평균 재정자립도

출처 : 행정안전부(2024).

3 민간부문

1) 민간 공급주체

복지국가 등장 이래 공공부문의 공급주체 역할이 강조되어 왔지만 여전히 민간부문의 공급주체 역시 중요하다. 국가가 사회복지의 유일한 공급자 또는 재원 부담자인 적은 역사상 없었으며, 복지국가 전성기 때에도 민간부문은 국가의 협력자로서의 적지 않은 역할을 수행하였다. 지역사회와 비영리 민간단체들은 항상 사회복지서비스의 주요한 전달자였다. 우리나라 사회복지시설 운영현황을 살펴보면, 비영리 사회복지법인이 전체의 81.2%를 운영하고 있으며(이봉주 · 김용득 · 김문근, 2008), 이들 비영리기관들은 재정의 68%를 정부에 의존하고 있다(강혜규 외, 2007). 민간 공급주체의 기능은 다음과 같다.

① **새로운 욕구에 대한 탄력적 대응** : 급속한 사회변화에 따라 새로운 욕구와 사회문제가 끊임없이 등장하지만 정부는 사회적 합의를 도출하는 과정에서 정책 수립과 집행에 상당한 시간이 요구된다. 그러나 민간 공급주체는 신속하게 문제나 욕구에 대응하여 해결할 수 있다. 또한 혁신적이고 선도적인 사업을 시작할 수도 있다.

② **특정집단에 대한 서비스 제공** : 정부는 항상 여론과 합의를 바탕으로 정책을 수립하므로 종파적 서비스나 특정 이익집단을 위한 서비스 제공에는 한계가 있다. 그러나 민간 공급주체는 자신들의 영역 범위 안에서 특별한 제한 없이 특정집단에 대해 서비스를 제공할 수 있다.

③ **대변자 및 옹호자 역할** : 정부와 대립되는 대상자를 위한 서비스 제공은 민간 공급주체만이 가능하다. 이념적 혹은 다른 여러 사유로 인해 정부의 급여 대상자가 되지 못하는 경우에는 민간 공급주체가 그들을 대변하고 옹호하면서 정부에 대해 대책을 요구할 수 있다.

④ **정부실패에 대응** : 정부실패로 인한 단점을 극복하기 위해 민간 공급주체가 필

요하다. 사실 정부의 복지서비스는 관료화로 인해 매우 비효율적이며 서비스의 질 개선이 어렵다.

2) 민간 제공의 이유

시장실패가 국가 개입의 당위성을 입증하는 논리라면 정부실패는 민영화 내지 신자유주의 논리이다. 즉 사회복지를 민간부문이 제공해야 하는 이유이다. 시장실패를 해결하기 위해 정부가 개입하지만, 정부의 개입이 오히려 자원의 비효율적 배분을 초래하기도 한다. 정부실패(government failure)는 시장에 대한 정부의 개입이 자원의 최적 배분 등 본래 의도한 결과를 가져오지 못하거나 기존의 상태를 오히려 더욱 악화시키는 경우를 말한다.

자유시장경제에서는 어떤 가격에 사려는 수요량과 팔려는 공급량이 같아져 가격과 거래량이 일정 수준에서 결정된다. 즉 수요곡선과 공급곡선의 교차점에서 균형가격(P_0)과 균형거래량(Q_0)이 결정된다. 그런데 정부가 시장경제에 개입하여 가격을 균형가격보다 낮은 P_1으로 설정하면 수요는 Q_2이지만 공급이 Q_1이므로 초과수요가 발생하고, 반면에 P_2로 설정하면 수요는 Q_1이지만 공급이 Q_2이므로 초과공급되는 자원의 낭비가 발생한다.

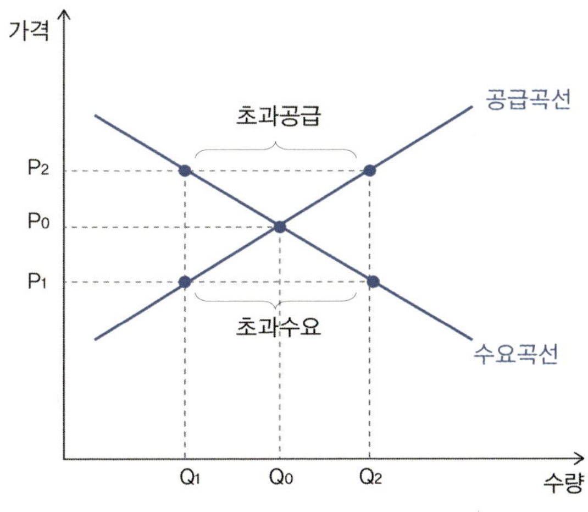

[그림 6-4] 시장의 균형가격과 균형거래량

정부실패 논리는 석유파동을 겪으면서 1980년대 초 영미에서 보수주의정권이 집권하면서 복지국가 위기론과 복지다원주의가 대두된 배경이다. 정부실패의 원인은 다음과 같다.

① 관료제 : 정부정책은 관료제를 통해 시행되는데, 관료제는 지나치게 복잡한 규제와 절차를 수반하므로 정책결정 과정이 느리고 경직적일 수 있다. 이러한 관료제의 비효율성은 정부가 자원을 효과적으로 배분하지 못하게 하는 원인이 된다. 행정 절차의 복잡성이나 과도한 규제가 시장의 자율성과 창의성을 제한해 경제 성장에 부정적인 영향을 미칠 수 있다.

② 정치적 동기 : 정책결정 과정이 합리적인 의사결정이 아니라 정치적 동기가 개입된다면 경제적 효율성을 고려하지 않고 특정 이익집단의 요구를 우선시하거나 단기적 성과에 집착하는 정책이 결정될 수 있다. 특히 선거를 앞두고 표심을 얻기 위해 재정적 지속가능성을 고려하지 않고 공약을 남발하는 포퓰리즘(populism)이나 특정 산업이나 기업의 로비는 전체에 비효율을 가져온다.

③ 정보 부족 : 시장실패와 같이 정부 역시 모든 정보를 완벽하게 파악할 수는 없다. 정보의 부족은 정부의 정책수립 과정에 어려움을 겪게 만들며, 정책이 목표한 바를 달성하지 못하게 할 수도 있다.

정책사례 **울진공항**

인구 4만 명 정도인 경상북도 울진군에 공항이 개항할 뻔했다. 여객수요를 예측한 결과 2020년 72만명 정도가 이용할 것으로 예상되어 2003년 개항을 목표로 1996년 사업계획을 수립하고 2000년 공사를 시작하였다. 그러나 공사비 1,300억원을 투입하여 활주로 등을 건설하였으나 취항하려는 항공사가 없어 개항을 못 하다가 현재는 비행훈련원으로 쓰고 있다. 전국 공항의 10곳은 적자이며, 누적 손실은 5,000억원에 이른다. 평균 활주로 이용률은 4.5%에 불과하다. 왜 울진공항을 지었을까?

그러나 민간부문은 본질적으로 일정한 한계가 있으므로 국가 책임을 포기하고 전적으로 민간에 맡겨두는 것은 타당하지 않다. 민간부문의 한계로는 ① 재원이 주로 자발적인 기부 등에 의존하기 때문에 재원조달의 어려움이 매우 크고(불충분성), ②

민간부문은 재원을 제공하는 사람들의 요구나 가치를 우선적으로 반영해야 하며(온정주의), ③ 특정 집단의 욕구가 과도하게 반영되고(특수주의), ④ 전문가에 의존하지 않고 자원봉사인력에 의존한다(비전문성)는 것이다(Salamon, 1995).

3) 민간 공급주체의 종류

(1) 민간비영리부문

비영리조직(non-profit organization : NPO)은 민간부문의 영리를 목적으로 하지 않는 조직을 말한다. 민간의 비공식부문은 혈연이나 지연에 기초하지만 비영리조직은 자발성(voluntarism)에 기초한다. 대표적인 비영리부문은 다음의 3가지가 있다.

① 자원조직 : 자원조직은 규모나 형태, 기능이 매우 다양하여 개념 규정이 쉽지 않지만, 민간조직이면서 영리를 목적으로 하지 않는 자발적인 조직체를 말한다. 일정한 조직체의 형태로 활동하므로 가족이나 친구 같은 비공식부문과는 구별된다. 이러한 자원조직은 자원봉사자의 비중이 높고, 재원 역시 자선적 기부에 크게 의존하며, 집단구성원이 스스로의 보호를 위해 재원조달과 활동을 하는 경우가 많다는 특징이 있다.

② 종교단체 : 카톨릭과 기독교의 사랑, 불교의 자비 등은 종교적 신앙이자 사회복지의 실천이기도 하다. 따라서 종교단체의 사회복지활동은 오랜 역사적 전통을 가지고 있다. 종교적 믿음은 영성활동과 함께 현대 복지국가 이전에는 중요한 사회복지의 공급 주체였으며, 또한 현대에서도 직접적인 사회복지활동이나 별도의 사회복지재단을 통해 사회복지기관 운영 등에 앞장서고 있다.

③ 기업 : 기업은 영리를 추구하는 조직이면서 고용을 창출하고 사회공헌활동(CSR)으로 각종 사회복지서비스를 제공한다. 기업이 사회복지서비스를 제공하는 방식은 첫째, 근로자와 그 가족을 위한 사택 제공, 학자금 지원 등의 각종 기업복지프로그램을 제공한다. 산업화 초기에는 사업주의 온정주의에 따라 제공되었고, 지금은 우수한 인력 유치와 노사관계 안정, 생산성 향상 등을 위해

제공된다. 기업 입장에서는 임금 인상보다 조세부담 측면에서 유리하다. 둘째, 사회공헌활동에 따라 지역사회 또는 전체 국민을 대상으로 각종 사회복지서비스를 제공하는 방식이다. 기업의 사회공헌활동 또는 사회적 책임(CSR : Corporate Social Responsibility)은 이윤추구 활동 이외에 법령과 윤리를 준수하고, 이해관계자의 요구에 적절히 대응함으로써 사회에 긍정적 영향을 미치는 책임 있는 활동을 의미한다. 주로 기업부설 사회공헌재단을 만들어 활동하며, 기업에 대한 사회적 이미지를 제고하는 기능이 있다.

읽어보기 **사회사업의 유래**

사회사업은 미국 social work을 그대로 번역한 것으로, 1892년 미국에서 처음 사용된 social work은 독일 'arbeiten sozial'을 그대로 번역한 것이다. 이 용어는 크룹(Krupp) 철강회사에서 종업원의 노동력을 유지·안정시키기 위해 제공하는 사택, 구내식당, 의료서비스 등의 각종 생활 편의시설을 지칭하는 것이었다. 지금의 사회복지실천은 노동현장의 산업복지에서 유래하였다고 할 수 있다(강종수, 2022).

미국 같은 자유주의 복지국가는 국가가 직접 국민에게 각종 사회복지정책을 제공하기보다는 기업이 주체가 되어 근로자에게 각종 복지서비스를 제공하도록 각종 조세정책 등의 편의를 제공함으로써 사회 전반의 복지수준을 향상시키고자 한다.

정책사례 **미국 401K연금**

미국은 우리나라 국민연금 같은 국가가 운영하는 연금제도가 없다. 그렇다면 미국인은 노후보장을 어떻게 할까? 바로 401K연금이다. 이 제도는 매달 일정액의 퇴직금을 근로자와 회사가 매칭으로 부담해 적립금을 쌓고 근로자가 이를 주식 등 다양한 자산에 투자해 그 성과를 노후보장 수단으로 활용하는 확정기여형(DC) 퇴직연금이다. 401K라는 명칭은 1974년 제정된 근로자퇴직소득보장법(ERISA) 401조 K항에 규정돼 있기 때문에 붙여진 이름이다. 2006년에는 모든 근로자가 자동으로 401K연금에 가입하도록 강제하였다. 미국 정부는 적립금에 대해 소득공제를 해주고, 투자이익에 대해서는 과세를 유예하는 등의 혜택을 준다. 연금자산이 13억 이상인 가입자가 42만 명 정도이다(2024년 기준).

(2) 영리조직

사회복지의 민영화 내지 시장화에 따라 영리를 목적으로 사회복지를 제공하는 영리조직들이 등장하였다. 시내 거리를 걷다보면 OO재가복지센터들이 흔히 보이는 이유이다. 이른바 준시장정책에 따라 정부가 독점적으로 서비스를 제공해 오던 기존의 전통적 서비스 제공방식에서 벗어나 공급자들이 서로 경쟁을 벌이면서 서비스를 제공하는 자유시장 체제를 지향하면서도 영리조직이 대거 등장하였다.

영리조직은 시장원리에 따라 영리를 목적으로 서비스를 제공하므로 이용자에게 직접 이용료를 받거나 사회서비스 전자바우처와 같이 공공부문이 재원의 상당 부분을 책임진다. 그럼에도 영리조직은 인건비와 운영비 등의 소요비용 이외에 추가하여 이윤을 남기려 한다. 경쟁을 통한 서비스의 질 향상에는 도움이 되지만 정부의 적절한 규제가 필요한 이유이다.

읽어보기 **준시장**

준시장 혹은 유사시장(quasi-market)은 기존의 공공부문이 직접 서비스를 제공하던 방식에서 경쟁과 선택이라는 시장친화적 수단을 도입하여 서비스를 공급하는 방식을 의미한다(Le Grand & Bartlett, 1993). 즉 경쟁에 기초한 시장원리를 도입하여 정부실패를 극복하면서 과도한 시장원리 도입으로 인해 복지 니즈(needs)를 적절히 충족하지 못하는 시장실패 문제 역시 동시에 해결하고자 하는 논리이다. 준시장의 특징은 ① 공공분야에 의해 형성되고 운영되며, ② 제공되는 서비스는 사회적 수익과 복지를 위한 성격을 지니고, ③ 정부가 서비스의 지불자, 규제자, 구매자의 역할을 하며, ④ 서로 경쟁하는 다양한 유형의 공급자들이 존재한다. 우리나라 장기요양 공급시스템이 준시장에 해당한다고 할 수 있다.

최근의 시장화정책에 따라 서비스 공급에서 정부부문이나 민간비영리부문이 영리조직과 상호 경쟁적인 관계에 놓일 수 있다. 이들 공급주체들 사이의 역할분담에는 다음과 같은 기준이 적용될 수 있다(Gilbert & Specht, 2013).

① 표준화된 서비스 : 예방접종과 같이 단일한 절차와 표준화된 서비스는 영리기관이 가진 경영적인 기획기술과 사업적인 동기를 적용하기가 비교적 용이하다. 또한 서비스전달에서 남용 가능성을 감시하기가 상대적으로 쉽다.

② 클라이언트의 역량 : 아동이나 지적장애인 또는 정서적인 혼란을 겪는 등의 클라이언트는 서비스 공급자들을 견제하면서 서비스 질에 대한 책임성을 유지하도록 유도하기 어렵다. 자칫 클라이언트가 착취의 대상이 될 가능성이 높다. 이 경우에는 공적 책임성과 자선적 윤리가 영리조직보다 비영리조직이 담당하는 것이 바람직하다.

③ 서비스의 강제성 : 아동보호 서비스나 보호관찰 서비스처럼 공적 강제력이 개입되는 서비스는 개인의 자유에 대한 심각한 위협이 될 수 있고, 서비스공급자의 공적 책임성이 매우 중요하므로 영리기관이 담당하는 것은 적절하지 않다.

④ 규제 환경의 효능 : 클라이언트 보호 및 기준 준수 여부에 대해 관리감독이 철저하게 이루어진다면 영리와 비영리 공급자 가운데 어느 쪽이 서비스를 전달하든 큰 차이는 없다. 그러나 규제의 범위와 효력은 제한적이라는 사실은 주지할 필요가 있다.

영리조직과 비영리조직의 구분은 수익사업을 할 수 있느냐 여부가 아니라 사업활동을 통해 창출된 이익을 조직 외부로 반출할 수 있는지 여부에 따라 구분된다. 영리조직과 비영리조직 모두 수익사업을 할 수 있다. 사회복지관에서 수익사업으로 재가복지시설이나 부설 어린이집을 운영할 수 있다. 다만 영리조직은 모든 수입에서 비용을 차감하고 남은 이익금을 소유자 내지 투자자에게 배당금 등의 형태로 제공하는 것이 가능하다.

그러나 비영리조직은 이익의 외부 반출이 금지되어 인건비로 지급하거나 시설투자 또는 사업 운영자금 등으로 재투자해야 한다. 사회복지사업에서 영리조직을 금지하는 이유는 영리조직의 이윤 극대화를 위해서 서비스의 품질이 저하될 우려가 크기 때문이다. 비영리조직은 이윤추구 인센티브가 낮기 때문에 서비스의 품질을 저하시킬 유인이 낮다(Weisbrod, 1998). 정부는 사회복지뿐만 아니라 교육, 의료 등의 영역에서는 영리조직의 참여를 규제하고 있다.

(3) 비공식 부문

비공식 부문(informal sector)은 가족이나 친구, 이웃, 직장동료 등과 같이 혈연이나 지연에 기초하여 일정한 조직적 형태를 갖추지 않고 사회복지를 제공하는 체계를 말한다. 사실 어느 사회에나 항상 존재하지만 비공식부문이 점차적으로 공식화, 전문화 및 체계화되면서 사회복지가 발달하였고, 반면에 비공식부문은 상대적으로 그 중요성이 약화되었다.

그러나 한국사회 연줄망 연구에 의하면 대도시 주민의 전체 연줄망은 학교 동창, 직장 동료, 부모형제, 이웃, 기타 아는 친구 및 친척 순으로 연줄망이 형성되고 또한 이들이 차지하는 비중이 높다고 한다(김선업, 1992). 따라서 우리나라의 비공식부문은 이러한 연줄망이 사회복지의 중요한 역할을 수행하는 것으로 추측된다.

4 복지혼합

1) 복지혼합의 의의

복지혼합(welfare mix)은 사회복지 공급주체가 기존의 국가중심에서 민간의 다양한 공급주체와 혼합하는 형태를 말한다. 흔히 복지다원주의(welfare pluralism)라고도 하는데, 복지혼합은 다양한 공급주체라는 현상을 나타내고, 복지다원주의는 사회복지에 대한 역할과 책임이 국가로부터 다른 공급주체들에게 이전되어야 한다는 주장 내지 이념이라고 할 수 있다.

복지다원주의는 「자원봉사조직의 미래」라는 제목의 울펜덴 보고서(Wolfenden report, 1978)에서 처음 사용된 용어로서, 사회복지는 국가뿐만 아니라 자원봉사, 기업, 비공식부문 등에 의해 다원적으로 공급된다는 것을 의미한다. 복지다원주의는 복지의 사회적 분업을 전제하며, 정부실패를 이유로 국가복지의 축소와 역할의 민간부분 이전을 주장한다. 복지다원주의의 특징은 다음과 같다.

- 복지공급의 주체는 국가 이외에 비공식부문, 비영리부문, 영리조직 등 다양하며, 국가가 모두 역할을 담당하는 것은 효율적이지 않다.
- 국가복지의 시장화와 민영화를 통해 효율성과 효과성을 높이고자 한다.
- 복지다원주의에서 국가는 재원보조자로서의 역할과 시장에 대한 규제자로서의 역할을 동시에 수행한다.

2) 공사 역할분담

(1) 역할분담의 기준

민간 공급주체는 공공부문에 비해 효율성, 접근성, 신속성, 융통성 등이 높지만 재정이 취약하기 때문에 지속성, 안정성 등이 취약하다. 공공과 민간부문 간의 역할분담은 다음의 기준에 따라 설정될 것이다(박경일, 2023).

- 보다 보편적이고 전 국민에게 필요한 기본적 욕구는 정부가 담당하고, 그 이상의 욕구는 민간이 담당한다(기본적 욕구).
- 전염성 질병과 같이 사회구성원에게 미치는 파급력이 큰 것은 정부가 담당하고, 파급력이 낮거나 개인적 기호와 관련된 것은 민간이 담당한다(사회 파급력).
- 새로운 문제나 욕구에 대해 정부는 민첩하게 대응하기 힘들므로 긴급한 대응이 필요한 것은 민간이 담당한다(대응의 긴급성).
- 대상자가 많거나 전국적 규모, 상설적 서비스는 정부가 담당하고, 개별적이고 구체적인 서비스는 민간이 담당하는 것이 효율적이다(서비스 조직규모).
- 사회 파급력이 큰 문제해결은 강력한 기획력과 강제력을 통한 통제가 필요한 사업은 정부가 담당하고, 시민의 자발적 참여가 용이한 부분이나 단순한 집행적 서비스는 민간이 담당한다(기획성과 집행성).
- 많은 예산이 필요한 경우에는 정부가 담당하고, 민간의 자발적 지원이나 강한 지역성에 의존할 경우에는 민간의 역할이 강조된다(재원 크기).

〈표 6-4〉 공사 기능분담에 관한 분석기준

욕구기능	공	사
성격	비시장적 욕구, 전문적 욕구	시장적 욕구, 보완·대체적 욕구
충족 여부	의무적, 기본적, 강제적, 보상적, 보편적	임의적, 추가적, 비강제적, 비보상적, 구체적

출처 : 박경일(2023), p. 163.

(2) 역할분담 모형

공공과 민간 부문 간의 역할분담 모형에 관해 크래머(Kramer, 1981)는 다음과 같이 주장하였다.

① 국유화 모형 : 정부 부문이 독점에 가까울 정도로 전달체계의 대부분을 차지하는 모형으로, 민간 부문은 극소수이고 역할 역시 주변적인 역할에 머문다. 공공부조와 사회보험이 여기에 해당한다.

② 정부 주도 모형 : 정부 부문이 재정과 서비스 공급에 있어 상대적으로 비중이 크고 민간 부문의 비중이 적은 모형으로, 정부 부문이 보편적 서비스를 제공하는 역할을 담당하고 민간 부문은 주변적이 아닌 보충적 역할을 담당한다.

③ 실용적 동반자 모형 : 정부 부문이 재정을 담당하면서 민간 부문에 이를 제공해서 민간조직이 직접서비스 제공을 담당하는 상호 협력적인 모형으로, 정부의 재정과 책임으로 보편적인 서비스를 형평성 있게 제공하려 하지만, 실제 서비스 공급은 계약을 통해 민간 부문에 보조금을 지급하고 운영권을 위임한다.

④ 민간 강화 모형 : 정부는 서비스 제공의 기준만 설정하고 민간 조직이 주도적이고 자율적으로 서비스 제공 역할을 담당하는 모형으로, 민간의 자율성은 강조되지만 정부의 재정적 기여가 부족하면 서비스 공급이 위축될 우려가 높다.

⑤ 민영화 모형 : 복지재정과 서비스 모두를 민간 조직이 독점하고 정부의 역할은 최소한에 그치는 모형으로, 영리부문의 이윤 추구 동기를 활용해 서비스 공급을 늘리고 비효율을 극복하면서 시장경제의 원리에 따라 최적의 자원배분을 이루려고 한다.

〈표 6-5〉 공공부문과 민간부문 간의 상호 관계

관계 모델	사유화	권력 부여	실용적 협력자	정부 주도	국유화
민간부문의 역할	대안 (alternative)	대체 (substitute)	보충(supplement) · 보완(complement)	장애물 (obstacle)	최소 (marginal)

출처 : 박경일(2023), p. 180.

읽어보기 **보조금**

보조금(grant)은 수여인에게 주어진 상환 불가능한 자금이나 지불된 제품을 의미한다. 보조금은 제공자(기관) 재정지원방식의 대표적인 도구이다. 보조금은 크게 국고보조금과 민간보조금으로 나뉘며, ① 국고보조금은 주로 민간비영리조직에게 특정 서비스 제공을 목적으로 정부가 제공하는 비용을 의미한다. ② 민간보조금은 민간단체(공익법인이나 기업의 재단, 예를 들어 사회복지공동모금회나 현대차 정몽구재단 등)으로부터 특정한 서비스 제공을 목적으로 제공되는 비용을 의미한다. 보조금제도는 미국에서 가장 발달되어 있으며, 주로 공공기관은 민간기관과 계약을 통해 보조금을 지불하며 민간재단 역시 민간기관과 계약을 통해 보조금을 지불한다. 일반적으로 보조금을 지불받기 위해서는 보조금 작성과정을 거쳐 사업계획서(프로포절)를 제출해야 한다.

(3) 민관협력

공공과 민간 부분 간의 역할 분담에서 중요한 것은 민관협력이다. 민관협력이란 행정 주체가 전면적으로 담당하였던 공적 서비스 업무를 민간과 공공부문, 개인과 단체가 상호 이익을 추구하기 위하여 서로 역할 분담을 하여 파트너십의 형태로 공적 서비스업무를 수행하는 것을 의미한다. 지역사회 내에 존재하는 사회복지서비스의 공·사 부문의 조직체계들이 서로 연계하고 양질의 복지서비스를 지역주민에게 보다 효율적으로 제공하거나 사회문제를 해결하기 위하여 정부와 민간 부문이 자원을 분담하고 협력하는 것이다. 이와 같은 민과 관의 파트너십에 의한 공적 업무수행은 정부와 민간이 서로의 장점을 활용하여 공공서비스의 질적 향상을 가져 온다(강종수, 2019).

(4) 제3섹터

공공부문인 정부를 제1섹터, 민간부문의 영리기업을 제2섹터라 한다면 서로 혼합한 새로운 형태를 제3섹터라 한다. 일본에서는 사회간접자본 정비의 시급성, 사업의 효율화 등을 위한 민관협조 사업방식을 총괄하는 개념으로, 민자방식이 대표적이다. 제3섹터는 보통 공익성과 상업성을 동시에 추구하며 비영리조직이면서도 생산활동을 전개한다는 특징이 있다. 제3섹터의 유형으로는 지역개발형, 기업경영형 및 시설운영형으로 구분되며, 사회복지는 주로 시설운영형에 속한다.

〈표 6-6〉 제3섹터의 유형

유형	사업목적	경영체질	사업기능	사례
지역개발형	지역개발형 지역진흥형	공공주도형 관민공동형	자금조다형 프로모타형	공항, 도로, 부두건설 위락시설, 관광개발
기업경영형	사업추진형 기획개발형	공공주도형 민간주도형	이해조정형 Know-how활용형	재개발 빌딩, 교통터미널 건설, 특산품 개발, 정보서비스 산업
시설운영형	시설위탁형 공익창출형	관민공동형 민간주도형	경비절감형 공사결합형	시설관리, 철도경영 신체장애인공장, 체육문화시설

반면에 미국 등에서는 주로 자원봉사와 시민사회단체, 비정부기구 및 기타 비영리조직으로 구성된 경제부문을 일컫는 표현이다. 주로 제3섹터 단체는 시민들이 관심있는 분야를 개선하기 위한 특정 활동에 참여하려는 의욕이나 기업의 관심으로 인해 생겨난다. 사회, 교육, 보건, 인권, 환경, 동물보호, 국제협력, 문화예술, 스포츠 등 참으로 다양하다. 여기서는 민간부문이 비영리활동을 하는 QUANGO(Quasi-Automonous NGO)와 공공기관이 영리활동을 하는 QUAGO(Quasi-governmental Organization) 두 유형이 있다.

3) 사회적경제

(1) 사회적경제의 의의

사회적경제란 구성원간의 협력, 자조를 바탕으로 재화와 용역을 생산 및 판매를 통해 사회적 가치를 창출하는 민간의 모든 경제적 활동을 말한다. 영리기업은 개인의 이기심에 기반한 이윤추구가 주된 목적이지만 그 과정에서 소득양극화, 불평등 등이 수반돼 사회건전성이 훼손된다.

그러나 사회적경제는 구성원들 상호 간의 호혜와 신뢰, 소통 및 연대를 통해 이윤 추구보다 사람과 공동체를 우선시한다. 이 때문에 '사람 중심의 경제'라고도 부른다. 특히 경제구조가 저성장 · 저고용으로 변화되면서 사회적경제가 시장경제의 효율성을 살리면서 양질의 일자리 창출 및 사회양극화 해소의 새로운 해결책으로 주목받고 있다.

정책사례 **몬드라곤(Mondragon) 협동조합**

1956년 설립된 스페인 최대의 노동자협동조합이다. 호세 마리아 아리스멘티다이리에타(José María Arizmendiarrieta) 신부의 지도 아래 5명의 조합원이 석유난로 생산을 시작으로 현재는 산업, 금융, 소매 등의 240개의 사업체로 구성되어 있으며, 그중 81개 협동조합에 7만여 명이 고용되어 있으며, 매출이 110억 유로를 돌파하였다(2023년 기준). 스페인 기업 순위로 보면 7위에 해당한다. 몬드라곤은 노동자가 직접 소유하고 경영하는 기업으로 수익은 노동자에게 고르게 분배된다. 자금력이 부족한 직원협동조합을 위해 금고를 운영하며, 기술연구소 이켈란(Ikerlan)과 교육기관인 몬드라곤대학교 등도 두고 있다.

(2) 사회적경제조직

대표적인 사회적경제조직은 다음의 4가지가 있다.

① **사회적기업** : 취약계층에게 사회서비스 또는 일자리를 제공하거나 지역사회에 공헌함으로써 지역주민의 삶의 질을 높이는 등의 사회적 목적을 추구하면서 재화 및 서비스의 생산 · 판매 등 영업활동을 하는 기업이다. 고용노동부 관할이며, 사회적기업육성법 제2조에 근거한다. 영리기업이 주주나 소유자를 위해 이윤을 추구하는 것과 달리, 사회적기업은 사회서비스를 제공하고 취약계층에게 일자리를 창출하는 등 사회적 목적을 조직의 주된 목적으로 추구한다는 점에서 차이가 있다.

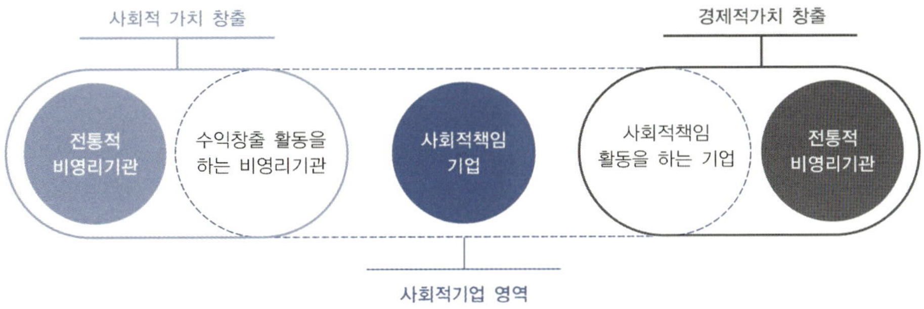

[그림 6-5] 사회적기업 영역

출처 : 한국사회적기업진흥원 홈페이지(www. socialenterprise.or.kr).

② 협동조합 : 재화 또는 용역을 구매 · 생산 · 판매 · 제공 등을 협동으로 영위함으로써 조합원의 권익을 향상하고 지역사회에 공헌하고자 하는 사업조직이다. 특히 사회적협동조합은 협동조합 중에서 지역주민의 권익 · 복리 증진과 관련된 사업을 수행하거나 취약계층에게 사회서비스 또는 일자리를 제공하는 등 영리를 목적으로 하지 아니하는 협동조합을 말한다. 기획재정부 관할이며, 협동조합기본법 제2조에 근거한다.

③ 마을기업 : 지역주민이 각종 지역자원을 활용한 수익사업을 통해 지역문제를 해결하고 소득과 일자리 창출, 지역공동체 활성화를 도모하는 마을단위 기업이다. 행정안전부 관할이다.

④ 자활기업 : 저소득층 일자리사업인 자활근로를 통해 습득된 기술을 바탕으로 2인 이상의 기초생활수급자 또는 차상위계층이 상호협력하여 탈빈곤을 위한 자활사업을 운영하는 기업이다. 보건복지부 관할이며, 국민기초생활보장법 제18조에 근거한다.

07 CHAPTER

사회복지정책 대상

1. 급여 대상
2. 욕구와 사회문제
3. 선정기준

1 급여 대상

1) 할당의 의의

사회복지정책의 급여 대상은 자원의 사회적 할당(allocation)을 의미한다. 급여 대상을 누구로 할 것이며 자격조건은 어떻게 규정할 것인가라는 주제는 사회복지정책의 오래된 주제이며 현재도 여전히 논쟁 중인 사안이다. 사회복지정책의 대상은 특정 개인부터 국민 전체에 이르기까지 매우 다양하고 복잡하다.

전통적인 사회적 할당의 원칙은 보편주의와 선별주의가 있다. 보편주의는 급여를 사회적 권리로 인식하여 모든 사람에게 차별 없이 공평하게 주어져야 한다는 원리이고, 반면에 선별주의는 개인의 욕구에 기초하여 필요한 사람에게만 선별하여 주어져야 한다는 원리이다. 그러나 현실의 사회복지정책에서는 이분법적으로 분류하기 애매한 경우가 많다.

2) 할당과 관련된 이슈

① 낙인(stigma) : 대상자 선정에서 선별성이 강할수록 수급자격이 까다로울 뿐만 아니라 수급자격을 얻기 위해 자신의 상황이나 여건을 극도로 자세히 또는 과대하게 설명해야 하므로 상당한 굴욕감과 좌절감을 경험하게 된다.

② 포착률(take-up rate) : 포착률이란 수급권자 중 수급자의 비율, 즉 수급자격이 있는 자 중에서 실제로 신청하여 수급을 받는 자의 비율을 의미한다. 일반적으로 낙인이 강할수록 신청을 꺼리는 심리적 접근성이 멀어져 포착률이 낮아지게 된다.

③ 2중의 선정기준 : 할당 기준을 어느 하나만 충분조건으로 적용할지 혹은 두 가지 이상의 2중 기준을 적용할 것인지이다. 대부분의 사회복지정책은 단일의 할당기준을 사용하는 경우는 드물고, 2중 혹은 3중의 할당 기준을 두는 경우가 많다.

읽어보기 소득인정액 요건과 부양의무자 요건

국민기초생활보장제도 도입 당시부터 수급자 선정요건으로 소득인정액 요건과 부양의무자 요건을 동시에 충족해야 한다. 2010년에 수급자가 전 국민의 3.4%인 163만 명 정도였는데, 소득인정액 요건을 완화하면(B+C+D) 140만 가구 310만 명 정도가 빈곤정책의 사각지대에 있고, 특히 당시 소득인정액 요건을 충족하더라도 부양의무자 요건(A)으로 수급자가 되지 못하는 60만 가구 100만 명의 사각지대가 있었다. 이러한 이유로 부양의무자 요건이 점진적으로 축소되고 있다.

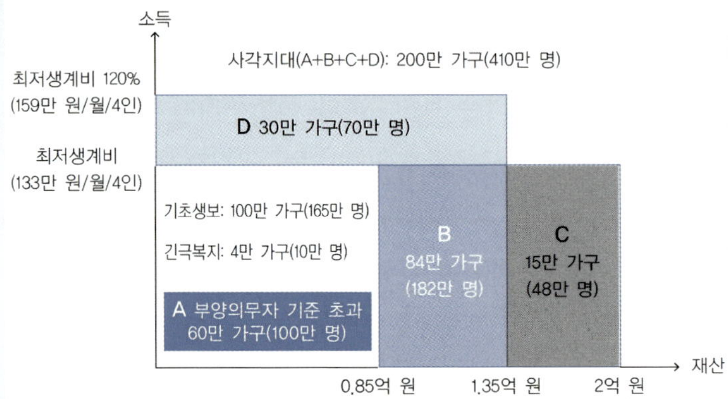

[그림 7-1] 빈곤정책의 사각지대 규모

출처 : 정부합동대책반(2009).

④ 행정비용 : 운영효율성 관련하여 선별주의는 상당한 행정비용을 초래한다. 선별주의가 목표효율성은 상대적으로 높지만 대상자 선별을 위해 투입되는 인건비와 부대비용 등의 행정비용이 증가한다. 예산의 범위 내에서 급여가 지급되어야 하므로 행정비용이 증가하면 급여는 상대적으로 줄어들게 된다.

⑤ 복지사각지대 : 복지사각지대는 복지욕구가 있음에도 수급자가 되지 못하거나 수급자가 되더라도 급여가 충분하지 못한 경우 그리고 급여내용이 수급자의 욕구에 부합하지 않는 등의 적절한 급여를 받지 못하는 경우를 말한다. 즉 사회안전망의 보호가 필요함에도 보호받지 못하는 대상을 의미한다. 2014년 송파 세 모녀사건이 대표적이다. 복지사각지대는 전달체계, 재정 등 다양한 원인으로 발생하지만 할당 기준이 일차적인 원인이다.

2 욕구와 사회문제

1) 욕구

(1) 욕구의 의의

인간의 욕구는 매우 다양하고 무한하지만, 사회복지정책에서 다루는 욕구란 개인이 느끼고 있는 무엇인가의 결핍상태를 충족시키기 위하여 필요로 하거나 원하는 상태를 말한다. 즉 있어야 하는 바람직한 상태에서 현재 가지고 있는 격차인 결핍이 욕구의 원천이 된다. 사회복지정책은 공공문제와 관련하여 현재의 상태를 바람직한 상태로 변화시키는 활동이다. 이 현재의 상태와 바람직한 상태의 차이를 정책 욕구(needs)라 한다.

욕구는 무엇을 얻거나 무슨 일을 하고자 하는 것으로, 정책에서는 개인의 삶의 질을 높이기 위해 정책 대상집단이 생각하는 수준을 의미한다. 욕구는 개인에 따라서 다른 주관적이고 가치판단적인 속성을 가진다. 욕구는 그 기준에 따라 다음과 같은 다섯 차원의 불일치가 있다(Roth, 1990).

- 가장 이상적인 수준과 실제 현실과의 차이
- 인간다운 삶을 영위하는 데 필요하다고 규범적으로 정한 수준과 실제 현실과의 차이
- 최저임금제를 시행할 경우 최저임금과 실제임금과의 차이
- 정책 대상집단이 만족하는 수준과 실제 현실과의 차이
- 정책대상 예상집단과 실제 수혜 규모와의 차이

(2) 욕구의 유형

① 욕구단계설 : 매슬로(A. H. Maslow, 1954)는 욕구단계설(need hierarchy theory)을 통해 인간의 욕구는 낮은 수준부터 높은 수준까지 5단계의 위계적 구조를 가지며, 하위 수준의 욕구가 충족되어야 상위 수준의 욕구로 옮겨간다고 주장하였다. 각 단계별 욕구와 그 내용은 다음 [그림 7-2]와 같으며, 각 단계별 욕

구 충족이 실패하면 역기능적이거나 혼란상태가 유발되고, 욕구를 충족시켜야 역기능을 회복할 치유할 수 있다.

욕구	내용
자아실현 욕구	• 자기 발전을 위해 잠재력을 극대화해 자기가 바라는 바대로 되고자 하는 욕구 예: 창조적인 생활, 자아완성, 성취
존경 욕구	• 집단 내에서 존경 내지 인정을 받고자 하는 욕구 • 이 욕구가 충족되면 자신감과 명예심이 생김 예: 긍정적인 자아상, 자기계발, 자신감
소속과 애정 욕구	• 집단에 소속되어 친교를 나누고자 하는 욕구 • 사회적 욕구 예: 애정관계, 감정의 자유로운 표현, 수용과 친밀함
안전 욕구	• 신체적인 위험과 생리적 욕구의 박탈로 자유로워지려는 욕구 • 경제적 안정과 자기 보전 등에 대한 욕구 예: 안전, 건강, 보호, 균형
생리적 욕구	• 생명 유지를 위한 원초적인 최하위 욕구 • 먹고, 자고, 입고, 싸는 것 등에 대한 욕구 예: 의식주, 수면, 긴장의 해소

[그림 7-2] 욕구단계설

욕구단계설은 인간의 욕구를 체계적으로 인식하게 해주었고, 무엇보다 하위 수준의 욕구를 일차적으로 충족시켜 주어야 한다는 중요성을 일깨워 줘 사회복지정책의 대상자에게 생리적 욕구 및 안전 욕구 같은 하위수준의 욕구 충족의 당위성을 잘 설명해 준다.

그러나 인간 욕구에는 5단계 이외에도 무엇을 알고 이해하려는 인지적 욕구(cognitive needs)와 아름다움을 추구하는 심미적 욕구(aesthetic needs)가 있다고 매슬로 스스로 이론을 수정하였고, 또한 열심히 공부하다가도 허기를 느끼면 간식을 먹으려는 욕구가 지배적이 되듯이 인간의 욕구는 상위 욕구에서 하위 욕구로 후퇴하기도 한다.

② 기본욕구 : 리차드와 톰슨(Richards & Thomson, 1984)은 기본욕구란 인간욕구 중에서 모든 개인에게 있어야 하는 공통적이면서 동시에 필수불가결한 욕구의 최소한을 의미한다고 하였다. 구체적으로 기본욕구는 다음의 3가지로 구성되어 있다.

- 기본욕구는 모든 개인에게 공통적으로 존재하는 욕구이다.
- 기본욕구는 모든 개인에게 필수불가결한 욕구이다.
- 기본욕구는 모든 개인에게 최소한의 수준으로 있어야 하는 욕구이다.

사회복지정책은 인간욕구 중에서 이러한 기본욕구의 충족에 1차적인 초점을 둔다. 공통적으로 존재하는 욕구는 무차별 평등의 원리를 반영하는 것이며, 필수불가결한 욕구란 인간다운 생활을 위해 없어서는 안 될 욕구를 의미하며, 최소한의 수준은 국민 최저한(national minimum)을 반영한다고 할 수 있다.

③ 사회적 욕구 : 사회적 욕구는 기본적 욕구 중에서 사회적 맥락을 지닌 욕구를 지칭하는 욕구로서, 인간의 기본 욕구가 개인적 차원에서가 아니라 사회적 차원에서 발생가능하다는 인식이 이루어졌을 때 존재하게 된다. 따라서 사회복지정책에서 관심을 가지는 사회적 욕구는 기본적 욕구의 사회적 특징을 반영한다. 사회복지정책에서 욕구는 정책결정자 입장에서 정책 대상집단이 필요하다고 생각하는 관점에서 정의되는 규범적 욕구와 정책 대상집단이 필요하다고 생각하는 욕구인 느낀 욕구로 구분할 수 있고(Rubin, 2020), 브래드쇼(Bradshaw, 1972)는 '누가 욕구의 기준을 정하는가', 즉 욕구인식의 기준에 따라 다음과 같이 네 개의 차원으로 사회적 욕구를 유형화하였다.

〈표 7-1〉 브래드쇼의 사회적 욕구 유형

구분	진단	처방	장점	단점
규범적 욕구	전문가 판단으로 충족되지 않은 욕구진단	전문가 판단으로 최선의 서비스 규정	• 기준설정으로 욕구를 갖는 집단의 규모 파악 용이 • 계량화와 측정 용이	• 전문가의 견해차에 따른 차이 발생 • 지식, 기술, 가치관 변화에 비탄력적
느낀 욕구	잠재적 클라이언트가 문제와 욕구를 진단	욕구를 갖는 당사자가 필요하다고 생각하는 서비스	• 당사자의 정확한 욕구 파악 용이 • 필요한 서비스 내용과 정도에 대한 정보	• 개인차 조정의 문제 • 조사는 대표성 문제 • 과대추정될 가능성이 있음
표현된 욕구	잠재적 클라이언트가 직접 자신의 문제를 진단	수요로 나타난 서비스	• 수요에 따른 공급 규모 결정 • 대상자 확보에 용이	• 표현하지 않은 잠재적 클라이언트 무시 • 전달체계상 장애가 있는 클라이언트 배제

비교 욕구	전문가나 사회가 각종 사회지표의 비교로 진단	서비스 이용률 비교로 유사한 서비스 필요성 인정	• 각종 지표로 쉽사리 욕구의 규모와 내용 파악	• 유사 또는 비교집단의 욕구가 실제 욕구와는 다를 수 있음 • 비교집단 선정과 대표성 문제

출처 : 황성철(2005), p. 118.

2) 사회문제

(1) 개인문제

일반적으로 문제란 사람에게 그에 대한 해결욕구를 유발시키는 불만족스런 상태 또는 조건을 말한다(Anderson, 1979). 문제없는 삶이란 존재하기 어렵고, 일단 문제가 발생하면 개인의 안녕이나 행복은 유지되기 어렵다. 따라서 문제가 발생하면 어떤 방식으로든 해결되어야 한다. 문제는 대체로 인간의 욕구 충족을 가로막거나 또는 욕구의 불충족 그 자체를 말한다. 그러므로 사회복지정책에서 문제는 일단 욕구와 연관된 것으로서 존재하며, 사회복지정책의 중요한 관심거리다.

문제는 크게 개인문제와 사회문제로 구분할 수 있다. 개인문제는 사람의 성격 및 타인과의 당면한 관계의 범위 내에 있는 문제를 말한다. 개인문제와 사회문제의 차이점은 사회성과 보편성에서 뚜렷하게 구분된다. 사회성이란 개인의 욕구 충족이 어려운 사건과 상태가 특정 문제에 직면한 개인의 책임보다는 상대적으로 사회적 제도나 구조상의 결함과 실패로 인하여 야기되는 경우를 말하며, 보편성이란 사회문제가 지닌 부정적인 영향력이 특정 개인에게만 한정된 것이 아니라 사회구성원 전체에 보편적으로 미칠 수 있는 영향력이 높다는 것을 의미한다.

(2) 사회문제

사회문제는 사회복지정책을 형성하게끔 하는 가장 중요한 동인이자 사회복지정책의 주 원료이다. 왜냐하면 사회문제의 해결을 위하여 채택된 해결방안이 사회복지정책인 까닭이다. 결국 정책학적 관점에서 볼 때 사회문제는 사회복지정책의 형성을 촉발시키는 원동력이자 원료인 셈이다(김태성 · 송근원, 2007).

일반적으로 사회문제란 어떤 현상이 ① 사회적 가치(규범)에서 벗어나고, ② 상당수의 사람들이 그 현상으로 인하여 부정적인 영향을 받고 있으며, ③ 그 원인이 사회적인 것이며, ④ 다수의 사람들이나 영향력 있는 일부의 사람들이 문제로 판단하고 있고, ⑤ 사회가 그 개선을 원하고 있고, ⑥ 개선을 위하여 집단적 사회적 행동이 요청되는 것이라고 할 수 있다(최일섭 등, 2005).

개인문제와 사회문제는 이론적으로는 구분되지만, 사회문제의 발생에는 개인문제가 전제되어야 한다. 즉 개인문제가 먼저 발생하고 어느 정도 시간이 흐르면서 사회성과 보편성이라는 기준이 더욱 확연해지면서 개인문제가 사회문제로 전환된다. 즉, 불만족스러운 상태를 야기시키는 개인적인 사건이 불특정다수인에게 장시간에 걸쳐 반복적으로 일어나면 더 이상 개인문제가 아니라 사회문제로 인식하게 된다.

(3) 사회문제와 사회복지정책

개인문제로 발생한 문제가 특정 개인에게만 발생하거나 영향을 미치는 정도가 아니라 사회성과 보편성을 갖게 되면 사회문제가 되고, 그렇다면 사회적으로나 국가적으로 그 사회문제 해결을 위해 공식적인 관심을 기울이게 되어 정책과정이 시작된다. 제4장 정책과정에서 정책의제 설정과정의 출발이 사회문제에서 시작한다.

따라서 개인문제가 사회문제로 규정되고 수용되기 위해서는 한 사회 내에서 다양한 개인문제들 중에서 경합과정을 밟아 선택되는 것으로 해석된다. 즉 경합과정에서 사회문제로 수용할 경우 그 문제에 관해서 그 사회가 해결에 관한 의지가 있음을 암묵리에 인정하고 있음을 의미하고, 따라서 이 과정은 특정 사회의 경제사회적 여건은 물론 가치적 · 문화적 측면을 반영하고 있으며, 또한 이 과정은 특정 사회 내의 역학관계를 나타내는 등의 복잡하고 다양한 의미를 지닌다(현외성, 2019).

(4) 사회적 위험

사회문제 이외에 사회보장에서는 사회적 위험(social risk)을 주된 정책 대상으로 제시하고 있다. 사회적 위험은 사회구성원 누구나 겪을 수 있는 예측 가능한 위험으로써 개인의 삶의 수준을 현저하게 하락시키는 요인이나 상황, 또는 개인의 사회 내 위치나 생애주기에서 발생하는 복지 손실의 가능성을 의미한다. 사회적 위험은 ①

개인의 기본적인 생계가 위협을 받으며, ② 개인수준에만 국한되지 않고 사회의 상당한 부분에 영향을 미쳐야 하며, ③ 사람이 만들어 낸 위험이지만 개인의 통제범위를 넘어선 구조적인 문제여야 한다(Lee, 2009). 사회적 위험은 사회구조적 문제로 유발되므로 국가의 적극적인 개입이 필요하다. 전통적인 사회적 위험은 노령, 질병, 사망, 산재, 실업 등이고, 이러한 사회적 위험을 대비하기 위해 국민연금, 산재보험, 건강보험 같은 사회보험과 공공부조를 마련해 두고 있다.

〈표 7-2〉 사회적 위험과 사회보장제도

사회보험제도	사회적 위험	발생문제	사회적 선택(급여)
연금보험제도	노령 · 장애 · 사망 · 황혼이혼	• 소득의 단절 문제 • 장애, 사망으로 소득능력의 영구적 상실 문제	• 노령연금 · 장애연금, 유족연금 · 일시금 · 분할연금
국민건강보험제도	질병 · 부상 · 사망	• 치료비용 • 소득의 단절 문제	• 요양급여, 건강검진(현물급여) · 요양비(현금급여) • 상병급여(현금급여)
산재보험제도	산업재해로 인한 부상 · 폐질 · 사망	• 치료비용의 부담 문제 • 소득의 일시적 단절 문제 • 장애, 사망으로 인한 소득능력의 영구적 상실 문제	• 요양급여 • 휴업급여 • 장해급여 · 유족급여 · 상병보상연금
고용보험제도	재취업 · 직업능력 부족 · 실업	• 고용의 불안정 문제 • 직업능력의 부족 문제 • 소득의 단절 문제	• 고용안정 · 직업능력개발사업(고용창출지원, 고용조정지원, 고용촉진지원, 근로자지원 등) • 실업급여(구직급여, 취직촉진수당, 육아휴직급여)
노인장기요양보험제도	노인성 질병(치매, 뇌혈관 질환 등), 장기요양케어	• 가족의 정신적 · 심리적 부담 문제 • 개호서비스(보호, 수발) 비용의 부담 문제	• 재가급여(방문요양, 방문목욕, 방문간호, 주 · 야간보호, 단기보호, 기타 재가급여) • 시설급여(노인요양시설, 노인요양 공동생활 가정) • 특별현금급여

출처 : 박경일(2023), p. 129.

그러나 탈산업사회로 전환되는 과정에서 발생하는 경제 · 사회적 변화의 결과로 개인의 삶의 과정에서 직면하게 되는 위험의 양상은 그 이전과는 다르고 이를 테일러-구비(Taylor-Gooby, 2004)는 신사회적 위험이라 하였다. 그는 신사회적 위험으로 ① 일-가정양립과 관련된 위험, ② 노동시장의 진입문제, 안정적 고용의 문제, 교육 및 훈련의 접근성 등의 노동과 관련된 위험, ③ 고령화와 관련된 위험, ④ 사회복지의 민영화와 관련된 위험을 제시하였고, 보놀리(Bonoli, 2007)는 고용불안, 장기실업, 근로빈곤, 편부모, 일-가정양립 등을 제시하였다.

구사회적 위험이 남성노동자의 소득 상실을 대비하기 위한 소득보장정책이 핵심이라면 신사회적 위험은 여성의 경제활동참여 증가로 발생하는 돌봄 위기를 해소하기 위한 일-가정양립을 위해 돌봄을 사회화하고 개인의 근로능력을 지원하는 서비스 중심으로 이동해야 한다.

읽어보기 사회보장기본법 개정

신사회적 위험이 증가함에 따라 우리나라 사회보장기본법은 2012년 1월에 제3조(정의)를 개정하여 사회적 위험의 종류에 3가지를 추가하였다. 즉 개정 전에는 "사회보장이란 질병, 장애, 노령, 실업, 사망 등의 사회적 위험으로부터 모든 국민을 보호하고 빈곤을 해소하며 국민 생활의 질을 향상시키기 위하여 제공되는 사회보험, 공공부조, 사회복지서비스 및 관련 복지제도를 말한다."고 규정하였으나, 개정 후에는 "사회보장이란 출산, 양육, 실업, 노령, 장애, 질병, 빈곤 및 사망 등의 사회적 위험으로부터 모든 국민을 보호하고 국민 삶의 질을 향상시키는 데 필요한 소득·서비스를 보장하는 사회보험, 공공부조 및 사회서비스를 말한다."로 변경하였다. 무엇이 추가되었는가?

3 선정기준

1) 전통적 할당원칙

(1) 선별주의

선별주의(selectivism)는 엄격한 자사조사를 통해 개인의 경제적 욕구에 기초하여 일부 대상자만 선별하여 사회복지정책 급여가 제공되어야 한다는 원리이다. 자원의 희소성을 감안하여 사회복지정책의 급여가 경제적으로 꼭 필요한 일부 계층에만 지급되어야 하며, 이러한 선별주의를 통해 목표 효율성이 증가하고 총비용이 감소된다는 것이다.

그러나 대상자 선별을 위해서는 상당한 행정비용이 발생하고, 무엇보다 수급자에게 낙인감과 열등감이 증대되어 사회통합을 저해한다는 단점이 있다. 잔여주의 모델에서는 선별주의를 선호하고, 대표적인 선별주의 정책은 공공부조제도이다.

(2) 보편주의

보편주의(universalism)란 급여는 사회적 권리로서 모든 사람에게 주어져야 한다는 원리이다. 선별주의는 급여는 개인의 욕구에 기초하여 주어져야 한다는 원리이다. 보편주의자들은 정치적 권리를 당연시하듯이 공적인 제도를 통해 혜택을 받을 수 있는 자격을 하나의 당연한 사회적 권리로서 모든 사람에게 부여해야 한다고 주장한다.

보편주의를 통해 사회구성원들이 주는 자와 받는 자로 분리되지 않게 되고 그 결과 인간의 존엄성과 사회적 통합이 유지될 수 있다고 강조한다. 또한 보편주의자들은 다양한 인구집단을 지원하는 정책의 강점을 예로 들면서 통합과 포용을 기본으로 하는 사회 프로그램들이 가져다 줄 수 있는 정치적인 이점들이 크다는 것을 강조한다. 보편주의는 다음의 4가지 특징을 갖는다(Gilbert & Terrell, 2013).

- 사회복지는 빈민이나 장애인과 같은 특정 집단뿐만 아니라 모든 시민이 봉착하게 되는 일상적 생활문제에 대한 대책으로 간주한다(모든 시민을 대상으로 한 프로그램).
- 모든 시민에게 정치권이 보장되는 것과 같이 그들의 수입에 관계없이 복지권이 보장되어야 한다(권리 보장).
- 사회적 프로그램에서 기여자와 수혜자를 구별해서는 안 된다. 양자를 구분하면 사회통합과 인간존엄성의 손상된다(사회통합).
- 포괄성의 원칙에 입각한 복지프로그램의 정치적 장점을 중시한다(정치적 장점).

〈표 7-3〉 보편주의와 선별주의

구분	보편주의	선별주의
범위	전 주민에 확대	특수문제그룹에 한정
자격	제한 완화	제한 강화
급여수준	적절한 보상률로 인상	최저수준으로 인화
급여기간	연장	단축
자기부담	경감	강화
장점	평등성, 접근성, 편익성이 높음	유효성, 목표효율성이 높음, 경지가 적게 듦
단점	경비가 많이 듦, 낭비가 많음	스티그마

출처 : 박경일(2023), p. 182.

사회복지정책별로 선별주의와 보편주의 경향을 살펴보면, 공공부조는 선별주의를 바탕으로 하고 있으며 기본소득은 보편주의를 바탕으로 하고 있다. 그 사이에서 사회보험은 선별주의에 가깝고, 사회수당은 보편주의에 가까우며, 그 중간에 사회서비스가 있다.

[그림 7-3] 사회복지정책별 선별주의-보편주의 경향

선별주의와 보편주의는 이론적으로는 명확히 구분되지만 현실에서는 그렇지 않다. 아동수당과 무상급식 같이 완전한 보편주의로 제공되거나 국민기초생활보장제도와 같이 선별주의를 채택하는 경우는 흔하지 않다. 많은 사회복지정책들이 선별주의와 보편주의를 혼합하여 사용하는 경우가 일반적이다. 예를 들어 기초연금은 전체 노인 중 상위 30%를 선별하기 위해 자산조사를 실시하지만 전체 노인의 70%에게 지급하기 때문에 선별주의라 하기 곤란하고, 준보편주의인 제도라고 부르기도 한다(안병영 외, 2018).

그리고 사회복지정책의 발달은 선별주의에서 출발하여 보편주의로 완성되는 경향이 있다. 우리나라 복지제도 도입과 발달과정을 살펴보면, 다음 〈표 7-4〉와 같이 대부분 대기업이나 공무원을 대상으로 시작하여 민주화 이후 전국민을 대상으로 하는 제도로 발전해 오고 있다.

〈표 7-4〉 한국 복지제도 도입과 보편화 현황

	복지제도 도입과 개혁	복지제도의 보편화
산재보험	1963 산재보험(500인 이상 기업)	2000 모든 근로자
건강보험	1977 의료보험(500인 이상 기업)	1989 도시자영업 포괄(전국민 의료보험) 2000 건강보험 통합
공적연금	1988 국민연금(10인 이상 기업) 2008 기초노령연금(소득하위 70% 노인) 2013 기초연금(소득하위 70% 노인)	1998 도시지역 자영업자 포함(전국민 국민연금)
고용보험	1995 고용보험(30인 이상 기업)	1999 전군민고용보험
장기요양	2008 장기요양보험	
사회부조	1941 조선구호령 1961 국민생활보장제도	2000 국민기초생활보장제도 2014 국민기초생활보장제도 재편
가족정책	2002 보육지원금 2009 양육수당 2018 아동수당(모든 아동에 10만 원)	2013 보육지원금과 양육수당 보편화 2020 영아수당 2023 부모수당
특수직역 보장	1962 공무원연금, 1963 군인연금, 1975 사학연금, 1977 공무원의료보험	

출처 : 김원섭(2023), p. 152.

2) 선정기준

(1) 선정기준의 의의

전통적인 할당 원칙인 선별주의-보편주의는 매우 단순하여 이해하기 쉽지만, 현실의 사회복지정책은 그렇게 이분법적으로 단순하지 않다. 보편주의 같으면서 일정한 조건이 붙거나 선별주의 같으면서 수급자가 매우 많은 경우가 있다. 길버트와 테렐(Gilbert & Terell, 2013)은 4가지 할당 원칙을 제시하였고, 김태성과 송근원(2003)은 6가지 자격조건을 제시하였다.

(2) 길버트와 테렐의 기준

① 귀속적 욕구(attributed needs) : 특정한 인구집단에 해당하는지 여부를 기준으로 급여를 할당하는 원칙이다. 특정 인구집단에는 현재의 사회경제체제에서 충족되지 않은 공통된 욕구를 가졌다는 인식에 기초한다. 모든 아동에게 아동수당을 지급하는 것이 예이다. 특정 인구집단은 전 국민이거나 특정 계층, 혹은 지역주민이 될 수도 있고, 주로 연령과 결혼 여부 같은 인구학적 기준이 사용된다. 4가지 할당 원칙 중에서 보편주의(제도적 복지)에 가장 가깝다.

② 보상(compensation) : 사회적 · 경제적인 공헌 또는 사회로부터 부당한 피해를 입은 사람들에 대한 보상으로 급여를 할당하는 원칙이다. 그리고 사회보험료를 납부했다면 이에 대한 보상(기여)으로 수급권이 주어지는 것이 일반적이다. 상이군경이나 의사상자와 같이 사회를 위해 헌신했거나 또는 도시재개발 피해자, 사회적 차별에 의한 희생자에게 보상차원에서 일정한 급여가 지급된다. 귀속적 욕구와 마찬가지로 집단적 욕구이며, 형평성 가치에 근거한 규범적 기준이다.

③ 진단적 차등(diagnostic differentiation) : 전문가의 판단에 따른 대상자 선정으로, 장애인이나 노인장기요양 대상자와 같이 특정한 재화나 서비스가 필요한 개인에게 전문가의 진단에 의해 차등적으로 급여를 할당하는 원리이다. 노인장기요양 대상자의 등급판정과 같이 개별적 할당이며, 욕구에 대한 기술적 진단을 기준으로 한다. 이러한 행정적 판단은 급여 수급자격에 대한 법령이 구체적이지 않아 행정적 재량에 따라 대상자를 선정해야 할 때 필요하다.

④ 자산조사에 의한 욕구(means-tested needs) : 생존에 필요한 재화나 서비스를 시장에서 구입할 경제적 능력이 없음을 소득과 재산 등의 자산을 엄격히 조사해 급여 대상자로 선정하는 원리이다. 대부분의 공공부조는 여기에 해당하고, 4가지 원칙 중에서 가장 선별주의(잔여적 복지)에 가깝다.

〈표 7-5〉 길버트와 테렐(2002)의 할당 원칙 및 사례

	귀속적 욕구	보상	진단적 차등	자산조사에 의한 욕구
대상자	특정 인구집단이나 계층, 지역주민	사회보험 가입자 또는 국가유공자·상이군경 등의 사회적 기여자	장애인 등	빈곤층
욕구판단 기준	전문가의 규범적 판단 기준	형평성에 입각한 규범적 판단	기술적 등급 분류	경제적 기준
정책 사례	• 기초연금 • 아동수당 • 의무교육	• 사회보험 가입자 • 보훈제도 • 의사상자 예우	• 노인장기요양보험 • 장애인 활동보조	• 국민기초생활보장제도
이념	보편주의 (제도적 개념) ↔			선별주의 (잔여적 개념)

(3) 김태성과 송근원의 기준

대상 선정기준과 관련하여 송근원·김태성(2003)은 자격조건을 6가지로 세분화하여 ① 거주 여부와 시민권, ② 인구학적 조건, ③ 기여, ④ 근로능력, ⑤ 소득/자산조사, ⑥ 전문적 혹은 행정적 판단을 제시하였다. 여기에서 인구학적 조건은 귀속적 욕구, 기여는 보상, 행정적 판단은 진단적 차등, 소득/자산조사는 자산조사 욕구과 유사하다. 이외에 제시된 2가지는 다음과 같다.

① 근로능력 : 사회복지정책의 발달과정을 볼 때 가장 널리 사용된 조건이다. 빈민법(1601) 도입 당시 가장 중요한 자격조건이 근로능력 유무였으며, 신빈민법(1834)에서는 근로능력이 없어야 원외 구제를 받을 수 있었다. 근로능력에 대한 판단기준은 국가에 따라 다른데, 대체로 사회복지정책이 발달한 나라일수록 근로능력 없음의 기준이 관대하고 폭넓다. 그리고 근로능력 여부가 수급자격 결정에 충분조건인 경우도 있고 때로는 다른 조건이 더 있어야 하는 필수조건이기도 하다. 대부분은 근로능력 없음이 수급자격 요건이기는 하지만, 실업급여와 같이 근로능력 있음이 자격요건인 경우도 있다.

② 거주여부와 시민권 : 일정한 지역이나 거주기간을 필요로 하거나 시민권자로 제한하는 경우이다. 이민자 혹은 이주노동자가 많아지고 다문화사회가 될수록

거주 여부와 시민권(영주권)은 중요한 조건이 된다. 거주여부와 시민권은 급여 자격조건의 필요조건인 경우가 많다. 그러나 영국의 국민보건서비스(NHS : National Health Service)처럼 영국에 거주하고 있으면 시민권 여부와 상관없이 의료서비스를 제공받을 수 있는 경우도 있다.

정책사례 **사회보장협정**

법은 속지주의 원칙에 따라 자국 영토 내의 내·외국민 모두에게 적용된다. 그러나 이 경우 불합리한 경우가 발생할 수 있다. 우리 국민이 해외에 거주시 상대국의 사회보장 비용을 지불해야 하고, 귀국해서는 국민연금에 가입해야 한다. 그러면 공적연금 중복가입에 따른 사회보장 비용부담이 발생하고, 실질적인 노후소득보장을 받지 못할 수 있다. 이와 같은 중복가입 방지와 가입기간 합산 등을 위해 협정 당사국 사이에 사회보장협정을 체결한다. 사회보장협정은 가입기간 합산협정과 보험료면제협정이 있다. 체결국 현황은 국민연금 홈페이지에서 확인할 수 있다.

3) 할당원칙의 부정적 효과

① 낙인과 소외 : 낙인은 사회복지 수급자를 무가치한 존재 또는 사회적으로 인정받지 못하는 사람으로 간주하는 현상을 말하고, 소외는 자신이 살고 있는 사회의 주된 흐름에서 배제되는 것 같은 주관적 감정을 말한다. 선별주의가 강할수록 자산조사 등에서 수급자들은 자신의 수급자격을 증명하는 과정에서 낙인과 소외를 겪게 된다.

② 급여의 목표 이탈 : 급여가 당초의 정책목표를 벗어나서 사용되는 것을 말한다. 모든 사회복지급여는 정책목표가 결정된 후에 제공되는데, 당초 정책목표를 설정할 때에는 예상하지 못한 상황이 발생하거나 또는 사람들이 인위적으로 목표를 벗어나서 급여를 사용하는 경우에 발생한다. 예를 들어 아동수당을 받은 부모가 아동 양육비에 사용하지 않고 생활비나 개인 유흥비로 탕진하는 경우이다.

③ 과다 비용과 과대 이용 : 서비스의 중복 이용으로 비용이 과다하게 소요되거나 또는 과대한 서비스 이용으로 비용이 증대되는 문제를 말한다. 고령화가 진전

될수록 노인의료비와 기초연금이 크게 증가하는 경향이 있다. 그 결과 사회복지 재정의 파탄과 재정 악화가 빈번해지고 있어 건전한 재정운용을 위한 작업이 요청된다.

④ 근로의욕 저하 : 복지급여가 근로의욕을 떨어뜨릴 수도 있다. 충분한 노령연금을 받게 되면 노후에 노동생활을 계속할 유인이 없고, 더구나 조기노령연금이 조기퇴직을 불러올 수도 있다. 또는 실업급여가 월급보다 많다면 굳이 취업해야 할 이유가 없을 것이다. 이와는 정반대의 경우로 근로를 통해 소득이 창출되면 오히려 국민기초생활 수급자나 노령연금 수혜자격이 박탈된다면 일을 하고 싶어도 하지 못하게 된다.

정책사례 **조기재취업수당과 국민연금 감액**

- 고용보험의 실업급여 수급기간은 연령 및 가입기간에 따라 120~270일로 정해져 있다. 그렇다면 실업자는 실업급여를 받는 기간에 서둘러 재취업을 할까 아니면 모두 받은 다음에 재취업을 하게 될까? 2023년 기준으로 실업급여 수급중 재취업률은 26.9% 수준이다. 실업급여 기간은 정해져 있으므로 미리 재취업하여 받을 수 있는 실업급여를 포기하지 않으려는 경향 때문이다. 그래서 재취업 촉진을 위해 잔여 실업급여일수의 1/2, 55세 이상이거나 장애인은 2/3에 상당하는 금액을 조기재취업수당으로 지급한다.
- 국민연금의 노령연금 수급자가 기준을 초과하는 소득(근로소득 · 사업소득 · 임대소득 포함, 이자 · 배당소득은 제외)이 생기면 연금 수령 연도부터 최대 5년간 소득 수준에 따라 일정 금액을 뺀 금액을 받게 된다. 이런 이유로 노령연금이 깎인 수급자가 2023년 11만 799명이고, 총삭감액은 1347억 정도이다. 2024년 상반기에만 12만 명을 넘어섰고, 총삭감액은 1347억 정도이다. 고령화시대에 노인들의 경제활동이 활발해지는데, 소득이 있다고 국민연금을 삭감하면 오히려 노인들의 일하려는 의욕을 꺾는 것은 아닐까?

⑤ 세대연속 의존 : 복지급여는 수급자에게 의존심을 갖게 하고, 근로의욕을 저하시켜 복지급여를 세대연속으로 의존하게 하는 이른바 빈곤의 세습화가 이루어지기도 한다. 계층 상승의 가능성이 높고 빈곤해소를 위한 각종 사회적 장치와 노력이 있다 하더라도 어느 정도의 빈곤가구는 빈곤의 세습화가 이루어지고 있다.

08 CHAPTER

사회복지정책 급여

1. 급여의 의의
2. 급여 형태
3. 급여 수준과 생계비

1 급여의 의의

1) 급여의 의의

사회복지 급여(benefits)는 사회복지정책의 결과로 복지대상자에게 무엇을 전달할 것인가, 즉 복지대상자에 대한 혜택을 말한다. 급여는 무엇을 얼마만큼 주어야 하느냐 하는 급여 형태와 수준이 중요하다. 무엇보다 사회복지정책의 추구하는 가치에 부합되어야 하고, 또한 급여 목표에 맞아야 한다.

급여 종류는 크게 두 가지 방법이 논의되어 왔다. 현금급여와 현물급여가 그것이다. 현금 대 현물 논쟁은 오래된 주제이면서 여전히 논쟁적인 주제이다. 그리고 그 대안적인 형태로 바우처, 기회, 서비스, 권력 등이 있다. 각각 급여유형은 특징과 장단점을 갖고 있으므로 정책목표에 맞는 급여를 선택하여야 한다.

2) 급여의 목표

사회복지 급여의 형태는 다양할지라도 각각은 특성에 따라 다음의 세 가지 목표를 추구한다(이정우, 2017).

① 보상(compensation) : 국민이 입는 다양한 경제적, 육체적 또는 정신적 피해를 보상하기 위함이다. 실업과 노령 등으로 소득이 중단되었을 때 이를 보상하기 위한 소득대체형 급여, 질병 치료와 아동양육 등으로 경제적 부담이 가중되었을 때 이를 완화하기 위한 소득보충형 급여, 국가와 사회를 위해 희생한 상이군경이나 의사상자를 위한 보상 등이 있다.

② 예방(prevention) : 질병이나 재해 등이 발생하지 않도록 미리 대비하거나 또는 이미 발생한 경우에 조기해결을 위한 원조활동을 포함한다. 예방을 통해 개인이 입는 피해를 방지할 수 있고, 사후 구제를 위한 급여 제공보다 비용을 절감할 수 있다. 국민건강보험의 건강검진이나 실업 예방을 위한 고용보험의 직

업능력개발사업 등이 해당된다.

③ 재활(rehabilitation) : 정상적으로 기능할 능력을 상실한 경우 신체만이 아니라 정신적, 사회적, 경제적, 직업적으로 가능한 한 생활능력을 회복하도록 하는 것을 말한다. 치료와 제거 및 영구장애인 경우 잔존 기능을 재개발하는 등의 의료재활, 상실된 근로능력을 회복하는 직업재활, 일상생활 영위와 사회적 교류를 지원하는 사회재활 등이 있다.

3) 급여의 기간

사회복지급여 수급자의 생활안정은 급여의 형태와 수준뿐만 아니라 급여 기간도 중요하다. 급여 기간은 급여 수급자에게 어느 정도의 기간 동안에 급여를 제공하느냐 하는 문제이다. 사회복지급여는 기간별로 한시급여와 무기급여로 구분할 수 있다.

① 한시급여 : 일정한 기간을 정하여 제공되는 급여로서, 일시적 사유 혹은 경과적으로 발생하는 사회적 위험에 대처하기 위해 지급된다. 급여 기간은 정책목표를 고려해 인위적으로 설정되는 것이 일반적이다. 따라서 실제 발생한 사회적 위험에 불충분한 경우가 있다. 고용보험의 실업급여, 산재보험의 휴업급여 등이 대표적인 사례이다.

② 무기급여 : 기간의 제한이 없어 제공되는 급여를 말한다. 사회적 위험이 일시적이지 않고 장기적 또는 영구적인 경우에 지급되는 급여에 해당한다. 국민연금의 노령연금과 유족연금, 기초연금 등이 있다. 국민기초생활보장제도 수급권자는 소득인정액 요건을 갖추면 기간의 제한이 없지만, 미국의 공공부조제도인 TANF는 생애 최장 5년을 초과할 수 없다.

2 급여 형태

1) 급여 형태의 종류

(1) 현금

현대 복지국가들이 제공하는 사회복지 재화나 서비스 가운데 가장 비중이 큰 것은 현금 형태의 급여이다. 현금급여란 사회복지 수급권자에게 자신에게 필요한 재화와 서비스를 직접 시장에서 구매하도록 현금으로 지급하는 급여이다. 현금급여는 어떤 재화나 서비스와도 교환할 수 있는 보편적 교환가치를 갖기 때문에 수급자에게 폭넓은 선택의 자유를 부여한다.

국민연금, 공공부조, 아동수당 등은 모두 현금으로 급여가 제공된다. OECD 국가들은 대부분 공공사회지출 급여형태 중 50% 이상이 현금급여이고, 다만 우리나라는 36.9%를 차지하여 비교적 현금급여의 비중이 낮다(정경희 외, 2006). 현금급여가 선호되는 이유는 다음과 같은 장점 때문이다.

- 자신이 원하는 것을 직접 선택하므로 만족도가 높아져 효용이 극대화된다.
- 낙인감을 최소화하고 소비자 주권과 자기결정권을 극대화할 수 있다.
- 현물에 필요한 보관, 운반 등의 행정비용이 들지 않는다.
- 공적 이전소득 형태로 소득을 증가시키므로 빈곤을 직접적으로 감소시킨다.

(2) 현물

현물급여는 복지국가가 발전되기 이전에는 중요한 역할을 하였으나, 지금은 상대적으로 비중이 적어졌다. 그러나 의료서비스와 교육서비스에서는 현금보다 현물급여가 더 큰 비중을 차지할만큼 효과적인 급여유형이다. 건강검진을 현금이 아니라 현물로 지급하고, 도시락 배달이나 장애인보장구 지급 등은 여전히 필요하다.

현물의 가장 큰 장점은 현금보다 복지라는 개념에 더 충실하고, 급여 오남용을 방지할 수 있기 때문이다. 배고픈 사람에게 식품을 지급하고, 아픈 사람에게 의료서비스를 제공하는 것이 타당하고, 이들에게 현금을 지급했을 때 식품 구매나 질병 치료가 아니라 술이나 도박으로 탕진하는 것을 막을 수 없다. 구빈법 시대의 공공부조는 모두 현물급여였고, 우리나라에서 국민기초생활보장 이전의 생활보호제도 역시 1995년 이전에는 쌀이나 연탄 등의 현물급여로 지급되다가 1995년도에 현금급여로 전환되었다. 현물급여의 장점은 다음과 같다.

- 수급권자 생활에 필요한 재화와 서비스를 공급할 수 있다.
- 개인의 부적절한 소비를 통제해 급여 오남용을 예방할 수 있다.
- 수급권자에게 필요한 현물이 지급되므로 정책의 목표효율성이 높다.
- 정치적인 측면에서 선호된다.
- 규모의 경제를 통해 저렴하게 구매할 수 있다.

이러한 장점에도 불구하고 현대 복지국가에서 현금보다 상대적으로 중요도가 떨어지는 것은 다음과 같은 단점 역시 크기 때문이다.

- 국가나 사회복지기관이 현물을 정하므로 수급권자의 욕구가 무시된다.
- 수급권자라는 사실이 드러나 사회적 낙인감을 줄 수 있다.
- 현물관리에 필요한 보관, 운반 등의 행정비용이 많이 든다.
- 관료화로 인한 각종 비효율성 문제가 발생할 수 있다.

(3) 바우처

바우처(voucher)는 일정한 용도 내에서 수급자가 본인이 원하는 재화나 서비스를 자유롭게 선택할 수 있도록 하는 일종의 구매증서이다. 대표적인 사례가 미국의 식품교환권(Food Stamp), 우리나라의 국민행복카드이다. 현금과 현물의 장점을 두루 가지고 있어 최근에는 사용이 증가하는 추세이다. 우리나라에서는 국가바우처를 사회서비스 이용권이라 부른다. 바우처의 장점은 다음과 같다.

- 현물에 소요되는 행정비용을 줄일 수 있다.

- 현금의 장점인 소비자 선택의 자유를 제한적이지만 살릴 수 있다.
- 공급자들 사이에 경쟁을 유발시켜 재화나 서비스의 질을 높일 수 있다.
- 정해진 범위 외에는 사용할 수 없도록 통제가 가능하다.

정책사례 **푸드 스탬프와 국민행복카드**

- 푸드 스탬프(Food Stamp)는 미국에서 빈곤계층의 식료품 구입을 지원하는 바우처이다. 1939년 도입되었고 2008년에 영양보충지원프로그램(SNAP)로 변경되었다. 1인당 평균 230달러 정도이고, 4,120만 명이 혜택을 본다(2023년 기준). 왜 이런 제도가 필요할까? 미국의 공공부조인 TANF(Temporary Assistance for Needy Families)는 평생 최대 60개월(5년)을 초과할 수 없는 한시 지원이므로 수급기간이 종료되면 먹는 것조차 해결하기 어렵기 때문이다.

- 국민행복카드는 보육료, 유아학비, 건강보험 임신·출산 진료비 지원, 청소년산모 임신·출산의료비 지원, 사회서비스 전자바우처 등 정부의 여러 바우처 지원을 공동으로 이용할 수 있는 통합카드이다. 현재 19종 국가복지바우처를 이용할 수 있다. 이전에는 아이행복카드 등이 있었으나 2021년 국민행복카드로 통합되었다.

〈표 8-1〉 급여 종류 비교

구분	현금급여	현물급여	바우처
의미	• 급여가 금전으로 제공됨	• 급여가 현물 혹은 서비스 형태로 제공됨	• 증서를 주어 일정용도 내에서 원하는 재화와 서비스를 선택토록 하는 것
논리적, 이론적 근거	• 소비자 주권 : 개인에게 선택의 자유를 부여하여 바람직하다고 생각하는 미래를 위해 자신의 자원을 통제할 수 있는 권리가 개인에게 보장되어야 함	• 사회통제 : 잘못된 또는 한정된 정보 때문에 오류를 범하거나 잘못된 선택을 할 가능성을 제한한다는 의미	• 현금과 현물의 중간 성격 : 일정 범위 내에서 일정 정도의 소비자 주권을 보장해 주면서 동시에 정해진 용도 외에 증서가 사용되는 것을 금지함으로써 사회통제도 가능

장점	• 관리비용의 절감 • 효용의 극대화 • 자유와 자기결정권 보호	• 프로그램 비용절감 • 목표효율성 증가 • 정치적인 측면에서 선호	• 재화나 서비스 질 향상 • 운영비 절감
단점	• 용도 외 사용 가능성	• 선택의 자유 제한 • 관리비용이 많은 듦 • 규모의 경제 효과 저하 • 낙인감	• 중간적 성격으로 인해 정치적 지지 세력이 적음
사례	• 국민연금 급여 • 공공부조의 현금급여	• NHS의 진료서비스 • 장애인복지급여의 보장구	• Food Stamp • 장애인활동보조 바우처, 산모 도우미 바우처 등

(4) 기회

기회(opportunity)는 의도한 정책 목표를 달성하기 위해 특별히 제공되는 유인 수단이나 제재를 의미한다. 현금과 현물 같은 직접적인 급여보다는 모호하지만 사회복지정책이 추구하는 가치에는 적합한 급여 유형이다. 가령 사회적 약자에게 인위적으로 보다 유리한 기회를 제공하여 경쟁에서 평등한 기회를 주는 형태이다. 대학 입시 전형에서 각종 특별전형을 실시하거나, 저소득층에게 임대아파트 우선권을 주는 형태들이 기회급여에 해당한다.

장애인 의무고용제도는 상대적으로 취업이 어려운 장애인에게 보다 유리한 기회를 제공해 취업률 높이기 위한 적극적 조치(Affirmative Action)이다. 적극적 조치란 사회적 차별을 받아 온 특정 집단에 대하여 차별로 인한 불이익을 보상해 주기 위하여 그 집단의 구성원에게 취업이나 교육 등 사회적 이익을 직간접적으로 부여하는 각종 정책을 말한다. 기회급여의 장점은 다음과 같다(신성준, 1999).

- 재정과 직접 연계되지 않아 조세 저항이나 재정 압박이 적다.
- 복지수급자의 재활을 돕고 명예훼손이나 수치심을 주지 않는다.
- 물질로 해결할 수 없는 영역의 복지 구현이 가능하다.

정책사례 **대학입시 특별전형**

대학 입시전형에는 소외계층과 경제적 약자를 배려해 특별전형제도를 두고 있다. 농어촌특별전형은 열악한 교육환경을 가진 농어촌지역 고교생을 위한 정원외 전형으로, 모집비율은 4%이다. 사회배려자전형은 국민기초생활보장 수급자와 국가유공자, 장애인 등이 포함된다. 참고로 서울대는 2005년에 지역균형선발전형(586명)을 도입하였는데, 1학기를 마친 결과 정시 학생(2,271명)의 학점은 2.88인데 반해 지역균형선발 학생은 3.02로 더 높았으며(4.3만점), 2013년 국감자료에 의하면 졸업생 전체 평균은 89.8점이었으나 지역·기회균형선발전형 입학생 503명의 졸업평균은 91점으로 더 높게 나타났다.

(5) 서비스

서비스(service)란 클라이언트를 위해 제공되는 다양한 대인적 활동을 말한다. 상담, 재활, 돌봄, 정보 제공, 관련 시설의 이용, 역량 개발, 사회참여 지원 등이 해당된다. 서비스는 구체적인 형상이 없으므로 수혜자에게 즉각적인 시장가치를 부여하지는 않고, 또한 기회급여와 마찬가지로 다른 재화와 교환할 수도 없다.

서비스급여는 사회복지대상자의 자립과 자활을 가능하게 하는 중요한 급여로 평가되며, 특히 다른 공공정책과는 달리 사회복지정책의 정체성이라고 볼 수 있는 독특한 심리 · 사회적 속성을 드러내는 급여 유형으로 손꼽을 수 있다(박경일, 2023).

(6) 권력

권력(power)은 재화와 자원을 통제할 수 있는 영향력을 의미한다. 사회복지정책 수립과정에 이해당사자를 직접 참여시켜 자신의 이해관계를 대변하고 자신에게 유리하도록 의사결정할 권력을 부여하는 것이다. 현금이나 현물처럼 직접적으로 시장가치를 창출하지는 않지만 사회적 · 경제적 자원을 보다 폭넓게 선택할 수 있는 여지를 제공한다.

예를 들어 사회보장정책의 기본방향을 결정하는 사회보장위원회에 근로자를 대표하는 사람, 사용자를 대표하는 사람을 위원으로 위촉하는 경우 또는 사회복지시설의 운영위원회에 이용자 대표를 포함하는 경우이다. 건강보험정책심의위원회와 국민연금제도발전위원회 역시 마찬가지이다. 그러나 이러한 참여자들이 대부분 명목적으로 참여할 뿐 실제로 정책결정과정에 별다른 영향력을 행사하지 못한다는 한계가 있다.

2) 급여의 법적 유형

사회복지급여를 법적 유형별로 분류하면 법적 규제의 수준별로 다음의 3가지로 나눌 수 있다(이정우, 2017).

① 법정급여 : 법률에 의해 반드시 제공되어야 하는 급여를 말한다. 법률로 정한 요건을 충족하는 모든 사람들에게 보편적으로 제공되고, 급여의 내용이나 수준은 법률에 근거하여 정해진다. 급여 제공이 안정적이라는 장점은 있지만 정형화되어 있어 개인 간 차이를 유연하게 반영할 수 없다. 대부분의 사회복지급여는 법정급여이다.

② 부가급여 : 개개인의 경제적 · 사회적 상황을 감안하여 별도로 제공되는 급여로서, 법률에 근거한다는 점에서는 법정급여와 유사하지만 개인별 상황에 따라 상이하게 운영된다. 법정급여가 정형화되어 있어 개별적 복지욕구를 적절하게 수용하지 못하는 결함을 보완한다. 국민연금의 부가급여나 고용보험의 개별연장급여와 특별연장급여 등이 해당된다.

정책사례 **국민연금 부양가족연금**

국민연금의 연금액은 기본연금×지급률+부양가족연금으로 구성된다. 기본연금액 산정수식은 앞에서 살펴보았고, 부양가족연금은 수급권자를 기준으로 배우자, 자녀 또는 부모로서 수급권자에 의해 생계를 유지하고 있는 자에 대하여 지급하는 일종의 가족수당 성격의 부가급여이다. 배우자에게는 연 293,580원, 19세 미만 또는 국민연금법상 장애등급 2급 이상 또는 장애인복지법상 장애의 정도가 심한 장애에 해당하는 자녀 등에게는 연 195,660원을 추가한다(2024년 기준).

③ 임의급여 : 법률에 근거하지 않고 개별 기관의 재정 여건이나 상황에 따라 자율적으로 제공하는 급여를 말한다. 일반적으로 전체 국민을 대상으로 하는 사회복지제도의 경우 임의급여는 매우 제한적으로 적용된다.

3) 급여 선택의 원리

다양한 급여 형태 중에서 어떤 급여를 선택하느냐 하는 것은 다음의 사항을 고려하여야 한다(현외성, 2019).

① 정책 목표 : 정책목표가 시장가치의 효율성을 높이거나 소비자 주권을 확대하는 것이라면 현금급여가 선택될 것이고, 반면에 낙인을 높여 사회복지 대상자를 줄이려는 정책목표라면 현금급여가 선호될 것이다.

② 대상자의 특성과 욕구 : 대상자의 욕구가 비화폐적이고 인간관계 혹은 심리사회적 문제와 연관된 것이라면 현금이나 현물보다는 서비스가 선택되어야 하고, 대상자의 특성상 정책목표를 벗어나서 급여를 소비할 가능성이 있다면 현물급여가 선호될 것이다.

③ 사회경제적 수준과 여건 : 사회경제적 수준이 높거나 여건이 호전될수록 급여 수준도 높아지고 비화폐적인 급여나 서비스가 선택될 수 있다.

④ 이념 : 개인주의보다 집단주의 경향을 지닌 사회일수록 현금보다는 현물을 선호한다. 현물급여는 한층 정해진 정책목표로 사람들을 지향하게 하는 힘이 강하므로 현물급여의 선택이 자주 이루어질 가능성이 높다. 결국 소비자 선택권을 중시하느냐 아니면 수급자의 소비행위를 사회적으로 통제할 것이냐의 문제이다. 개인주의는 자기결정권에 근거하여 소비자 개인의 선택권을 강조한다. 반면에 집단주의는 조세를 재원으로 마련되는 사회복지급여는 개인의 취향이나 이익보다는 사회적으로 바람직한 형태로 소비되어야 한다는 사회적 통제권을 지지한다.

3 급여 수준과 생계비

1) 급여 수준의 의의

급여 수준은 사회복지정책을 통해 수급권자에게 지급되는 급여의 양이 어느 정도인가 하는 것이다. 사회복지정책의 기본적 가치로 사회적 적절성을 제시한다. 사회적 적절성은 급여 수준이 개인이 살아가고 있는 사회적 수준에 적절한 정도의 수준이어야 함을 의미한다. 따라서 급여 수준은 국민의 복지수준과 삶의 질에 직접적인 영향을 미친다.

급여 수준은 신체적 · 정신적인 안녕에 적절한 정도가 되어야 하며, 인위적으로 사회의 역량에 맞추기보다는 인간의 기본적인 욕구에 맞아야 한다. 즉 정부의 예산 범위가 아니라 수급권자가 필요한 만큼 지급되어야 한다. 따라서 급여 수준은 시장과 환경 그리고 수급권자의 여건에 크게 영향을 받는다.

2) 급여 수준의 기준

(1) 현행법 규정

현행법에서 급여 수준에 관해 규정하고 있는 내용은 다음과 같다.

- 모든 국민은 인간다운 생활을 할 권리를 가진다(헌법 제34조 1항).
- 국가와 지방자치단체는 모든 국민이 건강하고 문화적인 생활을 유지할 수 있도록 사회보장급여의 수준 향상을 위하여 노력하여야 한다(사회보장기본법 제10조 제1항). 국가와 지방자치단체는 최저보장수준과 최저임금 등을 고려하여 사회보장급여의 수준을 결정하여야 한다(제3항).
- "최저보장수준"이란 국민의 소득 · 지출 수준과 수급권자의 가구 유형 등 생활실태, 물가상승률 등을 고려하여 급여의 종류별로 공표하는 금액이나 보장수준을 말한다(국민기초생활보장법 제2조 6호).

• "최저생계비"란 국민이 건강하고 문화적인 생활을 유지하기 위하여 필요한 최소한의 비용으로서 보건복지부장관이 계측하는 금액을 말한다(국민기초생활보장법 제2조 7호).

(2) 급여 기준

최상위법이자 모법인 헌법에서는 인간으로서의 존엄을 규정하고 이를 위해 모든 국민은 인간다운 생활을 할 권리를 가진다고 규정하고 있다(제34조 제1항). 따라서 급여 수준은 인간다운 생활을 할 정도여야 하고, 여기서 인간다운 생활이란 사회보장기본법에 따라 건강하고 문화적인 생활을 의미한다.

건강하고 문화적인 생활은 최저생계비에도 적용되는데, 최저생계비는 건강하고 문화적인 생활을 유지하기 위하여 필요한 최소한의 비용을 의미한다. 다만 급여 수준은 최저임금 등을 고려하여 결정한다고 규정하여 취지상 최저임금 보다는 낮게 책정하라는 신구빈법(1834)의 열등처우의 원칙(principle of less eligibility)이 여전히 적용된다고 보인다.

따라서 현행법에서 규정하고 있는 급여 수준은 최저생계비보다는 높으면서 최저임금보다는 낮게, 그 사이에서 생활실태에 부합하면서 물가상승률과 비슷한 수준에서 결정하는 것으로 해석된다.

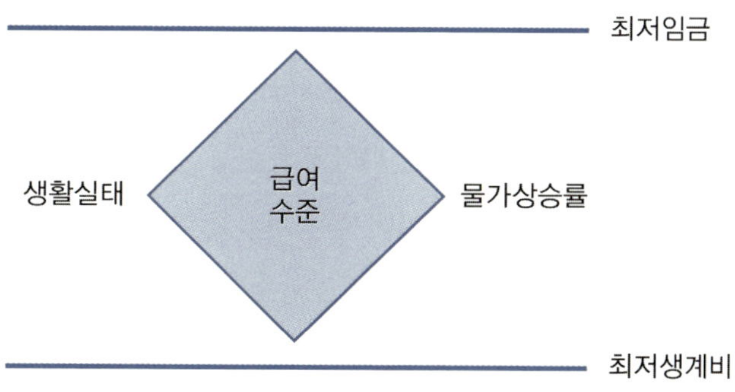

[그림 8-1] 급여 수준 결정원리

읽어보기 **최저임금**

최저임금의 결정기준은 무엇일까? 최저임금법 제4조에 의하면 최저임금은 ① 근로자의 생계비, ② 유사 근로자의 임금, ③ 노동생산성, ④ 소득분배율 등을 고려하여 최저임금위원회의 심의를 거쳐 고용노동부장관이 정한다. 따라서 최저임금은 최저생계비보다는 높으면서 노동생산성보다는 낮게, 그 사이에서 유사 근로자의 임금과는 비슷하고 소득분배율을 개선하는 수준에서 결정하는 것으로 해석된다.

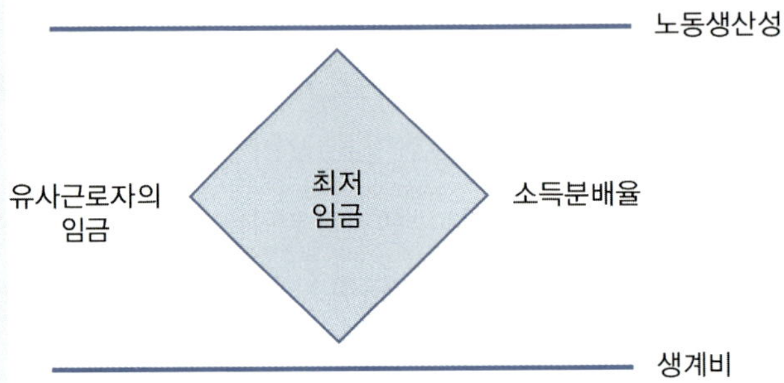

[그림 8-2] 최저임금 결정원리

3) 생계비

(1) 생계비의 의의

생계비(cost of living)는 한 개인이나 가구가 생계를 유지하는 데 필요한 여러 가지 내용을 화폐단위로 환산한 금액을 말한다. 추상적인 인간의 욕구 개념이 급여 및 서비스와 대응되고 그 급여를 구체적으로 화폐가격으로 환산한 것이 생계비이다. 생계비가 사회복지정책에서 중요한 것은 현대 복지국가를 지향하는 국가나 사회에서 국민들로 하여금 인간다운 생활을 보장하는 일은 국가의 보편적인 의무이기 때문이다.

국민기초생활보장제도가 2015년 맞춤형복지체제로 개편되면서 상대적 빈곤선 개념의 기준 중위소득이 사용되어 최저생계비의 중요성이 낮아졌지만, 최저임금 산정 등 다양한 사회정책 수립과 사회복지실천에 여전히 중요하게 적용된다.

(2) 생계비의 종류

생계비는 인간의 생물학적 생존에 필요한 최소한의 생존생계비부터 쾌락하게 살아가는데 필요한 쾌락생계비까지 다양하다. 그러나 이런 생계비는 계측의 필요성이 낮아 생략하고 다음의 두 가지로 분류된다.

① 표준생계비 : 표준생계비는 국민 평균계층의 생활비로서, 생활수준의 높고 낮음에는 관계없이 한 국가의 표준적인 가구의 생계비를 말한다. 표준생계비의 정도를 통해 그 나라의 평균적인 생활수준을 어느 정도 가늠할 수 있다.

② 최저생계비 : 사람이 건강하고 문화적인 생활을 유지하는데 필요한 최소한의 비용을 말한다. 주로 빈곤선을 결정하기 위한 기준으로 사용된다. 그 수준이 어떠한가에 대하여서는 측정방법, 이상적 · 이론적인 기준의 선택문제 등에 따라 논란이 많을 수 있다. 보건복지부장관은 최저생계비 계측을 위해 3년마다 실태조사를 실시하고 공표한다.

읽어보기 **최저생계비로 한달살기**

참여연대에서 최저생계비 현실화를 위해 2010년에 '최저생계비로 한 달 나기' 캠페인을 실시하였다. 서울 성북구 장수마을에서 정부가 정한 최저생계비로 한 달 생활하는 데 도전한 5개 가구 모두 적자를 냈다. 그럼에도 참가자들은 한 달 동안에 평균 2~5kg 체중이 감소했고, 1인 1끼 식비는 1,800원에 불과했다. 한결 같이 최저생계비로 건강하고 문화적인 생활은 불가능하다고 하였다.

(3) 최저생계비의 계측방법

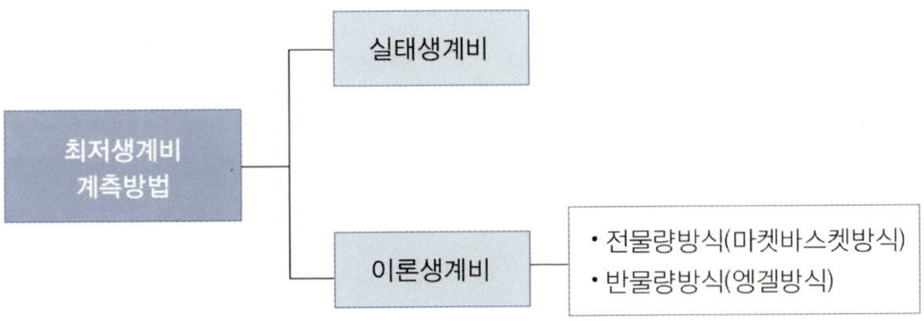

[그림 8-3] 최저생계비 계측방법

① 실태생계비와 이론생계비 : 실태생계비는 현실생활에서 일반 가정이 실제로 지출한 금액을 산출하는 방식으로, 일정시기와 장소에서 그 사용목적에 적합한 대상세대의 생활실태를 조사해서 산정한다. 반면에 이론생계비는 세대 인원수, 연령, 성별에 따라 소비항목을 이론적으로 설정하고 여기에 시장가격을 곱해 1개월의 생계비를 이론적으로 산정하는 방식이다.

정책사례 **비혼단신근로자 실태생계비**

최저임금위원회에서는 최저임금 심의를 위해 비혼단신근로자 실태생계비를 발표한다. 비혼단신근로자는 결혼하지 않고 혼자 사는 근로자의 한 달 평균 생계비를 말한다. 2023년 2,903명을 표본조사한 결과 월평균 실태생계비는 245만9,769원으로 나타났고, 이중 소비지출은 199만2,031원, 비소비지출은 46만7,738원이었다. 소비지출 12개 항목 중에서 가장 비중이 큰 것은 주거·수도·광열 55만7천여 원(22.7%), 음식·숙박비가 15.4%, 교통비 8.1%, 식료품·비주류음료 6.5% 순이었다. 전년 대비 2.0% 증가했다.

② 전물량방식과 반물량방식 : 전물량방식은 생활에 필요한 모든 소비물자를 물량으로 표시하고 구입가격을 합계하여 산출하는 방식으로, '시장바구니'에 넣어 계산한다는 의미로 마켓바스켓(market basket)방식이라고도 한다. 반면에 반물량방식은 이론적으로 결정하기 쉬운 식료품비에 대해서만 물량방식을 사용하고 주거, 광열, 비복, 잡비 등은 엥겔계수에 의해 산출하는 방식이다. 엥겔방식이라고도 한다.

읽어보기 **엥겔계수(Engel's coefficient)**

가계의 총 소비지출에서 식료품비가 차지하는 비율을 말한다. 식료품은 필수품이므로 소득수준과 상관없이 소비되면서, 일정 수준 이상은 소비되지 않는 재화이다. 따라서 가계소득이 증가하더라도 식료품비는 대폭 증가하지 않는다. 엥겔계수는 소득이 늘어날수록 점차 감소하며, 따라서 가계의 생활수준을 측정하는 데 사용된다. 엥겔은 25% 이하는 소득 최상위, 25~30%는 상위, 30~50%는 중위, 50~70%는 하위, 70% 이상은 극빈층으로 분류하였다. 이외에 총 소비지출에서 주거비가 차지하는 비율은 슈바베(Schwabe)계수라 한다.

09 CHAPTER

사회복지정책 전달체계

1. 전달체계 의의와 원칙
2. 공공 전달체계
3. 희망복지지원단과 통합사례관리

1 전달체계의 의의와 원칙

1) 전달체계의 의의

사회복지 전달체계(Delivery system)란 사회복지서비스의 공급자와 클라이언트를 연결시키는 조직적 장치로서, 복지서비스와 급여를 효율적으로 클라이언트에게 전달하기 위해 어떠한 조직체계를 통해서 실천할 것인가의 전략을 선택하는 것이다. 사회복지정책을 통해 제공되는 다양한 재화나 서비스를 클라이언트에게 전달하는 방법으로 전달체계의 중요성은 복지정책이 추구하는 가치나 목표의 성취가 바로 이 전달체계에 따라 달라질 수 있기 때문에 강조된다.

2) 전달체계의 구분

(1) 운영 주체에 따른 분류

사회복지 전달체계를 운영 주체에 따라 공공 전달체계와 민간 전달체계로 구분할 수 있다. ① 공공 전달체계는 정부(중앙정부와 지방정부)와 공공기관이 직접 관리·운영하는 것을 말하며, 조세라는 안정적인 재원을 바탕으로 관료적이고 고도로 분업화된 특징을 갖는 관료제 조직에 해당하고 공공부조와 사회보험 등에 관련된 서비스를 주로 담당하고 있다. 반면에 ② 민간 전달체계는 복지기관 등의 민간이 클라이언트를 직접 관리·운영하는 것으로, 재정이 취약한 단점은 있지만 창의적이고 유연한 조직체계를 갖추고 외부 환경변화에 민감하게 반응하는 특징이 있다.

(2) 공급자 간의 구조와 기능에 따른 분류

사회복지 전달체계를 공급자 간의 구조와 기능에 따라 행정체계와 집행체계로 구분할 수 있다. ① 행정체계는 주로 서비스 제공을 기획하거나 지시, 지원, 관리·감독하는 기능을 담당한다. 공공 전달체계에서는 보건복지부 → 특별시 및 광역시·도 → 시·군·구가 해당되고, 민간 전달체계에서는 가령 복지관에서 관장을 비롯해 기획, 관리, 정책수립의 업무를 담당하는 담당자들이 해당된다. 반면에 ② 집행 체계는 주로 클라이언트에게 서비스를 직접 전달하는 기능을 담당하는 체계로서, 공공 전달체계에서는 읍 · 면 · 동 → 지역주민이 해당되고, 민간 전달체계에서는 복지관의 각 일선 부서가 해당된다.

〈표 9-1〉 전달체계의 구분

기준	구분	내용
공급자 간의 구조와 기능	행정체계	• 주로 서비스를 기획, 지시, 지원, 관리, 감독하는 업무 • (공공) 보건복지부 → 광역시 · 도 → 시 · 군 · 구 • (민간) 복지관의 관장, 운영위원회, 기획관리부
	집행체계	• 주로 대상자에게 직접 서비스를 제공하는 업무 • (공공) 읍 · 면 · 동 → 기초생활보장수급자 • (민간) 복지관의 각 일선 부서
운영주체	공공 전달체계	• 정부, 공공기관 • 재정은 안정적이나 관료적, 외부 요인에 둔감
	민간 전달체계	• 민간, 민간단체 • 재정은 취약하나 창의적, 외부 요인에 민감, 유연한 대처

3) 전달체계의 원칙

이상적인 사회복지서비스 전달체계는 통합되어 있고, 연속적이며, 접근 가능성이 높고, 그 책임성이 명백한 체계라고 할 수 있다. 길버트와 스펙트(Gilbert & Specht, 2013)는 사회복지 전달체계에 있어 주로 제기되는 문제로 단편성, 비연속성, 무책임성, 비접근성 등을 들고 있다. 다음과 같은 사회복지급여 수급 상황을 가정해 보자.

> 알코올 중독 문제를 갖고 있으면서 실직자인 한부모 A씨는 주중에는 매일 미취학 자녀 B를 어린이집에 맡기고는 본인은 알코올 중독 재활치료를 받기 위해 재활센터로 향한다. 치료를 받은 후에는 지역자활센터에서 직업훈련을 받는다. 그러나 세 곳의 서비스 제공기관이 서로 멀리 떨어져 있음에도 이동수단도 없고, 서로 다른 스케줄에 따라 운영되며, 심지어 서비스가 중복되기도 한다. A씨가 이러한 상황을 여러 번 호소했으나 상황은 개선되지 않았다.

이러한 상황은 사회복지서비스의 전달체계에 다음과 같은 심각한 문제가 발생한 것이다.

(1) 단편성

만일 어린이집, 알코올중독 재활센터, 지역자활센터가 도시의 다른 지역에 위치해 서로 멀어서 다니기 불편하고, 심지어 서로 다른 스케줄에 따라 운영되며, 서로 중복되는 서비스를 제공한다면 이러한 상황은 단편성(fragmentation)에 해당한다. 클라이언트의 문제들은 대부분 다양한 문제들을 포함하고 있다. 예를 들어, 청소년 폭력이라는 문제가 나타났다 하더라도 가정 폭력이 그 원인일 수 있고, 아버지의 알코올 중독이 가정 폭력의 원인일 수 있고, 다시 알코올 중독은 실직으로 인한 빈곤이 원인일 수 있다. 이와 같이 문제해결을 위한 서비스 프로그램들은 서로 분절되지 않고 연관되어야 한다. 이를 통합성의 원칙이라 한다.

복지전달체계를 비판한 영화

(2) 비연속성

만일 세 기관 사이를 연결하는 편리한 이동수단이 없거나, 재활센터와 자활센터 간에 의뢰체계가 없다면 이러한 상황은 비연속성(discontinuity)에 해당한다. 즉, 클라이언트가 서비스를 연속적으로 이용하기 불편하거나 의사소통과 이동에 필요한 교통편이 충분하지 못한 경우를 말한다. 서비스 제공기관 사이에 연계를 통해 문제 해결에 필요한 서비스가 연속적으로 일정 기간에 걸쳐 제공되어야 한다. 예를 들어, 알코올 중독이 치료되고 지역자활센터에서 직업훈련을 받았으면 다음으로 직업알선 프로그램이 연속적으로 제공되어야 하고, 직업알선을 통해 일자리를 구하게 되더라도 고용유지 프로그램이 또한 중단 없이 제공되어야 한다. 이를 연속성의 원칙이라 한다.

(3) 비접근성

만일 클라이언트가 거주하는 지역이 알코올중독 재활센터나 직업훈련을 받는 지역자활센터에 멀어서 이용하기 곤란하거나 수급자격 등의 문제로 재활센터나 자활센터 이용이 곤란하다면 이러한 상황은 비접근성(inaccessibility)에 해당한다. 접근성을 제한하는 사유는 다양하다. 지리적으로 먼 거리뿐만 아니라 정보의 부족이나 노출에 대한 두려움, 선정 절차의 어려움 등을 들 수 있다. 서비스 활용 장애요인은 뒤에서 상세히 설명한다. 누구나 서비스 이용에 아무런 장애가 없도록 해야 하며, 이를 접근성의 원칙이라 한다.

(4) 무책임성

만일 위와 같은 여러 문제가 발생하여 클라이언트가 자신의 고충을 토로하였음에도 이를 해결할 적절한 수단이 없다면 이러한 상황은 무책임성(unaccountability)에 해당한다. 서비스 제공기관이 클라이언트의 욕구와 이익에 무감각해지는 경우를 포함한다. 서비스 제공기관은 적절한 서비스의 제공뿐만 아니라 전달절차의 적합성 및 효과적이고 효율적인 서비스 제공 등 서비스 전달 전반에 걸쳐 책임을 져야 한다. 이를 책임성의 원칙이라 한다.

그러나 이러한 문제점들은 개념적으로는 구분이 가능하지만 현실에 있어서는 서로 상충되는 경향이 있다. 즉 이상적인 전달체계는 서비스가 통합되고, 연속적이며, 접근성이 높고 책임성이 있어야 하지만, 실제로 이들은 서로가 다음과 같은 갈등을 일으키게 된다(Gilbert & Specht, 2013).

- 분절성과 비연속성을 줄이기 위해 조정, 의사전달과 의뢰를 위한 새로운 소통창구 만들기, 그리고 서비스의 중복을 제거하기 등의 방법이 있다. 이러한 선택은 무책임성과 비접근성을 증가시킬 수 있다.
- 비접근성을 줄이기 위해 서비스 접근을 위한 새로운 수단 만들기, 기존의 서비스 접근 방법을 중복시키기 등의 방법이 있다. 이러한 선택은 분절성을 증가시킬 수 있다.
- 무책임성을 줄이기 위해 클라이언트와 소비자들로 하여금 전달체계에 관한 의견을 개진할 수 있는 새로운 수단 마련, 그들의 정책결정권한을 강화시켜 주기 등의 방법이 있다. 이러한 선택은 단편성과 비연속성을 증가시킬 수 있다.

4) 전달체계 개선전략

길버트와 테렐(Gilbert & Terrell, 2013)은 전달체계를 설계함에 있어서 다음의 사항이 고려되어야 한다고 하였다.

- 행정적으로 중앙집권할 것인가 아니면 지방분권할 것인가?
- 여러 서비스들(예를 들어, 보건, 보호관찰, 소득지원 등)을 통합 제공할 것인가 아니면 하나씩 제공할 것인가?
- 서비스제공기관을 한 건물에 모아둘 것인가 아니면 분산시켜 둘 것인가?
- 서비스제공 노력을 조정할 것인가 아니면 독립성을 유지할 것인가?
- 서비스전달을 전문가에게 맡길 것인가 아니면 소비자 또는 준전문가에게 맡길 것인가?
- 서비스전달에 관한 여러 권한들을 전문가에게 줄 것인가 아니면 소비자에게 줄 것인가?
- 공적 관리자인가 아니면 계약을 통해 서비스를 제공하는 사적 주체인가?

그리고 그들은 전달체계의 문제점들을 개선하기 위해 다음과 같은 전략을 제시하였다. 우리나라 전달체계 실태를 고려하면 모두를 받아들이기는 곤란하지만 참고할 만한 전략들이다.

(1) 정책결정에 관련된 권한과 통제력을 재구조화하려는 전략

정책결정에 관련된 권한과 통제력을 재구조화하려는 전략으로는 조정과 시민참여가 있다. 이 두 가지 방법은 서비스 전달체계의 관료적 위계에 영향을 미치는 전략이다.

① 조정(coordination) : 조정은 통합적이고 포괄적인 서비스체계를 개발하려는 목적을 가진 전략으로, 서비스 제공의 분절성을 극복하고 일관성을 부여하기 위한 방법이다. 조정 전략으로는 중앙화와 기관들의 동일장소 배치 그리고 사례별 협력 방법이 있다.

ⓐ 중앙화는 여러 기관들을 하나의 조직으로 행정적 통합하는 방식으로, 다만 접근성이 떨어지고 클라이언트와 정책결정당국 간의 거리가 멀어지게 하는 단점이 있다. ⓑ 기관들의 동일장소 배치는 다양한 기관들을 물리적으로 한 공간에 모아서 배치하지만, 행정적으로는 통합하지 않는 방식이다. ⓒ 사례별 협력은 서비스 기관들이나 서비스 담당자들 간의 분권화된 상호작용에 의해 주로 이루어지는 방식으로, 일선의 사회복지사가 직접 나서서 원조체계의 다양한 구성요소들을 서로 연결한다. 사례관리(case management)가 대표적인 방법이다.

② 시민참여(citizen participation) : 조정전략이 기관들 간의 관계를 새롭게 만드는 전략이라면, 시민참여는 기관과 클라이언트 사이에 정책결정권한을 재분배하려는 전략이다. 클라이언트가 자신들의 서비스에 관한 결정에 영향을 미칠 수 있어야 비로소 그들의 욕구에 반응하면서 동시에 효과적인 서비스를 제공받을 수 있기 때문이다.

시민참여 방법으로는 ⓐ 기존의 권위구조에 큰 변형이 가해지지 않는 비분배적 참여, ⓑ 의사결정권한에 대한 시민의 영향력이 분명히 존재하기는 하지만 그것이 의사결정의 결과를 크게 바꾸지는 못하는 명목적 참여, ⓒ 서비스 전달체계에 관련된 의사결정에 시민들의 실질적인 영향력을 행사할 수 있도록 권위구조가 변형되는 재분배적 참여가 있다.

(2) 과업할당을 재구조화하려는 전략

① 역할부과(role attachment) : 중산층 출신의 전문가인 사회복지사가 저소득 계층 출신의 클라이언트의 인생관, 행동양식, 방언, 문화적 가치 등을 이해하지 못할 수가 있기 때문에 이러한 계층 차이로 인해 접근성이나 비연속성의 문제가 발생할 수도 있다. 이 경우에는 보조인력, 또래상담자, 도우미, 보조원 등을 활용하면 이들이 클라이언트와 라포 형성과 정보 제공, 정서적 지지, 부가적인 서비스 연계 등을 능숙하게 처리할 수 있다. 보조인력들은 그들만의 경험과 기술로 관료적, 전문적 인력들과 이들의 클라이언트 사이를 이을 수 있는 잠재력을 가지고 있다. 다만 이 방법은 서비스의 질을 떨어뜨릴 수 있다는 단점이 있다.

② 전문가 이탈(professional disengagement) : 공공부문에서 일하는 사회복지사는 관료적 획일성으로 인해 기능수행에 어려움을 겪게 되고, 행정적 필요성과 클라이언트의 욕구 간의 격차로 인해 심각한 도덕적 딜레마에 빠지게 된다. 이 경우에는 관료적 구조를 개혁하기 보다는 그 구조로부터 이탈하는 것이 보다 더 효과적일 수 있다.
즉 공무원 조직을 떠나 개인 사회복지사로 개업을 하고, 클라이언트에게는 바우처를 지급하여 서비스 제공자를 스스로 선택할 수 있는 기회를 제공한다. 2007년 조사에서 미국사회복지사협회 회원 중 12%가 개원한 민간분야에서 일하고 있다. 다만 이 방식은 개업을 한 사회복지사가 모든 분야에 대한 지식과 전문성을 갖추기 어렵다는 단점이 있고, 기관에 채용된 사회복지사들도 개인개업을 한 사회복지사 못지않게 창의성과 기업가적 정신을 발휘하도록 유도할 수도 있다.

(3) 전달체계의 구성을 변화시키려는 전략

① 전문화된 접근구조(specialized access structures) : 클라이언트들이 서비스 제공기관에 보다 쉽게 접근할 수 있도록 기관의 문턱을 낮추고, 클라이언트들이 기관과 보다 쉽게 연결될 수 있도록 접근 자체를 하나의 독립된 서비스로 제공하는 것이다. 즉 수많은 사회복지기관 중에서 클라이언트가 자신의 문제에 가장 적합한 기관을 찾을 수 있도록 특별히 의뢰를 전문화한 별도의 사회복지기관을 만드는 것이다.

② 의도적 중복(purposive duplication) : 기존의 전달체계 내에서 이미 제공되고 있는 서비스의 일부 또는 전부를 맡는 새로운 기관 하나를 더 만드는 전략이다. 두 가지 방법이 가능한데, ⓐ 클라이언트와 자원을 놓고 기존의 기관과 경쟁관계에 있게 될 새로운 기관을 만드는 경쟁 방법과 ⓑ 새로운 기관을 기존의 전달체계 외부에 만들어 기존 전달체계와 분리하는 방법이 있다. 의도적 중복 전략은 매우 비용이 많이 들지만, 기존의 서비스에서는 소외되었던 클라이언트에게 서비스를 제공할 수 있다.

5) 접근성과 서비스 활용

(1) 접근성의 의의

전달체계 구축에서 특히 중요하게 고려되어야 할 부문이 서비스의 접근성과 활용이다. 양질의 서비스를 이용가능한 비용으로 지속적이고 안정적으로 제공하기 위해서는 서비스에 대한 적절한 접근성이 고려되어야 한다. 적절한 접근성은 서비스 이용을 증가시켜 결과적으로 서비스 정책의 궁극적 목표를 달성시킬 수 있기 때문이다. 접근성(accessibility)이란 서비스 전달체계로의 진입과 그로 인한 결과까지를 포함하는 폭넓고 다차원적인 개념으로, 애초 이 개념을 제시한 보건의료 분야의 앤더슨과 뉴먼(Andersen & Newman, 1973)은 환자가 의료서비스 체계로 진입하여 치료과정을 지속적으로 제공받는 상태로 정의하였다.

접근성이 높다는 것은 서비스를 필요로 하는 사람들이 서비스를 활용하는 데 아무런 장애가 없다는 것을 의미하고, 서비스 이용에 대한 물리적·사회 심리적 장애요인을 제거해야 한다. 따라서 서비스 접근성을 보장하기 위해서는 서비스 제공기관이 클라이언트가 찾기 편한 가까운 장소에 위치해야 하고 편리한 시간에 운영되고 적절한 수준의 예약 대기자를 유지해야 한다. 또한 합리적 이용료와 이용 시 편안함을 제공하여 심리적 거리낌이 없어야 한다.

(2) 접근성과 활용 오류

서비스 접근성에 장애물을 설치하거나 혹은 반대로 없애면 클라이언트의 서비스 활용에 영향을 미친다. 접근성이 떨어져 복지서비스가 저활용될 경우 표적 인구집단이 갖고 있는 문제가 여전히 해결되지 못한다는 문제가 있고, 반대로 지나치게 과활용될 경우 기회비용에 따른 사회적 자원의 낭비라는 문제가 발생한다. 기회비용(opportunity cost)이란 하나를 선택함으로써 다른 대안을 선택할 수 있는 기회를 포기해야 하는 손실비용, 즉 보다 적절한 다른 곳에 쓰일 기회를 상실한다는 것을 의미한다.

따라서 접근성이 떨어지면 곧바로 사회적 비용의 초래라는 문제로 직결된다. [그림 9-1]과 같이 욕구를 가진 표적 인구집단과 실제로 그 서비스를 이용하는 클라이언트 집단이 정확히 일치한다면 불필요하게 낭비되지도 않고 꼭 서비스를 받아야 할 클라이언트가 제외되지도 않으므로 가장 바람직하다(유형 A). 그러나 서비스를 이용할 필요가 없는 사람까지 과활용하면 사회적 자원이 낭비되는 것이고(유형 B), 표적 인구조차 모두 서비스를 활용하지 못하는 저활용 역시 기관의 책임성이 문제된다(유형 C). 유형 D는 과활용과 저활용이 중첩되는 복합활용오류이다.

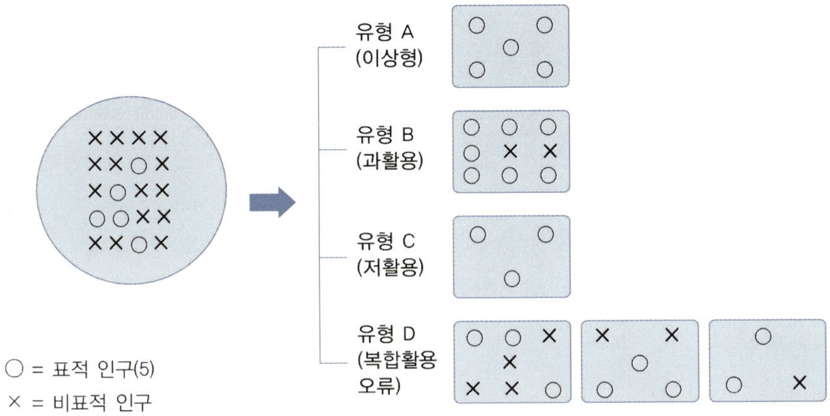

[그림 9-1] 서비스 활용 오류의 유형

출처 : 김영종(2017), p. 410. 일부 수정.

(3) 접근성 장애요인

서비스 활용을 가로막는 장애요인은 [그림 9-2]와 같이 서비스의 이용과정 곳곳에서 작용한다.

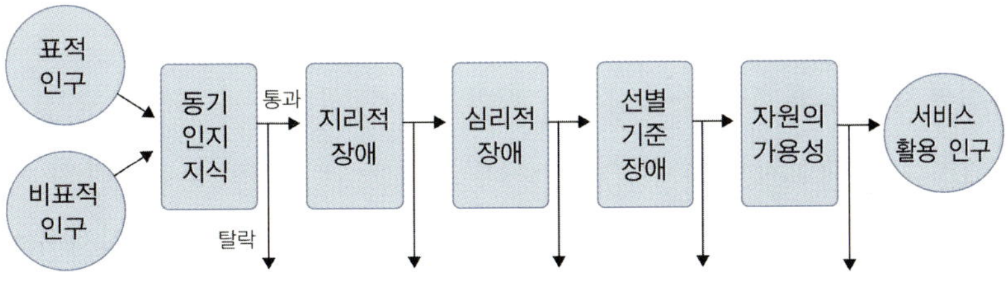

[그림 9-2] 서비스 활용과정의 장애

출처 : 김영종(2017), p. 416. 일부 수정.

① 동기 · 인지 · 지식 : 공식적인 제도권의 서비스를 활용하려면 우선 서비스를 구하려는 동기와 외부 도움 없이는 스스로 해결할 수 없다는 인지가 있어야 하고, 어디에서 도움을 구해야 할 것인지를 아는 것이 필요하다.

② 지리적 장애 : 거리가 멀수록 서비스 이용률이 떨어지는 현상과 같이 물리적 거리 때문에 서비스 이용을 주저하게 된다. 물리적 거리감은 절대 기준이 아닌 사람들이 느끼는 거리감에 따라 달라질 수 있다.

③ 심리적 장애 : 낯선 것에 대한 두려움, 개인 문제를 낯선 사람에게 설명해야 하는 꺼림칙함, 사회적 낙인(Stigma) 등을 말한다. 서비스 활용의 전 과정에서 계속적으로 작용한다.

④ 선별기준의 장애 : 이용자를 선별하는 일정한 기준, 가령 기초생활수급자와 같은 자격 요건, 번거로운 행정절차, 욕구 파악을 위한 진단기준, 이용료 부과 등을 말한다.

⑤ 자원의 가용성 : 한정된 예산에 비해 수요가 초과되어 조기 마감 등의 이유로 서비스를 이용하지 못할 수 있다.

2 공공 전달체계

1) 공공 전달체계 실태

공공사회복지 전달체계란 중앙정부나 지방정부가 계획을 수립하고 직접 운영주체가 되어 서비스를 대상자에게 전달하는 과정을 말한다. 현재 우리나라의 경우 각종 사회보험은 중앙정부 차원에서 전달되고 있고, 공공부조와 사회복지서비스는 중앙 및 지방자치단체가 분담하여 제공하고 있지만 일부는 사적 전달체계를 통해 제공된다. 각각의 전달체계를 간략하게 도식화하면 다음과 같다.

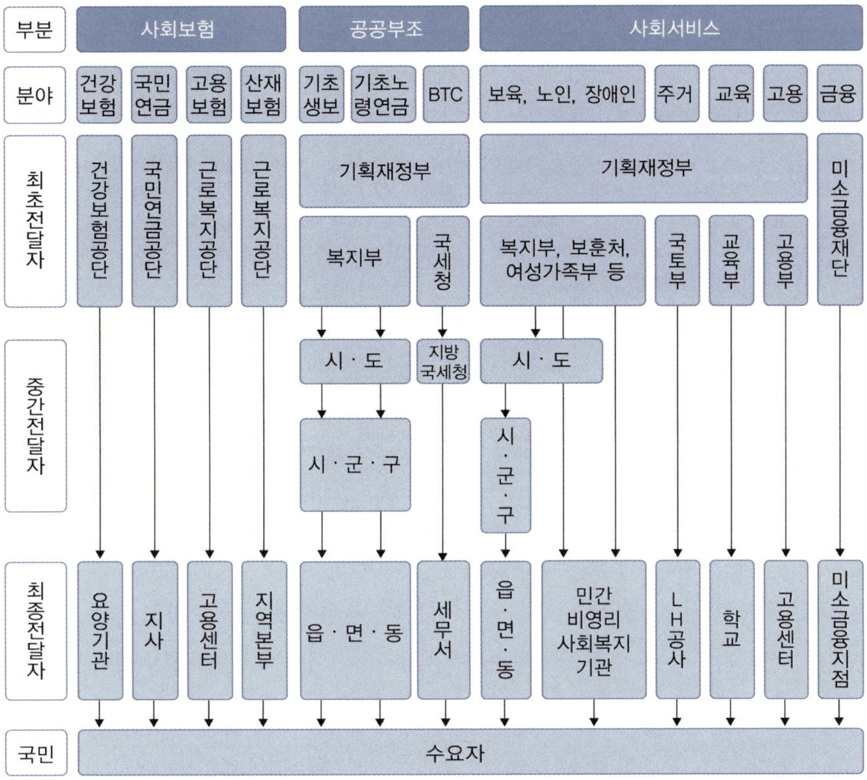

[그림 9-3] 공공 사회복지전달체계 현황

출처 : 강종수(2024), p. 112.

먼저 사회보험은 보건복지부와 노동부가 담당한다. 국민연금과 국민건강보험 그리고 노인장기요양보험은 보건복지부 소관으로, 산하에 국민연금공단, 국민건강보험공단이 담당하고 있으며, 지역 차원에서는 본부와 지부를 두어 독자적인 전달체계를 형성하고 있다. 2011년부터는 국민건강보험공단에서 4대 보험을 통합징수하고 있으며, 자격관리와 부과, 급여업무는 각 공단이 담당하고 있다. 그리고 고용보험과 산재보험은 고용노동부 소관으로, 실제로는 근로복지공단과 고용센터가 지부를 두어 자체적인 전달체계를 가지고 있다.

그러나 공공부조와 사회복지서비스는 보건복지부 및 여성가족부 등이 소관부처이지만 지방에는 보건복지사무소 같은 독자적인 전달체계를 구축하지 못하고 행정안전부 소속의 지방자치단체에 업무를 위탁하여 전달하고 있다. 특별시(광역시)와 도 단위에 사회복지과 · 가정복지과 · 여성복지과 등이 설치되어 있고, 시 · 군 · 구에는 주민생활지원국 아래에 사회복지과 · 여성청소년과 · 복지정책과 등이 설치되어 있다. 그리고 실제 필요한 업무는 다시 일선조직인 읍 · 면 · 동의 사회복지직 공무원이 담당하고 있다. 이와 같이 보건복지부 산하에 광역 및 기초 지방자치단체까지 별도의 전달체계가 구축되어 있지 않은 상황에서 몇 차례 전달체계 개편작업이 있었다.

2) 전달체계 개편과정

사회복지욕구가 증대되고 복잡화되면서 사회복지서비스를 확대하고 효율적으로 제공하기 위해 효율적인 전달체계를 구축하고자 1987년 사회복지전문요원(현 사회복지직공무원)제도를 도입한 이후 여러 차례 개편작업이 진행되어 왔다. 그중 대표적인 노력으로는 보건복지사무소 시범사업, 사회복지사무소 시범사업, 주민생활지원서비스, 희망복지지원단, 동주민센터 복지허브화 등을 꼽을 수 있다.

이러한 노력에도 불구하고 개편과정이 다수의 이해관계자, 조직문화와 인식, 재정, 제도의 문제가 결부된 문제로서 늘 복잡하고 어려우며, 전달체계가 담아내는 제도와 환경은 지속적으로 변화하기 때문에 현재에도 성공적이라 하기 어렵다. 근본적인 문제의 원인은 보건복지부가 전국적인 독자적 전달체계를 구축하지 못하고 있기 때문이다. 기획재정부 산하의 국세청이나 행정자치부 산하의 경찰청은 시 · 군까지 세무서, 경찰서 등의 행정체계를 갖추고 있으며, 이외에 교육부도 시 · 군에 교육지원청을 설치해 두고 있다.

(1) 보건복지사무소 시범사업

1995년 7월부터 5개 지역에서 5년간 실시된 시범사업으로, 읍 · 면 · 동사무소에 있던 사회복지 부서를 보건소에 통합 · 재배치하는 형태로 시작되었다. 복지업무 집중에 따라, ① 복지행정의 포괄성 향상, ② 이용자 중심의 통합 · 전달체계 구축, ③ 책임성과 신속성, 공정성, 전문성 향상 등의 효과가 있었다. 그러나 보건복지 연계 효과가 미흡했고, 접근성의 감소 등의 문제가 나타나 시범사업으로 마무리되었다. 이 당시 거의 모든 사회복지 업무는 읍 · 면 · 동사무소에 배치된 1인의 복지담당공무원에 의해 집행되었고, 그 결과 과중한 업무 부담과 서비스 전달의 비효율성이 제기되면서 새로운 전달체계를 모색하게 되었다.

(2) 사회복지사무소 시범사업

이전 시범사업의 한계를 극복하고 복지업무의 독자적인 전달체계를 구축하고자 2004년 7월부터 2년간 9개 지역에서 사회복지사무소 시범사업이 실시되었다. 이 시범사업은 사회복지사무소를 시·군·구 단위에 설치하고 시·군·구 사회복지 부서 및 읍·면·동사무소의 사회복지 담당인력을 사회복지사무소에 배치함으로써 사회복지 전문인력의 효율적 이용, 시·군·구 복지조직의 전문성 강화, 수요자 중심의 복지서비스 제공, 지역중심 복지 실현 등의 효과를 기대하였다. 그러나 여전히 주민의 접근성 어려움, 사회복지전담공무원의 업무과중, 시·군·구 및 보건 복지 등과의 연계 미흡 등의 문제점이 나타나 시범사업으로 마무리되었다. 특히, 모든 복지업무가 사회복지사무소 한 곳에서 처리함으로써 농촌지역의 경우 물리적 접근성 저하 문제가 심각하게 비판받았다.

(3) 지역사회복지협의체

2001년 10월부터 1년간 시범사업을 거쳐 2005년 전면 실시되었다. 지역사회복지협의체는 지역의 사회복지에 관한 전반적인 사항을 다루는 거버넌스 실천기구로서, 시·군·구 단위로 설치되어 복지 자원의 확충, 효율화, 서비스 간 연계를 도모하고 서비스 대상자의 욕구 충족 및 문제해결을 위한 지역의 역량강화를 위해 운영되고 있다. 다만 지역사회복지협의체는 「사회보장급여의 이용·제공 및 수급권자 발굴에 관한 법률」이 제정됨에 따라 2015년 7월부터 지역사회보장협의체로 변경되었다. 자세한 변경사항은 다음과 같다.

〈표 9-2〉 사회보장급여법 시행에 따른 지역사회보장협의체의 변화

구분	지역사회복지협의체 (2015년 1월 1일~6월 30일)	지역사회보장협의체 (2015년 7월 1일부터 시행)
법적 근거	「사회복지사업법」 제7조의 2	「사회보장급여의 이용·제공 및 수급권자 발굴에 관한 법률」 제41조

범주	보건의료 및 사회복지서비 중심	보건 의료 및 사회복지뿐만 아니라 고용 · 주거 · 교육 · 문화 · 환경 등 영역 확대
연계체계	(시 · 도) 사회복지위원회 (시 · 군 · 구) 지역사회복지협의체 (읍 · 면 · 동) 복지위원	(시 · 도) 사회보장위원회 (시 · 군 · 구) 지역사회보장협의체 (읍 · 면 · 동) 읍 · 면 · 동 단위의 지역사회보장협의체, 복지위원
협의체 구성	10명 이상 30명 이하 위원으로 구성 • 보건의료 또는 사회복지 전문가, 서비스 제공기관 대표, 공인단체 추천자 등으로 구성	의원 수 확대(10명 이상 40명 이하) • 사회보장 전문가, 사회보장서비스 제공기관 등의 대표자, 비영리 민간단체 추천자 등으로 구성
협의체 운영	• 협의체 업무의 효율적 수행을 위하여 실무협의체 구성 · 운영	• 실무협의체 구성 · 운영 • 보장기관의 인력 및 운영비 등 재정 지원
협의체 기능	• 관할 지역의 사회복지사업에 관한 중요 사항과 지역사회복지계획 상의 또는 건의 • 사회복지 및 보건의료서비스 연계 협력 강화	• 심의 · 자문/연계 · 협력 기능 • 심의 · 자문 사항 • 지역사회보장계획의 수집 · 시행 · 평가 • 지역사회보장조사 및 지역사회보장 지표 • 시 · 군 · 구 사회보장급여 제공 • 시 · 군 · 구의 사회보장 추진 • 읍 · 면 · 동 단위 지역사회보장협의체 구성 · 운영 등

(4) 주민생활지원서비스 및 희망복지지원단 신설

2006년 7월부터 시작된 주민생활지원서비스는 '희망한국 21'이라는 정부의 종합복지대책에 따라 주민생활지원국을 설치해 복지 · 보건 · 주거 · 고용 · 교육 · 체육 · 문화 · 관광의 8대 영역 서비스를 포괄해 지방행정의 틀을 복지 중심으로 바꾸고, 민 · 관 협력의 거버넌스(governance) 체제를 갖추어 참여복지를 실현하며, 수요자 중심의 맞춤형 통합서비스 전달체계로 개편하고자 하였다. 또한 읍 · 면 · 동사무소를 '주민복지센터'로 명칭을 변경하고 여기에 주민생활지원팀(6급 담당)을 신설하여 복지서비스 제공의 기능을 강화하고자 하였다. 기존의 전달체계와 비교하여 주민생활지원서비스 설치의 기대 효과를 비교하면 다음과 같다.

〈표 9-3〉 주민생활지원서비스 설치 기대 효과

	이전	주민생활지원국
통합성	• 기관 부서별 · 대상자별 개별적 서비스 제공 • 수요자가 개별 기관을 일일이 방문하여 서비스를 제공받음 • 지역 내 다양한 서비스 및 시설에 대한 종합적인 안내의 미흡	• 수요자를 시 · 군 · 구 본청 또는 읍 · 면 · 동을 방문하여 종합적으로 필요한 서비스를 포괄적으로 제공받음 • 시 · 군 · 구에서 제공되지 않는 서비스에 대해서는 정보 제공 및 의뢰 · 연결
접근성	• 읍 · 면 · 동 사회복지 담당인력 부족으로 찾아가는 서비스 불가, 민원 응대 미흡(내부 업무에 치중)	• 읍 · 면 · 동에 주민생활 지원 담당 인력이 확충되어 현장 방문, 사례관리 등 찾아가는 서비스 실현 • 상담실 등 친근한 환경 조성으로 주민 편의 제공
신뢰성	• 수요자에 대한 종합적인 정보 제공 미흡 • 수요자가 찾아오는 서비스, 개별적인 서비스 제공 등으로 정책 신뢰성 · 체감도 낮음	• 수요자가 필요로 하는 서비스에 대한 종합적인 정보 제공 및 관련 기관에 의뢰, 연결기능 수행으로 정책 체감도 향상 • 주민생활 지원과 관련한 충분한 상담, 현장방문 등을 통해 정책에 대한 주민의 신뢰성 제고
효율성	• 시 · 군 · 구 단위의 자원관리의 체계적 접근 부재 • 부서별 유사 정책으로 인한 혼선과 기관 간 중복 서비스 존재	• 주민생활지원서비스 기획 및 민관 협력체계 강화로 자원 활용의 효율성 증대 • 부서별 관련 정책의 조정 강화로 서비스 중복 감소

출처 : 행정안전부(2006).

그리고 2010년 1월부터 시 · 군 · 구의 사회복지업무 지원시스템인 사회복지통합관리망(행복e음)이 본격 가동됨에 따라 이에 적합하도록 업무 프로세서와 조직 · 기능 · 인력을 정비하는 전달체계의 개선을 추진하였다. 그 결과 시 · 군 · 구의 주민생활지원국 주민생활지원과 내 통합조사관리팀으로 복지 대상자의 자산조사와 자격관리가 일원화되고, 서비스연계팀에서는 민간서비스 연계 제공과 사례관리를, 그리고 읍 · 면 · 동에서는 상담 및 신청 접수와 수급자 관리 업무를 맡게 되었다. 2012년부터는 시 · 군 · 구에 희망복지지원단을 신설하여 복합적 욕구를 가진 대상자에게 통합사례관리를 제공하고 지역 내 자원 및 방문형서비스 사업 등을 총괄 관리함으로써 지역단위 통합서비스 제공의 중추적 역할을 수행하도록 하였다.

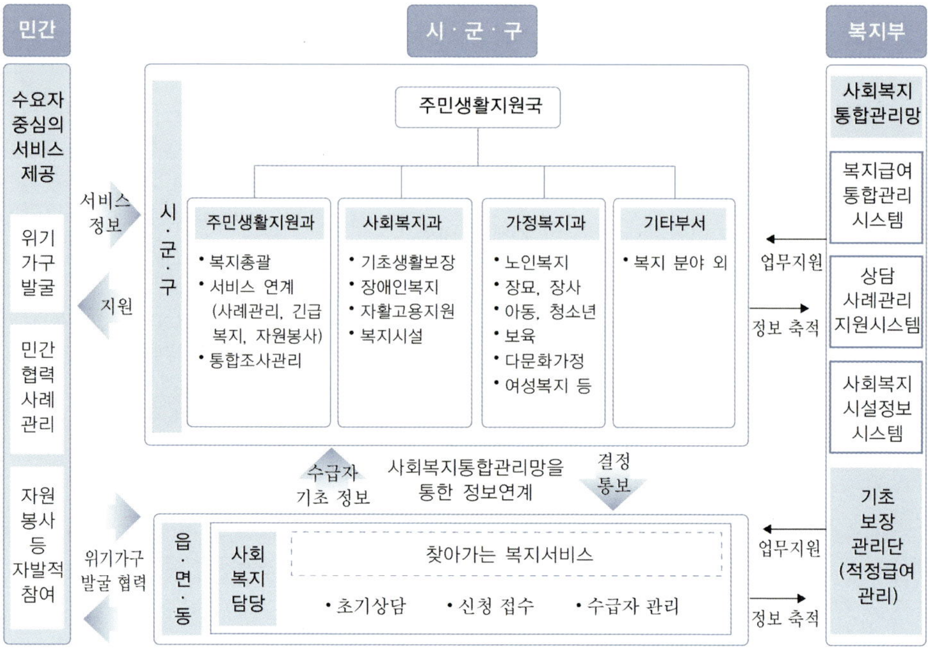

[그림 9-4] 전달체계 개선의 기본 방향과 체계도

정책사례 **행복e음**

사회보장정보시스템(일명 '행복e음')은 각종 사회복지 급여 및 서비스 지원 대상자의 자격과 이력에 관한 정보를 통합 관리하고 지자체의 복지업무처리를 지원하는 정보시스템이다. 지자체의 복지서비스가 200가지 이상이지만 각 복지사업별 소득이나 재산조사가 달라 공무원의 업무가 과중되면서도 복지대상자 선정이 정확하고 효율적이지 않아서 누락되거나 중복되는 폐단이 있었다. 이를 해결하고자 2010년 1월부터 사회복지통합관리망이라는 이름으로 본격 가동되었다. 사회복지공무원은 이 정보시스템을 이용해 대상자의 신청부터 급여서비스까지 모든 과정을 신속하고 정확하게 처리할 수 있으며, 수급자 역시 맞춤형 복지서비스 제공을 통해 복지체감도가 향상된다.

(5) 동주민센터 복지허브화

2013년 11월에는 동주민센터 복지허브화 전략을 발표하여 현재의 동을 통합하거나 혹은 복지업무만을 수행하는 거점센터를 설계하는 방안을 제시하였다. 도시형과 농촌형으로 구분하여, 도시형은 기능보강형, 부분거점형, 거점형, 통합형으로, 그리고 농촌형은 기능보강형과 희망복지지원단 기능강화로 구분된다. 기능보강형이란 현재의 읍·면·동을 통합하지 않은 채, 인력을 보강하여 복지서비스 기능을 강화시키겠다는 계획이고, 부분거점형이나 거점형, 통합형은 기본적으로 현재의 읍·면·동의 일부 혹은 전체의 기능을 작게는 두 개 많게는 네 개까지 통합하는 방안이다.

(6) 찾아가는 보건복지서비스

주민 참여를 통한 지역사회 중심의 복지전달체계 구현을 목표로 2018년 찾아가는 보건복지서비스가 실시되었다. 사회복지공무원과 방문간호사가 주민을 직접 찾아가 복지 상담 및 방문건강관리 등을 실시하는 읍면동 중심의 찾아가는 보건복지서비스 확대와 보건·복지분야 통합사례관리 및 민관협력체계 운영을 통해 주민 참여형 서비스 제공기반을 마련하여 지역사회 중심의 촘촘한 사회안전망을 구축하고 운영하기 위해 도입되었다. 이를 위해 읍면동에 맞춤형복지팀을 설치하여 찾아가는 방문상담, 통합사례관리 등을 추진해 시민의 복지체감도를 높이려 하였고, 읍면동 단위의 마을복지계획을 수립하고 인적·물적 관계망을 구축하여 수요자중심의 주민참여형 복지서비스를 제공하고자 하였다.

3) 문제점과 개선방향

해마다 사회복지에 대한 수요와 예산은 폭증하고 있고 이에 따라 수차례 전달체계 개편과 인력 역시 점진적으로 보강되었다('11~'14년 7천 명, '18~'22년 9천 명 사회복지공무원 확충). 그러나 공공 사회복지 전달체계는 확대된 서비스사업에 대한 기획력과 수행체계가 부재함으로써 서비스 수요에 대한 대응력이 취약하고, 수요자 욕구사정과 서비스 기획을 통한 맞춤형 통합서비스 제공에 한계가 있다.

주민생활지원서비스 및 희망복지지원단 설치 그리고 통합사례관리 실시로 수요자중심의 통합적 맞춤형 복지를 기대하였으나 그 성과가 예상에 미치지 못하며 여전히 많은 수의 복지사각지대가 존재하고 있다. 지역사회보장협의체가 가동되고 있으나 민간과의 협력은 아직 부족하고, 지역사회보장계획 역시 제5기('23~'26)까지 수립·시행되고 있지만 지역실정에 맞는 차별화된 서비스 제공은 여전히 부족하다. 공공사회복지 전달체계의 현황과 문제점 그리고 발전 방향을 역할, 사업, 환경, 조직 측면으로 나누어 살펴보면 다음과 같다.

〈표 9-4〉 공공 전달체계의 현황과 문제점

구분	현황 및 문제점	발전 방향
역할	• 지역 단위 중심 복지센터의 역할 미흡 • 지역별 복지계획의 부재 • 민간 복지기관과의 역할 분담 모호	• 시·군·구 수준의 복지 전담 행정조직 설치 • 지역복지계획 수립의 법 계획
사업	• 현금급여 지급 위주의 사업 수행 • 대인서비스 수행 미흡 • 취약계층 중심의 제한적 급여 • 복지행정 대상 부문 간의 업무 중복 • 민간복지기관 및 보건소와 서비스 중복 • 읍·면·동사무소의 일반 행정업무 수행으로 서비스 제공 논란	• 도시 지역의 민간복지기관 연계 강화 • 농촌 지역의 공공 행정조직의 서비스 제공 기능 확충 • 일반 주민 이용 가능 서비스 확대 • 지역 담당제 및 업무 담당제의 적정 운영 • 급여 통합 지급체계 마련 • 보건 및 복지서비스 전달의 연계 • 소규모 지역별 사업 거점(센터) 설치 • 복지전담 행정체계 설치
환경	• 고령화, 실업 등 복지 수요 급등 • 구조조정 등 행정 환경의 효율화 • 민간복지기관의 증대 및 서비스 다양화	• 복지 부문에 대한 선별적 재정 투자 확대 • 민간자원 동원 활성회 • 읍·면·동사무소 기능 전환 시 복지전담 일전조직 마련 • 민간기관의 역할 분감 명확화 • 지역별 복지 네트워크 구축
조직	• 복지전담 행정조직의 부재 • 복지전문인력의 부족 및 전문인력 배치의 지역별 형평성 미흡	• 사회복지전담공무원의 시·군·구 전원 배치 및 확대 • 통합 읍면동 단위의 일선 사업 거점 설치

출처 : 이상구 외(2009), p. 333.

정책사례 **복지사각지대 발굴 관리 시스템**

정부는 복지사각지대 대상자를 선제적으로 발굴하기 위해 단전·단수, 건강보험료 체납 등 취약계층 빅데이터를 수집하고 분석하는 시스템을 가동하고 있다. 위기징후 정보를 수집·분석하여 고위험 가구를 예측·선별하고, 지자체를 통해 상담·조사 후 복지급여 및 서비스를 지원한다. 발굴 가구에 대한 복지 지원이력을 사회보장정보시스템(행복e음)을 통해 지속적으로 관리한다. 「사회보장급여의 이용·제공 및 수급권자 발굴에 관한 법률」 제12조 및 같은 법 시행령 제8조에 따른 취약 및 위기 가구 발굴 대상은 단전, 단수, 단가스, 건보료 체납, 금융연체, 통신비 체납 등 현재 45종이다(2024년 기준).

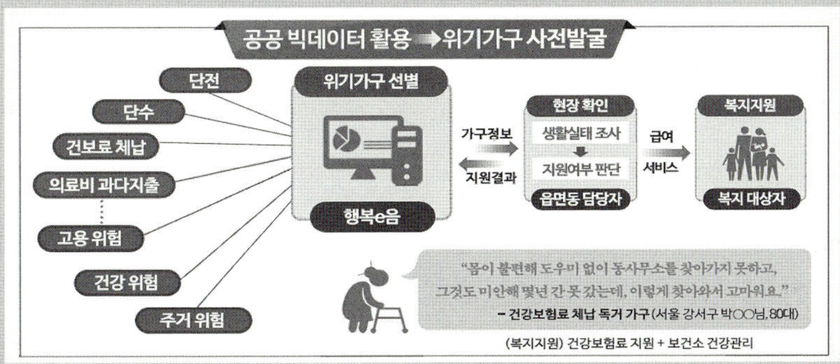

[그림 9-5] 빅데이터 활용 대상자 발굴 처리체계

출처 : 보건복지부(2024), p. 63.

3 희망복지지원단과 통합사례관리

1) 희망복지지원단

(1) 희망복지지원단의 의의

공공 사회복지 전달체계의 문제점으로 오랫동안 지적되어 온 것이 복지, 고용, 보건 등의 다양한 서비스들이 각각 다른 기관에서 분절적으로 제공됨으로써 수요자의 욕구에 맞는 통합적 서비스가 원스톱으로 제공되지 못한다는 것이었다. 즉, 기존의 전달체계로는 수요자 중심의 맞춤형 서비스가 한 장소에 통합적으로 전달되지 못하였다. 이러한 필요에 따라 2012년 4월부터 시·군·구에 희망복지지원단이 설치되었다. 희망복지지원단은 복합적 욕구를 가진 대상자에게 통합사례관리를 제공하고, 지역 내 자원 및 방문형 서비스 사업을 총괄관리함으로써 지역 단위 통합서비스 제공의 중추적 역할을 수행하는 전담조직이다.

(2) 희망복지지원단의 업무

희망복지지원단의 업무수행체계를 살펴보면 다음과 같다(보건복지부, 2014).

- 읍 · 면 · 동 주민센터와 시 · 군 · 구의 각 부서, 지역주민 및 기관에서 발굴된 대상자에 대해 초기 상담을 실시한다(대상자 발굴).
- 희망복지지원단을 중심으로 읍 · 면 · 동 주민센터와 지역사회보장협의체, 지역 내 서비스 제공기관 간의 연계와 협력을 통해 대상자의 다양한 욕구를 충족시키는 맞춤형 서비스를 제공하고, 대상자별 서비스 제공계획을 수립하여 통합적인 서비스를 제공하며 이를 점검한 후에 사후관리를 실시한다(통합사례관리 실시).
- 읍 · 면 · 동 주민센터와 지역사회보장협의체, 지역 내 관련 기관과의 연계와 협력을 적극 추진한다(자원관리).
- 지역사회보장협의체를 중심으로 공공 및 민간협력 강화를 통한 지역 단위 통합서비스 제공체계를 구축한다(민관협력).

희망복지지원단의 주요 업무는 ① 통합사례관리사업, ② 자원관리, ③ 지역보호체계 운영, 그리고 ④ 읍 · 면 · 동 복지업무 지원과 관리이며, 이 중에서 핵심 업무는 통합사례관리라 할 수 있다.

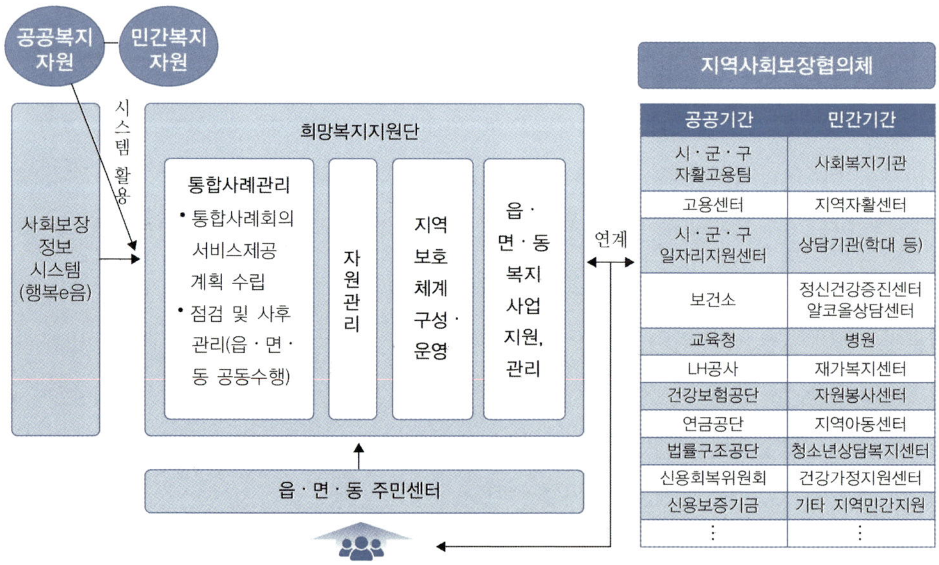

[그림 9-6] 희망복지지원단 업무수행 체계도

출처 : 보건복지부(2014), p. 16.

2) 통합사례관리

(1) 통합사례관리의 의의

통합사례관리란 지역사회 공공과 민간자원에 대해 체계적인 관리와 지원체계를 토대로 복합적이고 다양한 욕구를 가진 대상자에게 복지 · 보건 · 고용 · 주거 · 교육 · 신용 · 법률 등 필요한 서비스를 통합적으로 연계 · 제공함으로써 정서적 자립, 경제적 자립, 신체적 자립을 지원하면서 이를 지속적으로 상담 · 모니터링해 나가는 것을 말한다(보건복지부, 2014).

통합사례관리의 목표는 민관협력을 통해 지역주민의 다양한 욕구에 맞는 통합적이고 맞춤형 서비스를 제공함으로써 지역주민의 삶을 안정적으로 지원하고 복지체감도를 향상시키는 것이다. 전체 지역주민의 다양한 복지수요에 능동적으로 대응하되, 기초생활수급자와 차상위계층 등 빈곤층의 탈빈곤과 빈곤예방을 일차적인 목표로 삼고 있다. 중점사업 대상으로는 기초생활수급자 중 특히 신규 수급자, 기초수급 탈락자, 부적합자, 기타 각종 사회보험 체납자 등 탈빈곤과 자활을 통해 빈곤예방 지원 가능 가구이다.

(2) 통합사례관리 과정

통합사례관리 과정을 살펴보면, ① 대상자 접수(이용자 발굴 및 초기 상담), ② 욕구사정(assessment), ③ 사례회의 개최, ④ 대상자 구분 및 선정(screening), ⑤ 서비스 제공계획 수립, ⑥ 서비스 제공 및 점검, ⑦ 종결, ⑧ 사후관리 순으로 진행된다. 단계별 처리기한은 범위 내에서 유연하게 처리 가능하나 30일을 초과할 수 없다. 사례관리는 일회의 서비스 제공으로 종결되는 것이 아니라 재사정의 과정을 몇 번이나 반복하면서 시간의 경과에 따라 변화하는 대상자의 상황과 욕구에 적절하게 대응하며 서비스를 계획하고 제공해야 한다. 이것이 사례관리의 가장 큰 특징이다.

통합사례관리는 독립이 아니라 자립을, 손상의 회복(recovery)이 아니라 또 다른 가능성의 발견을 목적으로 한다. 회복이 건강했던 과거 상태로 돌아가는 것을 의미한다면 발견은 과거의 건강한 상태를 목표로 삼지 않고 생산적이고 만족스러운 삶을 얻는 것을 목표로 한다. 따라서 통합사례관리실천은 대상자의 자립을 지향하며, 강점을 기반으로 대상자의 역량을 강화해 나가는 과정이어야 한다(김제선 외, 2015).

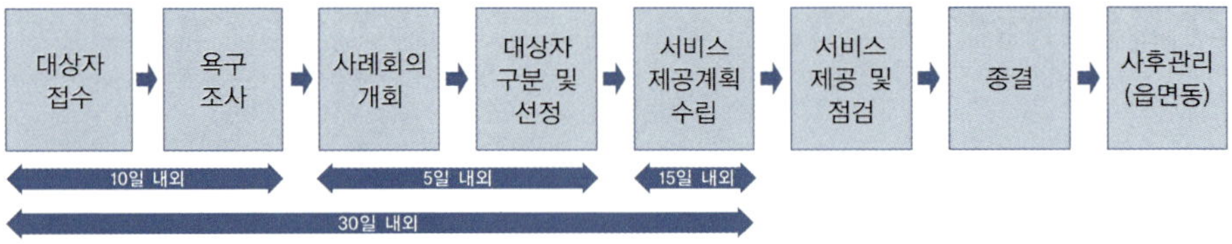

[그림 9-7] 통합사례관리 절차

출처 : 희망복지지원단 중앙지원센터(2014), p. 3.

10

CHAPTER

사회복지정책 재원

1. 재원의 의의
2. 공공부문 재원
3. 민간부문 재원

1 재원의 의의

1) 재원의 의의

사회복지 재원(sources of funds)은 사회복지정책을 수행하는 데 필요한 재정수입의 원천을 말한다. 재원이 충분하지 않다거나 불안정하면 사회복지정책을 수립하고 집행하기 어렵다. 비록 사회복지 수급자는 무상으로 급여를 받는다 하더라도 누군가는 비용을 지불해야 한다. 또한 다양한 재원 조달방식 중에서 어떤 것을 선택하느냐에 따라 형평성과 소득재분배에 영향을 미칠 수 있다. 이처럼 사회복지 재원은 매우 중요하다.

2) 재원의 종류

일반적으로 사회복지재정 또는 사회복지비용의 전체 윤곽을 보면 [그림 10-1]과 같다. 사회복지재정을 공공부문과 민간부문의 총 복지비 지출로 규정하면 사회복지재

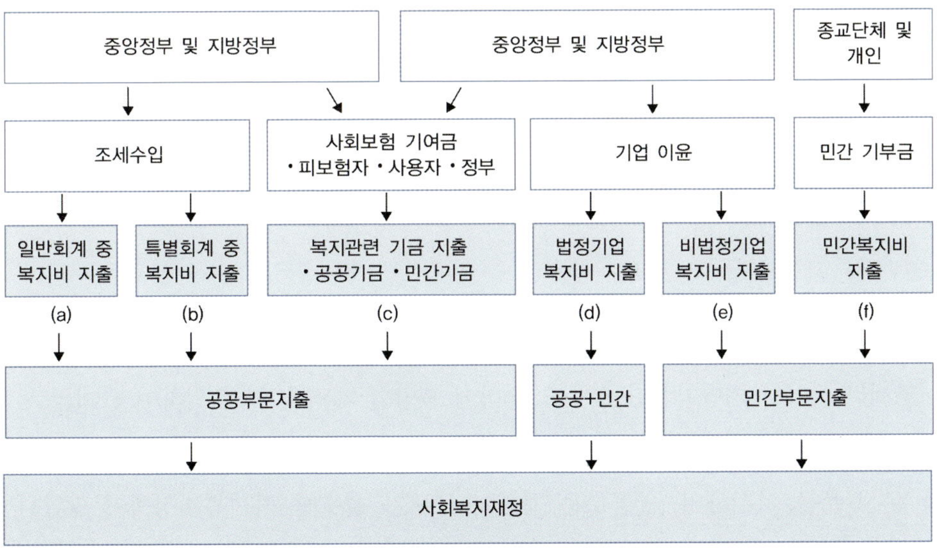

[그림 10-1] 사회복지재정의 기본 구조

출처 : 이태수(2003), p. 287.

정은 중앙정부 및 지방정부, 기업의 법정 복지비와 비법정복지비 등 기업복지비용, 그리고 종교단체, 자선기관, 그리고 개인 등이 부담하는 민간복지비용의 총합이다(이태수, 2003).

따라서 사회복지 재원은 우선 공공부문의 재원과 민간부문의 재원으로 구분된다. 공공부문 재원으로는 조세와 사회보험료가 가장 대표적이며 규모면에서 가장 크다. 민간부문 재원으로 이용료, 자발적 기부 그리고 사적 소득이전이 있다. 복지국가의 실제의 운영에서는 흔히 이들 재원이 혼합되어 제공되며, 복지국가의 재원이 이처럼 다양한 방식으로 존재하는 것을 복지의 혼합경제라고 한다.

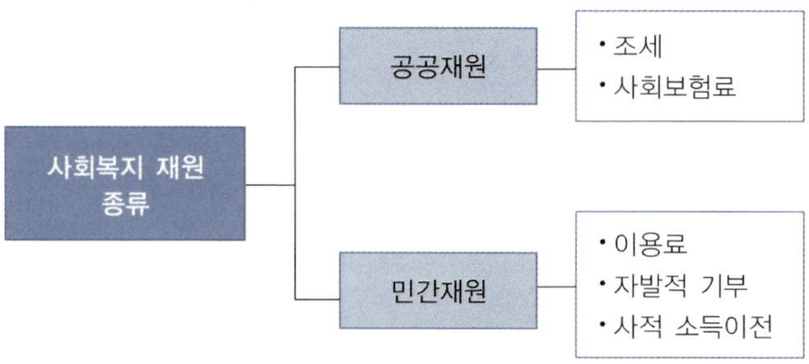

[그림 10-2] 사회복지 재원의 종류

2 공공부문 재원

1) 조세

(1) 조세의 의의

조세란 국가나 지방자치단체가 그 경비에 충당할 재력을 얻기 위하여 반대급부 없이 국민으로부터 강제적으로 징수하는 금전을 말한다. 사회복지 재원 중 조세가 가장 큰 부분을 차지하며, 공공부문 재원의 규모가 클수록 사회복지정책이 발달하는 경향이 있다. 조세를 통해 사회복지 재원을 충당하는 이유는 다음과 같다.

- 국가는 조세를 통해 저소득층의 생존권을 보장해야 할 의무가 있다.
- 사회복지정책은 공공재로서의 성격을 갖는다.
- 조세를 통해 소득불평등을 완화할 수 있는 등 소득재분배 기능을 갖는다.
- 조세를 통해 사회복지정책 대상자를 넓힐 수 있다.

(2) 조세의 기능

사회복지영역에서 광의로 조세정책을 들고 있는데, 조세는 주요 사회복지 재원이면서 또한 어떤 조세정책을 취하느냐에 따라 소득불평등이 완화될 수도 심화될 수도 있는 주요 사회복지정책의 영역이다. 조세체계를 잘 알아야 하는 이유이다. 조세를 기반으로 한 사회복지 재정은 사회복지정책 집행에서 다음과 같은 다양한 기능을 수행한다.

① 소득재분배 기능 : 누진세율을 적용해 고소득층에 많은 세금을 부과하고 저소득층에게 사회복지급여를 집중해 공평한 소득분배를 실현한다. 재산세와 상속세를 통해 개인재산의 불평등한 소유관계도 어느 정도 시정할 수 있다.

② 경제 안정화 기능 : 재정수입과 지출을 신축적으로 운영함으로써 호황시에는 유효수요를 감소시키고 불황시에는 이를 증대시킴으로써 경기변동을 완화해 안정적인 경제성장을 달성한다. 또한 재정이 유효수요의 일환으로 생산활동을 자극해 국민소득을 증가시킨다.

③ 자원배분 조정 기능 : 시장 실패를 보전하도록 경제적 자원을 민간 및 공공부분에 효율적으로 사용할 수 있도록 적절하게 배분한다.

④ 사회적 행위 유도 기능 : 입양이나 기부와 같이 사회적으로 바람직한 행위에 대해서는 조세감면이나 면세조치를 통해 장려하고, 반대로 주류나 담배와 같이 바람직하지 않은 행위에 대해서는 중과세를 부과함으로써 그러한 행위를 감소시킬 수 있다.

(3) 조세의 종류

조세는 분류 기준에 따라 다양한 종류가 있다.

① 과세 주체에 따른 분류 : 국세와 지방세로 나누는데, 국세는 중앙정부가 지방세는 지방정부가 거두는 세금으로 우리나라는 국세 14개와 지방세 11개 세금이 있다.

② 세수의 용도에 따른 분류 : 보통세와 목적세로 나누는데, 보통세는 일반 경비에 충당하는 조세이고 목적세는 용도가 정해진 특정 경비에 지출하는 조세이다. 대표적인 목적세로는 교육세, 농어촌특별세, 교통세가 있다.

③ 납세 주체에 따른 분류 : 직접세와 간접세가 있는데, 직접세는 소득이나 재산이 있는 사람이 직접 내는 세금이고, 간접세는 부가가치세와 같이 실제 부담은 소비자가 하지만 납세는 생산자가 하는 세금이다.

OECD의 분류체계에 의하면 국세는 소득세, 재산세, 소비세 그리고 기타로 분류한다. 여기서는 이 분류에 따라 조세를 살펴보고 기타에서는 조세지출(감면)을 살펴본다.

[그림 10-3] 조세의 종류

① 소득세 : 개인의 소득세와 법인의 소득세인 법인세를 말한다. 정부세입예산 중 소득세가 내국세의 37%, 법인세가 29%에 달할 정도로 가장 규모가 크다(2023

년 기준). 또한 대부분의 국가에서 단일세율이 아닌 누진세율을 채택하고 있어서 소득재분배 효과 역시 매우 크다. 북유럽국가들은 최고세율이 70%에 이른다. 또한 저소득층에게는 각종 조세감면 혜택을 주어 소득재분배 효과를 극대화할 수 있다. 우리나라는 근로소득자의 46%가 근로소득세 면제자일 정도로 면세계층 비중이 높은 편이다.

정책사례 **소득세율과 상속세율**

종합소득세율은 〈표 10-1〉과 같이 매우 누진적이다. 1,400만 원 이하는 세율이 6%이지만, 10억 원 초과는 최고세율이 45%이다. 상속세율 역시 누진적인데, 1억 원 이하는 10%이지만, 30억 초과는 50%이다.

〈표 10-1〉 종합소득세율(2024년)

과세표준	세율
1400만 원 이하	6%
1400만 원 초과~5000만 원 이하	15%
5000만 원 초과~8800만 원 이하	24%
8800만 원 초과~1억 5천만 원 이하	35%
1억 5천만 원 초과~3억 원 이하	38%
3억 원 초과~5억 원 이하	40%
5억 원 초과~10억 원 이하	42%
10억 원 초과	45%

〈표 10-2〉 상속세율(2024년)

과세표준	세율	누진공제
1억 원 이하	10%	-
1억 원 초과~5억 원 이하	20%	1천만 원
5억 원 초과~10억 원 이하	30%	6천만 원
10억 원 초과~30억 원 이하	40%	1억 6천만 원
30억 원 초과	50%	4억 6천만 원

② 재산세 : 부동산이나 자동차 등의 재산에 부과하는 세금이다. 대표적인 지방세에 해당한다. 내국세 중 차지하는 규모는 크지 않지만 재산이 있는 사람에게만 부과되므로 어느 정도 소득재분배 효과가 있다. 특히 종합부동산세는 재산세 이외에 추가로 부담하는 세금이며, 상속세와 증여세는 누진세율이 적용된다.

읽어보기 **종합부동산세**

흔히 종부세로 불리는 종합부동산세는 노무현정부에서 부동산 폭등에 대응하고 지역균형발전을 위해 일정 금액 이상의 부동산을 소유한 사람에게 부과하는 조세이다. 도입 당시부터 재산세 이외에 별도로 납부하는 세금이므로 이중과세라는 지적이 많아 현재까지 존치와 강화 혹은 축소 내지 폐지 논란이 끊이지 않는다. 종부세는 국세이지만 부동산교부세라는 이름으로 재정이 어려운 지방정부에 전액 배분되어 지역균형발전에 이용된다. 즉 종부세를 완화해 거둬들이는 세금이 줄어들면 그만큼 지방정부의 세수도 줄어든다. 2024년 기준으로 지방정부에 부동산교부세로 보낸 돈이 4.9조 원 정도이며, 이는 전년도에 비해 2.6조 감소하였다.

③ 소비세 : 상품이나 서비스에 대한 소비지출에 부과하는 세금이다. 소비자에게 직접 과세하는 직접소비세와 판매자 등에 과세하고 그 조세부담을 가격 등에 포함시켜 소비자에게 전가하는 간접소비세가 있다. 부가가치세가 대표적인 간접소비세이며, 정부세입예산 중 부가가치세와 개별소비세가 내국세의 26%에 달할 정도로 내국세 중 세 번째로 크다(2023년 기준). 소비세는 부담능력을 고려하지 않고 상품가격에 포함되어 있으므로 소득세에 비해 고소득층의 조세부담률이 저소득층보다 상대적으로 적다. 소주 한 병의 가격은 부자나 가난한 사람이나 같다. 우리나라의 부가가치세율은 10%이나 OECD국가의 평균은 19.3%이다.

④ 조세지출(tax expenditure) : 조세지출은 다양한 사회적 경제적 목적을 달성하기 위하여 세제상에 마련된 재정지출을 의미하는 세법의 특별조항(Surrey, 1970) 또는 조세감면 · 비과세 · 소득공제 · 세액공제 · 우대세율 적용 또는 과세이연 등 조세특례에 따른 재정지원을 말한다(대한민국정부, 20234). 예를 들어 부양가족 수에 따라 소득공제를 하거나 사회복지기관에 대한 기부금을 법인에서 감면하는 것이다. 조세지출은 국민입장에서는 정부로부터 지원받는 것이지만, 정부입장에서는 조세로 징수하지 못하는 것이기 때문에 조세'지출'이라 한다. 조세지출 유형으로는 ① 직접감면으로 비과세, 소득공제, 저율과세, 세액감면, 세액공제, 기타감면이 있고, ② 간접감면으로 준비금, 과세이연, 이월과세가 있다. 조세지출은 세금을 징수하고 예산을 집행하는 거래비용을 줄이고, 관료주의의 경직성과 관련된 문제를 완화하는 등의 장점을 갖고 있다. 그러나 조세지출은 저소득층 보다는 주로 고소득층이 혜택을 보게 되므로 소득분배에 역진적인 특성이 있고, 소득세 감면으로 인해 소득세를 주요 재원으로 하는 공공부조

프로그램의 재원이 침식되는 단점이 있다. 2024년 기준으로 71.4조원, 국세감면율은 15.3% 정도이다.

정책사례 **근로장려금**

밀턴 프리드만(M. Friedman)은 소득수준이 면세점 이하의 저소득자에게 그 차액의 일정 비율을 지급하는 부의 소득세(Negative Income Tax)를 주장하였고, 1974년 근로소득조세감면(EITC : Earned Income Tax Credit)이 만들어졌다. 우리나라의 EITC가 근로장려금인데, 일은 하지만 소득이 적어 생활이 어려운 근로자 등에 대하여 근로를 장려하고 실질소득을 지원하는 일과 연계된 복지제도이다. 가구 유형별로 소득요건과 재산요건을 갖추어야 하며, 단독가구는 최대 165만 원, 홑벌이가구는 285만 원, 맞벌이가구는 330만 원 지급한다. 출산장려를 위해 자녀장려금도 추가되어 부부합산 총소득이 7,000만 원 미만이면서 18세 미만 자녀가 있으면 자녀 1인당 최대 100만 원 지급된다.

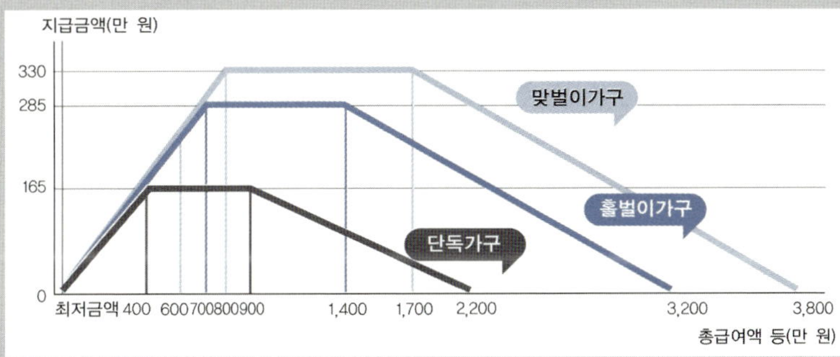

[그림 10-4] 근로장려금 소득별 지급금액

출처 : 국세청 홈페이지(www.nts.go.kr).

(4) 사회복지재정 현황

정부는 국가재정법에 따라 중기재정계획을 수립한다. 2023~2027년 국가재정운용계획 및 각년도 정부예산에 따르면 정부 총지출에서 보건 · 복지 · 고용분야 지출이 가장 많은 부문을 차지하고 있으며 또한 연평균 증가율 역시 총지출이 3.6% 증가에 비해 4.9%로 가장 높다. 2024년 정부예산 기준으로 12대 분야별 재원배분 현황에서도 보건 · 복지 · 고용 분야에 242.9조 원이 배정되어 전년 대비 16.9% 증가하였고 전체 예산 중 가장 많이 사용되고 있다.

〈표 10-3〉 국가재정운용계획(2023-2027년) (단위 : 조원, %)

구분	'23	'24	'25	'26	'27	'23~'27 연평균
총지출	638.7 (5.1)	656.9 (2.8)	684.4 (4.2)	711.1 (3.9)	736.9 (3.6)	(3.6)
1. 보건 · 복지 · 고용	226.0 (3.8)	242.9 (7.5)	252.2 (3.9)	262.5 (4.1)	273.4 (4.1)	(4.9)
2. 교육	96.3 (14.4)	89.7 (△6.9)	95.7 (6.7)	99.8 (4.3)	104.1 (4.3)	(2.0)
3. 문화 · 체육 · 관광	8.6 (△5.4)	8.7 (1.5)	8.9 (1.8)	9.1 (2.7)	9.4 (2.6)	(2.1)
4. 환경	12.2 (2.6)	12.6 (2.5)	12.8 (1.9)	13.2 (3.0)	13.5 (2.6)	(2.5)
5. R&D	31.1 (4.3)	25.9 (△16.6)	27.6 (6.4)	29.5 (7.0)	31.6 (7.0)	(0.7)
6. 산업 · 중소기업 · 에너지	26.0 (△17.0)	27.3 (4.9)	27.6 (1.1)	28.4 (3.1)	29.3 (3.1)	(3.0)
7. SOC	25.0 (△10.7)	26.1 (4.6)	26.2 (0.1)	27.3 (4.2)	28.0 (2.8)	(2.9)
8. 농림 · 수산 · 식품	24.4 (2.9)	25.4 (4.1)	25.7 (1.4)	26.2 (1.8)	26.7 (1.8)	(2.3)
9. 국방	57.0 (4.4)	59.6 (4.5)	61.6 (3.3)	63.6 (3.4)	65.8 (3.4)	(3.6)
10. 외교 · 통일	6.4 (7.6)	7.7 (19.5)	7.8 (1.3)	7.9 (1.2)	8.0 (1.0)	(5.8)
11. 공공질서 · 안전	22.9 (2.7)	24.3 (6.1)	24.9 (2.5)	25.8 (3.4)	26.7 (3.4)	(3.8)
12. 일반 · 지방행정	112.2 (14.3)	111.3 (△0.8)	120.1 (7.9)	124.8 (3.9)	129.3 (3.6)	(3.6)

출처 : 기획재정부(2023), p. 13.

보건복지부 소관분야별 지출 예산을 살펴보면, 2024년 보건복지부의 예산 및 기금의 총지출 규모는 122조 원으로 전년 대비 12.1%가 증가하였으며, 분야별로는 공적연금 44.3조 원, 노인분야 25.6조 원, 기초생활보장 17.9조 원, 건강보험 13.7조 원, 아동 · 보육 10.8조 원, 취약계층지원 5.1조 원, 보건의료에 3.7조 원 등이다.

〈표 10-4〉 2024년 보건복지부 예산 및 기금운용계획 (단위 : 억 원)

구분	2023년 예산(A)	2024년 예산(B)	전년대비	
			증감(B-A)	%
총지출(A+B)	1,091,830	1,223,779	131,949	12.1
예산(A)	681,447	741,794	60,347	8.9
기금(B)	410,383	481,986	71,603	17.4
사회복지	922,185	1,049,119	126,934	13.8
기초생활보장	164,059	179,197	15,138	9.2
취약계층지원	46,112	51,068	4,956	10.7
공적연금	371,600	443,320	71,720	19.3
아동·보육	98,470	108,888	10,418	10.6
노인	232,289	256,483	24,194	10.4
사회복지일반	9,655	10,163	508	5.3
보건	169,645	174,660	5,015	3.0
보건의료	45,543	37,590	△7,953	△17.5
건강보험	124,102	137,070	12,968	10.4

출처 : 보건복지부(2023).

(5) 조세부담률과 국민부담률

조세부담률은 국민의 조세부담 정도를 나타내는 것으로, 경상GDP에서 조세가 차지하는 비율을 말한다. 조세는 국세와 지방세를 포함하고 사회보장기여금은 제외한다. 반면에 국민부담률은 경상GDP에서 조세와 사회보장기금이 차지하는 비율을 말한다. 우리나라 조세부담률은 지속적으로 증가하여 2018년에는 20%를 넘어섰으나 OECD국가들과 비교하면 낮은 수준이다. 특히 복지선진국인 북유럽국가들과 비교하면 매우 낮은 수준이다. 우리나라의 사회복지정책이 고부담-고복지 체제로 나아가려면 국민부담률이 높아져야 하고, 따라서 사회적 합의가 필수적이다.

〈표 10-5〉 조세부담률과 국민부담률 국제비교(2017)

	한국	미국	스웨덴	프랑스	독일	이탈리아	영국	OECD평균
조세부담률	18.8	20.6	34.7	29.3	23.3	29.4	26.9	24.9
국민부담률	25.4	26.8	44.4	46.1	37.6	42.1	33.3	34.2

출처 : e-나라지표.

OECD국가의 복지체제는 국민부담률과 공공사회복지지출 수준 간에 정(+)의 상관관계가 존재하므로 이를 바탕으로 유형화하여 분류할 수 있다. 우리나라의 국민부담률은 25.4%이고 OECD 평균은 34.2%이므로 저부담 국가에 해당하고(2017년 기준), GDP 대비 공공사회복지지출 비율은 12.2%이고 OECD 평균은 20.0%이므로 저복지 국가에 해당한다(2019년 기준). 즉 국민부담률과 공공사회복지지출을 기준으로 보면 우리나라는 저부담-저복지 국가 유형에 해당한다(국회예산정책처, 2021). 다만 공공사회복지지출이 최근 급격하게 확대됨에 따라 현재 수준을 유지하더라도 2050년대 중후반 경에 고부담-고복지 국가군에 진입할 것으로 예상된다는 견해도 있다.

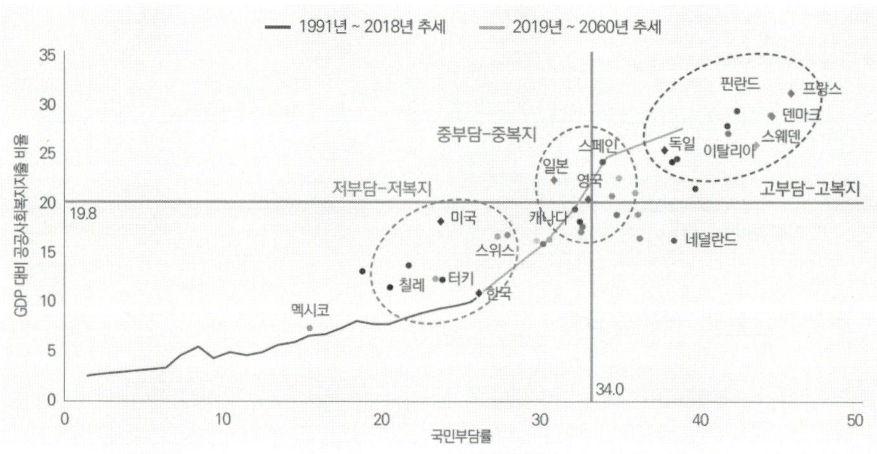

주 1. 호주와 일본은 2017년 데이터, 그 외 36개 국가들은 2018년 데이터
2. 그래프의 중간선은 각 평균
3. 우리나라 2018년까지는 변화 추이, 2019년 이후는 전망 결과를 연결한 추세

[그림 10-5] GDP 대비 공공사회복지지출 비율과 국민부담률 간 관계(2018년)(단위: %)

출처 : 국회예산정책처(2021), p. 4.

2) 사회보험료

(1) 사회보험료의 의의

사회보험료(social insurance contribution)는 사회보험 가입자가 납부하는 기여금을 말한다. 사회보험의 재정은 가입자의 보험료로 대부분 충당되며, 이외에 목적세와 본인부담금으로 보충된다. 사회보험료는 강제성을 띠며 사회보장을 위한 목적세의 특징을 가지고 있어 사회보장성 조세(social security tax) 또는 준조세로 분류된다. 사회보험료는 일반예산에 편성되지 않고 기금 예산으로 별도 편성된다. 사회보험료가 공공부문 재원인 것은 국가에 의해 강제적으로 부과되며, 관리 및 운영도 정부의 통제 하에 공공기관에서 하기 때문이다. 또한 적립 보험료는 국가에 의해 재투자되고 수익은 사회보험기금으로 재환원된다.

(2) 사회보험료의 장단점

사회보험료에는 다음과 같은 장단점이 있다.

- 용도가 명확하므로 조세에 비해 저항이 약하다.
- 소득수준에 따라 보험료를 부담하므로 적정 수준에서 생활수준을 안정시킬 수 있다.
- 보험료를 납부하므로 낙인이 발생하지 않고 권리성이 높다.
- 다른 국가정책 지출과는 독립적이므로 재정 안정성이 높다.

반면에 단점으로는 경제적·사회적 환경변화에 유연하게 대처하는 능력이 부족하고, 경제적 능력과 상관없이 동일한 비율로 부과되기 때문에 소득재분배 기능이 약하다. 조세와 사회보험료를 비교하면 다음과 같다.

〈표 10-6〉 조세와 사회보험료 비교

비교 항목	조세	사회보험료
특징	• 일반재정에서 국가의 다른 사업과 공동으로 활용 • 부담과 혜택이 상호 독립적	• 별도의 독립회계로 특정한 사용 목적에 구속 • 부담과 혜택의 긴밀한 연계
장점	• 복지재원 확보의 용이성 • 환경변화에 대처한 대응능력 • 강한 분배적 기능 • 기초생활수준 보장	• 재정 운영의 독립성(안정성)과 국민의 신뢰 • 보험료 인상에 대한 국민의 수용성 • 청구권으로서 권리성 보장 • 생활수준 보장

단점	• 부처 간 예산확보 경쟁으로 인한 재정의 불안정성 • 예산 배정의 불균형성 • 경직성/관료성 • 조세저항	• 분배적 기능의 취약성 • 환경변화에 대처한 유연성의 부족

출처 : 이정우(2017), p. 371.

(3) 사회보험 가입 강제

'사회'보험이라 부르는 이유는 가입의 강제성 때문이다. 즉 국가가 국민들로 하여금 의무적으로 보험에 가입하도록 강제한다. 개인은 사회보험이나 혹은 민간 보험회사의 보험상품을 선택할 수 있음에도 사회보험 가입을 강제하는 이유는 다음과 같다.

① 국가의 책무 : 국가는 국민들의 인간다운 생활을 보장해야 할 헌법상 의무가 가지고 있다. 따라서 정부는 질병이나 노년, 실업 등의 다양한 사회적 위험으로부터 국민의 생활 안정을 위해 기본적인 책임을 져야 한다.

② 운영효율성 : 사회적 위험은 국민 모두가 누구나 겪을 수 있는 위험이고, 이러한 위험을 개인마다 각자 대비하는 것보다는 국가가 국민을 포괄하여 보험의 형태로 운영하는 것이 효율적이기 때문이다. 전국에 걸친 단일한 관리기구를 통해 관리운영비를 절감할 수도 있고, 마케팅 등의 비용을 부담하지 않는다.

③ 재정 안정화 : 강제가입이 아니라 자유선택이라면 위험 발생 확률이 높은 사람들이 보험에 가입하여 보험금을 받는 경우가 늘어나고, 반면에 위험 발생 확률이 낮은 사람들은 보험에 가입하지 않게 되어 보험재정이 악화된다. 결국 보험재정이 악화되어 지속가능성이 떨어진다. 따라서 재정 안정화를 위해 가급적 많은 사람이 보험에 가입하여야 한다.

④ 위험의 재분배 기능 : 사회적 위험이 발생한 사람을 사회적 위험이 발생하지 않은 사람에게로 위험이 재분배된다. 건강보험의 경우 모든 가입자가 보험료는 납부하여 현재 질병에 걸린 사람이 보험료로 질병 치료에 사용한다. 따라서 건강한 사람으로부터 질병이 있는 사람에게로 건강보험료가 재분배된다.

3) 보험료

(1) 보험료율

보험료율은 가입자 수와 함께 재정 규모를 결정하는 가장 중요한 요인이다. 보험료율은 재정의 수지균형뿐만 아니라 사회복지제도 자체의 목표 및 특성 그리고 사회적 · 경제적 · 정치적 고려 등을 종합적으로 감안하여 결정하게 된다. 사회보험의 보험료율은 다음의 3가지 종류가 있다.

① 정액제 : 개인별로 소득수준에 상관없이 모두에게 동일한 금액의 보험료를 부과하는 방식으로 인두적 보험료라고도 한다. 베버리지 보고서에서 제시한 정액부담-정액급여의 원리를 토대로 한다.

② 단일요율제 : 가입자 개인별 소득에 비례하여 동일한 요율의 보험료를 부과하는 방식이다. 우리나라의 국민연금이 기준소득월액의 9%를 납부하는 등 대부분의 사회보험이 채택하는 방식이다.

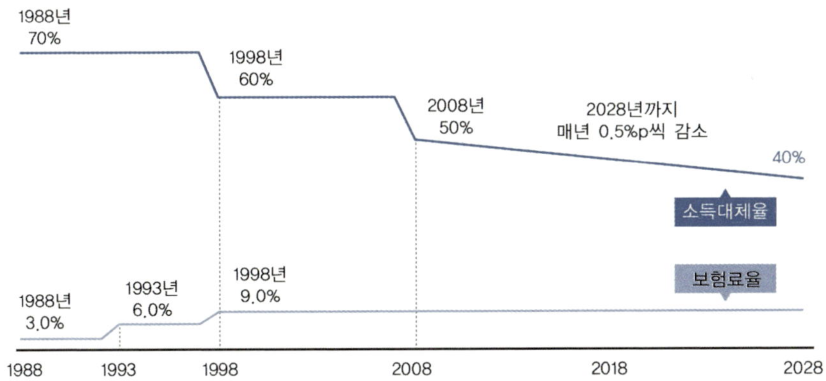

[그림 10-6] 국민연금 보험료율과 소득대체율

③ 차등요율제 : 가입자의 소득이나 기업 규모 등에 따라 차등적으로 요율을 적용하는 방식이다. 고용보험의 실업급여는 보험요율이 1.8%로 단일요율제이지만, 고용안정과 직업능력개발사업은 근로자 수에 따라 0.25~0.85%까지 차등적으로 적용된다.

(2) 부담 비율

사회보험료는 대부분의 국가에서 가입자 본인이 전액 부담하는 경우는 드물다. 이른바 삼자부담(tripartite scheme) 원칙에 따라 가입자(근로자)와 사용자 그리고 정부가 공동 부담하는 경우가 일반적이다. 이 원칙은 최초 사회보험인 1881년 독일 산재보험법 초안에 등장하는데 결국 관철되지 못하였고, 1911년 영국 국민보험법에서 최초로 입법되었다. 당시 노동자와 사용자, 정부가 각각 4 : 3 : 2의 비율로 부담하였다.

이러한 원칙은 베버리지 보고서에서도 재확인되었고, 1944년 ILO의 소득보장 권고와 의료보장 권고에도 천명되었다(원석조, 2023). 우리나라에서도 국민연금이나 건강보험은 직장가입자의 경우 근로자와 사용자가 각각 1/2씩 보험료를 부담하며, 정부는 운영비의 일부를 부담하거나 보험료 일부를 지원한다. 반면에 지역가입자는 전액 본인 부담이다. 그러나 산재보험과 고용보험의 일부 사업은 사업주가 전액 부담한다.

정책사례 **두루누리 사회보험료 지원**

두루누리 사회보험료 지원사업은 소규모 사업을 운영하는 사업주와 소속 근로자의 사회보험료의 일부를 국가가 지원함으로써 사회보험 가입에 따른 부담을 덜어주고, 사회보험 사각지대를 해소하기 위해 2012년 도입되었다. 근로자 10명 미만인 사업에 고용된 근로자 중 월평균보수가 270만 원 미만인 신규가입 근로자와 그 사업주가 대상이며, 고용보험료와 국민연금 보험료의 80%를 최장 36개월 지원한다. 혜택을 두루 널리 누리라는 의미로 두루누리라 부른다.

우리나라 사회보험료는 2019년 기준으로 GDP 대비 7.2%로 OECD 평균치인 8.9%에 비해 낮은 수준이고, 노사간의 분담비율은 근로자 부담분은 GDP 대비 2.7%, 사용자 부담분은 2.9%인데, OECD 평균은 근로자 부담분 3.5%, 사용자 부담분 5.6%로 사용자 부담분이 더 높다(정해식 외, 2015).

4) 재정관리방식

(1) 재정관리의 의의

재정관리방식은 재원을 관리하는 방식으로, 제도의 재정적 수지균형을 유지하기 위해 필요한 기준을 선택하는 것이다. 구체적으로는 ① 매년 새롭게 조달해야 하는 재정의 규모, ② 장래의 급여지출을 충당하기 위한 목적으로 조성해야 하는 적립기금의 규모, 그리고 ③ 보험료의 수준 등이다. 나아가 정책적으로 어떠한 기준을 선택하는가에 따라 개별 사회복지제도들이 분배정책 그리고 경제정책의 차원에서 미치게 되는 파급효과 또한 상당한 차이를 보일 수 있다(이정우, 2017).

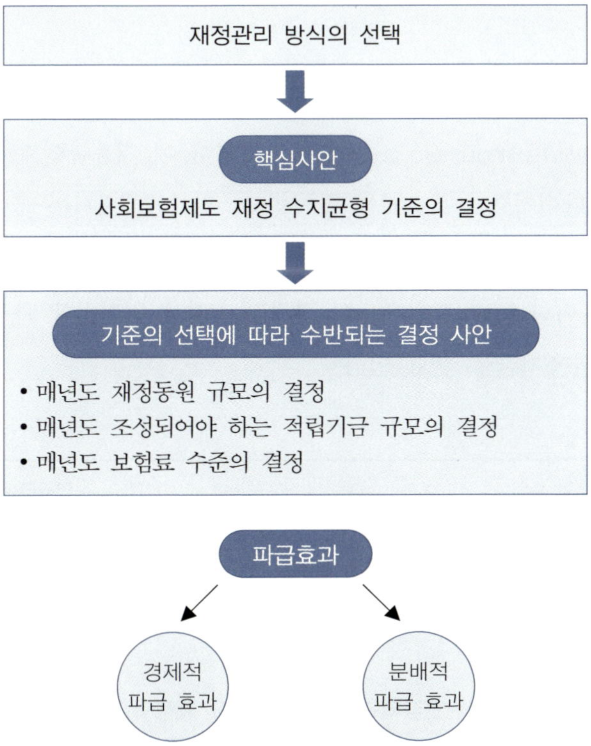

[그림 10-7] 재정관리방식 선택의 의미와 효과

출처 : 이정우(2017), p. 377.

(2) 재정관리방식의 종류

① 적립식(Funded system) : 장차 발생하게 될 급여 지급에 대비하여 사전에 그에 상응하는 기금을 축적하는 방식이다. 적립식은 가입자들이 낸 보험료를 쌓아둔 채 운용하며 급여를 지급한다. 대부분의 민간 보험회사에 적용된다.

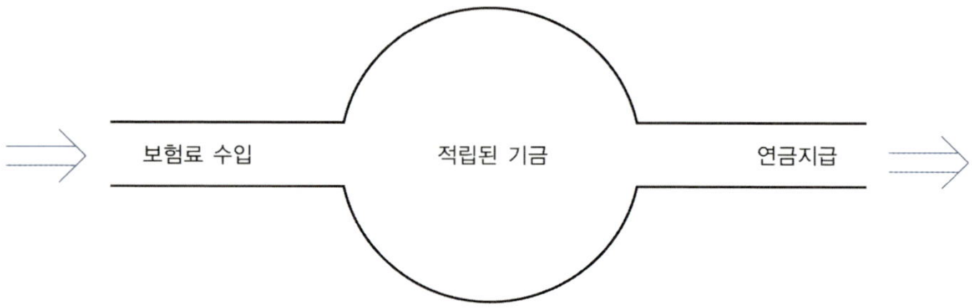

[그림 10-8] 적립식

출처 : 김태성 · 김진수(2005), p. 170.

② 부과식(Pay-As-You-Go system) : 매년 급여 지출총액과 보험료를 수지균형에 맞게 탄력적으로 운용하는 방식이다. 우리나라에서는 국민연금 이외의 사회보험은 예상되는 지출규모에 맞게 매년 보험요율을 정하는 부과식으로 운영하고 있다. 다만 매년 보험요율이 경제적 상황에 민감하게 반응할 수 있으므로 최소한의 완충기금을 갖고 있다.

[그림 10-9] 부과식

출처 : 김태성 · 김진수(2005), p. 170.

〈표 10-7〉 적립방식과 부과방식 연금제도에 있어서 주요 특징의 비교

구분	적립방식	부과방식
재정 관리	가입자 개인단위의 재정 관리	전체 가입계층 공동재정의 운영
수지균형의 기준기간	개인별로 전체 생애기간 동안 납부한 총보험료=기대총급여	전체 가입자를 대상으로 매년도 총수입=총지출

연금급여의 수준	개인별로 납부한 통보험료액 및 이자율에 연동 : 연금의 보험료 연계성	개인별로 가입기간 동안 소득의 평균(평균소득월액)과 가입기간에 연동 : 연금의 소득 연계성
부담과 급여의 연계성	매우 긴밀하게 연계	느슨한 연계
분배적 기능	원칙적으로 배제되어야 함	정책적 선택에 따라 폭넓게 반영될 수 있음
도입 초기 노인세대의 소득보장	원칙적으로 불가능	보장 가능
기금의 규모	현재와 미래의 잠재적 급여를 완전하게 충당할 수 있는 수준의 적립기금 유지	환경의 변화에 따른 제도적 충격을 완화해 줄 수 있는 소규모의 완충기금
노후소득보장의 원천	개인이 납부한 보험료 및 이자수입에 근거(즉, 적립기금)	세대 간 계약의 근거
관리운영	민간 상업보험	공적 연금제도

연금제도에서 부과식은 현재의 근로세대가 납부하는 연금보험료를 현재 퇴직세대의 연금지급에 필요한 재원으로 운용하는 방식이다. 노인세대를 젊은세대가 부양한다는 원리로, 젊은세대의 소득을 노인세대에 이전하는 것이다. 따라서 부과식은 노인부양률이 낮고 생산성이 높아 근로자의 실질임금이 높은 사회에서 유리하다. 세대 간 유대를 강화시킬 수 있다는 장점이 있지만, 노령화율이 높아질수록 유지하기 쉽지 않다.

반면에 적립식 연금은 근로기간 대비 퇴직기간의 비율이 낮고, 이자율이 높은 사회에서 유리한 방식이다. 개인별 연금에 대한 명확한 재산권이 부여돼 있어 정부가 사회 · 경제적 환경변화에 따라 연금액 수준이나 보험료율을 조정하는 데 따른 정치적 부담이 낮다.

읽어보기 **국민연금은 적립식인가?**

국민연금의 적립액이 1,000조를 넘어섰고, 최대 1,755조 원이 적립될 예정이다. 세계 3대 연기금에 해당할만큼 규모가 크다. 그렇다면 국민연금은 적립식일까? 적립식이 되려면 가입자 개인별 재정관리가 되어 현재의 적립금이 현재의 가입자 모두에게 연금을 지급할 수 있어야 한다. 그러나 2055이면 적립액이 고갈될 것으로 예상되고, 그 이후에는 부과식으로 전환하게 되므로 혼합식이고, 엄격하게는 부과식에 해당한다.

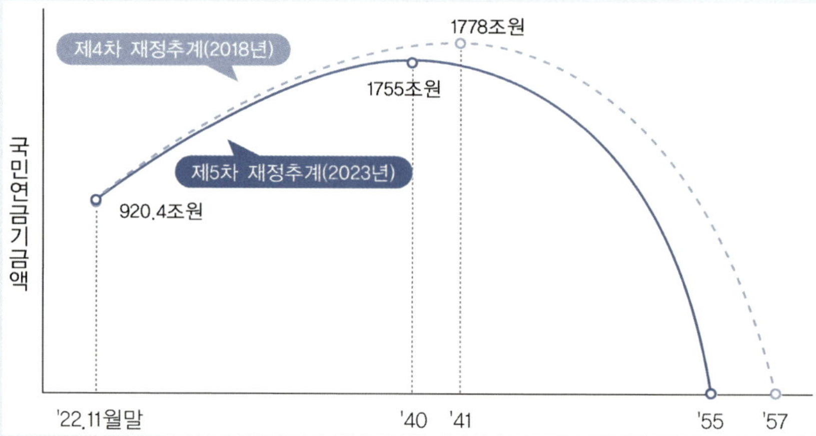

[그림 10-10] 국민연금 장기재정전망 추이

출처 : 보건복지부(2023).

3 민간부문 재원

1) 민간부문 재원의 의의

사회복지 재원 전체에서 민간부분의 재원은 크지 않다. 그러나 민간부문의 사회복지기관은 공공영역에서 다루기 힘든 사회복지서비스를 보완할 수 있고, 사회복지서비스를 창의적으로 개발하여 활용할 수 있으며, 클라이언트의 다양한 욕구에 신속하면서 융통성 있게 대처할 수 있다. 따라서 사회복지기관은 정부보조금 이외에 다양한 노력을 통해 재원을 개발해야 한다. 민간부문의 재원은 종류가 다양하며, 노력 정도에 따라 개발의 여지가 매우 크다.

2) 민간부문 재원의 종류

(1) 이용료

이용료(user fee)는 사회복지서비스 이용자가 그 대가로 지불하는 비용을 말한다. 국민건강보험에서 본인 일부부담금, 노인장기요양보험에서 재가급여의 15%, 시설급여의 20%를 본인이 부담하는 경우, 그리고 영구임대아파트의 임대료 등이 이용료에 해당한다. 사회복지 공급주체가 다원화되면서 영리 목적의 다양한 민간사회복지기관이 등장하면서 이용료 방식은 증가하고 있다. 이용료 부담은 수익자부담의 원칙이라는 자본주의 시장경제의 대원칙에 부합하는 측면도 있다. 이용료 부담은 다음과 같은 장점이 있다.

- 무료가 아니므로 서비스 오남용을 막을 수 있다.
- 정부의 재정 부담의 한계를 극복할 수 있다.
- 예산이 증가하므로 서비스의 질을 높일 수 있다.
- 본인이 비용을 부담하므로 낙인감이 발생하지 않는다.

이러한 장점에도 불구하고 저소득층의 부담이 커서 소득재분배를 악화시킬 수 있으며, 경제적인 부담으로 서비스 이용이 제한될 수 있다는 단점이 있다.

정책사례 **의료급여 본인부담금**

생활유지 능력이 없거나 생활이 어려운 국민의 의료 문제를 국가가 보장하는 공공부조제도인 의료급여는 의료 이용이 무제한이며 무료였다. 그 결과 2009년에 A씨(여, 27세)는 74개 병의원과 56개 약국을 다니면서 최면진정제(수면제)를 1만5천 정 처방조제 받기도 하였고, 연간 500장 이상의 파스를 처방받은 환자가 2만7,000명 정도였다. 이러한 오남용과 재정부담 가중을 이유로 현재는 1종 의료급여 수급자는 의원 외래 시 1,000원, 병원과 종합병원은 1,500원의 본인부담금을 내고 있으며, 2025년부터는 진료비의 4~8%의 정률제 도입이 예정되어 있다.

(2) 자발적 기여

자발적 기여(voluntary contribution)란 민간의 자발적인 기부금, 후원금, 회비 등을 말한다. 기부금은 타인에 대한 원조를 목적으로 대가 없이 재산을 무상으로 주는 것을 의미하고, 후원금은 기관, 단체의 활동을 원조하기 위해 제공하는 금품을 의미하며, 회비는 모임 회원의 자격으로 모임 활동을 위해 제공하는 비용을 의미한다. 사회복지공동모금회의 2023년 모금액은 8,304억 원이고, 주요 기업의 사회공헌 지출액은 2020년 2조 9,927억 원 정도이다.

자발적 기여의 동기는 자선이나 이타주의도 있지만 정부의 조세감면정책이 큰 영향을 미친다. 자발적 기여로는 개인 · 재단 · 법인 · 유산으로 나눠진다. 개인기여금을 기부자 개인이 선택한 자선단체에 직접 기부하거나 공동모금단체를 통해 기부한다. 다만 자발적 기여는 다음과 같은 문제점이 있다.

- 중상위층에서 주로 기부하므로 조세감면의 혜택도 이들에게 돌아간다.
- 경제적 상황에 따라 기부액수의 변화가 크기 때문에 안정적이지 못하다.
- 기부금은 모금과 관련된 행정비용이 많이 든다.
- 기부금은 공공 사회복지재원과 비교해 소득재분배 효과가 낮다.

정책사례 **기부금 세액공제**

기부금은 세법에 따라 본인 및 기본공제를 적용받는 부양가족이 해당 과세기간에 지급한 공제한도 내의 기부금에 대하여 종합소득 산출세액에서 공제를 받는다. 예를 들어 고향사랑기부금에 10만 원 기부하면 90,909원이 소득세 공제액이며, 추후 소득세 공제액의 10%인 9,090원은 지방소득세에서 자동 반영되어 공제된다. 세액공제는 납부할 세금에서 일정 금액을 공제하는 것이므로 소득 증가 효과가 크다.

〈표 10-8〉 기부금 세액공제 항목

구분	공제항목	세액공제 대상금액 한도	공제율
정치자금기부금	정당기부 등	근로소득금액 전액	10만 원 이하(100/110) 10만 원 초과(15%, 25%)
고향사랑기부금	지방자치단체 기부	500만 원	10만 원 이하(100/110) 10만 원 초과(15%)
특례기부금	국방헌금, 위문금품 등	근로소득금액 전액	특례+우리사주+일반

우리사주조합기부금		우리사주조합원이 아닌 사람이 우리사주조합에 지출하는 기부금	근로소득금액의 30%	15%(30%, 40%)
일반기부금	종교단체 외	지정된 사회·복지·문화·예술·단체	근로소득금액의 30%	
	종교단체	주무관청에 등록된 종교단체	근로소득금액의 10%	

출처 : 국세청 홈페이지(www.nts.go.kr)

특히 자발적 기부금의 소득재분배 효과와 관련하여, 자발적 기부금을 통해 조성된 재원의 배분실태를 살펴보면 소득계층 간에 별 차이가 없다는 것이다. 살라몬(Salamon, 1995)은 정부재정의 57%가 빈곤한 계층에게 배분되지만, 비영리부문에서 조성된 재원은 28%만이 이들에게 배분되고 있다고 보고하였다. 자발적 기부금은 사회복지 이외에 교육, 환경, 예술 등 다양한 영역에 걸쳐있기 때문이다. 또한 자발적 기부금은 기부자의 의도에 따라 특정 계층이나 지역의 특수한 욕구 해결을 위해 배분되는 경향이 있는데, 이러한 경향은 국가 전체의 통합적이고 포괄적인 사회복지정책 발전에 장애가 될 수도 있다(송근원·김태성, 1995).

(3) 사적 소득이전

사적 소득이전(private income transfer)이란 가족이나 친지, 이웃을 통한 비공식적인 경제적·비경제적 지원을 말한다. 경제적 소득지원뿐만 아니라 비경제적 측면의 서비스 제공 모두를 포함한다. 현대 복지국가에서는 상대적으로 그 중요성이 약해졌지만, 공공복지가 발달되지 않은 상태에서 또는 국가의 개입이 미치지 못하는 부분에 가족이나 이웃의 비공식적인 지원은 매우 중요하다.

우리가 어떤 어려움을 겪게 되면 시청이나 동주민센터를 찾아가기보다는 부모와 형제에게 먼저 도움을 구한다. 가족 부양의 전통이 오히려 사회복지정책의 발달을 지체시켰다는 비판도 있으나, 공공 사회복지의 허점을 보완할 수 있고 무엇보다 신속하고 가족의 본질적 기능에 충실하다는 장점이 있다. 다만 가난한 가족은 사용가능한 사적 소득이전의 자원이 부족하고, 사적 이전소득은 지속성과 안정성이 떨어지는 한계가 있다.

11

CHAPTER

복지국가와 빈곤

1. 복지국가의 의의
2. 복지국가 유형
3. 복지국가 발달과정
4. 불평등
5. 빈곤

1 복지국가의 의의

1) 복지국가의 개념

복지국가에 대한 합의된 정의는 없다. 일반적으로 복지수준이 높은 나라, 혹은 정부가 사회복지정책을 강력하게 추진하는 나라 또는 사회주의와 자본주의가 혼합된 체제 등으로 불리기도 한다. 복지국가에 대한 학자들의 정의는 다음과 같다.

- 사적인 시장에서는 제공되지 않는 특별한 서비스를 받을 권리가 모든 시민에게 인정되어 있는 국가(Titmuss, 1967)
- 자선으로서가 아니라 정치적 권리로서 시민에게 보장된 모든 시민의 최저한의 소득, 영양, 보건, 주책 및 교육 등을 정부가 보호하는 국가(Wilensky, 1975)
- 시장에서의 가치, 지위나 계급의 차이에 관계없이 모든 국민에게 최소한의 수입을 보장하고, 사회적 위험으로부터 국민의 삶의 안전을 보장하기 위해 사회적 서비스를 가능한 최고 수준으로 제공하는 국가(Briggs, 1961)
- 사회서비스를 제공하고 경제체제를 지도함으로써 모든 사람의 합리적 생활수준 및 기회의 균등을 달성해 줄 의무가 있는 국가(Marsh, 1980)
- 협의로는 주로 빈곤문제 해결과 관련된 국가정책이고, 광의로는 고용, 임금, 그리고 거시경제 운용과 관련된 문제 전반에 대한 국가의 역할(Esping-Andersen, 1990)
- 국민의 삶과 관련된 최소한의 전국적 기준을 유지하기 위해 국가의 책임을 제도화하는 것(Mishra, 1990).

길버트와 테렐(Gilbert & Terrell, 2020)은 복지국가를 지탱하는 세 가지 기둥으로서 복지국가의 목적, 정책 및 대상을 설명하고 있다. 우선 ① 경제적 보상으로서 상실된 소득을 대체함으로써 일상생활상의 위험으로부터 시민을 보호하는 것을 목적으로 하며, ② 물질적 충족으로서 기본적인 사회적 보호를 제공하는 것을 목적으로 한다. ③ 기본적 서비스 제공으로 필수적인 상품과 서비스의 접근을 보장한다.

〈표 11-1〉 복지국가의 기초로서의 목적, 정책 및 대상

목적	정책	대상
경제적 보장 : 상실된 소득을 대체해 줌으로써 일상생활의 위험으로부터 시민을 보호	사회보장 : 질병, 실업, 은퇴, 유가족에 대한 사회보험(의료, 고용, 노령)	근로와 은퇴자 및 그들의 가족과 부양가족
물질적 충족 : 기본적인 사회적 보호 제공	공공부조 : 현금지원 및 사회서비스 제공	빈곤계층 및 취약계층
기본적 서비스 : 필수적인 재화와 서비스 접근을 보장	교육, 보건, 주거, 간호	모든 시민

출처 : Gilbert & Terrell(2020), p. 84.

2) 복지국가의 특징

복지국가는 완전고용, 소득유지, 보건, 주택, 교육 및 이와 관련되는 프로그램이나 서비스를 강조한다. 또한 최저생활 수준의 보장에 초점을 맞추고 완전고용과 기회균등을 목표로 하여 보다 정의롭고 안정된 사회를 이루는 것을 목적으로 삼고 있다. 즉, 복지국가의 특징은 ① 빈곤의 감소와 평등, ② 소득재분배에 의한 평등화 경향, ③ 완전고용의 실현, ④ 사회보장의 충실, ⑤ 혼합경제, ⑥ 기회균등을 추구하는 것으로 볼 수 있다(박경일, 2023).

또한 복지국가는 하나의 국가체제로서 정치 · 경제 · 사회적 제반 특성을 지니고 있다. ① 국가이념으로서 인간다운 생활 혹은 생존권 이념을 기반으로 한 국가이념체제, ② 정치체계로서 민주주의를, ③ 경제체계로서는 자본주의 경제를 바탕으로 한 혼합경제체제, ④ 사회체계로서는 사회복지정책을 중시하는 다원사회라고 요약된

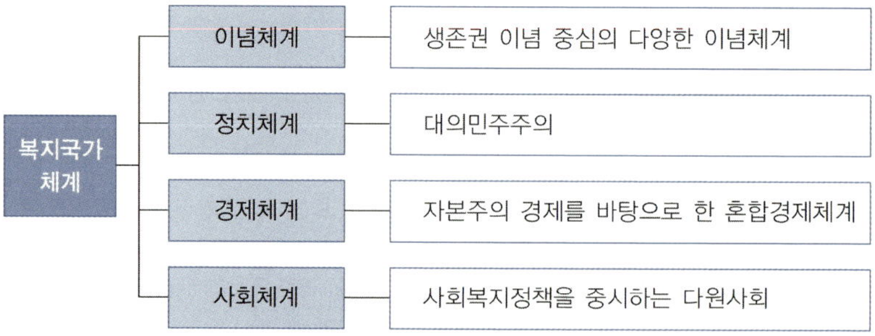

[그림 11-1] 복지국가의 특성

출처 : 현외성(2019), p. 403

다. 물론 경우에 따라서는 ⑤ 사회복지비용이 국가예산과 GDP상 차지하는 비중이 높음을 복지국가의 특성으로 볼 수도 있다(현외성, 2019).

2 복지국가 유형

1) 윌렌스키 유형

윌렌스키(Wilensky, 1975)는 사회보장비가 국민총생산 중에 차지하는 비율을 복지국가의 기준으로 설정하고, 15% 이상이면 복지선진국, 10~14%는 복지중진국, 5~9%는 복지후진국으로 분류하였다.

2) 미쉬라 유형

미쉬라(Mishra, 1984)는 복지에 대한 국가책임과 현실적 제도와의 관련을 통하여 구분하였다. ① 통합적(corporate or integrated) 복지국가는 복지와 경제를 구분하지 않고 서로 밀접한 관련이 있으며, 사회구성원의 이익이 통합되는 복지국가를 추구한다. 반면에 ② 분화된(differentiated) 복지국가는 복지와 경제를 구분하고, 경제에 나쁜 영향을 미치는 사회복지는 제한하고 잔여적 역할을 한다. 따라서 복지정책들은 통합되지 않고 단편화된다.

〈표 11-2〉 미쉬라 유형

구분	분화된(pluralistic or differentiated) 복지국가	통합된(corporate or integrated) 복지국가
해당국가	• 미국, 영국	• 오스트리아, 스웨덴, 서독, 네덜란드
경제영역	• 수요 측면에서의 경제조절 • 수요의 창조나 억제를 위한 정부의 경제활동 활성화조치(재정 및 금융정책)	• 수요 측면과 공급 측면(이윤, 투자, 임금 수준, 인플레이션, 노동시장의 조건 등)에서의 경제 조절 • 광범위한 경제문제의 조절 및 합의형성

사회복지	• 경제와 구별되는 상대적인 자율성 유지 • 경제와 관련하여 뚜렷한 연계를 거의 갖지 않는 국가의 사회적 서비스 제공	• 경제 및 경제정책으로부터 자율적인 영역으로 간주하지 않음 • 사회와 정제 간의 상호의존성과 상호관련성이 제도화됨 • 사회와 경제 간의 기능적 관계 및 상충관계는 정책결정에 정보를 제공함
정치형태	• 이익집단 다원주의적 성격 • 정치형태 및 사회의 의사결정 과정에서 자유경쟁 또는 시장모델 적용 • 산업 분야에서의 자유로운 집단협상 방식을 선택 • 조직화된 집단, 정당 및 의회를 통한 분파적 이익을 추구 • 사회적 책임이 결여된 경제력 행사 • 의회주의적 정부형태 • 완전한 시민적 · 정치적 자유	• 중앙집권적 다원주의 성격 • 광범위한 경제 및 사회정책에 걸쳐 주요 이해집단의 대표와 최고 조합들 간의 협상 • 경제집단의 상호의존성이 인식되어 계급 협력과 사회적 합의의 형태로 제도화됨 • 주요 경제 집단에 사회적 책임 존재 • 의회주의적 정부형태 • 완전한 시민적 · 정치적 자유

출처 : Mishra(1984).

3) 퍼니스와 틸톤 유형

퍼니스와 틸톤(Furniss & Tilton, 1977)은 사회복지 욕구에 대한 정부의 개입형태에 따라 ① 사회복지를 경제에 종속시키면서 사회보험 위주의 복지제도만 유지하는 적극국가, ② 경제성장과 완전고용을 위한 경제정책과 사회정책을 결합하여 전 국민에게 최저생활을 보장하려는 사회보장국가, 그리고 ③ 보편적 복지 제공을 통해 국민의 최저생활 보장은 물론 평등을 극대화하여 전 국민의 시장의존성을 축소시키려는 사회복지국가로 분류하였다.

〈표 11-3〉 퍼니스와 틸톤 유형

	적극(positive) 국가	사회보장(social security) 국가	사회복지(social welfare) 국가
국자 정책의 목적	• 자유시장의 불안정성과 재분배의 요구로부터 자본가를 보호	• 국민 전체의 생활안정	• 국민평등과 화합
국가 정책의 방향	• 경제성장을 위한 정부와 기업의 협조 • 완전고용정책의 극소화	• 완전고용정책의 극대화 • 기회균등의 실현 • 모든 국민에게 직접적	• 정부와 노조 간의 협력에 의한 완전고용정책 • 환경계획

		혜택 부여	• 최하계층의 욕구(needs)를 우선 고려
사회 정책의 방향	• 경제적 효율성에 기여할 수 있는 복지서비스만 실시 • 수평적 재분배와 수익자 부담의 원칙에 입각한 사회보험 프로그램을 강조 • 잔여적 복지모형 • 복지정책은 사회통제의 수단	• 국민 최저수준의 보장 (개인의 복지권과 국가의 의무 인정) • 기본 생존 수준 이하의 빈곤은 퇴치 가능 • 기본 생존 수준은 전체 국민의 생활수준의 향상에 따라 개선 • 사회보험제도 외에 정부의 무상 서비스의 필요성 인정	• 국민최저수준 이상의 보장 • 사회보험과 사회부조 프로그램의 실시를 위한 정부 지원의 극대화 • 권력의 분산과 시민참여의 확대
해당 국가	미국	영국	스웨덴

출처: Furniss & Tilton(1977).

4) 에스핑 앤드슨 유형

에스핑 앤드슨(Esping-Andersen, 1990)은 복지국가가 역사의 산물이며 사회계급 간의 투쟁의 산물이라는 점을 전제하고, 그것이 사회의 계급과 계층구조, 그리고 시장 및 가족관계와 서로 연결된다는 점을 강조하여 다음의 3가지 기준을 사용하여 복지국가를 유형화하였다.

① 탈상품화(de-commodification) : 노동을 상품으로 팔지 않더라도 정부의 복지혜택으로 생활할 수 있는 정도를 말한다. 복지는 국민의 권리이며, 탈상품화가 이루어지면 보편적 복지가 제공된다. 은퇴한 노령기에 국민연금 수급액이 풍족하면 일을 하지 않아도 되지만 생계비에 턱없이 부족하면 마지못해 일을 해야 한다. 노동시장에서 일을 할 수 없는 상황에 처했을 때 국가가 그들에게 연금이나 실업급여 등을 통해 어느 수준의 급여를 제공하느냐에 따라 탈상품화의 정도가 결정된다. 탈상품화의 정도가 높다는 것은 이들 급여의 수준이 높다는 것이고, 복지의 선진화가 높은 국가로 본다. 탈상품화를 측정하는 지수는 다음과 같다.

- 평균임금 대비 최저 급여액의 비율
- 평균임금 대비 평균급여액의 비율(소득대체율)
- 급여 수급자격 요건(요구되는 가입 기간)
- 전체 재원 중 수급자 부담의 비중
- 전체 인구 중 실제 수급자의 비율

② 계층화(stratification) : 사회복지정책이 기존의 사회계층 구조를 강화하거나 또는 새로운 계층을 형성하는 것을 말한다. 가령 단일연금이면 계층화가 발생하지 않지만, 국민연금과 특수직(공무원, 군인, 사립학교)연금으로 나눌수록 계층화가 발생한다. 보편적 복지는 계층화가 발생하지 않지만, 선별적일수록 수급자와 비수급자로 이원화해 계층화한다. 따라서 탈상품화와는 달리 계층화는 그 수준이 낮을수록 복지의 선진화가 높다고 본다. 계층화를 측정하는 지수는 다음과 같다.

- 직역별 공적연금 수
- GDP 대비 공무원연금 지출
- 자산조사지출/공공사회지출
- 민간연금지출/총연금지출
- 1인당 국민 총 의료비 대비 민간부분 1인당 국민의료비
- 연금, 상병급여 및 실업급여의 경제활동인구 대비 적용인구의 평균
- 공적 현금급여의 집중화계수(누진성)

③ 국가·시장·가족의 관계 : 복지공급의 주된 주체가 누구인가 그리고 어떻게 결합되어 있는가에 관한 것이다. 흔히 '탈가족화'라고도 하는데, 가족의 보호영역을 국가와 시장이 대체할 수 있는 정도를 말한다. 국가를 통한 탈가족화를 예를 든다면 공공보육서비스를 들 수 있다. 가족의 부양부담을 사회화하여 가족구성원이 가족 내 관계나 역할에 상관없이 사회적으로 적절한 수준의 생활을 유지할 수 있는 정도를 말한다. 국가중심의 보편주의라면 높은 탈상품화와 낮은 계층화가 발생할 것이지만, 시장이 공급주체라면 탈상품화는 매우 미약할 것이다. 따라서 탈가족화 수준이 높을수록 복지의 선진화도 높다. 탈가족화를

측정하는 지수는 다음과 같다.

- GDP 대비 가족복지지출 비중
- 공보육 서비스에 등록한 3세 미만 아동 비율
- 재가보호서비스를 받는 65세 이상 노인 비율

이러한 3가지 기준으로 ① 탈상품화 효과가 미약하고 공공부조를 강조하며 재분배효과가 미약한 자유주의 복지국가(예 : 미국, 캐나다), ② 사회보험을 강조하고, 직업별 다양한 복지제도가 있으며 탈상품화 효과가 한계적인 조합주의 복지국가(예 : 프랑스, 독일), ③ 보편주의 원칙과 사회권을 중시하고 복지의 재분배적 기능이 강력하며, 복지급여는 중간계급까지 확대되어 탈상품화 효과가 큰 사회민주주의 복지국가(예 : 스웨덴, 덴마크)로 구분하였다.

〈표 11-4〉 에스핑-앤드슨 유형

	사회민주주의 체제	보수주의 체제	자유주의 체제
가족의 역할	주변적	중심적	주변적
시장의 역할	주변적	주변적	중심적
국가의 역할	중심적	보조적	주변적
연대 방식	보편주의	친족(가족)중심 조합주의/국가주의	이중화(dualism) 개인주의
복지제공주체	국가	가족	시장
탈상품화 정도	매우 높음	높음(주로 남성가장에게)	매우 낮음
대표 국가군	북부유럽국가 (스웨덴)	유럽대륙국가 (독일, 이탈리아)	영미형 국가 (미국, 영국)

출처 : Esping-Andersen(1990), p. 85.

읽어보기 **한국은 어떤 복지국가 유형인가?**

에스핑 앤드슨(Esping-Andersen, 1990)의 이론을 적용하면 우리나라는 어떤 복지국가 유형에 해당할까? 에스핑 앤드슨(Esping-Andersen, 1999)은 우리나라를 포함해 대만, 일본 등의 동아시아 국가는 '독자적인 복지체제 구성원리가 없는' 예외 사례로 구분하였다. 그리고 홀리데이(Holiday, 2000)와 아스팔터(Aspalter, 2005) 등은 우리나라와 같은 동아시아 국가의 예외성을 강조하며 성장 친화적인 복지정책을 강조하는 '생산주의 복지체제'로 규정한 바 있다. 즉 기존의 3가지 유형에 추가한 네 번째 유형을 제시한 것이다. 그리고 3가지 유형에 맞춰 분석하자면 한신실(2020)은 탈상품화는 자유주의형에, 계층화는 보수주의와 자유주의형에, 탈가족화는 자유주의형과 남부유럽형에 가까워 전체적으로 자유주의형 복지국가로 평가하였다.

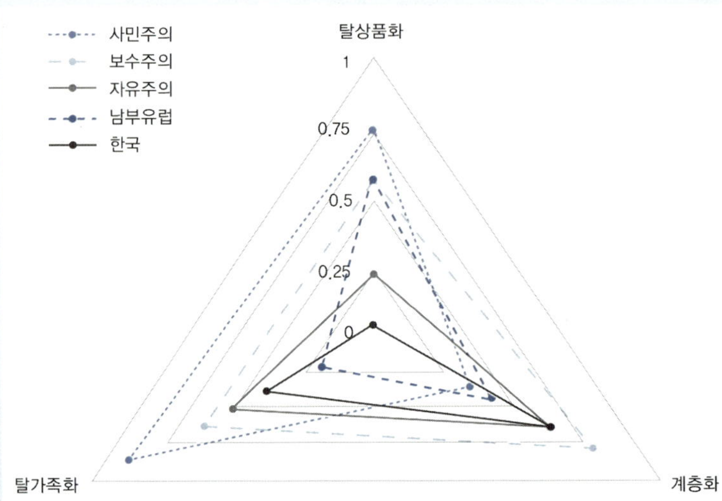

[그림 11-2] 복지체제별 복지국가 지형

출처 : 한신실(2020), p. 172.

5) 제솝 유형

제솝(Jessob, 2002)은 1970년대 복지국가 위기 이전까지의 전통적 복지국가는 세계화와 지식기반산업과 같은 탈산업화의 특성으로 인해 새로운 성격의 복지국가로 바뀌었다고 주장하면서 전통적인 케인즈주의적 복지국가와 슘페테리언 노동연계 복지레짐으로 구분하였다.

〈표 11-5〉 제솝 유형

구분	케인즈주의적 복지국가 (KWNS: The Keynesian Wellare National State)		슘페테리언 노동연계 복지레짐 (SWPR: The Schumpeterian Workfare Postnational Regime)	
경제정책의 특징	Keynesian	• 완전고용 • 수요관리 • 대량생산과 소비	Schumpctcrian	• 개방경제하에서 혁신과 경쟁력 초점 • 지식기반경제를 증진시키기 위한 공급중심 경제에 대한 지속적인 강조
사회정책의 특징	Welfarc	• 집합적 교섭 • 대중소비 • 복지권의 확대	Workiare	• 사회정책의 경제정책에 대한 종속 • '사회적 임금'에 대한 약화 • 복지권의 약화
일차적 규모	National	• 국민적 수준에서 관심	Postnational	• 개별국가 수준의 비용의 상대성 • 개별국가의 새로운 경쟁과 지속적인 역할 강화
시장실패 일차적 보충수단	State	• 시장과 국가의 혼합경제 • 시장실패에 대한 국가 보완	Regime	• 시장과 국가 실패의 수정을 위한 스스로의 조직적인 거버넌스 역할 증대 • 반면, 메타거버넌스의 실행에 있어서 국가 기능의 점진적인 확대

출처 : Jessob(2002).

3 복지국가 발달과정

1) 복지국가 출범

복지국가라는 용어는 영국 대주교인 윌리엄 템플(W. Temple)이 『시민과 성직자(Citizen and Churchman, 1941)』에서 나치독일을 전쟁국가(Warfare State)로 표현하면서 영국을 복지국가(Welfare State)로 대조시켜 규정한 데서 시작되었다. 그러나 복지국가의 특성이나 내용을 제시하지는 않았다.

복지국가라는 용어가 일반적으로 사용된 것은 베버리지 보고서(Social Insurance

and Allied Service, 1942)가 발표되고, 국민생활의 최저한(national minimum)의 보편적인 보장을 의도하는 사회보장안을 영국 노동당이 실행으로 옮겨지면서부터이다. 가족수당법(1945), 산재보험법(1946), 국민보험법(1946) 및 국민부조법(1946) 등 소득보장제 법령과 국민보건서비스법이 1948년 7월 5일 시행됨으로써 복지국가가 출범하게 되었다.

2) 복지국가 성장

복지국가 출범이래 1960년대를 거치면서 유럽을 중심으로 복지국가는 괄목하게 성장하였다. 사회보험제도의 대상과 급여 수준이 지속적으로 확대되고, 재정규모 역시 확대되어 정부 예산에서 점점 더 많은 비중을 차지하게 되었다. 1970년대 중반에 유럽의 복지국가 중에서는 복지분야에 대한 정부지출이 GDP의 25~30%에 이르는 경우도 생겼다. 피어슨(Pierson, 1991)은 1945년부터 1975년 석유파동 이전까지의 시기를 복지국가의 황금기라고 불렀다.

이 시기는 ① 시민권에 기반한 포괄적이고 보편적인 복지국가로의 이행, ② 사회보험제도 급여수준의 향상과 대상범위의 확대, ③ 혼합경제와 확대된 사회복지에 대한 정치적인 합의, ④ 경제성장과 완전고용에 대한 헌신으로 요약할 수 있다(Pierson, 1991). 이 시기의 중요한 특징은 중산층이 사회복지 대상자로 포함되어 모든 시민이 보건, 주택, 교육 프로그램을 누릴 수 있게 되었다.

3) 복지국가 위기

1973년 석유파동은 제2차 세계대전 이후 30년간 지속되어 온 복지국가체제를 뒤흔들었다. 경제성장률은 떨어지고 물가는 빠르게 상승했으며 실업률도 상승하였다. 그 결과 영국에서는 1979년 대처의 보수당 정부가 들어섰고, 미국 역시 1980년 민주당 정부가 실각하고 레이건 공화당 정부가 수립되었다.

결국 복지국가 위기는 ① 석유파동이 불러온 물가 폭등과 실업률 상승 같은 경제적 요인, ② 과다한 정부의 복지 지출로 인해 파산할 수도 있다는 재정적 요인, ③

국민들로부터 복지국가에 대한 신뢰와 지지를 잃게 된 정치적 요인이 복잡적으로 나타난 결과이다.

4) 복지국가 재편

새로 집권한 대처와 레이건의 보수정권은 복지지출을 대폭 삭감하는 등 구조개혁을 단행하였다. 학자들에 따라 이러한 현상을 축소, 재정립, 조정 등 다양하게 해석하지만 큰 변화가 있었다는 사실은 자명하다. 보수정권은 정부개입을 최소화하고 자율시장의 기능을 활성화하며, 개인의 자발성을 강조하는 방향으로 정책을 실천해 나갔다. 이러한 신보수주의(neo-conservation) 전략은 대체로 다음의 3가지로 집약된다 (Johnson, 1990).

① 민영화 : 국가의 사회복지 공급기능을 축소하고 그 기능의 일부를 민간부문에 이양하는 것을 말한다. 민간부문은 가족과 친지 등의 비공식부문이나 자원조직, 영리기업 모두를 포함한다. 정부실패를 근거로 시장기제의 우월성과 복지다원주의를 강조하였다.

② 지방정부 억제 : 중앙정부뿐만 아니라 지방정부의 권한과 재정을 축소하였다. 지방정부의 재정을 통제해 지출규모를 삭감하거나 지방정부의 권한을 축소해 복지사업에 대해 중앙정부의 사전 승인 및 동의를 받도록 하는 등의 조치를 취하였다.

정책사례 **사회보장 신설변경 협의제도**

서울시와 경기도 청년수당 도입과 관련해 중앙정부와 마찰을 빚었다. 지방자치단체의 선심성 복지제도 신설을 억제하기 위해 사회보장제도 신설·변경 협의제도를 마련하였다. 이 제도는 중앙부처와 지자체가 사회보장제도를 신설하거나 변경할 경우에 기존 제도와의 관계, 사회보장 전달체계에 미치는 영향, 재원의 규모·조달방안을 포함한 재정에 미치는 영향 및 지역별 특성 등을 사전에 충분히 검토하고 상호협력하여 사회보장급여가 중복 또는 누락되지 않도록 보건복지부장관과 협의하는 제도이다.

③ 불평등 장려 : 불평등을 불가피한 것으로 받아들였으며 여러 정책수단을 동원해 불평등을 증대시키려 했다. 빈민과 사회적 약자에 대한 국가 원조를 최소화하고 자격요건을 강화하였으며 자활중심으로 전환하였다. 또한 감세정책을 추진하고 작은정부를 표방하면서 지방정부로 기능을 이양하였다.

5) 최근 복지국가 동향

오늘날의 복지국가는 이전 세대와는 다른 형태를 보이고 있다. 1990년대 이후 성숙한 복지국가에 새로운 변화를 요구하는 압력은 탈산업사회에서 발생하는 제반 특성에서 찾을 수 있으며, 그 특징은 다음과 같이 요약할 수 있다(Pierson, 2001).

① 생산성 향상의 둔화와 서비스산업의 성장 : 생산성 향상의 둔화는 실업률을 높여 사회복지급여 지출을 늘리면서 사회보장비용의 재원조달을 어렵게 만든다. 또한 서비스산업의 성장은 저임금 노동자를 양산하여 임금의 불평등을 야기시킨다.

② 복지국가의 성숙으로 인한 국가개입의 팽창 : 각종 복지제도 수급자가 늘어나 정부의 재정지출이 증가하고, 사회복지비용이 증가할수록 경제성장에 투입하는 지출은 줄어든다. 늘어나는 복지비용을 정부가 감당하기 쉽지 않고, 급여대상자는 사회복지급여를 요구하게 되어 정부는 손쉬운 적자재정을 선택하게 되고, 그 결과 정부의 재정적자는 계속 증가한다.

③ 인구고령화와 가족구조의 변화 : 인구고령화로 인해 사회복지급여 대상자가 늘어나게 되고 반면에 노동인구는 줄어들어 고령자 부양부담이 증가하게 된다. 또한 여성의 사회진출과 여권 신장으로 핵가족, 한부모가족 및 독신가족이 늘어나게 되고, 따라서 가족 고유의 보육과 부양기능을 대신할 사회복지정책이 더욱 요청된다.

〈표 11-6〉 새로운 사회적 위험과 새로운 복지국가의 역할

사회경제적 변화	새로운 사회적 위험	새로운 복지국가의 역할
인구고령화	• 취약한 노인 보살피기 • 스스로 취약한 노인이 되는 것	• 노인서비스
가족 내 성역할의 변화	• 일과 가족 내 책임의 균형잡기, 특히 보육	• 보육서비스
노동시장 변화	• 입직의 어려움 • 적절한 일자리의 확보와 유지의 어려움 • 적절한 일자리를 확보할 만한 숙련기술의 결여 • 확보한 숙련기술의 빠른 부식	• 교육, 훈련 • 적극적 노동시장정책
복지국가의 변화 (민영화)	• 부적절한 급여(특히 연금) • 불만족스런 서비스	• 적절한 급여와 서비스체계의 직접 제공(특히 취약층) • 민간복지에 대한 적절한 규제

출처 : Taylor-Gooby(2004).

또한 클라크(Clarke, 2004)는 최근의 복지국가의 변화를 다음과 같이 정리하였다. 분업과 자동화를 통한 소품종 대량생산의 포드주의 생산양식이 다품종 소량생산의 포스트포드주의로 변화하면서 전후의 복지국가는 노동연계복지 내지 근로촉진국가로 변화되고 있다고 하였다.

〈표 11-7〉 복지국가의 변화

From		To
포드주의	→	포스트포드주의적 복지국가(Burrow & Loader, 1994)
복지국가	→	워크페어국가(Peck, 2001)
복지국가	→	근로촉진국가(Gilbert, 2002)
관료주의	→	(준)시장(barttlett, Le Grand & Robert, 1998)
국가독점주의	→	복지다원주의(Rao, 1996)
복지주의	→	포스트복지주의(Gewirtz, 2002)
남성생계자 중심체계	→	양성생계자 중심체계(Lewis, 2000)
케인즈주의적 복지국가	→	슘페터주의적 노동복지체제(Jessop, 2000)

출처 : Clarke(2004). p. 13.

복지국가의 발달과정은 개별 국가 간에는 어느 정도는 차이가 있을 수 있지만 모

든 복지국가들은 공통된 일련의 역사적 과정을 거치고 있음을 알 수 있다. 참고로 길버트와 테렐(Gilbert & Terrell, 2013)은 복지국가의 탄생을 독일 정부의 질병보험(1883)으로 보아 1880~1930년대를 태동기, 제2차 세계대전 이후 복지국가가 광범위하게 사용되면서 제도적 사회복지로 발전한 1940~1950년대를 성장기, 1960년대 중반~1970년대를 성숙기, 1970년대 중반~2007년을 전환기, 그리고 2008년 이후를 압력기로 구분하여 설명하고 있다. 2008년 세계금융위기 이후에는 국가복지 정책의 근본 자체가 흔들리기 시작하였기 때문에 압력기로 구분하였다.

〈표 11-8〉 길버트와 테렐의 복지국가 발달과정

	태동 1880년대~ 1930년대	성장 1940년대~ 1950년대	성숙 1960년대 중반~ 1970년대	전환 1970년대 중반~ 2007년	2008년 이후의 압력
경제적 발전	무한자본주의의 황금기 ; 산업화에 따른 경제 변화	대공황 이후 케인지언 경제의 승리; 제2차 세계대전 승리 이후 경제 성장; 저실업	1970년대 중반 삶의 기준 향상과 지속 가능한 경제발전(경제성장); 1973년 '오일쇼크'로 서방경제(western economics) 약화	경제성장 둔화; 개인 소득침체; 불평등 증가; 유럽 국가들의 실업 증가; 고령계층으로부터 사회복지에 대한 욕구 증가	2008년 시작된 세계경제 침체; 실업과 경제적 불안정의 증가; 여러 국가에서 나타난 부채위기와 파산 위험
정치적 발전	민주주의 성장; 일반 성인에게 투표권 부여, 노동조합, 사회민주주의, 근대자유주의의 발달	사회지출 증가에 대한 정당의 합의; 유럽 노동당, 미국 민주당 득세	새로운 정치적 지지자들의 형성에 따른 소수민족, 여성, 장애인, 기타 등에 대한 시민권과 사회권 향상	보수당 재기; 조세저항; 시민당과 노동조합의 세력 약화; 복지국가의 권위 실추	정부 재정지출과 부채를 줄이려는 주류 정당들의 시도를 전반적으로 받아들이는 흐름, 유럽 전역에서 긴축에 반대하는 시위 발생
정부의 역할	국민복지의 리더십 형성; 사립시설과 지역주의 감소	국가의 사회적 재정의 확충, 정규화, 복지국가의 선거권의 보편화	소수민족, 배제집단, 도시빈곤계층의 사회·경제권이 강조되는 프로그램 생성; 공공부문의 고용증가가 대폭 늘어남	레이건(미국)과 대처(영국)는 복지국가의 규모와 영역의 축소; 지방분권(decentralization); 민영화	유럽과 미국에 걸쳐 긴축 시도가 나타남

사회 정책	구빈법이 사회보장의 출발점으로 인정됨(연금, 실업, 보건); GDP의 5% 대의 공적 지출 수준에 도달	기초사회보장, 의료보호, 공공부조 프로그램, 가족수당의 적용범위 확대	소득, 보건 사회서비스 프로그램의 범위가 확대됨; 1970년대 중반 평균 공공지출 수준이 유럽의 경우 GDP의 25%, 미국은 20% 수준	새로운 프로그램의 부재; 공공부조를 통한 사회안전망 약화; 사회보장 프로그램 축소; 지출수준 고정	복지국가가 경제위기의 주범이라는 비난 속에서 복지급여에 대한 공격이 늘어남; 급여에 대한 수요는 크게 증가하면서 실업, 퇴직, 보건의료 프로그램 등에서 광범위한 개혁이 진행됨
유럽의 주요 사건	1886 : 독일의료보험 채택 1911 : 국민보험법 제정 1921 : 오스트리아 가족수당 최초 도입	1941 : 영국대주교 성당은 '복지국가'라는 어구가 새겨진 화폐 주조 1943 : 제2차 세계대전 이후 베버리지 플랜을 통해 영국 사회의 복지청사진 제공	1966 : 영국 사회보장청 신설; 보다 일반화된 보충급여 제공 1971 : 만성질환자를 원조하는 급여 신설됨	1979 : 마가렛 대처 영국 국무총리 집권, 공공주택을 사유화하고 연금급여 삭감	공공부문에서의 임금 삭감; 실업보험의 삭감; 연금수급연령의 상향; 민영화
미국의 주요 사건	1913 : 누진소득세 도입 1935 : 연방사회보장법 제정	연방내각에 보건, 교육, 복지부서 창설	1964 : 린든 존슨(미국 36대 대통령)의 '빈곤과의 전쟁' 선포 1965 : Medicare와 Medicaid 도입	1980 : 로널드 레이건 대통령 당선 1994 : 공화당 미국국회 제1당 획득 1996 : AFDC 폐지	2010 : 보편적 건강보장 입법화; 2010년 의회의 티파티 운동의 승리로 우파의 정치적 영향력 확대; 성과를 거두지는 못했지만 초당파적인 조세와 재정 개혁을 위한 노력

출처 : Gilbert & Terrell(2013), pp. 64-65.

4 불평등

1) 불평등의 의의

복지국가는 소득재분배에 의한 평등화 경향을 추구한다. 소득불평등은 일부 인구가 대다수보다 훨씬 많은 소득을 얻는 현상을 말하는데, 빈부 격차 내지 사회양극화의 주된 원인이다. 소득재분배가 정의롭지 않으면 자유경제체제는 물론이고 민주주의 정치체제가 붕괴할 수 있고, 반면에 상대적으로 평등하게 분배되면 최저빈곤층의 절대 빈곤수준을 향상시켜 사회전체의 복지수준이 증대된다. 소득불평등을 완화시키기 위해서는 소득불평등 정도를 파악해야 한다.

2) 불평등 측정방법

(1) 로렌츠곡선과 지니계수

로렌츠곡선(Lorenz curve)는 소득분포를 나타낸 도표에서 소득 불평등을 나타내는 곡선이다. 가로(X)축에는 누적된 소득인원을, 세로(Y)축에는 누적된 소득금액을 표시하여, 소득분포가 균등하면 완전균등선이 대각선으로 그려진다. 10% 사람이 소득의 10%를 차지하고, 50% 사람이 소득의 50%를 차지하기 때문이다. 그러나 불균등할수록 우하향의 볼록한 곡선이 그려진다. 예를 들어 [그림 11-3]에서 30%의 사람이 8%의 소득을 차지하고, 50%의 사람이 25%의 소득을 차지한다. 이 곡선이 로렌츠곡선이고, 완전균등선과 로렌츠곡선 사이가 불균등 면적이다.

지니계수(Gini coefficient)는 로렌츠곡선과 완전균등선이 이루는 불평등면적과 완전균등선 이하 면적의 비율(A/A+B)이다. 불평등면적이 클수록 지니계수가 커지므로 지니계수가 0이면 완전평등, 1이면 완전불평등 상태이다. 다만 어느 계층에서 더 불평등한지는 알 수 없다. 일반적으로 0.4 이상이면 불평등한 상태라고 평가한다.

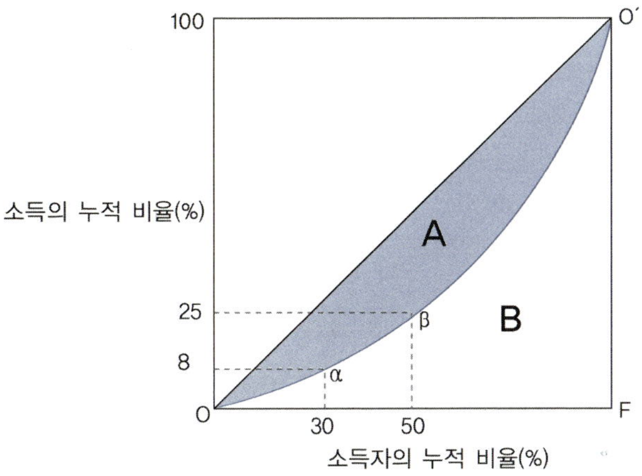

[그림 11-3] 로렌츠곡선

(2) 십분위분배율

십분위분배율(deciles distribution ratio)은 한 나라의 모든 가구를 소득 크기에 따라 10등분해서 상위 20% 소득에 대한 하위 40% 계층의 소득비율을 말한다. 즉 모든 가구를 소득의 크기에 따라 소득이 적은 순서대로 일렬로 정렬한 다음 10등분하여, 고소득층이라 할 수 있는 9~10분위계층(상위 20%)의 소득합계에 대한, 저소득이라 할 수 있는 소득이 낮은 1~4분위계층(하위 40%) 소득합계의 비율을 나타낸다. 십분위분배율은 이론적으로 0보다 크고 2보다 작다. 숫자가 클수록 소득불평등이 개선되는 것이다. 일반적으로 0.45 이상이면 균등분배, 0.35 미만이면 불균등분배, 그 사이는 중간수준이라 한다.

$$\text{십분위분배율} = \frac{\text{하위 40\% 소득계층의 소득액}}{\text{상위 20\% 소득계층의 소득액}}$$

십분위분배율 이외에 최상위 20% 평균소득을 최하위 20% 평균소득으로 나눈 5분위분배율과 최상위 10% 소득비중을 최하위 40% 소득비중으로 나눈 팔마 비율 등이 있다.

(3) 피케티지수

피케티(T. Piketty, 2017)는 노동소득보다 자본수익률이 높기 때문에 자본주의가 발전할수록 빈부격차가 심해진다고 주장하며, 가계와 정부의 순자산(국부)을 국민순소득으로 나눈 값인 피케티지수를 개발하였다. 지수값이 6이라면 자본총량이 6년 동안의 국민소득과 같다는 것이고, 개인이 평균소득으로 평균적인 부를 쌓는데 6년이 걸린다는 의미이다. 따라서 이 지수가 불평등을 직접 나타내지는 않지만, 이 지수가 상승하면 자산의 힘이 증대하고 노동소득의 비중이 작아져 불평등이 심해지는 것을 의미한다.

3) 소득재분배정책

복지국가는 소득재분배를 통한 평등을 추구하는 경향이 있고, 사회복지정책 역시 경제성장에 따른 이득을 사회적으로 재분배하여 소득불평등을 줄이고 사회적 변화와 통합을 증대하는 기능을 한다. 소득재분배는 시간, 사회계층 및 세대를 기준으로 다음과 같은 종류가 있다.

① 시간 기준 : 장기적 재분배와 단기적 재분배가 있다. 장기적 재분배는 적립식 국민연금과 같이 젊은 시절에 적립한 연금을 노후에 받는 생애에 걸쳐 장기적으로 이루어지는 재분배이며, 단기적 재분배는 현재의 사회적 욕구 충족을 위해 현재 자원을 사용하는 재분배정책이다. 주로 공공부조와 같이 단년도 예산사업들에 해당한다.

② 사회계층 기준 : 수직적 재분배와 수평적 재분배가 있다. 수직적 재분배는 공공부조와 누진소득세와 같이 고소득자에서 저소득자로의 소득이전을 말하며, 수평적 재분배는 동일 소득계층 내의 재분배를 말한다.

③ 세대 기준 : 세대 내 재분배와 세대 간 재분배가 있다. 세대 내 재분배는 본인이 적립한 연금을 본인이 받아 동일한 세대 내에서의 소득이전이고, 세대 간 재분배는 부과식 국민연금 같이 앞 세대와 후손 세대 간의 재분배를 말한다.

〈표 11-9〉 소득재분배 유형

구분	유형	내용	정책사례
시간	장기적 재분배	생애에 걸쳐 이루어지는 재분배로 적립 방식의 연금	국민연금(적립식)
	단기적 재분배	사회적 욕구의 충족을 위해 현재의 자원을 사용하는 것	건강보험, 산재보험, 공공부조
사회계층	수직적 재분배	고소득자에서 저소득자로의 소득이전	공공부조, 누진소득세
	수평적 재분배	동일 소득계층 내의 재분배	국민건강보험, 고용보험
세대	세대 내 재분배	근로시적 소득 적립 후 노년기에 되찾는 적립방식의 연금	국민연금(적립식)
	세대 간 재분배	현 근로세대에서 다음 세대로 소득이전	국민연금(부과식), 기초연금

4) 우리나라의 불평등

앞에서 살펴본 여러 지수를 통해 우리나라의 불평등 정도를 살펴보면, 우선 지니계수는 최근까지 0.3 수준으로 나타나 심각한 수준은 아니다. 그러나 장기적으로 보면 1998년 IMF 구제금융과 2008년 세계금융위기를 겪으면서 불평등이 심화되었고, 최근의 코로나사태 역시 불평등을 심화시켰다.

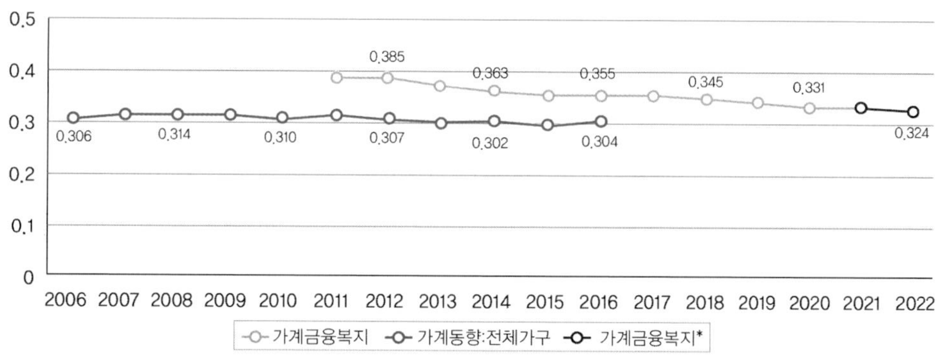

[그림 11-4] 지니계수 변화

출처: 통계청(각 연도), 소득분배지표.

그러나 국부에서 국민순소득의 비율을 참작한 피케티지수를 살펴보면 선진국들은 평균 4~7 정도이지만 우리나라는 2021년 9.6이므로 국제비교에서 높은 수준이다.

특히 최근 몇 년간 부동산 폭등 등으로 심각한 수준으로 악화되는 결과를 보여주고 있다.

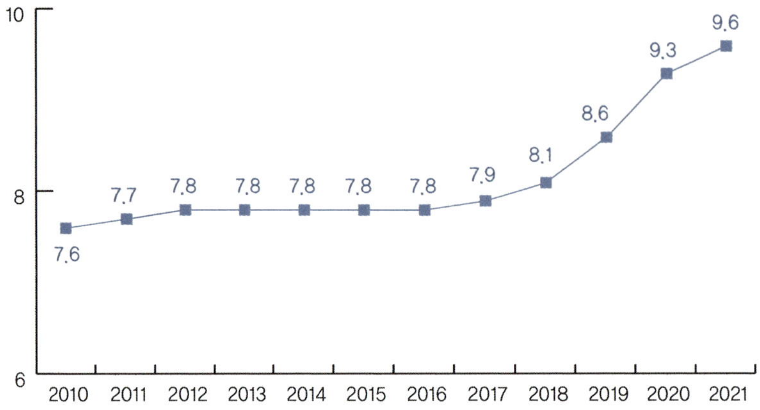

[그림 11-5] 피케티지수 변화

출처 : 데일리안(2022).

5 빈곤

1) 빈곤의 의의

빈곤(poverty)이란 인간의 기본적 욕구(basic needs) 충족에 필요한 재화와 서비스를 사용할 수 있는 능력이 결핍된 상태를 말한다. 빈곤을 경제적 관점이 아니라 불평등으로 보는 관점, 착취로 보는 관점, 문화로 보는 관점 등에 따라 다양한 정의가 존재한다. 또한 빈곤은 어느 사회나 어느 시대에나 존재하는 가장 중대한 사회문제 중의 하나이다.

'가난은 나랏님도 못 구한다'고 할 만큼 빈곤은 개인적인 문제가 아니라 복잡한 사회구조적인 문제이며, 여러 사회문제 중 개인에게 가장 큰 고통을 안겨주면서 여러 다른 사회문제를 파생시키는 문제이다. 과거 왕조국가나 현대국가 모두 빈곤은 국가에서 가장 중시하고 우선시하는 정책 중의 하나로 여겨져 왔다. 빈곤은 한 국가의 정부와 사회가 사회복지에 쏟아 부은 노력에 대한 결과물이며, 빈곤연구는 보다 포괄적인 재분배정책 및 궁극적으로는 복지국가의 성과를 이해하기 위한 중요한 요소이다(Bradshaw, 1999). 따라서 빈곤은 사회복지정책의 가장 주된 핵심과제이며, 빈곤의 감소는 복지국가의 핵심적 목표이다.

2) 빈곤의 유형

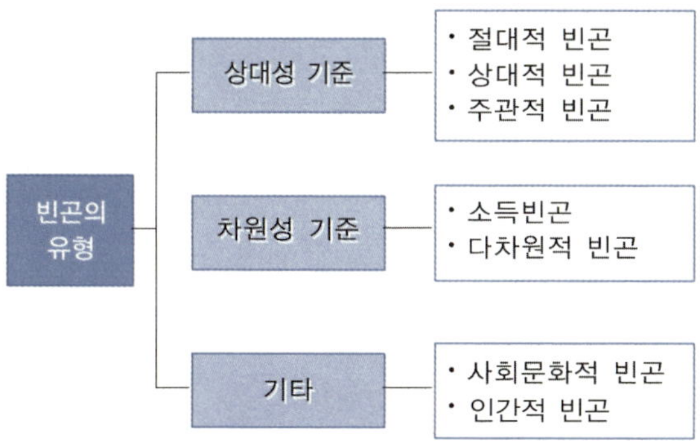

[그림 11-6] 빈곤의 유형

(1) 상대성 기준 : 절대적·상대적·주관적 빈곤

① 절대적 빈곤 : 생존을 위한 최저한의 물질적 결핍상태를 말하는 것으로, 신체적 건강과 노동력을 공급하는데 필요한 재화의 결여와 관련지어 가족의 기본적 생계에 필요한 생계비에 기준을 두고 있다. 빈곤에 대한 가장 오래된 정의이다. 절대적 빈곤은 생활수준이나 최저생활기준을 객관적으로 정의할 수 없을뿐만 아니라 시대적·사회적·문화적 배경에 따라 차이가 나고, 지역의 특수성이나 개인적 성향이 간과되는 문제점이 있다.

② 상대적 빈곤 : 하위 계층의 소득과 상위 계층의 소득을 비교함으로써 빈곤의 개념을 정하는 것이다. 그 사회의 평균소득수준과 대비하여 상대적으로 낮은 계층을 빈곤층으로 본다. 절대적 빈곤이 사회 전체의 분배 상태를 고려하지 않

은 개념이라는 비판에서 대두되었다. 가령 빈곤계층의 소득이 과거보다 향상했다 하더라도 사회전체가 골고루 소득이 상승했다면 변함이 없게 된다. 따라서 상대적 빈곤은 소득 불평등을 전제로 한다. 외국 주요 기관의 상대적 빈곤선은 다음과 같다.

- OECD : 중위가구소득의 40%
- World Bank : 개발도상국은 평균가구소득의 1/3, 선진국은 평균가구소득의 1/2
- European Union : 평균소득의 50%
- 타운센드(Townsend) : 빈곤층은 평균가구소득의 80% 이하, 극빈층은 50% 이하
- 레인워터(Rainwater) : 가구당 평균소득의 46~58%
- 일본 : 근로자 가구 소비지출의 68%

③ 주관적 빈곤 : 절대적 빈곤과 상대적 빈곤은 과학적으로 결정되든 아니면 정치적으로 결정되든 제3자의 판단에 의해 객관적 기준이 정해진다. 반면에, 주관적 빈곤은 각자가 빈곤으로 간주하는(느끼는) 수준에서 결정된다. 자기의 생활상태에 대해 사람들이 가지는 느낌이 중요한 의미를 가진다.

(2) 차원성 기준 : 소득 빈곤과 다차원적 빈곤

전통적으로 빈곤은 최저생계에 필요한 물질적 자원이 없는 가난한 상태로 인식되어 왔지만, 1970년대 이후 단일차원의 소득 빈곤에서 상대적 박탈, 배제, 결핍을 포괄하는 다차원적 빈곤으로 확대되고 있다. 인간다운 삶을 유지하는데 필요한 최소한의 자원의 범위도 화폐적 소득에서 인간의 삶 전반으로 확장되었다. 다차원적 빈곤 개념은 타운센드(Townsend, 1979)의 박탈 개념을 통해 본격적으로 시작되었으며, 이외에도 센(A. Sen)의 존재실현력이론(theory of capability), 1990년대의 사회적 배제 등이 있다.

〈표 11-10〉 소득 빈곤과 다차원적 빈곤 비교

구분	소득빈곤	다차원적 빈곤
영역	• 단일영역	• 다차원 영역
빈곤선 기준	• 계량화된 단일 빈곤선	• 자원 · 기회의 결핍, 박탈, 배제
특성	• 간접적 지표 • 절대적 최소한의 삶 혹은 상대적 평균	• 직접적 지표 • 상대적 혹은 적정수준의 삶 가정
강점	• 공식적 소득분배지표로 활용 • 정택대상 빈곤층 선별의 정확성	• 빈곤의 실질적 상태 반영 • 개인의 다양한 욕구 반영 가능
한계	• 소득정보의 불확실성 • 경제 이외 욕구 수준 미반영 • 비화폐적 재화의 결핍 특정 어려움	• 빈곤 영역과 지표 선정의 모호성 • 영역과 요소 간 상호작용, 시점 문제 • 빈곤의 수직적 격차 식별의 어려움

출처: 변금선, 이혜림(2022), p. 93.

읽어보기 **센(A. Sen)의 역량 관점**

센은 역량을 개인이 가치를 두고 추구하는 행위나 상태를 달성할 수 있도록 하는 기회의 집합이라고 정의하였으며, 자원의 투입과 산출이 아닌 실현되지 않은 기회의 집합으로서 삶의 역량을 통해 인간의 삶을 평가해야 한다고 제안하였다. 센의 역량 관점은 UNDP(United Nations Development Programme)의 다차원적 빈곤 지표(MPI: Multidimensional Poverty Index), 인간개발지수(Human Development Index), OECD의 삶의 질 지표(Quality of Life Index) 등에 영향을 미쳤다. UNDP는 1990년 이후 건강, 교육수준, 물질적 복지수준 세 영역이 통합지수로 산출되는 인간개발지수(HDI)와 건강, 교육, 생활수준 3개 영역의 10개 지표로 구성되는 다차원적 빈곤지수(UNDP-MPI)를 통해 인간적인 삶을 유지하기 위한 최소한의 수준을 측정하고 있다.

(3) 기타

① 사회문화적 빈곤 : 사회문화적 삶을 영위하는 데에 가치가 있는 자원을 사용할 수 없거나 부족한 상태를 의미한다. 빈곤을 단순한 경제적 상태가 아니라 사회문화적 요인들이 복합적으로 작용한 상태로 본다. 빈곤문화론에 의하면 가난한 사람들의 문화는 지배문화와는 다른 독특한 빈곤문화를 형성한다고 한다.

② 인간적 빈곤(human poverty) : 주로 공동체의 진보에서 소외된 사람들의 비율을 측정하는 것으로, 소득 이외의 수명, 문맹률, 영양실조, 수질오염 같은 삶의 질에 영향을 미치는 요인들이 결핍된 상태를 말한다. 인간적 빈곤은 인간빈

곤지수(human poverty index)로 측정되는데, 이는 어떤 한 집단의 빈곤 정도를 총체적으로 측정하여 나타낸 지수이다.

3) 빈곤의 원인

(1) 인적자본이론

인적자본이론(human capital theory)은 경제학에서 가장 일반적인 설명으로, 빈곤은 개인의 낮은 생산성(productivity) 때문이라고 본다. 즉, 학교교육, 기술훈련, 지식과 재능 등과 같은 인적자본이 부족하기 때문에 생산성이 낮고 따라서 수입이 적고 빈곤해진다는 것이다. 인적자본에 대한 투자가 개인의 생산성을 결정하며, 개인의 생산성 여하에 따라 임금 또는 소득이 결정된다. 이 이론은 1960년대 미국의 '빈곤과의 전쟁(War on Poverty)'의 이론적 기반을 제공하여 빈곤가정 아동의 조기교육 프로그램인 헤드스타트(Head Start) 프로그램을 실시하게 되었다.

정책사례 **각국 스타트정책**

선진국들은 아동 빈곤 예방을 위해 '스타트(start)' 명칭으로 비슷한 정책을 펼치고 있다. 미국의 헤드(Head) 스타트, 영국의 슈어(Sure) 스타트, 캐나다의 페어(Fair) 스타트, 호주의 베스트(Best) 스타트 등이 있고, 우리나라는 우리(we) 모두가 나서 빈곤가정 아동들의 공정한 삶의 출발(start)을 도움으로써 가난의 대물림을 끊어주자는 위(We) 스타트가 시민운동으로 시작되었다. 이후 정부가 위스타트를 모델로 하여 국책사업으로 채택하여 2007년 보건복지부 주관으로 드림(Dream) 스타트가 실시되고 있다.

(2) 선발이론(학력주의)

선발이론(screening theory) 또는 학력주의(credentialism)라고도 하는데, 인적자본이론의 가설을 반대하면서 등장한 이론으로 학력은 생산성의 대리변수 역할을 하므로 학력은 임금을 결정하는 요인이 된다. 따라서 낮은 학력은 낮은 임금을 파생시키며 빈곤의 원인이 된다. 즉 빈곤은 생산성의 대리변수인 학력이 낮기 때문에 발생한다는 것이다. 선발이론은 근로자를 선발할 때 근로자의 생산성을 알 수 없기 때문에 교육수준을 기준으로 삼아 잠재적 생산성이 높은 근로자를 선발하기 위한 도구로 활용한다고 본다.

(3) 직무경쟁이론

직무경쟁이론(job competition theory)은 근로자들은 취업 기회를 두고 서로 경쟁하는데, 누가 어떤 직무를 차지하느냐 하는 것은 근로자의 훈련 가능성(trainability)과 적응성(adaptability)에 의해 결정된다는 것이다. 즉 훈련비가 많이 든다고 판단되는 근로자일수록 더 나쁜 직무를 갖게 되고, 이처럼 낮은 훈련 가능성과 적응 가능성 때문에 빈곤에 빠진다는 것이다.

(4) 노동시장 분절이론

노동시장 분절이론(segmented labor market theory)에 의하면 노동시장은 분절되어 있고 분절된 노동시장은 각각 임금결정 과정이 다르고 분절된 노동시장에 속한 근로자들 사이에는 다른 노동시장으로 이동이 매우 어렵다고 본다. 따라서 내부 노동시장에 속하지 못하고 외부 노동시장에 머물거나, 1차 노동시장에 진입하지 못해 상대적으로 임금과 노동조건이 열악한 2차 노동시장에 고용됨으로써 임금격차와 불평등의 문제가 발생한다.

(5) 빈곤문화론

빈곤문화론(culture of poverty)에 의하면 빈곤은 개인의 가치, 태도 그리고 행동에 영향을 받는데, 이러한 가치나 태도는 개인이 속한 환경에 영향을 받는다. 빈민들은 사회의 지배적인 주류문화와는 다른 독특한 하위문화를 형성하는데, 빈곤문화는 출세에 대한 동기의식이 약하고, 의존심이 크고, 열등의식을 갖고 있으며, 앞날에 대한 희망이 없다. 이런 빈곤문화에 영향을 받아 자신도 그러한 가치나 태도를 보이게 된다는 것이다. 빈곤문화론에 의하면 빈곤의 세대 간 악순환현상이 나타날 가능성이 크다.

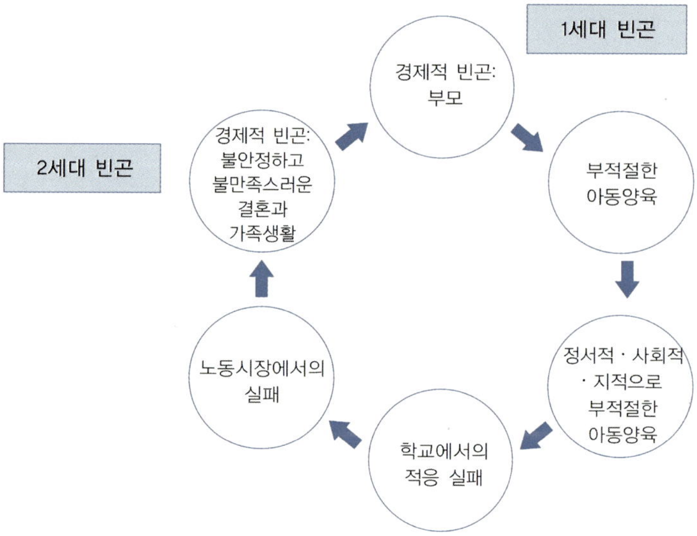

[그림 11-7] 빈곤의 악순환 과정

출처 : 이두호 외(1991), p. 103.

(6) 막스 계급이론

막스(K. Mark)에 의하면 사회적 빈곤의 원인은 자본주의에 내재된 착취구조에 있다고 본다. 즉 생산수단의 유무에 따라 계급이 분리되고, 이러한 서로 다른 계급은 생산의 사회적 관계에서 서로 다른 위치를 차지하게 되어 이것이 각 계급의 소득을 결정한다고 본다(이두호, 1991). 자본가는 생산수단을 소유한 자로서 높은 소득을 누리지만 노동자는 노동을 팔아 그 대가로 임금을 받지만 잉여가치를 착취당한 임금이므로 자본가보다 소득이 낮다.

4) 빈곤의 측정

(1) 절대적 빈곤

① 라운트리(Rowntree) 방식 : 전물량방식 또는 마켓바스켓방식이라고 하는데, 최저한의 생계에 필요한 물품의 목록과 양(마켓바스켓)을 결정하고, 그것을 구매하는 데 필요한 시장가격을 곱해서 계측하는 방식이다. 빈곤선은 1차와 2차로 구분되는데, 1차 빈곤선은 소득이 단순한 신체적 능력을 유지하기 위한 최

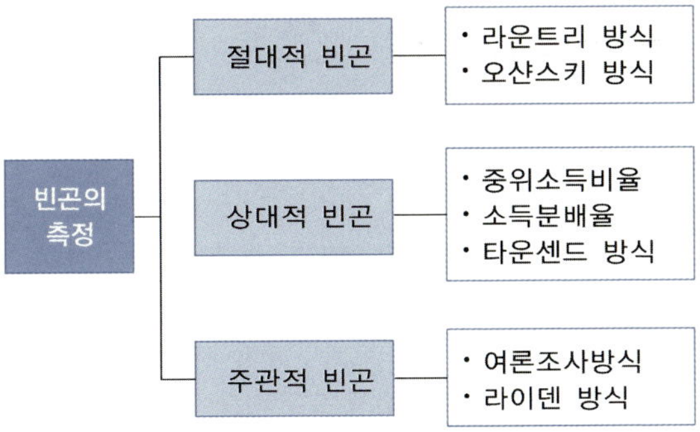

[그림 11-8] 빈곤의 측정방식

소한 생필품(음식, 음료, 거처, 피복의 4가지)도 구입할 수 없는 수준을 말하고, 2차 빈곤선은 소득으로 여가활동이나 음주 등과 같은 곳에 돈을 소비하지 않는 한 최저선 이상의 생활을 할 수 있는 상태를 말한다.

② 오샨스키(Orshansky) 방식 : 식비만을 기준으로 3인 가구의 엥겔계수가 1/3 정도라고 보고 최저한의 식비를 계산한 값에 3을 곱하여 추정하는 방식이다. 저소득층의 실제생활을 기초로 산출한다는 측면에서 실태를 정확히 반영할 수 있으며, 식비를 고려하기 때문에 생필품 지출을 모두 반영하는 것보다 간편하다. 미국에서 빈곤선과 최저생계비를 추정하는 데 사용된다.

(2) 상대적 빈곤

① 평균소득·중위소득비율 : 평균소득은 전체 가구의 소득의 합을 전체 가구원 수로 나눈 것이며, 중위소득은 가구를 소득 최상위가구부터 최하위가구를 순서대로 나열한 후 중간에 속하는 가구의 소득을 말한다. 이런 값을 이용하여 몇 % 이하를 빈곤선으로 설정하는 방식이다. 가령 타운센드는 평균소득의 80%를 빈곤선, 50%를 극빈층이라 하였고(Townsend, 1979), 우리나라는 2015년 맞춤형 복지 도입이후 중위소득의 일정 % 이하를 급여대상 선정기준으로 사용하고 있다(284쪽 〈표 12-3〉 참조).

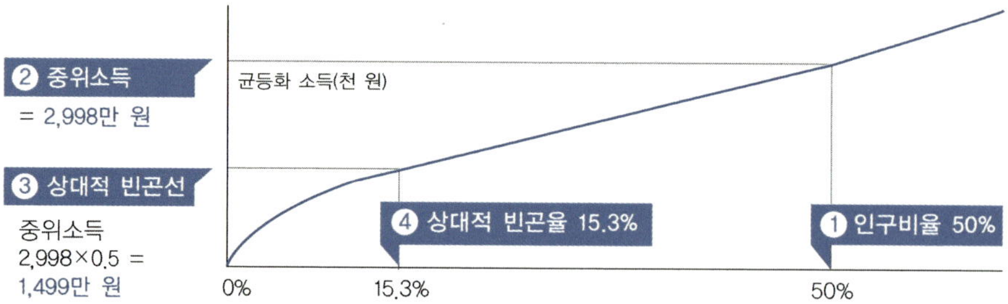

[그림 11-9] 상대적 빈곤율 측정

읽어보기 **상대적 빈곤율**

우리나라에서 사용하는 상대적 빈곤율은 균등화 중위소득의 50% 이하에 해당하는 가구의 비율을 말하는데, 이는 곧 빈곤가구의 규모를 나타낸다. 우리나라의 상대적 빈곤율은 2022년 14.9%로, 2021년 기준으로는 15.1%로 미국과는 같고 영국(11.7%), 스웨덴(9.2%), 핀란드(6.7%) 등에 비해서는 높다. 상대적 빈곤율은 노인 빈곤율이나 아동 빈곤율 같은 특정계층에 대한 빈곤율에 많이 사용된다.

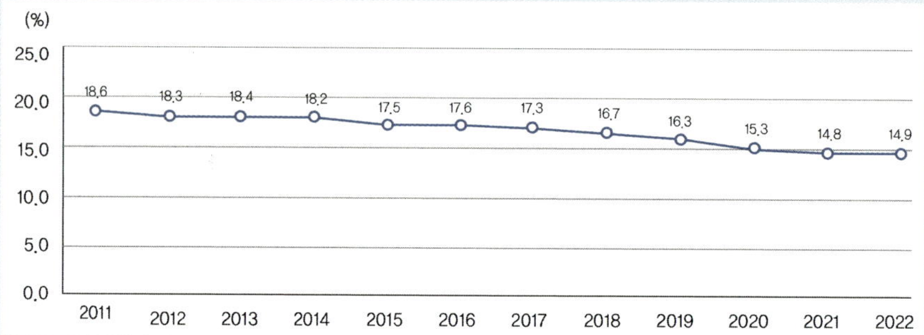

[그림 11-10] 우리나라 상대적 빈곤율

출처 : KOSIS(2024).

② **소득분배율** : 10분위분배율이나 5분위분배율 같은 소득분위를 사용하여 상대적 빈곤을 측정하는 방식이다. 소득분위는 전체 가구의 소득분배를 일정 비율(예 : 10% 또는 20%)로 나누어 단계별로 나열한 것으로, 10%씩 나누면 십분위라 하고 1분위는 가장 낮은 하위 10%의 소득분위를 말한다.

③ **타운센드(Townsend) 방식** : 박탈지표방식이라고도 하는데, 건강하고 문화적인 생활을 하는데 요구되는 최소한의 생활필수품과 활동이 결핍된 정도를 통해 산출한다. 즉 영양, 의복, 주택 등의 물질적 박탈과 고용, 가족활동, 여가 등의

사회적 박탈로 구분하고, 60개의 지표를 제시하고 각 항목마다 결핍하면 박탈 점수를 산정해 소득수준과 비교해서 일정한 소득수준 이하에서 이러한 박탈점수가 급격히 떨어지면 그 수준을 빈곤선으로 결정한다.

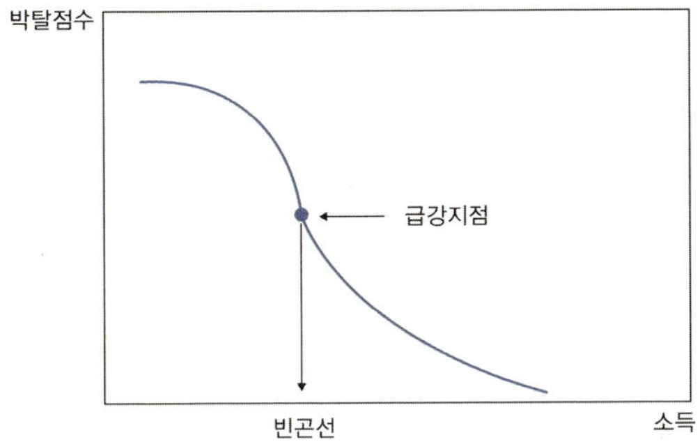

[그림 11-11] 타운센트 방식

출처 : 김기원(2019), p. 79.

(3) 주관적 빈곤

① 여론조사방식 : 여론조사를 통해 예를 들어 “이곳에서 4인 가족이 근근이 살아가는 데 필요한 최소한의 돈은 얼마입니까?”와 같은 제3자적 입장에서 최저생계비를 묻고 조사된 금액을 평균하여 빈곤선을 산출하는 방식이다. 레인워터(Rainwater, 1974)가 1946~1969년까지의 갤럽여론조사 결과를 분석하여 매우 안정적인 결과를 얻음으로써 일반화된 방식이다.

② 라이덴(Leyden) 방식 : 자신의 여건을 감안해 “귀하의 경우 지금 사시는 곳에서 최저 수준의 생활을 유지하는데 얼마가 필요하다고 생각하십니까?”라는 질문을 하고 이를 바탕으로 이 사람들이 판단한 최소소득과 그들의 실제소득과의 관계를 분석하여 결정하는 방식이다. 저소득층은 실제소득이 자신이 최저생계비라고 생각하는 수준보다 낮으며, 반대로 고소득층은 실제소득이 더 높다. 따라서 주관적 판단에 의한 최저생계비와 실제소득을 그리면 교차점이 발생하고, 이 교차점이 주관적 빈곤선이 된다.

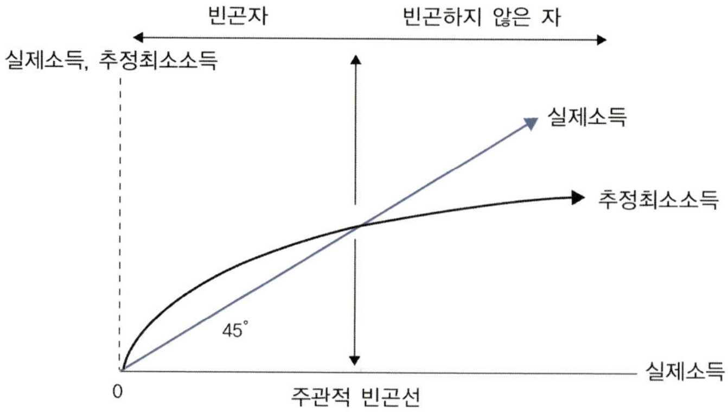

[그림 11-12] 라이덴 방식의 빈곤선 측정

출처 : 김기원(2019), p. 81.

5) 빈곤지수

빈곤지수(poverty index)는 빈곤을 측정하는 지표로서 빈곤의 규모, 빈곤의 정도 또는 심도 등을 측정하는 지수를 말한다. 대표적인 빈곤지수로는 다음과 같은 종류가 있다.

① 빈곤율(Head Count Ratio: HCR) : 전체 인구 중에서 가계소득이 빈곤선에 미치지 못하는 인구의 비율을 말한다. 여기서 빈곤선은 중위소득의 50%를 말한다. 빈곤율은 가장 많이 사용되면서 쉽게 이해할 수 있다는 장점이 있지만, 빈곤층이 느끼는 빈곤의 심도는 알 수 없다.

$$\text{빈곤율(H)} = \frac{\text{빈곤선 이하의 가구수(q)}}{\text{전체 가구수(n)}}$$

② 빈곤갭(poverty gap) : 중위소득의 50%에 속하는 상대적 빈곤선에 해당하는 소득과 하위 소득계층에 속하는 사람들의 평균소득과의 격차를 나타내는 비율인 상대적 빈곤 측정지표이다. 빈곤가수의 평균소득을 통해 빈곤선을 벗어나는 데 필요한 소득크기를 나타낸다.

$$빈곤갭(\%) = \frac{상대적\ 빈곤선소득(A) - 하위소득계층의\ 평균소득(B)}{상대적\ 빈곤선소득(A)}$$

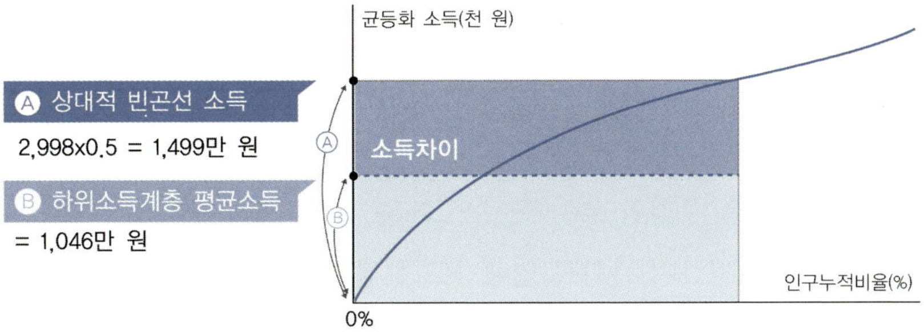

[그림 11-13] 빈곤갭

③ 빈곤갭 비율(Income Gap Ratio: IGR) : 소득격차 비율이라고도 하며, 소득갭은 빈곤선과 빈곤선 이하에 있는 인구(혹은 가구)의 소득 차액을 의미한다.

$$소득갭\ 비율(\%) = \frac{(최저보장수준 - 소득)}{(최저보장수준 - 소득) + 소득}$$

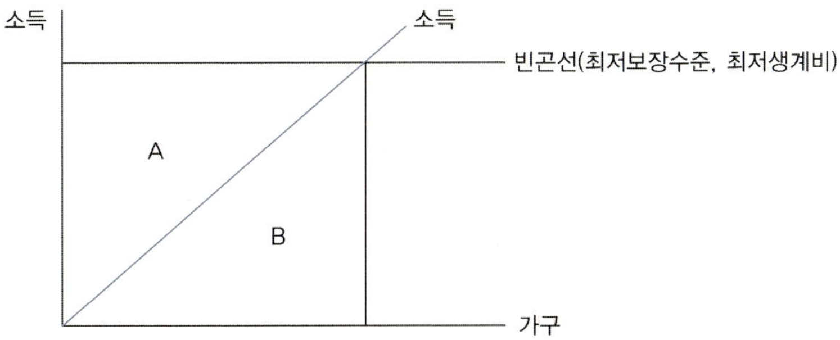

[그림 11-14] 빈곤갭 비율

6) 사회적 배제

사회적 배제(social exclusion)란 사회적 포용이나 사회통합과는 반대되는 개념으로, 사회구조적으로 다양한 영역에서의 박탈과 결핍, 불이익을 당해 사회 · 경제 · 정치활동에 제대로 참여할 수 없게 됨으로써 인간으로서의 최소한의 기본권마저 침해당하는 상황을 말한다(신명호, 2004). 즉 빈곤뿐만 아니라 주거, 교육, 건강, 서비스 등에 접근할 수 있는 권리가 배제된 상태이다.

사회적 배제를 처음 주장한 르누아르(R. Lenoir, 1974)는 경제성장의 열매에 접근할 수 없는 사람으로 정의하여 사회적 열패자로 한정하였으나, 1980년대 신자유주의 등장으로 노동빈곤, 자영업 붕괴 등으로 사회 다수의 삶이 어려워지자 광범위한 개념으로 사용되고 있다. 사회적 배제의 특징은 다음과 같다(김기원, 2019).

- 불평등과 차별이 사회구조적으로 재생산되는 일련의 과정을 의미한다.
- 힘 있는 다수가 힘없는 소수에 대해 이들이 가진 기본적 권리를 박탈하거나 과중한 의무나 부담을 부과하는 사회현상이다.
- 배제의 대상에게 차별과 배제를 강제하는 사회구조적 매커니즘이 존재한다고 가정한다.
- 인종차별, 성차별 등에 근거해 사회적 배제를 당하면 노동시장 참여 기회가 박탈당하거나 제한받고, 진입하더라도 업적에서 차별받아 결국 빈곤에 빠지게 된다.

빈곤은 분배적 결과이고 사회적 배제는 관계적 과정이므로 동일한 개념은 아니다. 또한 빈곤은 소득이 낮다는 단일한 개념이지만 사회적 배제는 여러 차원의 문제이다. 그러나 서로 교환가능한 동일한 의미로 사용되기도 하고, 빈곤보다 더 광의의 개념으로 이해하기도 한다.

12 CHAPTER

공공부조정책

1 사회보장의 의의

1) 사회보장의 의의

사회보장(social security)이란 국민이 안정적인 삶을 영위하는 데 위험이 되는 빈곤이나 질병, 사망, 실업 등에 대해 국가적인 부담 또는 보험방식에 의해 행하는 사회안전망을 말한다. 즉, 자본주의가 필연적으로 일으킬 수밖에 없는 빈곤 등의 문제에 대해 국가가 이를 보증함으로써 사회체제를 유지하고 안정을 도모하기 위한 것이다. security는 라틴어 se(without, 해방)과 cura(care, 근심)에서 유래한 것으로, 사회적 불안을 제거한다는 의미이다.

베버리지(W. Beveridge, 1942) 보고서에 의하면 사회보장은 실업 · 질병 혹은 재해에 의하여 수입이 중단된 경우의 대처, 노령에 따른 퇴직이나 본인 이외의 사망에 의한 부양 상실의 대비, 출생 · 사망 · 결혼 등과 관련된 특별한 지출을 감당하기 위한 소득보장을 의미한다. 그는 사회보장을 빈곤과 결부시켜 '궁핍의 퇴치'라고 했으며, 이는 국민소득의 재분배로 실현할 수 있고 일정 소득의 보장은 국민생활의 최저보장을 의미하는 것이라고 하였다.

2) 사회보장의 등장과 발전

유럽에서 1873년 경제공황이 발생하여 20여 년에 걸쳐 만성불황에 시달리며 수많은 실업자가 발생하였다. 보통 경제공황은 1929년 미국 월가 주식 대폭락으로 야기된 1930년대 경기침체를 일컫지만 1873년 공황이 원조 격이다. 이 시기 실업을 면한 근로자들 역시 언제라도 실직될 수 있다는 두려움 때문에 저임금과 열악한 노동조건을 감수해야 했고, 점차 빈곤을 사회의 책임이라고 인식하는 경향이 대두되기 시작하였다. 이는 곧 사회보장이 출발하는 시작점이 되었다.

1880년대 독일에서 사회보험제도가 생겨났고, 1891년 최초의 근대적 공공부조가 덴마크에서 탄생하였으며, 1926년에는 가족수당이 뉴질랜드에서 지급되었다. 그러면서 근로자에 대한 복지정책이 사회보험과 가족수당, 빈곤자 대책인 공적 부조, 그리고 사회사업 등으로 나뉘어 진행되었다. 그러다 1929년 대공황부터 제2차 세계대전 전후로 국민 모두를 대상으로 사회보장이 발전하게 되었다. 사회보장은 1940년에 개념이 확립되었으나, 처음으로 이 용어가 사용된 것은 미국에서 1935년 사회보장법(Social Security Act)이다.

읽어보기 **사회안전망**

사회보장 이외에 사회안전망이라는 용어도 널리 사용된다. 사회안전망은 1990년대 초 동구권 공산국가들이 붕괴되고 자본주의 체제로 전환되는 과정에서 발생된 대규모 실업 등의 사회문제 해결을 위해 일시적이고 단기적, 잔여적인 조치에서 유래하였다(박병현, 2021). 주로 선별주의적 현물지원과 공공근로, 가족부조 등이 중심이다. 따라서 복지국가에서 일반적으로 강조되는 복지급여에 대한 시민적 권리의 원리가 강조되지 않고, 선별주의와 비용–비효율성이 강조된다는 점에서 사회보장과는 구별된다.

3) 사회보장의 유형

사회보장제도는 기준에 따라 다양한 유형으로 분류될 수 있다. 국내외 분류 사례는 다음과 같다.

- 베버리지 : 사회보험, 국가부조, 임의보험
- ILO : 사회보험, 사회부조, 고용주의 책임급여, 사회수당 및 공적공제기금
- 국제사회보장협회(ISSA) : 사회보험, 사회부조, 보편적 프로그램, 상호공제제도, 국민저축금고, 기타 제도
- 사회보장기본법 : (구법) 사회보험, 공공부조, 사회복지서비스, 관련복지제도, (신법) 사회보험, 공공부조, 사회서비스

사회보장의 유형은 일반적으로 기여 여부와 급여조건에 따라 분류할 수 있다. 보험료 등 일정한 기여를 하는지 여부와 급여 조건으로 소득과 재산 등에 대한 자산조사를 하는지 여부에 따라 ① 비기여-비자산조사 형태(사회수당), ② 비기여-자산조사 형태(공공부조), ③ 기여-비자산조사 형태(사회보험), ④ 기여-자산조사 형태(최저연금)가 있다.

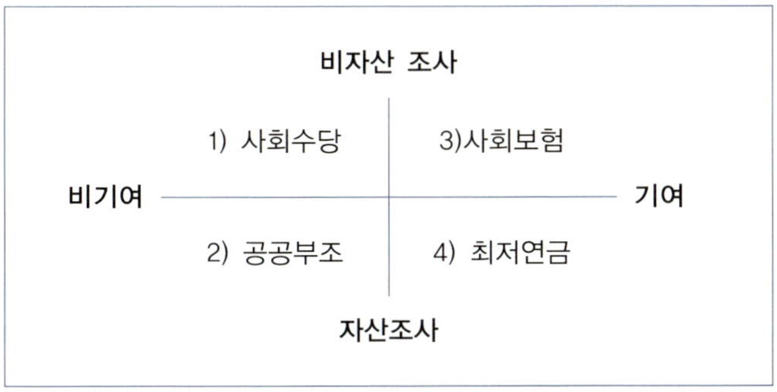

[그림 12-1] 기여여부와 자산조사여부에 따른 사회보장의 분류

우리나라 「사회보장기본법」 제3조에서 "사회보장이란 출산, 양육, 실업, 노령, 장애, 질병, 빈곤 및 사망 등의 사회적 위험으로부터 모든 국민을 보호하고 국민 삶의 질을 향상시키는 데 필요한 소득·서비스를 보장하는 사회보험, 공공부조, 사회서비스를 말한다"고 규정하고 있으며, 이론적으로는 여기에 사회수당이 추가될 수 있다.

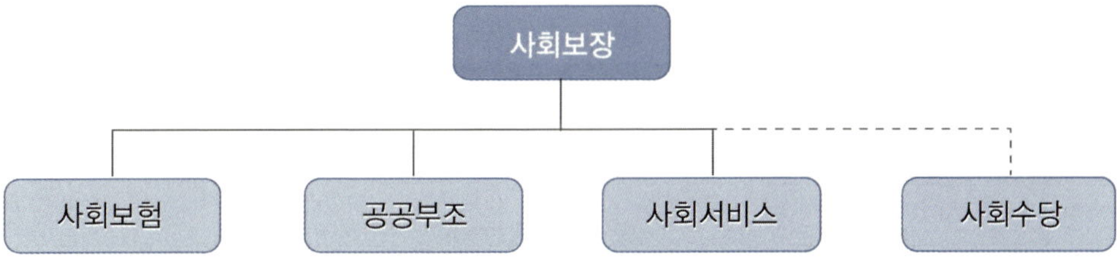

[그림 12-2] 사회보장의 유형

① 공공부조 : 국가 또는 지방자치단체의 책임으로 국민의 최저 생활을 보장하고 자립을 지원 하는 제도로 극빈자, 장애인, 실업자 또는 저소득계층과 같이 스스로 생계를 영위할 수 없는 계층의 생활을 그들이 자립할 수 있을 때까지 국가가 재정기금으로 보호하여 주는 일종의 구빈제도를 말한다.

② 사회보험 : 국민을 대상으로 질병·사망·노령·실업 기타 신체장애 등으로 인하여 활동 능력의 상실과 소득의 감소가 발생하였을 때 보험방식에 의하여 그것을 보장하는 제도로, 산업재해보상보험, 국민건강보험, 국민연금, 고용보험, 노인장기요양보험이 있다. 사회보험은 사회의 연대성과 강제성이 적용되며, 민간보험과는 다른 특성을 가지고 있다.

〈표 12-1〉 사회보험과 민간보험의 차이

구분	사회보험	민간보험
제도의 목적	최저생계 또는 의료보장	개인적 필요에 따른 보장
보험가입	강제	임의
수급권	법적 수급권	계약적 수급권
독점/경쟁	정부 및 공공기관의 독점	자유경쟁
공동부담여부	공동부담의 원칙	본인부담위주
재원부담	능력비례부담	개인의 선택
보험료 부담방식	주로 정율제	주로 소득정율제
급여수준	균등급여	기여비례
인플레이션 대책	가능	취약

③ 사회서비스 : 국가 · 지방자치단체 및 민간부문의 도움이 필요한 모든 국민에게 복지, 보건의료, 교육, 고용, 주거, 문화, 환경 등의 분야에서 인간다운 생활을 보장하고 상담, 재활, 돌봄, 정보의 제공, 관련 시설의 이용, 역량 개발, 사회참여 지원 등을 통하여 국민의 삶의 질이 향상되도록 지원하는 제도를 말한다.

④ 사회수당 : 자산조사나 조건부과 없이 인구학적 기준에 따라 보편적으로 제공되는 급여를 의미하며, 노인수당과 아동수당 및 장애수당 등과 같은 제도를 총칭한다.

〈표 12-2〉 사회보장제도별 특성

구분	사회보험	공공부조	사회서비스	사회수당
운영주체	국가(관리운영기구)	국가(지방자치단체)	국가(지방자치단체)	국가(지방자치단체)
목적	방빈(소득보장)	구빈(소득보장)	구빈, 삶의 질 향상	구빈, 삶의 질 향상
이념	보편주의	선별주의	선별주의	선별주의
원리	형평	평등	평등	평등
대상	모든 국민	빈곤층	빈곤층	특정계층, 빈곤층
재원	보험료	일반조세	일반조세, 본인부담	일반조세
급여수준	적정선	국민최저한		
수급권의 성격	권리성 강함	권리성 약함	권리성 약함	권리성 약함
자산조사	없음	있음	있음	있음

4) 사회보장기본계획

(1) 사회보장기본계획의 의의

사회보장기본계획은 「사회보장기본법」에 따라 5년마다 수립되는 사회보장 분야의 최상위 기본계획으로, 사회보장정책의 비전과 목표, 핵심 추진과제와 추진전략 그리고 재정계획 등을 담고 있다. 보건복지부장관이 관계 중앙행정기관의 장과 협의하여 수립하며, 기본계획에 포함되어야 할 사항은 다음과 같다.

- 국내외 사회보장환경의 변화와 전망
- 사회보장의 기본목표 및 중장기 추진방향
- 주요 추진과제 및 추진방법
- 필요한 재원의 규모와 조달방안
- 사회보장 관련 기금 운용방안
- 사회보장 전달체계
- 그 밖에 사회보장정책의 추진에 필요한 사항

(2) 사회보장정책의 기본방향

「사회보장기본법」에서는 사회보장정책의 기본방향으로 다음의 3가지를 제시하고 있다.

① 평생사회안전망의 구축·운영 : 국가와 지방자치단체는 모든 국민이 생애 동안 삶의 질을 유지·증진할 수 있도록 평생사회안전망을 구축하여야 하고, 또한 평생사회안전망을 구축·운영함에 있어 사회적 취약계층을 위한 공공부조를 마련하여 최저생활을 보장하여야 한다.

② 사회서비스 보장 : 국가와 지방자치단체는 모든 국민의 인간다운 생활과 자립, 사회참여, 자아실현 등을 지원하여 삶의 질이 향상될 수 있도록 사회서비스에 관한 시책을 마련하여야 하며, 또한 사회서비스 보장과 소득보장이 효과적이고 균형적으로 연계되도록 하여야 한다.

③ 소득 보장 : 국가와 지방자치단체는 다양한 사회적 위험 하에서도 모든 국민들이

인간다운 생활을 할 수 있도록 소득을 보장하는 제도를 마련하여야 하며, 또한 공공부문과 민간부문의 소득보장제도가 효과적으로 연계되도록 하여야 한다.

(3) 제2차 사회보장기본계획

제2차 사회보장기본계획(2019~2023)은 문재인정부의 포용적 복지정책이 드러난 기

<table>
<tr><td>비전</td><td colspan="4">국민 모두가 함께 잘사는 포용사회</td></tr>
<tr><td>추진원칙 및 전략</td><td colspan="4">• 포용적 사회보장체계 구축 • 사회보장 제도의 연계·조정 강화
• 지역사회 중심 서비스 이용체계 구축 • 포용과 혁신의 상호보완체계 구축</td></tr>
<tr><td>중장기 목표</td><td colspan="4">국민 삶의 질 향상 : OECD 28위('17) → 20위('23) → 10위('40)</td></tr>
<tr><td>4대 핵심 분야별 목표 및 중장기 방향 ('40)</td><td colspan="4">고용 | 저임금 근로자 비중 축소 22..3 ('17) ▶ 15.0% ('40)
◆ 노동형태 다양화, 노동이동 증가에 대응하는 일자리 안전망 확충
◆ 평생학습체계 구축 및 인적자원 역량 제고
소득 | 상대빈곤율 완화 17.4% ('17) ▶ 11.3% ('40)
◆ 공공부조 역할 강화 및 청년층·장년층 등 근로연령층의 소득보장 확대
◆ 초고령사회에 대응하여 1인 1연금 및 다층노후소득보장 체계 확충
건강 | 건강수명 연장 73세 ('16) ▶ 78세 ('40)
◆ 건강보험 보장성 강화로 의료비 부담 경감
◆ 의료이용체계의 효율화로 건강보장의 지속가능성 제고
사회서비스 | GDP 대비 사회서비스 투자 비율 확대 5.7% ('15) ▶ 10.7% ('40)
◆ 생애주기별·대상별 다양한 사회서비스 확충
◆ 지역사회에서 주거·돌봄·의료 등 통합 서비스를 제공하는 지역사회 통합돌봄 완성 및 질 높은 사회서비스 인력 양성</td></tr>
<tr><td rowspan="2">핵심 추진 과제 ('23)</td><td>고용·교육</td><td>소득</td><td>건강</td><td>사회서비스</td></tr>
<tr><td>1. 인적 자원의 역량 제고 및 차별 없는 출발선 제공
2. 일자리안전망 확충 및 적극적 노동시장정책 강화
3. 노동시장 격차 완화 및 일·생활균형 달성</td><td>1. 취약계층의 인간다운 삶을 위한 공공부조 제도 역할 강화
2. 근로연령층 소득보장 확대
3. 노후소득보장 체계 확충</td><td>1. 건강보험 보장성 강화 및 건강 보장의 지속 가능성 제고
2. 필수의료 보장
3. 예방적 건강 관리체계 구축</td><td>1. 생애주기별, 대상별 사회 서비스 확충
2. 지역사회 중심 서비스 보장 체계 구축
3. 공급체계의 공공성 강화 및 신뢰성 제고</td></tr>
<tr><td>기반</td><td colspan="4">• 사회투자 확대 • 사회보장 이용체계의 연계 강화
• 차세대 사회보장 정보시스템 구축 및 정책 분석의 과학화</td></tr>
</table>

[그림 12-3] 제2차 사회보장기본계획의 비전과 전략

출처 : 보건복지부(2019. 2. 12.). 제2차 사회보장기본계획(2019~2023). 보도자료. p. 19

본계획이다. '국민 모두가 함께 잘사는 포용사회'를 사회보장기본계획의 비전으로, 2023년까지 OECD 회원국 중 20위로 높이는 것을 목표치로 제시하였다. 그리고 4대 핵심분야별 목표 및 장기 방향을 제시하였는데, 고용 분야는 저임금 근로자 비중 축소(22.3%→15.0%), 소득 분야는 상대빈곤율 완화(17.4%→11.3%), 건강 분야에서는 건강수명 연장(73세→78세), 사회서비스 분야에서는 GDP대비 사회서비스 투자 비율 확대(5.7%→10.7%)를 제시하였다.

또한 5년간 중점적으로 추진할 정책과제를 12개 제시하였고, 세부 추진과제로는 교육·고용분야에서 23개, 건강보장 분야에서 23개, 소득보장 분에서 17개, 사회서비스 분야에서 20개, 추진 기반(인프라)에서 4개 등 총 98개의 세부 추진과제를 제시하였다.

(4) 제3차 사회보장기본계획

윤석열정부 2년차 연말에 발표된 제3차 사회보장기본계획(2024-2028)은 '약자부터 촘촘하게, 지속가능한 복지국가'를 비전으로 제시하였다. 이를 위하여 5년간 약자부터 두터운 복지, 전생애 사회서비스 고도화, 사회보장체계 혁신 등 3개 전략을 추진할 계획이다.

제3차 기본계획의 목표는 삶의 만족도를 6.5점('22년)에서 7.0점('28년)으로 높이는 것이며, 3대 정책영역별 성과 목표를 제시하였는데, 약자부터 두터운 복지 분야에서는 상대빈곤율을 15.1%('21년)에서 11.3%, 전생애 사회서비스 고도화 분야에서는 사회서비스 이용률을 33.1%에서 40.0%, 사회보장체계 혁신 분야에서는 복지국가 체감률을 53.5%에서 56.1%로 제시하였다. 또한 5년간 추진할 핵심과제로 111개를 제시하였다.

구분			
비전	**약자부터 촘촘하게, 지속가능한 복지국가**		
목적	국민 삶의 질 향상, 사회통합 증진		
핵심목표	누구도 소외되지 않는 약자복지	누구나 누리는 양질의 사회서비스	다음 세대와 상생하는 사회보장
전략	약자부터 두터운 복지	전생애 사회서비스 고도화	사회보장체계 혁신
중점과제	**1 위기 직면한 사회적 약자 보호** ❶ 취약계층 생활안정 지원 ❷ 노인 빈곤완화 지원 ❸ 장애인 소득·돌봄 보장 강화	**4 수요맞춤형 사회서비스 실현** ❶ 맞춤형 돌봄서비스 확충 ❷ 건강·의료보장 강화 ❸ 안전한 일상 구현 및 교육·생활서비스 제공	**7 지속가능한 사회보험 개혁** ❶ 국민연금 제도 개혁 ❷ 고용보험의 합리적 운영 ❸ 건강보험·장기요양보험 운용체제 개혁
	2 새로운 취약계층의 복지수요 발굴·지원 ❶ 취약 청년 사회안전망 구축 ❷ 사회적 고립으로 인한 새로운 복지수요 발굴·지원 ❸ 소외된 약자 권익 보호·지원 강화	**5 공급 기반 혁신으로 사회서비스 품질 제고** ❶ 사회서비스 품질관리체계 구축 ❷ 양질의 공급자 육성 기반 마련 ❸ 이용자 선택권을 강화하는 규제 합리화	**8 사회보장제도 통합관리** ❶ 사회보장제도 통합관리체계 구축 ❷ 제도 全주기 관리 강화 ❸ 중앙·지방 협력적 역할분담
	3 변화하는 사회적 위험 대응 강화 ❶ 노동시장 지속 참여 촉진 ❷ 노후소득체계 내실화 ❸ 복지 사각지대 발굴 및 신속 지원 강화	**6 이용자 중심 사회서비스 전달체계 구축** ❶ 통합적 사회서비스 제공을 위한 연계·협력 활성화 ❷ 사회서비스 지역 격차·불균형 완화 ❸ 사회보장 전달체계 개선	**9 기술 기반 서비스·행정체계 도입** ❶ 체감도 높은 스마트 서비스 개발·확산 ❷ 스마트 서비스 활성화 인프라 구축 ❸ 사회보장 행정체계 고도화

[그림 12-4] 제3차 사회보장기본계획의 비전 체계도

출처 : 보건복지부(2023), p. 9.

2 국민기초생활보장

1) 의의 및 발달과정

(1) 의의

국민기초생활보장제도는 국민의 생존권 보장을 목적으로 생활이 어려운 자에게 필요한 급여를 행하여 이들의 최저생활을 보장하고 자활을 조성하기 위한 제도이다.

우리나라의 대표적인 공공부조제도이며, 생존권 보장을 위한 구체적이고 최후의 보루로서 기능하는 제도이다.

(2) 발달과정

1961년 12월 생활보호법이 제정되어 오랫동안 시행되었으나 1997년 IMF 외환위기를 겪으면서 기존의 생활보호법으로는 사회안전망의 사각지대에 놓인 빈곤층과 저소득층의 생존문제를 해결할 수 없게 되자 1999년 9월 국민기초생활보장법이 제정되어 2000년 10월부터 실시되게 되었다(93쪽 읽어보기 참조). 2005년에는 부양의무자 기준을 축소하였고, 2014년에는 맞춤형 급여체계로 개편하였다.

- 1961. 12. 생활보호법 제정
- 1999. 9. 국민기초생활보장법 제정(시행 : 2000. 10., 생활보호법 폐지)
- 2005. 12. 부양의무자 범위르를 1촌의 직계혈족 및 그 배우자로 축소
- 2006. 12. 차상위계층에 부분급여지급
- 2012. 2. 자활동동체를 자활기업으로 개정, 광역자활센터 근거 마련
- 2014. 12. 맞춤형 급여체계로 개편

2) 대상

국민기초생활보장 수급자 선정기준은 부양의무자가 없거나, 부양의무자가 있어도 부양을 받을 수 없는 사람으로서 소득인정액이 급여종류별 선정기준 이하인 사람이다. 다만 생계급여와 주거급여, 교육급여는 부양의무자 부양능력 판정기준을 적용하지 않는데, 부양의무자의 범위는 수급권자의 1촌의 직계혈족 및 그 배우자를 말하며, 다만 사망한 1촌의 직계혈족의 배우자는 제외한다.

그리고 예전에는 최저생계비를 사용하였으나 맞춤형급여 도입으로 기준 중위소득을 사용하여 급여종류별 선정기준과 생계급여 지급액을 정한다. 기준 중위소득은 보건복지부장관이 중앙생활보장위원회의 심의 · 의결을 거쳐 고시하는 국민 가구소득의 중위 값을 말한다. 그리고 소득인정액 산정방식은 다음과 같다.

소득인정액=소득평가액(실제소득-가구특성별 지출비용-근로소득공제)+재산의 소득환산액[(재산-기본재산액-부채)×소득환산율]
※ 소득평가액, 재산의 소득환산액이 (-)인 경우는 0원으로 처리

가구의 소득인정액을 가구규모별 · 급여종류별 선정기준과 비교하여 급여종류별로 수급자 선정 및 생계 · 주거급여액을 결정한다.

〈표 12-3〉 급여종류별 수급자 선정기준(2024년)

(단위: 원)

구분	1인가구	2인가구	3인가구	4인가구	5인가구	6인가구	7인가구
생계급여수급자(기준중위소득 32%)	713,102	1,178,435	1,508,690	1,833,572	2,142,635	2,437,878	2,724,798
의료급여수급자(기준중위소득 40%)	891,378	1,473,044	1,885,863	2,291,965	2,678,294	3,047,348	3,405,998
주거급여수급자(기준중위소득 48%)	1,069,654	1,767,652	2,263,035	2,750,358	3,213,953	3,656,817	4,087,197
교육급여수급자(기준중위소득 50%)	1,114,223	1,841,305	2,357,329	2,864,957	3,347,868	3,809,185	4,257,497

3) 급여

(1) 급여의 기본원칙

기초생활보장제도의 각종 급여는 다음과 같은 원칙에 따라 시행된다.

- 생활이 어려운 자들의 최저생활을 보장한다(최저생활보장의 원칙).
- 수급자에 대한 최저보장수준은 생계급여액과 수급자 가구의 소득인정액을 합한 수준이 생계급여 선정기준 이상이 되도록 지원한다(보충급여의 원칙).
- 근로능력이 있는 생계급여 수급자가 근로활동에 종사하지 않는 경우에는 자활사업에 참여할 것을 조건으로 생계급여를 지급한다(자립지원의 원칙).

• 급여수준을 정함에 있어서 수급자의 개별적 특수 상황을 최대한 반영한다(개별성의 원칙).
• 급여신청자가 부양의무자로부터 부양될 수 있으면 기초생활보장 급여에 우선하여 부양의무자의 보호가 먼저 행해져야 한다(가족부양 우선의 원칙).
• 급여신청자가 다른 법령에 따라 보장을 받을 수 있는 경우에는 다른 법령에 따른 보장이 먼저 행해져야 한다(타급여 우선의 원칙).
• 요건을 충족시키는 국민에 대하여는 성별 · 직업 · 연령 · 교육수준 · 소득원 기타의 이유로 수급권을 박탈하지 아니한다(보편성의 원칙).

(2) 급여의 종류

국민기초생활보장제도의 급여 종류는 다음과 같다.

〈표 12-4〉 국민기초생활보장 급여 종류

급여	내용
생계급여	기준 중위소득 32%에 해당하는 금액과 가구의 소득인정액과의 차액을 지급
의료급여	근로능력 유무에 따라 1종, 2종으로 구분하여 지급
주거급여	국토교통부 장관이 정하는 기준에 따라 지급
교육급여	교육부 장관이 정하는 기준에 따라 입학금, 수업료, 교육활동지원비 지급
해산급여	수급자가 출산 시 1인당 70만 원 지급(단, 교육급여만 받는 수급자는 제외)
장제급여	수급자 사망 시 80만 원을 장제를 실제 행하는 자에게 지급 (단, 교육급여만 받는 수급자는 제외)

(3) 급여의 보장

수급자에게 대한 급여는 정당한 사유 없이 이를 불리하게 변경할 수 없으며, 수급자에게 지급된 수급품과 이를 받을 권리는 압류할 수 없다. 또한 급여수급계좌의 예금에 관한 채권은 압류할 수 없다. 수급자는 급여를 받을 권리를 타인에게 양도할 수도 없다.

4) 전달체계

국민기초생활보장의 급여는 수급권자 또는 수급자의 거주지를 관할하는 시·도지사와 시장·군수·구청장이 실시한다. 또한 생활보장사업의 기획·조사·실시 등에 관한 사항을 심의·의결하기 위하여 보건복지부와 시·도 및 시·군·구에 각각 생활보장위원회를 둔다.

3 긴급복지

1) 의의 및 발달과정

(1) 의의

긴급복지지원제도는 생계곤란 등의 위기상황에 처하여 도움이 필요한 자를 신속하게 지원함으로써 이들이 위기상황에서 벗어나 건강하고 인간다운 생활을 영위하게 하기 위한 제도이다. 이 제도 이전에는 국민기초생활보장제도에서 긴급급여를 실시했는데, 실적이 매우 미미하고, 급여내용이 생계급여에 한정되어 저소득층의 다양한 삶의 위기를 포괄적으로 대체할 수 없었으며, 엄격한 자산조사로 인해 행정절차에 상당한 시일이 소요되었다.

이러한 필요에 따라 사회안전망의 보호로부터 누락되어 일시적으로 위기상황에 빠진 자에게 생계, 의료, 주거 지원 및 사회복지시설의 이용을 지원해 위기상황을 해소하려는 목적에서 제정되었고, 또한 지역사회의 다양한 민간의 복지자원을 활용하여 위기상황에 처한 자를 신속하게 발굴할 수 있는 체계를 갖추고자 하였다. 긴급복지지원의 기본원칙은 다음과 같다.

- 긴급지원담당공무원의 현장확인을 통해 우선 지원하고, 나중에 지원의 적정성을 심사한다(선지원 후처리 원칙).

- 위기상황에 처한 사람에게 일시적으로 신속하게 지원한다(단기 지원 원칙).
- 다른 법률에 의하여 긴급지원과 동일한 내용의 구호 · 보호나 지원을 받고 있는 경우에는 제외한다(타 법률 중복지원 금지의 원칙).
- 가구단위로 산정하여 지원한다(가구단위 지원의 원칙).

(2) 발달과정

2004년 12월 16일에 대구광역시 불로동에서 영아사망사건이 발생하자 정부는 12일 만에 사회문화관계장관회의를 개최하였고, 2005년 1월에 대통령 신년기자회견에서 선호보제도 시행을 발표하고 같은 해 12월 23일 긴급복지지원법이 제정되어 2006년 3월 24일부터 시행되었다. 제정 당시에는 5년 한시법이었으나, 2009년 5월 28일 개정으로 한시법 조항을 삭제하였고, 이후 위기사유를 추가하는 개정이 있었다.

- 2005. 12. 긴급복지지원법 제정(시행 : 2006. 3. 24.)
- 2006. 7. 이혼, 단전 등 위기사유 추가 고시
- 2009. 5. 부칙 삭제하여 영구법으로 변경
- 2012. 10. 교정시설 출소, 초기 노숙 등 위기사유 추가 고시

2) 대상

지원대상은 주소득자의 실직으로 소득상실, 중한 질병 등 위기사유로 생계유지 등이 어렵게 된 위기상황에 처한 가구이다. 여기서 '위기사유'는 다음과 같다.

1. 주소득자가 사망, 가출, 행방불명, 구금시설에 수용되는 등의 사유로 소득을 상실한 경우
2. 중한 질병 또는 부상을 당한 경우
3. 가구구성원으로부터 방임 또는 유기되거나 학대 등을 당한 경우
4. 가정폭력 또는 가구구성원으로부터 성폭력을 당한 경우
5. 화재 또는 자연재해 등으로 인해 거주하는 주택 또는 건물에서 생활하기 곤란한 경우
6. 주소득자 또는 부소득자의 휴업, 폐업 또는 사업장의 화재 등으로 인하여 실질적인 영업

이 곤란하게 된 경우
7. 주소득자 또는 부소득자의 실직으로 소득을 상실한 경우
8. 보건복지부령으로 정하는 기준에 따라 지방자치단체의 조례로 정한 사유가 발생한 경우
9. 그 밖에 보건복지부 장관이 정하여 고시하는 경우
① 주소득자와 이혼한 때
② 단전된 경우(전류 제한기를 부설한 경우 포함)
③ 교정시설에서 출소한 자가 생계가 곤란한 경우
④ 가족으로부터 방임·유기 또는 생계유지의 곤란 등으로 노숙을 하는 경우
⑤ 복지사각지대 발굴 대상자, 통합사례관리 대상자 또는 자살고위험군으로서 관련 부서(기관)로부터 생계가 어렵다고 추천을 받은 경우
⑥ 타인의 범죄로 인하여 피해자가 거주하는 주택 또는 건물에서 생활하기 곤란하여 거주지를 이전하는 경우
10. 타 법률
① 「전세사기피해자 지원 및 주거안정에 관한 특별법」 제28조를 적용받는 경우

그리고 대상자의 소득·재산 등의 선정기준은 다음 표와 같다.

〈표 12-5〉 긴급지원제도 선정기준

구 분		내 용
지원대상		• 생계곤란 등의 위기상황에 처하여 일시적으로 도움이 필요한 사람
요청·신고	요청인	• 지원요청 또는 신고 주체 - 위기상황에 처한 사람 또는 위기상황에 처한 사람을 발견한 사람
	요청장소	• 거주지 읍·면·동, 시·군·구청 또는 보건복지콜센터(129)
	제출서류	신청서 없음 • 기본서류: 금융정보 등 제공동의서, 통장 • 요구자료(해당자에 한함): 위기상황별 요건확인자료, 소득·재산 증빙서류 등
	처리기한	• 지체 없이 처리
선정기준 (사후 적정성 여부 판단 기준)	소득 재산 기준	• 소득기준 : 기준 중위소득 75%(1인기준 1,671,334원, 4인기준 4,297,434원) 이하 • 재산기준 : 대도시(241백만 원), 중소도시(152백만 원), 농어촌(130백만 원) 이하 • 금융재산 : 600만 원 이하(단, 주거지원은 800만 원 이하)
	기타 기준	• 「긴급복지지원법」 제2조, 제8조, 제14조에 따른 위기상황, 현장확인, 적정성 심사

3) 급여

긴급지원제도의 급여는 크게 주지원과 부가지원 그리고 민간 연계 등이 있다. 주지원에는 생계급여, 의료급여, 주거급여 및 시설이용급여가 있고, 부가지원에는 교육급여와 기타가 있다. 급여별 상세한 내용은 다음 표와 같다.

〈표 12-6〉 긴급복지지원 급여

종 류			지원내용	지원금액	최대
금전·현물지원	주지원	생계	• 식료품비, 의복비, 냉방비 등 생계유지비	월 1,833,500원 (4인 기준)	6회
		의료	• 각종 검사, 치료 등 의료서비스 -3백만 원 이내(본인부담금 · 비급여)	300만 원 이내	2회
		주거	• 국가 · 지자체 · 타인 소유 임시거소 제공 -지원상한액 내 실비 지원	월 662,500원 이내 (대도시 4인 기준)	12회
		시설이용	• 사회복지시설 입소 · 이용서비스 -지원상한액 내 실비 지원	월 1,494,100원 이내 (4인 기준)	6회
	부가지원	교육	• 가구원 내 초 · 중 · 고등학생의 학용품비 등	-초 127,900원/분기 -중 180,000원/분기 -고 214,000원/분기 및 입학금 · 수업료	2회 (주거지원 시 최대 4회)
		기타	• 위기사유 발생으로 생계유지가 곤란한 사람에게 연료비, 해산비 등 지원 - 동절기(10월~3월) 연료비 : 150,000원 / 월 - 해산비(70만 원) · 장제비(80만 원) · 전기요금(50만 원 이내)		1회 (연료비 6회)
민간기관 · 단체 연계지원 등			• 사회복지공동모금회, 대한적십자사 등 민간의 긴급지원프로그램으로 연계 • 상담 등 기타 지원		횟수제한 없음

4) 전달체계

긴급지원기관은 긴급지원대상자의 거주지를 관할하는 시장 · 군수 · 구청장이며, 요청 · 신고 시 현장확인 및 지원결정, 지원(사후조사 등)을 실시한다. 그리고 시 · 군 · 구에 긴급지원심의위원회를 두어 시장 · 군수 · 구청장의 요청에 따라 긴급지원 연장결정, 긴급지원의 적정성 심사, 긴급지원의 중단 또는 지원비용의 환수 결정 등에 관한 사항을 심의 · 의결한다.

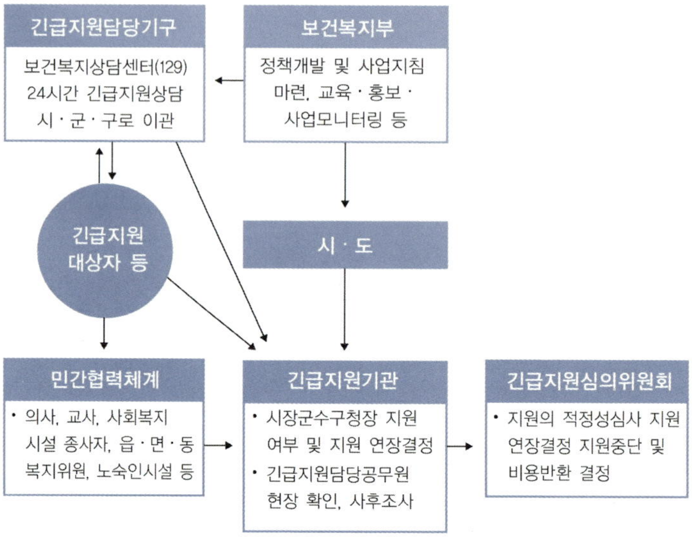

[그림 12-5] 긴급지원체계별 역할

4 기초연금

1) 의의 및 발달과정

(1) 의의

현재 노인세대는 부모 부양과 자식 양육에 헌신하여 사실상 노후준비를 할 여유가 없었고, 1988년 도입된 국민연금이 늦고 노후소득보장이 미흡하여 노인의 상대적 빈곤율은 시장소득 기준 57.1%, 처분가능소득 기준 38.1%로 나타나 OECD 국가 중에서 가장 높다(2022년 기준). 기초연금은 이런 노인빈곤 해결을 위해 도입되었다.

기초연금은 노인이 후손 양육과 국가 및 사회 발전에 이바지하여 온 점을 고려하여 생활이 어려운 노인에게 기초연금을 지급함으로써 노인의 생활안정을 지원하고 복지를 증진하려는 목적으로 2007년 4월 제정된 기초노령연금법을 개정하여 2014년

5월에 기초연금법이 제정되었다.

(2) 발달과정

현재의 기초연금은 1997년 개정노인복지법에서 규정한 경로연금을 확대하여 2008년 시행된 기초노령연금을 2014년에 개정한 것이다. 65세 이상 노인 중 생활이 어려운 소득인정액 하위 60%에 해당하는 고령자를 대상으로 2008년부터 만 70세 이상에게 기초노령연금이 지급되기 시작하여 같은 해 7월부터는 65세 이상으로 확대되었고, 2009년부터는 전체고령자의 70%까지 확대되었다.

- 1997. 8. 노인복지법 개정으로 경로연금 신설
- 2007. 4. 기초노령연금법 제정
- 2014. 5. 기초연금법 제정
- 2021. 6. 민간기관에서도 수급자 요청에 따라 지급신청을 지원할 수 있도록 함.

2) 대상

기초연금은 만 65세 이상이고 대한민국 국적을 가지고 계시며 국내에 거주하는 어르신 중 가구의 소득인정액이 선정기준액 이하인 자를 대상으로 한다. 소득인정액은 65세 이상인 사람 중 기초연금 수급자가 70% 수준이 되도록 한다.

〈표 12-7〉 기초연금 선정기준액(2024년 기준)

구분	단독가구	부부가구
선정기준액	2,130,000원	3,408,000원

3) 급여

기초연금액은 소득재분배급여(A)급에 따른 산식 또는 국민연금 급여액 등을 고려하여 산정된다. 구체적인 산식은 다음과 같다.

1. A급여액에 따른 기초연금액 = (기준연금액 − 2/3 × A급여) + 부가연금액
 * 괄호의 계산 결과가 음(−)인 경우는 0으로 처리
2. 국민연금 급여액 등에 따른 기초연금액 = 기준연금액의 250% − 국민연금 급여액 등
 * 국민연금 급여액 등은 국민연금법 등에 따라 매월 지급받을 수 있는 급여액

이러한 산식에 따라 계산된 기초연금액은 다음과 같다. 다만 부부가 모두 기초연금을 받는 경우에는 각각에 대하여 산정된 기초연금액의 20%를 감액하고(부부감액), 또는 소득인정액과 기초연금액을 합한 금액과 산정기준액의 차이만큼 감액한다(소득역전 방지 감액).

〈표 12-8〉 기초연금액(2024년)

구분	기초연금액	비고
기준연금액의 10%	33,480원	최저연금액
기준연금액의 50%	167,400원	부가연금액
기준연금액의 100%	334,810원	기준연금액

4) 전달체계

기초연금을 지급받으려는 사람은 전국 읍·면·동 주민센터 또는 행정복지센터, 국민연금공단 지사에서 신청이 가능하고, 시장·군수·구청장은 조사를 실시하여 기초연금 수급권의 발생 등을 결정하여 기초연금을 신청한 날이 속하는 달부터 매월 25일에 본인 명의 계좌로 입금한다.

5 의료급여

1) 의의 및 발달과정

(1) 의의

우리나라에는 의료보장정책으로 사회보험방식의 국민건강보험 이외에 공공부조방식의 의료급여가 있다. 의료급여는 국민기초생활보장 수급자 등 소득이 없거나 일정한 소득이 있어도 생계유지가 곤란한 저소득층 및 국가사회에 대한 공헌을 하였거나 국가무형유산의 보유자 등에게 국가재정으로 의료혜택을 제공해 주는 제도이다.

(2) 발달과정

1961년 12월 생활보호법이 제정되면서 생활보호제도의 일환으로 의료보호가 실시되었고, 1977년 12월 의료보호법이 분리하여 제정되면서 의료보호가 본격적으로 시행되기 시작하였다. 1999년 9월 국민기초생활보장법에서 의료보호를 의료급여로 변경함에 따라 2001년에 의료급여법으로 명칭이 변경되었다. 2011년 의료급여 수급권자에 대한 사례관리가 실시되었고, 이를 위해 시 · 군 · 구에 의료급여관리사가 도입되었다.

- 1977. 12. 의료보호법 제정
- 2001. 5. 의료급여법으로 명칭 변경, 의료급여수급기간 제한 폐지
- 2004. 3. 국내입양된 18세 미만 아동에 대하여 의료급여 실시
- 2011. 3. 의료급여 수급권자에 대한 사례관리 실시, 의료급여관리사 도입

2) 대상

의료급여 수급권자는 국민기초생활보장제도의 의료급여 수급자 이외에도 다양한 사회적 약자와 대상이 있다. 구체적인 범위는 다음과 같고, 다만 수급권자는 1종과

2종으로 구분한다.

- 국민기초생활보장법에 따른 의료급여 수급자
- 재해구호법에 따른 이재민으로서 보건복지부장관이 의료급여가 필요하다고 인정한 사람
- 의사상자 등 예우 및 지원에 관한 법률에 따라 의료급여를 받는 사람
- 국내입양에 관한 특별법에 따라 입양된 18세 미만의 아동
- 독립유공자예우에 관한 법률, 국가유공자 등 예우 및 지원에 관한 법률 및 보훈보상대상자 지원에 관한 법률의 적용을 받고 있는 사람과 그 가족으로서 국가보훈부장관이 의료급여가 필요하다고 추천한 사람 중에서 보건복지부장관이 의료급여가 필요하다고 인정한 사람
- 무형유산의 보전 및 진흥에 관한 법률에 따라 지정된 국가무형유산의 보유자(명예보유자를 포함한다)와 그 가족으로서 국가유산청장이 의료급여가 필요하다고 추천한 사람 중에서 보건복지부장관이 의료급여가 필요하다고 인정한 사람
- 북한이탈주민의 보호 및 정착지원에 관한 법률의 적용을 받고 있는 사람과 그 가족으로서 보건복지부장관이 의료급여가 필요하다고 인정한 사람
- 5·18민주화운동 관련자 보상 등에 관한 법률 제8조에 따라 보상금등을 받은 사람과 그 가족으로서 보건복지부장관이 의료급여가 필요하다고 인정한 사람
- 노숙인 등의 복지 및 자립지원에 관한 법률에 따른 노숙인 등으로서 보건복지부장관이 의료급여가 필요하다고 인정한 사람
- 그 밖에 생활유지 능력이 없거나 생활이 어려운 사람으로서 대통령령으로 정하는 사람

3) 급여 및 재원

의료급여수급권자에게 제공되는 의료급여의 내용은 국민건강보험의 요양급여와 동일하다. 급여비용은 그 전부 또는 일부를 의료급여기금에서 부담하되, 의료급여기금에서 일부를 부담하는 경우 그 나머지의 비용은 본인이 부담한다. 1종 수급권자는 입원의 경우는 본인부담금이 없고, 외래의 경우는 아래와 같이 의료급여기관 및 의료급여의 내용에 따라 본인부담금을 부담한다.

〈표 12-9〉 의료급여비용 본인부담금(외래)

<table>
<tr><th>대상자</th><th>의료급여기관</th><th>구분</th><th>본인부담금</th></tr>
<tr><td rowspan="9">일반1종 · 선택의료급여기관에서 의뢰된 자 1종</td><td rowspan="3">제1차 의료급여기관
(의원, 보건의료원)</td><td>원내 직접 조제</td><td>1,500원</td></tr>
<tr><td>그 이외의 경우</td><td>1,000원</td></tr>
<tr><td>특수장비촬영
(CT, MRI, PET)</td><td>특수장비총액의 5%</td></tr>
<tr><td rowspan="3">제2차 의료급여기관</td><td>원내 직접 조제</td><td>2,000원</td></tr>
<tr><td>그 이외의 경우</td><td>1,500원</td></tr>
<tr><td>특수장비촬영
(CT, MRI, PET)</td><td>특수장비총액의 5%</td></tr>
<tr><td rowspan="3">제3차 의료급여기관</td><td>원내 직접 조제</td><td>2,500원</td></tr>
<tr><td>그 이외의 경우</td><td>2,000원</td></tr>
<tr><td>특수장비촬영
(CT, MRI, PET)</td><td>특수장비총액의 5%</td></tr>
<tr><td>본인부담 면제자 1종</td><td>제1차 · 2차 · 3차
의료급여기관</td><td colspan="2">0(본인부담 없음)</td></tr>
<tr><td rowspan="3">선택의료급여기관
이용자 1종</td><td>제1~3차
의료급여기관</td><td colspan="2">0(본인부담 없음)</td></tr>
<tr><td>제1차 · 2차 · 3차
의료급여기관</td><td colspan="2">1,000~1,500원</td></tr>
<tr><td>선택한의원,
선택치과의원</td><td colspan="2">1,000~1,500원</td></tr>
</table>

의료급여비용의 재원을 충당하기 위해 시 · 도에 의료급여기금을 설치한다. 의료급여기금은 국고보조금, 지방자치단체의 출연금, 대지급금, 부당이득금, 과징금 등을 재원으로 하는데, 국고보조비율은 서울시는 국비와 지방비가 50 : 50이고, 광역시는 80 : 20, 도는 국비 80%, 도 14~16%, 시 6%, 도 4%이고, 의료급여기금은 일반회계와 구분하여 별도의 계정을 설치하여 관리한다.

4) 전달체계

의료급여에 관한 업무는 수급권자의 거주지를 관할하는 시장 · 군수 · 구청장이 하고, 보건복지부장관과 시 · 도지사 및 시장 · 군수 · 구청장은 수급권자의 건강관리 능력 향상 및 합리적 의료 이용 유도 등을 위하여 사례관리를 실시할 수 있으며, 의료급여사업의 실시에 관한 사항을 심의하기 위해 보건복지부, 시·도 및 시·군·구에 각각 의료급여심의위원회를 둔다. 그리고 의료급여사업 중 급여비용의 지급, 개인별 급여내역의 관리 등은 국민건강보험공단이 위탁받아 수행하고 있다.

13 CHAPTER

사회보험정책

1 국민연금

1) 의의 및 발달과정

(1) 의의

국민연금은 가입자인 국민의 노령, 장애, 또는 사망으로 소득능력이 상실 또는 감퇴된 경우에 본인이나 그 유족에게 경제적으로 안정된 생활을 보장할 수 있도록 연금형태의 장기적인 급여를 제공하는 소득보장정책이다. 생활수준의 향상과 의료기술의 발달로 평균수명이 늘어나 퇴직 후 노후생활의 기간이 길어지고 가족부양이 줄어듦에 따라 젊고 소득활동 능력이 있을 때 체계적으로 자신의 노후를 준비해야 한다. 또한 장애 또는 사망으로 본인의 소득능력을 잃거나 가족의 소득이 줄어드는 경우에도 본인과 가족의 생활보장을 위해 연금제도가 필요하다. 우리나라 국민연금의 특징은 다음과 같다.

- 모든 국민이 가입대상으로 강제성이 있다.
- 소득재분배로 사회통합에 기여한다.
- 국가가 존속하는 한 연금은 반드시 지급된다.
- 노령연금 이외에도 장애연금, 유족연금 등 다양한 혜택이 있다.
- 물가가 오른 만큼 연금액도 많아진다.

(2) 발달과정

1973년 국민복지연금법이 제정되었으나 석유파동으로 인한 경제 불황으로 실시하지 못하고, 1986년 국민연금법을 제정하여 1988년 1월부터 시행하게 되었다. 1995년 7월 농어촌지역으로 확대되었고, 1999년 4월 도시지역으로 확대되어 전 국민 연금시대가 열리게 되었다. 2006년부터는 1인 이상 전체 사업장으로 확대되었다.

- 1973. 12. 국민복지연금법 제정(석유파동으로 시행 연기)
- 1986. 12. 국민연금법 제정(시행 : 1988. 1. 1., 상시근로자 10인 이상 사업장)
- 1995. 7. 농어촌지역 연금 확대 적용
- 1999. 4. 도시지역 연금 확대 적용
- 2006. 1. 근로자 1인 이상 사업장 전체 적용
- 2008. 1. 완전노령연금(가입기간 20년 이상) 지급 개시
- 2012. 7. 두루누리사업 시행

2) 재원

국민연금 보험료는 가입자의 기준소득월액에 보험료율(9%)을 곱하여 산정한다. 기준소득월액은 가입자가 신고한 소득월액에서 천 원 미만을 절사한 금액으로, 최저 39만 원에서 최고 617만 원 범위로 결정한다(2024년 기준). 가입기간 연장을 위해 반환일시금을 수령했더라도 소정의 이자를 가산하여 반납하면 가입기간을 복원해 주며, 사업중단이나 실직 등으로 연금보험료를 납부할 수 없었던 납부예외 기간도 추후납부(추납)하면 가입기간을 역시 인정해 준다.

3) 대상

국민연금 가입자는 가입종별에 따라 다음의 4가지가 있다.

〈표 13-1〉 국민연금 가입자

구분	내용
사업장가입자	• 사업장의 18세 이상 60세 미만의 사용자 및 근로자 • 1인 이상 사업장은 당연적용사업장 • 지역가입자가 사업장에 취업하면 자동적으로 사업장가입자가 됨
지역가입자	• 국내에 거주하는 18세 이상 60세 미만자 중 사업장가입자가 아닌 사람 • 퇴직연금 등 수급권자, 국민기초생활보장 수급자 중 생계급여, 의료급여 또는 보장시설 수급자, 소득활동에 종사하지 않는 27세 미만인 자는 제외
임의가입자	• 사업장가입자와 지역가입자가 될 수 없는 사람도 60세 이전에 본인의 희망에 따라 임의가입자가 될 수 있음

임의계속가입자	• 납부한 국민연금 보험료가 있는 가입자 또는 가입자였던 자로서 60세에 달한 자가 가입기간이 부족하여 연금을 받지 못하거나 가입기간을 연장하여 더 많은 연금을 받기를 원할 경우 65세에 달할 때까지 임의계속가입자가 될 수 있음

국민연금 가입자 현황을 살펴보면, 전체 가입자는 2천 210만 명 정도이고, 남성이 54.2% 여성이 45.8%이다. 사업자 가입자가 1천 478만 명, 지역자입자가 648만 명, 임의가입자가 32만 명, 임의계속가입자가 50만 명 정도이다. 또한 수급자는 노령연금이 569만 명, 장애연금 7만 명, 유족연금이 101만 명 도합 678만 명 정도이다 (2024. 5. 기준).

〈표 13-2〉 국민연금 가입자 현황 (단위: 명)

구분	계	사업장가입자	지역가입자	임의가입자	임의계속가입자
남성	11,987,632	8,443,373	3,331,757	58,070	154,432
여성	10,114,467	6,345,041	3,153,719	266,374	349,333
계	22,102,099	14,788,414	6,485,476	324,444	503,765

출처 : 국민연금 홈페이지(www.nps.or.kr).

4) 급여

(1) 급여의 종류

국민연금의 급여 종류로 연금급여는 노령연금, 장애연금, 유족연금이 있고, 일시금 급여로 반환일시금과 사망일시금이 있다.

〈표 13-3〉 국민연금 급여의 종류

구분	내용	수급요건	급여수준
노령연금	국민연금의 기초가 되는 급여	가입기간 10년 이상으로 출생연도별 노령연금 지급개시연령이 된 때	기본연금액 × 가입기간별 지급률 + 부양가족연금액

조기노령연금	노후 소득보장을 위한 급여	가입기간 10년 이상, 출생연도별 조기노령연금 지급개시연령 이상인 자가 소득이 있는 업무에 종사하지 아니하고, 출생연도별 조기노령연금 지급개시연령 도달일로부터 5년 이내에 청구한 경우	[노령연금액 - 부양가족연금액] × 연령별 지급률 + 부양가족연금액
장애연금	장애로 인한 소득감소에 대비한 연금	가입자였던 자가 질병이나 부상으로 신체적 또는 정신적 장애(1~4급)가 남았을 때	• 1급 : 기본연금액의 100% + 부양가족연금액 • 2급 : 기본연금액의 80% + 부양가족연금액 • 3급 : 기본연금액의 60% + 부양가족연금액 • 4급 : 기본연금액의 225% (일시보상금)
유족연금	가입자(였던 자) 또는 수급권자의 사망으로 유족의 생계보호를 위한 급여	국민연금에 일정한 가입기간이 있는 사람 또는 노령연금이나 장애등급 2급 이상의 장애연금을 받던 사람이 사망한 경우	• 10년 미만: 기본연금액 40% + 부양가족연금액 • 10년 이상 20년 미만: 기본연금액 50% + 부양가족연금액 • 20년 이상: 기본연금액 60% + 부양가족연금액
반환일시금	연금을 받지 못할 경우 청산적 성격의 급여	• 가입기간 10년 미만인 자가 60세가 된 경우(단, 특례노령연금 수급권자는 해당되지 않음) • 가입자 또는 가입자였던 자가 사망하였으나 유족연금에 해당되지 않는 경우 • 국적을 상실하거나 국외로 이주한 경우	본인이 납부한 연금보험료에 대통령령으로 정하는 이자를 더하여 지급
사망일시금	유족연금 또는 반환일시금을 받지 못할 경우 장제부조적 급여	가입자 또는 가입자였던 사람이 사망하였으나 유족연금 또는 반환일시금을 지급받을 수 있는 유족범위에 해당하는 자가 없는 경우	반환일시금에 상당한 금액

(2) 크레딧 제도

크레딧 제도는 출산, 군복무 및 실업에 대해 연금 가입기간을 추가 인정해 주어 노령연금 수급기회를 확대하는 제도이다. ① 군복무 크레딧은 2008년 1월 1일 이후 군에 입대한 사람부터 병역의무를 이행하면 6개월의 가입기간을 추가로 인정하고 해당기간의 소득은 A값의 1/2을 인정한다. ② 출산 크레딧은 2자녀에게는 12개월, 3자녀는 30개월, 4자녀는 48개월, 5자녀 이상은 50개월을 추가로 인정하고, ③ 실업 크레딧은 구직급여 수급자가 연금보험료 납부를 희망하고 본인 부담분 연금보험료(25%)를 납부하면 국가에서 보험료(75%)를 지원하고 그 기간을 최대 12개월까지 가입기간으로 추가 산입한다.

(3) 급여의 조정

한 사람에게 급여가 집중되는 것을 방지하여 한정된 재원으로 좀 더 많은 사람들이 골고루 혜택을 누려야 한다는 사회보험의 원리에 따라 국민연금 또는 다른 사회보험에 의한 급여가 중복 지급되는 것을 제한하거나 조정한다. 즉 동일인에게 2 이상 급여의 수급권이 발생하면 각각의 급여를 모두 지급하는 것이 아니라 수급권자의 선택에 따라 1개의 급여만 지급되고 나머지 급여는 제한된다.

예를 들어 장애연금을 받고 있는 사람에게 노령연금 수급권이 발생하면 둘 중 하나의 연금만 받을 수 있다. 그러나 국민연금에서 2 이상 급여가 발생하면 선택하지 아니한 급여가 유족연금인 경우에는 유족연금액의 30%를 지급하고, 반환일시금인 경우에는 선택한 급여를 전액 지급하고 반환일시금은 사망일시금 상당액으로 지급한다.

5) 전달체계

보건복지부가 국민연금을 관장하며, 국민연금사업에 관하여 제도 및 재정계산에 관한 사항 등을 심의하기 위해 보건복지부에 국민연금심의위원회를 둔다. 그리고 보건복지부 장관의 위탁을 받아 국민연금공단이 급여의 결정과 지급, 연금보험료 부과 등의 업무를 담당한다.

또한 보건복지부장관은 국민연금사업에 필요한 재원을 원활히 확보하고 급여를 충당하기 위한 책임준비금으로서 국민연금기금을 설치한다. 기금은 보건복지부장관이 관리·운용하며, 기금의 운용에 관한 사항을 심의·의결하기 위하여 보건복지부에 국민연금기금운용위원회를 둔다.

〈표 13-4〉 국민연금 전달체계

기관	기능
보건복지부	• 국민연금제도 관장 • 국민연금제도가 안정적 · 지속적으로 지급되도록 필요한 시책을 수립 · 시행
국민연금공단	• 급여의 결정과 지급, 연금보험료 부과 등의 업무를 담당 • 국가위탁관리 법인체, 시도에 지부와 출장소 운영
국민연금심의위원회	• 국민연금사업에 관하여 제도 및 재정계산 등에 대한 사항을 심의 • 보건복지부차관이 위원장, 근로자대표, 사용자대표, 지역가입자대표, 공익대표 전문가로 구성
국민연금기금운용위원회	• 국민연금제도 연기금운용 등에 대한 사항을 심의 • 국민연금기금운용실무평가위원회
국민건강보험공단	• 사회보험료 통합 징수

6) 특수직역연금

우리나라에는 국민연금 이외에 특정 직업에 종사하는 사람들을 가입 대상으로 하는 특수직역연금이 4종류 있다. 공무원연금과 군인연금, 사학연금 그리고 별정우체국연금이 그것이다. 각 연금별 주요 내용은 다음과 같으며, 이들 특수직역연금은 공적연금 연계제도를 통해 국민연금과 직역연금의 최소가입기간을 채우지 못하고 이동하는 경우 가입기간을 연계하여 연금을 지급받을 수 있도록 하고 있다.

〈표 13-5〉 특수직역연금 현황

구분	시행연도	운영주체	가입자 부담률
공무원연금(공무원연금법)	1960년	행정안전부(공무원연금공단)	9%
군인연금(군인연금법)	1963년	국방부(군인연금과)	7%
사학연금 (사립학교교직원연금법)	1975년	교육부(사립학교교직원연금공단)	9%
별정우체국연금 (별정우체국법)	1982년	과학기술정보통신부 (별정우체국연금관리단)	9%

2 국민건강보험

1) 의의 및 발달과정

(1) 의의

국민건강보험은 질병이나 부상 등 사회적 위험으로 인해 발생한 고액의 진료비로 가계에 과도한 부담이 되는 것을 방지하기 위하여 국민들이 평소에 보험료를 내고 보험자인 국민건강보험공단이 이를 관리·운영하다가 필요시 보험급여를 제공함으로써 국민 상호 간 위험을 분담하고 필요한 의료서비스를 받을 수 있도록 하는 사회보장제도이다. 국민건강보험의 특성은 다음과 같다.

- 모든 국민은 보험가입 및 보험료 납부의 의무가 있다.
- 부담능력에 따라 보험료가 차등 부과된다.
- 균등한 보장을 제공한다.

의료보장제도는 국가마다 다양한 방식을 채택하고 있는데, 일반적으로 사회보험(NHI: National Health Insurance)방식, 국민보건서비스(NHS: National Health Service)방식, 그리고 민간보험방식이 있다. 우리나라는 사회보험방식인 국민건강보험이 있고, 국민보건서비스방식은 국민의 의료문제는 국가가 책임져야 한다는 관점에서 정부가 조세를 바탕으로 전 국민에게 무상으로 의료를 제공하는 방식이다. 민간보험방식은 미국과 같이 국가가 공공의료보장제도를 제공하지 않고 민간의료보험을 통해 의료보장을 제공한다.

〈표 13-6〉 의료보장정책의 유형

구분	국민보건서비스(NHS)	사회보험(NHI)방식	민간보험방식
가입자	전국민	저소득층을 제외한 전 국민(저소득층은 부조)	보험가입자 (저소득층은 부조)
방식	공공서비스	보험방식	보험방식
재원	조세	보험료	보험료
관리	중앙-지방정부	보험자(중앙-지방정부)(공단)	민간의 보험자
공급	공립, 일부 민간	공립, 민간	민간, 일부 공립
채택국가	영국, 스웨덴, 뉴질랜드	독일, 프랑스, 일본, 한국	미국

출처 : 박병현(2019), p. 392.

(2) 발달과정

1963년 12월에 의료보험법이 제정되었으나 임의가입으로 시작하였고, 1977년 7월 500인 이상 사업장은 강제가입을 의무화하였다. 1988년 농어촌지역 의료보험이 실시되었고, 1989년 도시지역 의료보험이 실시되어 비로소 전국민 의료보험이 적용되었다. 이후 1999년 2월에 지금의 국민건강보험법이 제정되어 기존의 의료보험조합(지역의보조합 227개, 공교의보공단 1개, 직장의보조합 140개)을 통합한 국민건강보험공단이 출범하였다. 2009년 5월에는 사회보험 징수업무를 국민건강보험공단으로 일원화하였다.

- 1963. 12. 의료보험법 제정(300인 이상 임의가입 형태)
- 1976. 12. 500인 이상 강제적용(시행 : 1977. 7. 1.)
- 1977. 12. 공무원 및 사립학교교직원 의료보험법 제정
- 1988. 1. 농어촌지역의료보험 실시
- 1989. 7. 도시지역의료보험 실시(전국민 의료보험 실시)
- 1999. 2. 국민건강보험법 제정(시행 : 2000. 7. 1.)
- 2003. 7. 직장과 지역 건강보험 재정통합
- 2009. 5. 사회보험료 징수업무를 국민건강보험공단으로 일원화

2) 재원

국민건강보험의 보험료는 직장가입자와 지역가입자로 구분하여 부과되는데, 직장가입자는 가입자의 보수에 따라 부담하는 보수월액보험료와 일정금액 이상의 보수 외 소득이 있는 경우에 추가로 부과되는 소득월액보험료로 구분된다. 각각 보수월액 또는 소득월액에 대통령령으로 정하는 보험요율(2024년 기준 7.09%)을 곱해 산출한다.

반면에 지역가입자는 가입자의 소득, 재산(전월세 포함), 자동차 등을 참작하여 정한 부과요소별 점수를 합산한 보험료 부과점수에 점수당 금액(2024년 기준 208.4원)을 곱하여 보험료를 산정한 후, 경감률 등을 적용하여 세대단위로 부과한다.

〈표 13-7〉 국민건강보험 보험료 부담비율(2024년 기준)

구분	계	가입자부담	사용자부담	국가부담
근로자	7.09%	3.545%	3.545%	-
공무원	7.09%	3.545%	-	3.545%
사립학교교원	7.09%	3.545%	2.127%(30)	1.418%(20)

3) 대상

국내에 거주하는 모든 국민은 국민건강보험과 노인장기요양보험의 가입자 혹은 피부양자가 되며, 가입자의 종류는 직장가입자와 지역가입자로 구분된다. 직장가입자는 모든 사업장의 근로자 및 사용자와 공무원 및 교직원을 의미하고, 직장가입자의 가족 등은 피부양자이다. 지역가입자는 직장가입자와 직장가입자의 피부양자를 제외한 가입자를 의미한다. 국민건강보험의 가입자 종류는 다음과 같다. 다만 의료급여 수급권자와 유공자 등 의료보호대상자는 국민건강보험의 가입자 또는 피부양자에서 제외한다.

〈표 13-8〉 국민건강보험 가입자 종류

대상 법률	국민건강보험 · 노인장기요양보험
가입대상	국내에 거주하는 국민
가입자 종류	• 직장가입자: 모든 사업장의 근로자 및 사용자와 공무원 및 교직원 • 지역가입자: 직장가입자와 피부양자를 제외한 가입자
	(직장가입자의) 피부양자 다음의 어느 하나에 해당하는 사람 중 직장가입자에게 주로 생계를 의존하는 사람으로서 소득 및 재산이 보건복지부령으로 정하는 기준 이하에 해당하는 사람 • 직장가입자의 배우자 • 직장가입자의 직계존속(배우자의 직계존속 포함) • 직장가입자의 직계비속(배우자의 직계비속 포함)과 그 배우자 • 직장가입자의 형제 · 자매

가입자 종류별 현황은 다음 〈표 13-9〉와 같다.

〈표 13-9〉 가입자 종류별 현황(2024. 3.기준) (단위 : 천 명, %)

구분	가입자 수	비율
직장가입자	19,902	38.7
피부양자	16,389	31.9
지역가입자	15,126	29.4
계	51,417	100

4) 급여

국민건강보험의 보험급여는 가입자 또는 피부양자의 질병, 부상에 대한 예방, 진단, 치료, 재활과 출산, 사망 및 건강증진에 대하여 법령이 정하는 바에 따라 공단이 현물 또는 현금급여를 제공하는 것을 의미한다. 보험급여는 현물급여와 현금급여로 구분되는데, 현물급여로는 요양급여와 건강검진이 있고, 현금급여로는 요양비, 장애인 보조기기, 본인부담액 상한제 등이 있다.

〈표 13-10〉 건강보험 보험급여의 종류

구분		수급권자
현물급여	요양급여	가입자 및 피부양자
	건강검진	가입자 및 피부양자
현금급여	요양비	가입자 및 피부양자
	장애인 보조기기	가입자 및 피부양자 중 장애인복지법에 의해 등록한 장애인
	본인부담액 상한제	가입자 및 피부양자
	임신·출산 진료비	임신·출산 진료비 수급권자 - 임신·출산(유산·사산 포함)이 확인된 건강보험 가입자 또는 피부양자 - 2세 미만인 가입자 또는 피부양자의 법정대리인(출산한 가입자 또는 피부양자가 사망한 경우에 한정)

요양급여의 범위는 진찰·검사, 약제·치료재료의 지급, 처치·수술 및 그 밖의 치료, 예방·재활, 입원, 간호, 이송 등이 포함된다. 그리고 건강검진은 일반건강검진, 암검진, 영유아건강검진, 학생건강검진 및 학교 밖 청소년 건강검진이 있다. 일반건강검진 대상은 다음과 같다.

〈표 13-11〉 일반건강검진 대상

구분	일반건강검진 대상자		비고
	대상	주기	
지역가입자	• 세대주 및 20세 이상 세대원	• 2년에 1회	
직장피부양자	• 20세 이상 피부양자	• 2년에 1회	
직장가입자	• 사무직 근로자 중 격년제 실시에 따른 대상자, 비사무직 대상자 전체	• 사무직: 2년에 1회 • 비사무직: 1년에 1회	
의료급여 수급권자	• 20세~64세 의료급여 수급권자 • 65세 이상은 노인복지법에 따른 지자체의 일반건강진단 실시로 제외	• 2년에 1회	66세 이상은 “의료급여 생애전환기검진” 실시

5) 전달체계

보건복지부장관 소속으로 건강보험정책심의위원회를 두어 건강보험정책에 관한 다음의 사항을 심의·의결한다.

- 종합계획 및 시행계획에 관한 사항(의결은 제외)
- 요양급여의 기준
- 요양급여비용에 관한 사항
- 직장가입자의 보험료율
- 지역가입자의 보험료율과 재산보험료부과점수당 금액
- 그 밖에 건강보험에 관한 주요 사항으로서 대통령령으로 정하는 사항

건강보험의 보험자는 국민건강보험공단으로 건강보험과 관련하여 가입자 등의 자격관리, 보험료의 부과·징수, 보험급여 관리, 보험급여 비용의 지급, 의료시설의 운영 등의 업무를 담당한다. 그리고 국민건강보험공단과는 별개의 독립된 법인으로 요양급여비용을 심사하고, 요양급여의 적정성을 평가하기 위해 건강보험심사평가원이 있다.

3 산업재해보상보험

1) 의의 및 발달과정

(1) 의의

산업재해는 근로자 개인의 신체적·정신적 장애, 임금의 단절 및 감소 또는 사망 등으로 개인과 그 가족의 생활안정과 복지에 큰 문제를 발생케 하는 사회적 위험이다. 따라서 산업재해의 위험을 국가적으로 대응하여 개인과 가족의 생활을 보장하고 기업주의 위험을 덜어주면서 사회경제적 안정을 도모하는 사회적 장치로 산업재해보상보험(이하 산재보험이라 함)이 요청된다. 산재보험은 사회보험의 한 종류이지만 다음과 같은 특징을 가지고 있다(현외성, 2016).

- 재해근로자에 대하여 무과실책임주의에 입각하여 사업주의 보상책임을 담보하여 주는 사업주 책임보험으로서의 특성이 있다.

- 사업장 단위로만 가입이 이루어지고, 개별 근로자의 관리는 별도로 이루어지지 않는다.
- 보험관계 성립 등 제반 행정이 자진 신고 및 보험료의 자진 납부를 원칙으로 하고 있다.
- 다른 사회보험제도에 비해 일선 업무 담당자의 재량에 의하여 판단, 처리되는 부분이 많은 특징을 가지고 있다.
- 현금급여로 제공되는 국민연금과 현물급여를 위주로 제공되는 의료보험과 달리 현금급여와 현물급여가 모두 제공되는 종합적인 보상제도이다.

(2) 발달과정

산재보험은 1963년 11월 5일 산업재해보상보험법으로 제정되어 1964년 1월부터 시행되었다. 제정 당시에는 500인 이상 사업장에만 적용이 되어서 혜택을 받지 못하는 근로자가 많았으나, 1965년 200인 이상 사업장으로, 2000년에는 1인 이상 사업장으로 확대되었고, 2018년에는 상시근로자 1인 미만까지 그 적용이 확장되었다.

- 1963. 11. 산업재해보상보험법 제정, 500인 이상 사업장 적용
- 1994. 12. 노동부에서 근로복지공단으로 위탁
- 1999. 12. 1인 이상 사업장까지 확대 적용
- 2020. 12. 중소기업 사업주의 배우자 또는 4촌 이내 친족 산재보험 가입 허용

2) 재원

사회보험 중 유일하게 산재보험은 사업주에게만 보험료를 부과한다. 산재보험료는 사업주가 경영하는 사업에 종사하는 근로자의 개인별 보수총액에 산재보험료율을 곱한 금액을 합한 금액이다. 산재보험료율은 과거 3년 동안의 보수총액에 대한 산재보험급여총액의 비율을 기초로 하여, 산재보험법에 따른 연금 등 산재보험급여에 드는 금액, 재해예방 및 재해근로자의 복지증진에 드는 비용 등을 고려하여 사업의 종류별로 구분하여 고용노동부령으로 정한다. 사업종류별 산재보험료율은 다음 표와 같다.

〈표 13-12〉 사업종류별 산재보험료율(2024년) (단위: 천분율(‰))

사 업 종 류	요율	사 업 종 류	요율
1. **광업**		4. **건 설 업**	35
석탄광업 및 채석업	185	5. **운수·창고·통신업**	
석회석·금속·비금속·기타광업	57	철도·항공·창고·운수관련서비스업	8
2. **제조업**		육상 및 수상운수업	18
식료품 제조업	16	통신업	9
섬유 및 섬유제품 제조업	11	6. **임 업**	58
목재 및 종이제품 제조업	20	7. **어 업**	27
출판·인쇄·제본업	9	8. **농 업**	20
화학 및 고무제품 제조업	13	9. **기타의 사업**	
의약품·화장품·연탄·석유제품 제조업	7	시설관리 및 사업지원 서비스업	8
기계기구·금속·비금속광물제품 제조업	13	기타의 각종사업	8
금속제련업	10	전문·보건·교육·여가관련 서비스업	6
전기기계기구·정밀기구·전자제품 제조업	6	도소매·음식·숙박업	8
선박건조 및 수리업	24	부동산 및 임대업	7
수제품 및 기타제품 제조업	12	국가 및 지방자치단체의 사업	9
3. **전기·가스·증기·수도사업**	7	0. **금융 및 보험업**	5
		* 해외파견자: 14/1,000	

3) 대상

(1) 가입대상

산재보험의 가입대상은 근로자를 사용하는 사업 또는 사업장이다. 산재보험의 보험가입자는 사업의 사업주이며, 수급권자는 근로자와 사업주이다. 다만, 산재보험은 모든 사업장의 근로자에게 적용하는 것을 원칙으로 하지만 다음의 사업은 적용 제외된다.

- 공무원 재해보상법, 군인재해보상법, 선원법, 어선원 및 어선 재해보상보험법, 사립학교 교직원연금법에 따라 재해보상이 되는 사업
- 가구 내 고용활동
- 농업, 임업(벌목업은 제외), 어업 및 수산업 중 법인이 아닌 자의 사업으로서 상시근로자 수가 5명 미만인 사업

(2) 업무상 재해 인정기준

산재보험의 급여는 업무상 재해에 해당하는 경우에 지급하는데, 업무상 재해는 업무상의 사유에 따른 근로자의 부상·질병·장해 또는 사망을 말한다. 업무란 사업주의 지배관리하에 근로계약을 기초로 형성되는 근로자가 본래 해야 할 담당업무와 근로자의 담당업무에 부수되는 행위를 말한다.

업무상 재해여부는 업무수행성과 업무기인성 여부에 따라 결정되는데, ① 업무수행성은 사용자의 지배 또는 관리하에 이루어지는 해당 근로자의 업무수행 및 그에 수반되는 통상적인 활동과정에서 재해의 원인이 발생하는 것을 의미하고, ② 업무기인성은 재해가 업무로 인해 발생하였다고 인정되는 관계를 의미한다. 다만, 업무상 사고 또는 질병으로 재해가 발생하더라도 업무와 재해 사이에 상당인과관계가 없는 경우에는 업무상 재해로 보지 않는다. 구체적인 업무상 재해 인정기준은 다음과 같다.

〈표 13-13〉 업무상 재해 인정기준

구분	내용
1. 업무상 사고	가. 근로자가 근로계약에 따른 업무나 그에 따르는 행위를 하던 중 발생한 사고 나. 사업주가 제공한 시설물 등을 이용하던 중 그 시설물 등의 결함이나 관리소홀로 발생한 사고 다. 사업주가 주관하거나 사업주 지시에 따라 참여한 행사나 행사준비 중에 발생한 사고 라. 휴게시간 중 사업주의 지배관리하에 있다고 볼 수 있는 행위로 발생한 사고 마. 그 밖에 업무와 관련하여 발생한 사고
2. 업무상 질병	가. 업무수행 과정에서 물리적 인자, 화학물질, 분진, 병원체, 신체에 부담을 주는 업무 등 근로자의 건강에 장애를 일으킬 수 있는 요인을 취급하거나 그에 노출되어 발생한 질병 나. 업무상 부상이 원잉 되어 발생한 질병 다. 근로기준법에 따른 직장 내 괴롭힘, 고객의 폭언 등으로 인한 업무상 정신적 스트레스가 원인이 되어 발생한 질병 라. 그 밖에 업무와 관련하여 발생한 질병
3. 출퇴근 재해	가. 사업주가 제공한 교통수단이나 그에 준하는 교통수단을 이용하는 등 사업주의 지배관리하에서 출퇴근하는 중 발생한 사고 나. 그 밖에 통상적인 경로와 방법으로 출퇴근하는 중 발생한 사고

4) 급여

산재보험의 급여 종류로는 요양급여, 휴업급여, 장해급여, 간병급여, 유족급여, 상병보상연금, 장의비, 직업재활급여 등 8가지가 있다. 다만 진폐에 따른 보험급여로는 요양급여, 간병급여, 장의비, 직업재활급여 등 4가지와 진폐보상연금 및 진폐유족연금이 있다. 구체적인 급여 종류는 다음과 같다.

〈표 13-14〉 산재보험의 급여 종류

급여의 종류	급여의 내용
요양급여 (제40조)	• 근로자가 업무상의 사유로 부상을 당하거나 질병에 걸린 경우에 그 근로자에게 지급함. • 요양급여는 산재보험 의료기관에서 요양을 하게 함. 부득이한 경우 요양비 지급 가능 • 3일 이내의 요양으로 치유되는 부상이나 질병은 요양급여를 지급하지 아니 함. • 요양급여의 범위: 진찰 및 검사, 약제 또는 진료재료와 의지(義肢) 그 밖의 보조기의 지급, 처치 · 수술 · 그 밖의 치료, 재활치료, 입원, 간호 및 간병, 이송 등
휴업급여 (제52조)	• 업무상 사유로 부상을 당하거나 질병에 걸린 근로자에게 요양으로 취업하지 못한 기간에 대하여 지급함. • 1일당 지급액: 평균임금의 100분의 70에 상당하는 금액 • 취업하지 못한 기간이 3일 이내이면 지급하지 아니함.
장해급여 (제57조)	• 업무상의 사유로 부상을 당하거나 질병에 걸려 치유된 후 신체 등에 장해가 있는 경우에 그 근로자에게 지급함. • 장해등급(1~14급)에 따라 장해보상연금 또는 장해보상 일시금으로 지급
간병급여 (제61조)	• 요양급여를 받은 사람 중 치유 후 의학적으로 상시 또는 수시로 간병이 필요하여 실제로 간병을 받는 사람에게 지급함.
유족급여 (제62조)	• 근로자가 업무상의 사유로 사망한 경우에 유족에게 지급함.
상병보상연금 (제66조)	• 요양급여를 받는 근로자가 요양을 시작한 지 2년이 지난 날 이후에 다음 각 호의 요건 모두에 해당하는 상태가 계속되면 휴업급여 대신 상병보상연금을 그 근로자에게 지급함. 1. 그 부상이나 질병이 치유되지 않은 상태일 것 2. 그 부상이나 질병에 따른 중증요양상태의 정도가 대통령령으로 정하는 중증요양상태등급 기준에 해당할 것 3. 요양으로 인하여 취업하지 못하였을 것

장례비 (제71조)	• 근로자가 업무상의 사유로 사망한 경우에 지급하되, 평균임금의 120일분에 상당하는 금액을 그 장례를 지낸 유족에게 지급함. 다만, 장례를 지낼 유족이 없거나 그 밖에 부득이한 사유로 유족이 아닌 사람이 장례를 지낸 경우에는 평균임금의 120일분에 상당하는 금액의 범위에서 실제 드는 비용을 그 장례를 지낸 사람에게 지급함.
직업재활급여 (제72조)	• 장해급여 또는 진폐보상연금을 받은 사람이나 장해급여를 받을 것이 명백한 사람으로서 대통령령으로 정하는 사람(장해급여자) 중 취업을 위하여 직업훈련이 필요한 사람에 대하여 실시하는 직업훈련에 드는 비용 및 직업훈련수당 • 업무상 재해가 발생할 당시의 사업에 복귀한 장해급여자에 대하여 사업주가 고용을 유지하거나 직장적응훈련 또는 재활운동을 실시하는 경우에 각각 지급하는 직장복귀지원금, 직장적응훈련비 및 재활운동비

5) 전달체계

산재보험의 관장부서는 고용노동부이고 산재보험의 실제적인 업무는 근로복지공단에 위탁 운영되고 있다. 산재보험제도에서 사용하는 급여에 필요한 재원조달은 다른 사회보험료와는 달리 전적으로 사용주의 보험료에 의존하고 일부 산재보험의 사무집행에 드는 비용은 국가가 일반회계에서 부담하고 있다.

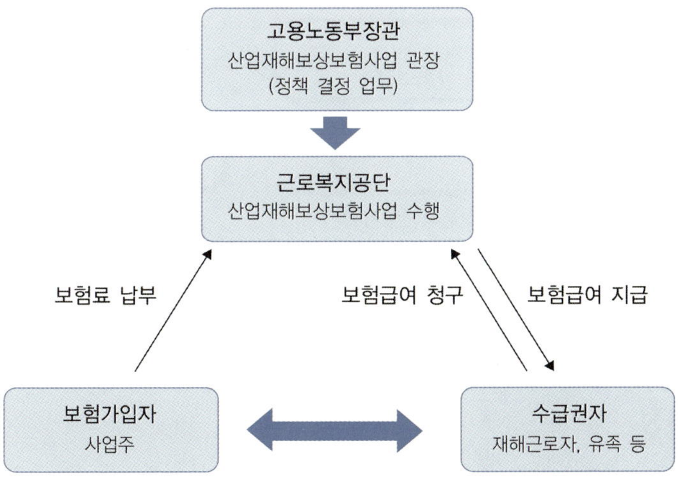

[그림 13-1] 산재보험 수행체계

4 고용보험

1) 의의 및 발달과정

(1) 의의

고용보험은 전통적 의미의 실업보험사업을 비롯하여 고용안정사업과 직업능력사업 등의 노동시장정책을 적극적으로 연계하여 통합적으로 실시하는 사회보험이다. 실직근로자에게 실업급여를 지급하는 전통적 의미의 실업보험사업 이외에 적극적인 취업알선을 통한 재취업의 촉진과 근로자의 고용안정을 위한 고용안정사업, 근로자의 직업능력개발사업 등을 상호 연계하여 실시한다.

따라서 실업보험은 단순하게 실직자의 생계를 지원하는 사후적이고 소극적인 사회보장인 반면에, 고용보험은 실직자에 대한 생계지원은 물론 재취업을 촉진하고, 더 나아가 실업의 예방 및 고용안정, 노동시장의 구조개편, 직업능력개발을 강화하기 위한 사전적 · 적극적 차원의 종합적인 노동시장정책 수단이라고 할 수 있다.

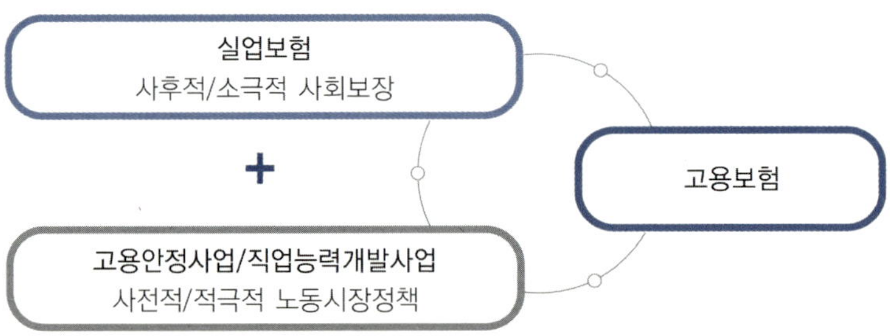

[그림 13-2] 고용보험의 의의

(2) 발달과정

고용보험은 역사적으로 실업보험에서 출발하여 직업훈련과 고용문제까지 제도적 개입을 시도하면서 발전되어 왔다. 서구 국가들의 실업보험은 노동조합에 의한 실업공제가 19세기 중엽부터 실시되었고, 세계대전과 대공황을 거치면서 정부의 단순 보조에 그쳤던 실업공제가 사회보험방식의 실업보험으로 발전하였다. 그리고 석유파동을 기점으로 기존의 고용정책들이 고용보험으로 통합관리되는 추세이다.

우리나라 고용보험은 1980년대 초반부터 높은 실업률로 인하여 도입이 논의되었으나 1991년 제7차 경제사회발전계획(1992~1996) 후반기 중 도입하기로 하였고, 1993년 한국노총과 경총의 중앙노사합의에서 고용보험 조기 실시를 대정부 건의사항으로 채택하여 1993년 고용보험법이 제정되고 1995년 7월 시행되었다.

- 1991. 8. 제7차 경제사회발전계획(1992~1996) 후반기 중 고용보험 도입 결정
- 1993. 12. 고용보험법 제정(시행 : 1995. 7.)
- 1998. 10. 1인 이상 전 사업장으로 적용 확대
- 2001. 11. 고용보험을 통해 모성보호급여(육아휴직, 산전후휴가 급여) 지급
- 2011. 7. 자영업자 고용보험 실업급여 혜택 확대
- 2012. 7. 두루누리 사회보험지원제도 시행
- 2015. 12. 근로시간 단축 지원금 신설
- 2016. 5. 실업크레딧제도 도입

2) 재원

고용보험제도상의 급여와 사업에 드는 비용을 충당하기 위하여 고용보험기금을 국가에서 설치하여 운용하는데, 이 기금은 보험료 적립금, 징수금, 기금운용 수익금, 그 밖의 수익금 등으로 구성된다. 물론 이 밖에 고용보험제도는 정부의 일부 지원을 재원조달로 하고 있다. 보험료는 보험가입자인 사업주와 피보험자인 근로자로부터 징수하는 금액을 말하며, 보험료는 고용안정사업 및 직업능력개발사업의 보험료와 실업급여 보험료로 구분하여 산정하는데, 실업급여는 근로자와 사용자가 각 0.8% 부담하고, 고용안정사업 및 직업능력개발사업은 기업규모에 따라 다음과 같이 차등 부담한다.

〈표 13-15〉 고용보험 보험료

<table>
<tr><th colspan="2">구분</th><th>근로자</th><th>사업주</th></tr>
<tr><td colspan="2">실업급여</td><td>0.8%</td><td>0.8%</td></tr>
<tr><td rowspan="4">고용안정사업 및 직업능력개발사업</td><td>150인 미만 기업</td><td>-</td><td>0.25%</td></tr>
<tr><td>150인 이상 기업</td><td>-</td><td>0.45%</td></tr>
<tr><td>150인 인상~1000인 미만 기업</td><td>-</td><td>0.65%</td></tr>
<tr><td>1,000인 이상 기업 및 국가, 지방자치단체가 직접 행하는 사업</td><td>-</td><td>0.85%</td></tr>
</table>

3) 대상

1998년 10월 1일부터 1인 이상의 근로자가 있는 사업주는 의무적으로 고용보험에 가입하여야 한다. 즉 1인 이상의 근로자를 고용하는 사업 및 사업장을 대상으로 적용한다. 여기서 사업이란 하나의 업을 반복하여 계속할 의사를 가지고 지속적으로 행하는 행위라는 추상적인 개념이고, 사업장은 실제 사업이 행하여지고 있는 인적, 물적 시설이 존재하는 장소적 범위라는 물리적 개념을 말한다.

4) 급여

(1) 실업급여

실업급여는 고용보험 가입 근로자가 실직한 경우 자신의 능력과 적성에 맞는 새로운 직장을 구하는 기간 동안 실직자 및 그 가족의 생활안정을 도모하도록 소정의 급여를 지원하는 제도이다. 실업급여는 실업에 대한 위로금이나 고용보험료 납부에 대한 대가가 아니라 실업이라는 보험사고가 발생했을 때 취업하지 못한 기간에 대하여 적극적으로 재취업활동을 한 사실을 확인(이를 '실업 인정'이라 한다)하고 지급한다. 실업급여는 구직급여와 취업촉진수당, 연장수당, 상병급여로 구성되어 있다. 구직급여는 퇴직 다음 날로부터 12개월이 지나면 소정급여일수가 남아있다고 하더라도 더 이상 지급받을 수 없다.

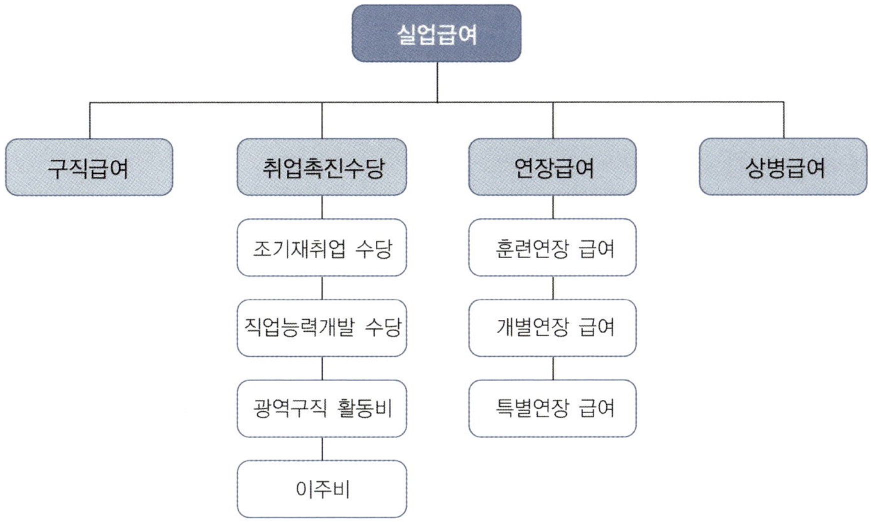

[그림 13-3] 실업급여 내용

구직급여는 퇴직 전 평균임금의 60%를 소정급여일수만큼 지급한다. 2019년 10월 이전에는 50%였으나 60%로 상향되었고, 다만 상한액과 하한액이 설정되어 있다. 구직급여 소정급여일수는 이직일 기준으로 연령 및 가입기간에 따라 다음과 같이 정해져 있다.

〈표 13-16〉 구직급여 소정급여일수

구분		피보험기간				
		1년 미만	1년 이상 3년 미만	3년 이상 5년 미만	5년 이상 10년 미만	10년 이상
이직일 현재연령	50세 미만	120일	150일	180일	210일	240일
	50세 이상	120일	180일	210일	240일	270일

(2) 모성보호

모호보호정책으로는 출산전후 휴가, 육아휴직 및 배우자 출산휴가급여가 있다. ① 출산휴가는 임신, 출산 등으로 인하여 소모된 체력을 회복시키기 위해 부여되는 휴가이며, ② 육아휴직은 근로자가 만 8세 이하 또는 초등학교 2학년 이하의 자녀를 양육하기 위하여 육아휴직을 30일 이상 부여받은 경우 지급되는 급여이고, ③ 배우자 출산휴가급여는 근로자의 배우자가 출산할 경우 배우자 출산휴가를 부여 받고 휴가기간 중 최초 5일분에 대해서 급여를 지급한다.

(3) 기업 혜택

기업 혜택으로는 고용유지 지원금, 고용창출장려금, 고용안정장려금 및 직장어린이집 지원금 등이 있다. ① 고용유지 지원금은 매출액 감소 등으로 고용조정이 불가피하게 된 사업주가 고용유지조치(휴업, 휴직 등)를 취하여 피보험자를 계속 고용하는 경우 고용유지 지원금을 지원하며, ② 고용창출장려금은 근로자를 신규로 고용한 사업주를 지원하는 제도이며, ③ 고용안정장려금은 재직근로자의 일자리 질을 높인 사업주를 지원하는 제도이고, ④ 직장어린이집 지원금은 사업주가 단독 또는 공동으로 근로자를 위하여 어린이집(보육시설)을 설치 운영하는 경우에 보육교사 등의 인건비와 운영비 일부를 지원한다.

5) 전달체계

고용노동부와 근로복지공단 및 국민건강보험공단이 전달체계를 담당하고 있다. 기관별 역할은 다음과 같다.

〈표 13-17〉 고용보험 전달체계

기관	역할
고용노동부 고용센터	• 실업급여 지급, 고용안정사업관련 각종 지원업무 • 실업급여관련 업무는 수급자의 거주지 관할 고용센터에서 담당 • 직업능력개발관련 각종 지원업무
근로복지공단	• 고용보험 가입, 보험료 징수, 보험사무대행기관인가 등 담당 • 피보험자격 관리
국민건강보험공단	• 보험료 고지 및 수납, 체납관리

6) 실업부조

실업부조란 고용보험에 의한 실업급여를 받지 못하는 근로능력을 가진 빈곤 실직자에게 생계 안정을 위해 현금급여를 제공하는 제도이다. 고용보험은 사회보험방식이고, 실업부조는 전액 조세를 바탕으로 정부 부담으로 재원을 마련하고, 소득조사를 실시하여 고용기록과 관계없이 일정 기준 이하의 저소득 실업자만 대상으로 실업수당을 지급하는 공공부조제도이다(강종수, 2022).

실업부조는 소득 및 재산 정도에 따라 지급여부가 결정되므로 고용보험의 실업급여요건을 충족시키지 못하는 실업자에게 지급된다. 우리나라에서는 문재인정부에서 국민취업지원제도라는 명칭으로 도입되었다. 15~69세 중에서 중위소득 60% 이하이면서 재산이 가구원 합산 4억 원 이하인 경우에 구직촉진수당 50만 원을 6개월 동안 지급하고 취업지원서비스를 제공한다. 대학생은 최종 학년 마지막 학기 재학생(휴학생 포함)이면 신청 가능하다. 예를 들어 2025년 2월 졸업자는 2024년 5월 1일부터 참여 가능하다.

〈표 13-18〉 국민취업지원제도 수급자격 및 지원 내용

	요건심사형	선발형(비경제활동)	선발형(청년특례)
I유형	**나이** 15~69세 **소득** 중위소득 60%이하 **재산** 가구원합산 4억 원 이하(15~34세 청년은 5억 원 이하) **취업경험** 100일 또는 800시간 이상	**나이** 15~69세 **소득** 중위소득 60%이하 **재산** 가구원합산 4억 원 이하 **취업경험** 100일 또는 800시간 미만	**나이**(*) 15~34세 **소득** 중위소득 120%이하 **재산** 가구원합산 5억 원 이하 **취업경험** 무관
	구직촉진수당(50만 원x6개월) 및 취업지원서비스 제공 부양가족 수에 따라 구직촉진수당 차이가 발생할 수 있음		
	특정계층	청년	중장년
II유형	**특정계층(II유형) 표 참조** **소득** 무관 **재산** 무관 **취업경험** 무관	**나이**(*) 15~34세 **소득** 무관 **재산** 무관 **취업경험** 무관	**나이** 35~69세 **소득** 중위소득 100% 이하 **재산** 무관 **취업경험** 무관
	취업활동비용 및 취업지원서비스 제공		

(*) [청년연령] 병역의무이행기간 가산 최대 37세
출처 : 고용24(www.work24.go.kr).

5 노인장기요양보험

1) 의의 및 발달과정

(1) 의의

노인 인구가 급증함에 따라 치매나 중풍 등의 장기요양이 필요한 노인도 급속히 증가하는 추세이지만 핵가족화와 여성의 사회참여 증가로 가족에 의한 사적 돌봄은 한계에 도달하였다. 노인장기요양보험은 고령이나 노인성질병 등으로 인하여 6개월 이상 동안 혼자서 일상생활을 수행하기 어려운 노인 등에게 신체활동 또는 가사지원 등의 장기요양급여를 사회적 연대원리에 의해 제공하는 사회보험제도이다.

국민건강보험이 질병의 진단과 치료 등을 목적으로 의료기관에서 제공하는 의료서비스 중심이라면, 장기요양보험은 노인성질환을 가진 대상자에게 장기요양기관을 통해 신체활동과 가사지원 등의 서비스를 제공하는 제도이다.

(2) 발달과정

노무현 대통령의 대선공약으로 시범실시 후 공적노인요양보장제도 도입을 제시하였고, 2003년 보건복지부는 대통령 업무보고에서 2007년 시행을 목표로 도입 추진을 보고하였다. 2007년 4월 노인장기요양보험법이 제정되고, 2008년 7월 시행되었다. 이후 2014년에는 기존 3등급 체계에서 치매특별등급인 5등급을 신설하는 등 5등급 체계로 개편하였고, 2018년에는 치매가 있는 사람이면 장기요양인정을 받을 수 있도록 장기요양인지지원등급을 신설하였다.

- 2007. 4. 노인장기요양보험법 제정(시행 : 2008. 7.)
- 2014. 7. 5등급(치매특별등급) 신설 등 5등급 체제로 개편
- 2018. 1. 장기요양인지지원등급 신설
- 2020. 7. 장기요양인정유효기간을 1년에서 2년으로 연장
- 2023. 1. 척수성 근위축 및 관련 증후군(G12) 등 노인성질병 추가

2) 재원

노인장기요양보험의 보험료는 국민건강보험료에 장기요양보험료율을 곱하여 산정한다. 2024년 기준으로 장기요양보험료율은 건강보험료의 12.95%이다. 그리고 국가가 보험료 예상수입액의 20%를 부담하고, 본인부담금이 시설급여는 비용의 20%, 재가급여는 15%를 자부담한다.

〈표 13-19〉 노인장기요양보험의 재정

구분	내용
노인요양보험료	• 건강보험 가입자 부담 • 건강보험 보험료율 × 노인장기요양보험료율 • 건강보험료와 통합 고지
국가부담	• 보험료 예상수입액의 20%(국고) • 의료급여수급권자의 장기요양급여비용(국가와 지자체가 각각 분담)
본인부담	• 시설급여서비스 비용의 20%, 재가급여서비스 비용의 15% • 저소득층은 본인일부부담금 1/2로 경감 • 국민기초생활수급노인은 무료

3) 대상

장기요양인정 대상은 만 65세 이상 또는 만 65세 미만으로 노인성 질병을 가진 자이다. 노인성 질병은 치매, 뇌혈관성질환, 파킨슨 등 대통령령으로 정하는 질병이며, 장기요양인정 신청을 국민건강보험공단에 하면 장기요양인정 및 등급판정을 한다.

[그림 13-4] 장기요양인정 및 이용절차

등급판정은 장기요양인정조사표에 따라 65개 항목조사와 25개 욕구조사를 실시하며, 52개 항목의 조사결과를 바탕으로 장기요양인정점수를 산정하여 등급을 판정한다.

〈표 13-20〉 장기요양 등급

등급	심신의 기능상태	장기요양인정점수
1등급	심신의 기능상태 장애로 일상생활에서 전적으로 다른 사람의 도움이 필요한 자	95점 이상
2등급	심신의 기능상태 장애로 일상생활에서 상당 부분 다른 사람의 도움이 필요한 자	75~94점
3등급	심신의 기능상태 장애로 일상생활에서 부분적으로 다른 사람의 도움이 필요한 자	60~74점
4등급	심신의 기능상태 장애로 일상생활에서 일정 부분 다른 사람의 도움이 필요한 자	51~59점
5등급	치매환자(노인장기요양보험법 시행령에 따른 노인성 질병으로 한정)	45~50점
인지지원 등급	치매환자(노인장기요양보험법 시행령에 따른 노인성 질병으로 한정)	45점 이하

4) 급여

노인장기요양급여의 종류는 재가급여와 시설급여로 구분할 수 있으며, 이외에 가족요양비 등의 특별현금급여가 있다. 구체적인 급여 종류는 다음 표와 같다.

〈표 13-21〉 노인장기요양급여의 종류

급여	내용	
재가급여	가사지원	요양보호사와 간호사 등이 제공하는 식사 도움, 화장실 도움, 세면, 목욕, 말벗, 외출동행, 간호서비스, 집안 청소 등
	방문목욕	목욕장비를 갖추어 노인을 방문하여 목욕서비스 제공
	방문간호	의사의 지시를 받은 간호사가 노인을 방문하여 간호서비스 제공
	주야간보호	하루 중 일정 시간 동안 주야간보호시설을 이용하여 기본적 요양서비스 제공
	단기보호	단기보호시설에 입소시켜 요양서비스 제공
시설급여	노인요양시설	요양에 필요한 시설과 설비 및 전문인력을 갖추고 있는 노인요양시설에 장기간 입소시켜 전문요양서비스 제공
	노인그룹홈	

특별현금급여	가족요양비	도서벽지 지역 등 요양시설이 없어 불가피하게 가족 등으로부터 요양을 받는 경우에 지원되는 현금급여
	특례요양비	요양인정자가 요양서비스 제공기관으로 지정되지 않은 시설 이용 시 요양서비스비용의 일부 지급(양로원, 장애인복지시설 등)
	요양병원요양비	요양인정자가 노인복지법상 노인전문병원 또는 의료법상 요양병원 입원 시 간병비(간병인 이용비)의 일부 지급

5) 전달체계

장기요양보험사업은 보건복지부장관이 관장하며, 장기요양보험사업의 보험자는 국민건강보험공단이다. 국민건강보험공단은 장기요양보험가입자 자격관리, 장기요양보험료의 부과 · 징수, 신청인 조사, 등급판정, 장기요양급여 관리, 재가 및 시설 급여비용 심사 및 지급 등의 업무를 관장한다.

그리고 보건복지부장관 소속으로 장기요양위원회를 두어 장기요양보험료율, 가족요양비 등의 지급기준, 재가 및 시설 급여비용 등의 사항을 심의한다. 장기요양위원회는 위원장(보건복지부차관) 1명과 부위원장 1명을 포함하여 16인 이상 22인 이하의 위원으로 구성한다.

또한 장기요양인정 및 장기요양등급 판정 등을 심의하기 위하여 공단에 장기요양등급판정위원회를 두며, 재가급여 또는 시설급여를 제공하는 장기요양기관을 운영하려는 자는 소재지를 관할 구역으로 하는 시장 · 군수 · 구청장으로부터 지정을 받아야 한다.

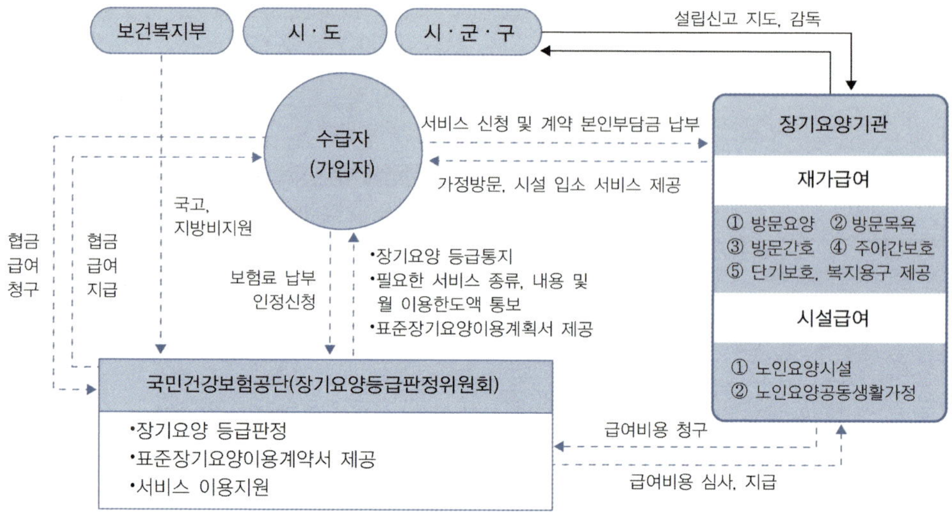

[그림 13-5] 노인장기요양보험 전달체계

14 CHAPTER

사회서비스정책과 사회수당정책

1 사회서비스정책

1) 사회서비스의 의의와 영역

(1) 사회서비스의 의의

사회서비스의 개념은 다양하게 정의되고 있으며 포괄하는 범위도 다양하다. 우선 사회서비스의 개념을 정의하고 있는 우리나라 법 규정은 다음과 같다. 같은 사회서비스라는 용어를 사용하고 있음에도 법상 정의가 다르다.

- 사회서비스란 국가·지방자치단체 및 민간부문의 도움이 필요한 모든 국민에게 복지, 보건의료, 교육, 고용, 주거, 문화, 환경 등의 분야에서 인간다운 생활을 보장하고 상담, 재활, 돌봄, 정보의 제공, 관련 시설의 이용, 역량 개발, 사회참여 지원 등을 통하여 국민의 삶의 질이 향상되도록 지원하는 제도를 말한다(사회보장기본법 제3조 제4호).
- 사회서비스란 「사회복지사업법」 제2조 제6호에 따른 사회복지서비스, 「보건의료기본법」 제3조 제2호에 따른 보건의료서비스, 그 밖에 이에 준하는 서비스로서 대통령령으로 정하는 서비스를 말한다(사회서비스 이용 및 이용권 권리에 관한 법률 제2조 제1호).
- 사회서비스란 교육, 보건, 사회복지, 환경 및 문화 분야의 서비스, 그 밖에 이에 준하는 서비스로서 대통령령으로 정하는 분야의 서비스를 말한다(사회적기업 육성법 제2조 제3호).

일반적으로 사회서비스란 광의로는 개인 또는 사회 전체의 복지 증진 및 국민의 삶의 질 향상을 위해 사회적으로 제공되는 서비스를 말하며, 공공행정, 사회복지, 보건의료, 교육, 문화를 포괄하는 개념이다. 반면에 협의로는 노인, 아동, 장애인 등을 대상으로 한 돌봄서비스를 총칭한다.

기존의 사회보장이 공공부조로 시작하여 사회보험이 등장하였다면 최근에는 사회서비스의 중요성이 강조되고 있다. 최저한의 생활은 국민기초생활보장으로 해결하고, 질병은 국민건강보험으로 치료하고, 노후는 국민연금으로 생활하더라도 사람들은 일상적인 도움이 필요하다. 예를 들어 거동이 불편한 독거노인이나 일하는 부모의 자녀 돌봄 등의 일상적 도움은 사회서비스를 통해 제공된다. 사회서비스는 개인과 가족이 지닌 문제를 해결하고 행복을 증진하기 위해 제공되는 각종 서비스이다.

(2) 사회서비스의 영역

사회서비스는 광의로 해석하여 사회복지 이외에 교육, 문화, 보건의료, 여가와 사법 및 정보 제공과 같은 일반행정도 포함하여 대상과 서비스의 범위가 매우 넓다. 지역아동센터에서 제공하는 방과후 교육, 청소년수련원에서 제공하는 청소년 상담서비스, 고용복지센터에서 제공하는 직업훈련 및 취업지원서비스도 사회서비스에 포함된다. 그러나 대체로 다음과 같은 7대 영역으로 구분하는 것이 일반적이다.

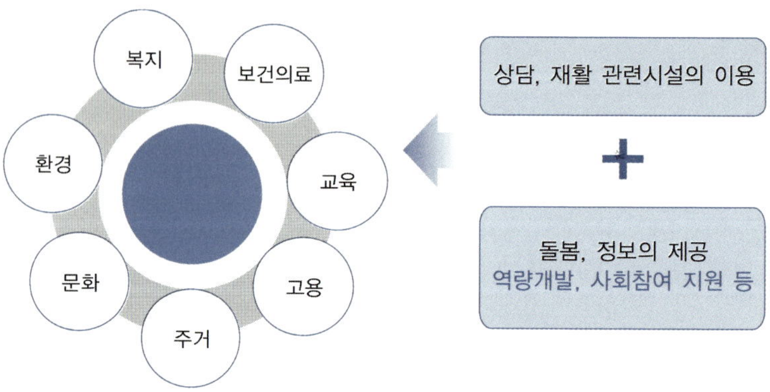

[그림 14-1] 사회서비스 영역

그리고 사회서비스의 영역별 목표와 주요 서비스 내용은 다음과 같다.

<table>
<tr><th>목표</th><th colspan="2">영역</th><th>서비스 내용</th></tr>
<tr><td rowspan="3">일자리 보장</td><td rowspan="8">고용
교육
문화</td><td rowspan="3"></td><td>직업소개 · 재취업지원</td></tr>
<tr><td>직업훈련 · 재교육</td></tr>
<tr><td>직업재활 · 특수교육</td></tr>
<tr><td rowspan="4">인적자본확충
기회균등</td><td rowspan="9">복지</td><td>자활지원</td></tr>
<tr><td>노인 · 장애인 등 일자리 지원</td></tr>
<tr><td>학교사회복지 · 청소년보호</td></tr>
<tr><td>평생교육</td></tr>
<tr><td rowspan="5">사회적 관계 참여</td><td>여가지원 · 문화생활</td></tr>
<tr><td rowspan="4"></td><td>가족상담 · 가족생활교육</td></tr>
<tr><td>아동지원</td></tr>
<tr><td>교정사회사업</td></tr>
<tr><td>국제결혼이주 등 외국인 지원</td></tr>
<tr><td rowspan="12">신체적 · 정신적
건강확보</td><td rowspan="2">교육</td><td rowspan="7">돌봄
(care)</td><td>보육</td></tr>
<tr><td>방과후 보육</td></tr>
<tr><td rowspan="2"></td><td>입양 · 가정위탁</td></tr>
<tr><td>위기개입 · 학대보호</td></tr>
<tr><td rowspan="9">보건
의료</td><td>수발서비스 · 일상생활지원</td></tr>
<tr><td>장애인 활동보조</td></tr>
<tr><td>임신 · 출산 관련 지원서비스</td></tr>
<tr><td rowspan="3"></td><td>심리상담 · 정서적 지지</td></tr>
<tr><td>방문보건 · 건강지원 · 예방 교육</td></tr>
<tr><td>의료재활</td></tr>
<tr><td rowspan="9">복지</td><td>정신건강</td></tr>
<tr><td>약물 · 알코올중독</td></tr>
<tr><td rowspan="4">기초적 재생산을
위한 생활보장</td><td>식사지원 · 급식 · 영양지원</td></tr>
<tr><td rowspan="3">주거(주택)</td><td>기초주거 · 시설보호 · 공동가정생활</td></tr>
<tr><td>집수리 · 주거환경 개선</td></tr>
<tr><td>임대주택제공</td></tr>
<tr><td rowspan="3">일반행정 및
서비스 전달</td><td rowspan="3">사법
행정</td><td>법률서비스 · 옹호서비스</td></tr>
<tr><td>사례관리</td></tr>
<tr><td>정보제공 · 연계</td></tr>
</table>

[그림 14-2] 사회서비스의 영역별 목표와 서비스 내용

(3) 사회서비스의 증가 이유

① 탈가족화 : 여성의 사회진출과 성 고정관념의 변화 및 가족 유형의 다양화로 한부모가족이 증가하면서 더 이상 가족돌봄의 책임을 가족이나 여성이 아닌 국가와 사회가 부담해야 한다.

② 탈상품화 : 생활 안정이나 기본적 생존을 위해 반드시 필요한 사회서비스는 국

가가 시장을 통해서 구매하지 않도록 해야 한다.

③ 사회투자전략 : 국가가 돌봄 및 사회서비스를 책임지는 공공사회서비스 지출은 사회투자를 의미한다. 사회서비스에 대한 비용지출은 인적자본을 강화하여 노동력을 재생산하는 데 쓰이는 생산적 투자비용이다.

위와 같은 이유로 최근 사회서비스가 증가하고 있고, 정부 역시 다음과 같은 이유로 사회서비스 도입에 적극적이다.

- 신사회적 위험 등의 사회적 환경변화에 적극 대응하기 위함이다.
- 재정지원방식을 공급자 지원방식에서 이용자 지원방식으로 변경하여 서비스 이용자의 선택권을 강화하고자 한다.
- 시장의 경쟁시스템을 도입하여 서비스 품질 향상을 도모하고자 한다.
- 고용 취약계층에게 다양한 일자리 창출을 통해 서민의 생활 안정 및 경제활동 참여기회를 확대하고자 한다.

2) 사회서비스의 특성

(1) 사회서비스의 특성

공공부조와 사회보험 중심의 기존의 사회보장체계는 소득보장과 의료보장을 주된 목적으로 하고 있어서 인간의 다양한 욕구를 해결하기 위해서는 미흡하다. 이런 필요에 따라 사회서비스는 기존의 사회문제 해결 중심의 접근에서 전국민을 대상으로 예방적 기능을 강화하고 삶의 질 향상을 위한 보편적 서비스로 그 기능과 범위가 확대되고 있다. 사회서비스는 다음과 같은 특성이 있다.

- 지역사회에 기반하여 지역 주민의 니즈(needs)를 반영한다.
- 이용자에게 선택권을 부여하여 복지분야에 소비자 주권 개념을 도입하였다.
- 인적자원 개발을 위한 사회투자적 성격을 갖는다.

(2) 사회복지서비스와의 차이

사회서비스는 전통적인 사회복지서비스와는 상당히 다르다. 사회복지서비스는 국가가 공급주체가 되어 수급자 등 빈곤층에 한정해 기본적인 생활보장서비스를 제공하는 것이라면, 사회서비스는 지역사회 기반의 제3섹터가 공급주체가 되어 서민과 중산층까지 확대된 대상에게 기본적 생활보장 이외에 일상생활 지원과 인적자본 확충 등의 다양한 서비스를 제공한다. 또한 사회복지서비스는 위탁사업자에게 보조금을 지급하는 반면에 사회서비스는 수요자에게 직접 지원하면서 본인이 일부 자부담하도록 하고 있다.

〈표 14-1〉 전통적 사회복지서비스와의 차이

	사회복지서비스	사회서비스
공급주체	국가	제3섹터(지역사회 기반)
대상	수급자 등 빈곤층에 한정	서민 · 중산층까지 확대
서비스 내용	기본적 생활보장 서비스	기본적 생활보장 이외에 일상생활 지원 · 인적자본 확충 등 다양한 서비스
재정지원 방식	공급자 지원	수요자 지원
비용 부담	전액 국비 지원	본인 일부 부담
품질관리	국가(일방적)	국가, 지자체, 제공기관

우리나라에서 사회서비스는 2007년 보건복지부가 기획하여 제공하기 시작하였다. 그 이전에는 노인이나 장애인 등 사회소외계층을 대상으로 하는 사회복지서비스 중심이었고, 사회보험이나 공공부조보다 덜 발달된 사회복지 영역이었다(김민주, 2021).

(3) 사회서비스 제공방식

사회서비스의 제공주체가 국가와 민간기관 중에서 누가 중심적인 역할을 수행하느냐에 따라 다음과 같이 다섯 가지 방식으로 나눌 수 있다.

① 국영방식 : 국가가 조세를 바탕으로 서비스 제공기관을 마련하여 대상자에게 직접 서비스를 제공하는 방식이다. 소방서와 국공립의료시설을 국가가 직접 설치 · 운영하는 것과 동일하다.

② 순수민간위탁방식 : 국가가 토지와 건물 등을 확보하고 민간단체에게 운영을 위탁하되, 운영에 소요되는 경비의 전부 또는 일부를 지원하여 서비스를 제공하는 방식이다. 국가가 전적이지는 않지만 주도적인 역할을 수행한다.

③ 혼합민간위탁방식 : 정부가 민간단체가 소유한 토지에 건축에 필요한 비용을 지원하고, 또한 운영경비의 전부 또는 일부를 지원하여 서비스를 제공하는 방식이다. 민간 소유의 토지를 활용하고 민간이 운영한다는 측면에서 공공과 민간의 혼합방식이다.

④ 바우처방식 : 정부가 서비스를 필요로 하는 개인에게 서비스의 내용과 규모를 알려주고, 개인은 국가에서 지정한 기관들 가운데 서비스 제공을 선택하고 정부가 그 비용의 전부 또는 일부를 부담하는 방식이다. 수요자 지원방식이라고도 하며, 현재 우리나라의 대표적인 제공방식이다.

⑤ 직접지불방식 : 서비스를 필요로 하는 개인에게 서비스 받을 내용과 양을 정부에서 결정해 주고, 이에 기초해서 해당하는 서비스를 구매하는 데 소요되는 비용의 전부 또는 일부를 현금으로 지급하는 방식이다.

이 중에서 바우처방식과 직접지불방식을 일반적으로 사회서비스의 시장화라고 한다. 정부의 책임과 재정부담을 축소하고 민간영리기관의 역할과 비중이 증가된다. 사회서비스 제공기관 간의 경쟁과 이용자의 선택권 행사를 통해 서비스의 질 제고를 도모하는 시장원리가 강조되고 있다. 사회서비스는 기존의 공급자 지원방식이 아니라 이용자 지원방식으로 바뀌었다.

(4) 외국 사례

① 미국 : 사회서비스 발달은 70년대 중반 이후 전반적 사회보장제도의 발달과 더불어 제도화되고 체계화되었으며, 1975년 사회보장법 제20조(Title XX of Social Service Acts, 1975)를 제정하여 기존에 빈곤층을 위해 산발적으로 이뤄지던 개인서비스를 운영 및 재정 면에서 사회서비스로 체계화하였다. 각 지역의 욕구에 부응하는 제도를 수립하고 효율적으로 제도를 운영하기 위한 목적으로 지방

정부에게 재량권을 이양하는 중앙정부의 재정 운영 방식을 택하고 있다.

② 영국 : 사회보장의 소득, 의료, 주거, 교육 영역에서 제공되는 각종 급여 및 서비스로서의 social services와 이와 구분되는 제5의 서비스로 'personal social services' 개념이 공유되고 있다. 지방자치단체와 민간, 비영리, 자원단체를 통해 제공되는 광범위한 지원과 보호서비스를 의미하며, 서비스 제공의 책임이 있는 지방정부는 국민들의 사회적 보호욕구를 충족시킬 책임을 가진다.

③ 독일 : 사회부조는 물론, 아동 청소년 원조, 가족부담보상을 포함하는 개념으로, 가족 내 아동, 청소년, 장애인 부양 문제를 해결하기 위한 사회복지서비스가 제공되며, 현재 사회부조 대상자가 아니지만, 가족 내에서 발생하는 아동 · 청소년 · 장애인 부양문제를 해결하기 위한 비용 부담 때문에 한 가족이 빈곤선 이하 생활수준으로 떨어지는 상황을 예방하고, 문제를 겪고 있는 구성원이 사회생활에 성공적으로 통합할 수 있도록 도움을 제공한다.

(5) 사회서비스 전자바우처

전자바우처란 이용 가능한 서비스의 금액이나 수량이 기재된 증표(이용권)로서, 전자바우처는 서비스 이용, 비용 지불 및 정산 등의 전 과정을 전산시스템으로 처리하는 전달수단을 의미한다. 사회서비스에 전자바우처가 도입된 배경으로는 기존 사회복지서비스는 공급자 지원방식으로 이루어져 수요자의 선택권이 제한되어 시장 창출에 한계가 있었다. 따라서 수요자 중심의 직접 지원방식으로 바우처를 도입하게 되었고, 이러한 수요자 직접지원 방식을 통해 공급기관의 허위 · 부당 청구 등의 도덕

〈표 14-2〉 기존 제도와의 차이점

구분	공급기관 지원방식	수요자 지원방식
대상	수급자 등 저소득층(수동적 보호대상)	서민 · 중산층까지 확대(능동적 구매자)
서비스 비용	전액 국가 지원	일부 본인부담
서비스 시간	공급기관 재량	대상자 욕구별 표준화
공급기관	단일 기관 독점	다수 기관 경쟁
특징	획일적이고 정형화된 서비스 제공	공급자 간 경쟁을 통한 다양한 서비스 제공

적 해이를 최소화하고자 하였다.

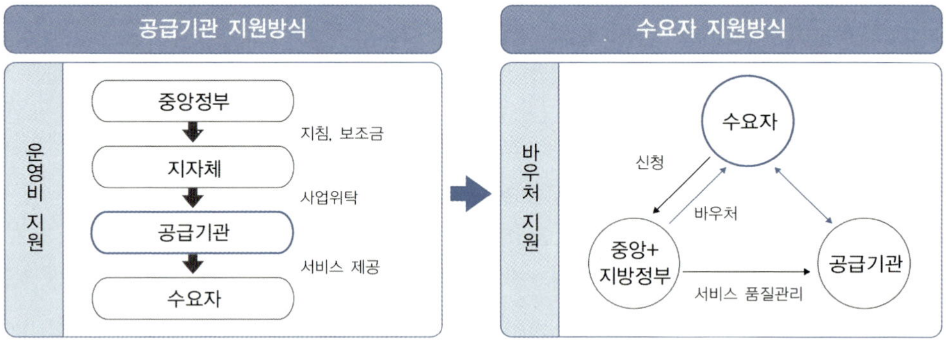

[그림 14-3] 공급기관 지원방식과 수요자 지원방식 비교

출처 : 사회서비스 전자바우처(www.socialservice.or.kr).

사회서비스 전자바우처는 소비자의 선택권이 늘어나고 서비스 제공기관 간의 경쟁을 통해 서비스의 질이 향상될 것으로 기대하였으나, 실제로는 서비스 참여자 모집을 위한 마케팅 비용이 증가하여 제공되는 서비스의 질이 악화되기도 한다.

3) 사회서비스 종류

(1) 사회서비스 전자바우처 현황

사회서비스는 2007년 5월 장애인활동지원사업을 시작으로 최근까지 사업영역이 지속적으로 확대되고 있다. 구체적인 사회서비스 전자바우처 현황은 다음과 같다(2024년 기준).

〈표 14-3〉 사회서비스 전자바우처 현황

사업명		바우처 시작연도	대상	선정기준	지원수준	본인부담금 (월/원)
장애인 활동지원	장애인 활동 지원	07년 5월	장애인복지법상 등록 장애인(만 6세 이상~만 65세 미만)	종합점수 465점 장애인	등급에 따라 47~118시간(추가급여 종류에 따라 시간 상이)	인정조사: 면제 ~134,000원 종합조사 : 면제 ~187,700원
	시·도	10.10월	장애인복지법 상	시·도별 상이	시도 및 등급에	시도 및

	추가지원		등록 장애인 (시도별 상이)		따라 10~868시간	등급별 상이
지역 자율형 사회 서비스 투자사업	지역사회 서비스투 자	07.8월	사업별로 상이	중위소득 120% 이하(사업별로 상이)	사업별로 상이 (월 1회~월 20회)	사업별로 상이
	산모신생 아 건강관리 지원	08.2월	출산 가정	기준중위소득 150% 이하. 단, 소득기준 초과 대상자에게 시·군·구별 예외 지원 가능	등급에 따라 5일~25일간 건강관리사 파견	기관별 상이
	가사간병 방문지원	08.9월	기준중위소득 70% 이하 (만 65세 미만)	기준중위소득 70% 이하 계층 중 가사·간병 서비스가 필요한 자	월 24, 27, 40시간	면제~26,900원
장애 아동 가족 지원	발달재활 서비스	09.2월	만 18세 미만 장애아동	기준중위소득 180% 이하 (소득별 차등지원)	월 17~25만 원 내에서 포인트 지원 (월 8회 주 2회/ 회당 50분)	면제~최대 8만원
	언어발달 지원	10.8월	만 12세 미만 비장애 아동	기준중위소득 120% 이하 (소득별 차등지원)	월 16~22만 원 내에서 포인트 지원 (월 8회 주 2회/ 회당 50분)	면제~최대 6만원
발달 장애인 지원	발달 장애인 부모상담 지원	14.2월	발달장애인 자녀의 부모	발달장애인으로 (「장애인복지법」 상 지적, 자폐성 장애인) 등록된 자녀의 부모 및 보호자	월 16만 원 포인트 지원(회당 50~100분, 월 3~4회 이상)	4천원~ 최대 4만원
	발달 장애인 주간활동 서비스	19.3월	만 18세 이상 65세 미만 발달장애인	만 18세 이상 65세 미만 「장애인복지법」 상 등록된 지적 및 자폐성 장애인	월 132,176시간	없음
	청소년 발달 장애인 방과후 활동 서비스	19.9월	만 6세 이상 18세 미만 발달장애학생	만 6세 이상 18세 미만으로 일반 중·고등학교 및 특수학교(중·고등학교 해당 학급)에 재학중인 발달 장애학생	월 66시간	없음
임신출산 진료비지원		08.12월	임신확인서로 임신이 확진된 임신·출산 진료비 지원 신청자	임신확인서로 임신이 확진된 건강보험 가입자	임신 1회당 100만원(일 한도 없음) (다태아의 경우 140만 원)	면제(월 지원금액 소진 시 신용카드대금으로 청구)
청소년산모 임신출산 의료비지원		15.5월	만 19세 이하 청소년산모	임신확인서 상의 임신 확인일 기준 만 19세 미만의 청소년산모	임신 1회당 120만원	면제(월 지원 금액 소진 시 신용카드 대금으로 청구)
기저귀 조제분유 지원		15.10월	저소득층 영아 (24개월 미만)	만 2세 미만 영아를 둔 저소득층 가구	기저귀 : 월 64,000원 조제분유 : 월 86,000원	면제(월 지원 금액 소진 시 신용카드 대금으로 청구)

에너지바우처	15.10월	「국민기초생활 보장법」에 따른 "생계, 의료, 주거, 교육" 급여 수급자 중 노인, 영유아, 장애인, 임산부, 중증·희귀·중증난치질환자, 한부모가족, 소년소녀가정(가정위탁보호아동 포함)을 포함하는 세대	「국민기초생활 보장법」에 따른 "생계, 의료, 주거, 교육" 급여 수급자 중 노인, 영유아, 장애인, 임산부, 중증·희귀·중증난치질환자, 한부모가족, 소년소녀가정(가정위탁보호아동 포함)을 포함하는 세대	1인 세대: 310,200원 (여름: 55,700 / 겨울: 254,500) 2인 세대: 422,500원 (여름: 73,800 / 겨울: 348,700) 3인 세대: 547,700원 (여름: 90,800 / 겨울: 456,900) 4인 이상 세대: 716,300원 (여름: 117,000 / 겨울: 599,300)	면제 (지원금액 소진 시 신용카드 대금으로 청구)
아이돌봄지원	17.1월	시간제: 만 3개월~만 12세 이하 아동 종일제: 만 3개월~만 36개월 영아	기준 중위소득 150% 이하 가구	소득 유형별 상이	소득 유형별 상이
여성청소년 생리대바우처 지원사업	19.1월	출생연도기준 만 9세~만 18세 ※ ""연(年)"을 기준으로 만나이 산정 - 지원대상: 1998.1.1.~2013.12.31. 출생자 (2020년 기준) - 지원기간: 만24세에 도달하는 연도 말까지 바우처 지급	「국민기초생활보장법」 따른 생계·의료·주거·교육 급여 수급자 - 「국민기초생활 보장법」 따른 법정차상위계층 * 차상위계층: 차상위자활, 차상위본인부담경감대상자, 차상위장애인, 차상위계층 확인서 발급 - 「한부모가족지원법」 제5조 및 제5조의2에 따른 지원대상자	월 12,000원 (연간 최대 144,000원, 6개월 단위로 지원)	없음
첫만남이용권 지원사업	22.4월	2022년 1월 1일 출생아동 부터	없음	최초 1회 200만 원 바우처 지원	없음
전국민 마음투자지원사업	24.7월	우울, 불안 등 정서적 어려움으로 심리상담이 필요한 자	지원대상자 기준별 증빙서류 제출이 가능한 경우	소득기준별상이	유형 및 소득 기준별 상이 (면제~최대 192,000원)

출처 : 사회서비스 전자바우처(www.socialservice.or.kr).

(2) 지역자율형 사회서비스투자사업

앞에서 살펴본 많은 사회서비스사업 중에서 지역자율형 사회서비스투자사업은 지방자치단체에서 기획하고 발굴하는 사업이다. 중앙정부가 기획하고 관리하는 공급체계는 지역 특성과 주민의 다양한 욕구를 충족시키기 한계가 있는데, 이러한 한계를 극복하여 사회서비스 공급이 효율적으로 이루어질 수 있도록 지방의 자율성을 강화하고 수요자 중심적 공급체계로 개편을 추진하면서 지역사회서비스투자사업, 산모신생아건강관리지원사업, 가사간병방문지원사업을 지역자율형 사회서비스투자사업으로 통합하였다. 사회서비스 재정지원방식도 포괄보조금(Block Grant)으로 전환하여 지역의 사업기획 및 집행상 자율성과 책임성을 부여하였다.

이 사업은 표준형과 자체개발형으로 구분되는데, 표준모델은 서비스 수요가 비교적 고르게 분포되어 있거나 하여 전국 단위 공급 필요성이 높은 분야로 보건복지부가 직접 사업을 발굴하여 제시하고 지자체가 선택하는 사업으로 현재 14개의 표준모델이 개발되어 있다(2024년 기준). 자체개발형은 지역 특성과 주민 수요 등을 감안하여 지자체가 주도적으로 발굴하여 기획하는 사업이다. 14개 표준모델은 다음과 같다(보건복지부, 2024).

- 영유아발달지원서비스
- 아동·청소년정서발달지원서비스
- 아동·청소년 심리지원서비스
- 노인 맞춤형 운동서비스
- 장애인·노인을 위한 돌봄여행 서비스
- 장애인 보조기기 렌탈서비스
- 시각장애인 안마 서비스
- 정신건강 토탈케어 서비스
- 자살 위험군 예방서비스
- 아동·청소년 비전형성 지원 서비스
- 장애인·산모 등 건강취약계층 운동 서비스
- 비만아동 건강관리 서비스
- 성인 심리지원서비스
- 보완대체의사소통기기 활용 중재서비스 표준모델

(3) 사회서비스 실태

사회서비스 실태를 살펴보면 제도 도입 이후 꾸준히 이용자 수 및 집행액, 제공기관 등이 증가하고 있다. 사회서비스 이용자 수는 한 해에 62만 5천 명에 이르고, 집행액은 2조 7744억 원, 제공기관은 11,258개소에 이른다(2021년 기준).

〈표 14-4〉 사회서비스 실태(2021년 기준)

사업명	이용자 수 (백 명)	집행액 (억 원)	제공기관 (개소)	제공인력 (백명)
장애인활동지원	1,095	21,529	1,018	1,115
산모 · 신생아건강관리지원사업	1,257	1,342	1,083	188
가사 · 간병방문지원사업	85	281	397	48
지역사회서비스투자사업	2,860	2,516	5,371	220
발달재활서비스	844	1,216	2,327	133
언어발달지원사업	4	8	177	3
발달장애인부모상담지원사업	8	7	188	3
발달장애인주간활동서비스	54	616	377	32
발달장애학생 방과후활동서비스	45	169	320	19
계	6,252	27,744	11,258	1,760

출처 : 사회서비스 전자바우처(www.socialservice.or.kr)

4) 사회서비스 기본계획

(1) 의의

보건복지부장관은 사회서비스의 발전 및 지원을 위하여 사회서비스 실태조사 및 관계 중앙행정기관의 장과의 협의를 거쳐 사회서비스 기본계획을 5년마다 수립한다. 이 기본계획은 반드시 사회보장기본계획과 연계되어야 한다. 또한 광역시 · 도와 기초자치단체의 시장 · 군수 · 구청장은 사회서비스 기본계획과 연계하여 사회서비스지역계획을 수립하여 시행한다.

(2) 주요 내용

사회서비스 기본계획의 주요 내용은 다음과 같다.

- 사회서비스 정책의 기본목표 및 추진방향
- 지역별 사회서비스의 실태 파악 및 균형발전에 관한 사항
- 사회서비스 제공기관 확충을 위한 구체적인 목표 및 실행 방안

- 사회서비스 종사자 처우 개선 방안
- 사회서비스 전달체계 개선 방안
- 사회서비스 이용자의 인권 보호 및 권리 보장 방안
- 사회서비스 추진체계 구성 및 운영 개선 방안
- 사회서비스 품질향상을 위한 평가 및 개선 방안
- 제1호부터 제8호까지의 사항과 관련한 통계 및 정보의 관리에 관한 사항
- 그 밖에 사회서비스 강화 및 발전을 위하여 필요한 사항으로서 대통령령으로 정하는 사항

(3) 제1차 기본계획 주요 내용

윤석열정부는 2023년 연말에 「제1차 사회서비스 기본계획(2024~2028)」을 발표하였다. 주요 내용으로는 '국민 누구나 필요할 때 누리는 질 높은 사회서비스'라는 목표 달성을 위하여 다양한 서비스 확충, 질 높은 서비스 제공, 공급 혁신 기반 조성 등 3대 분야의 9대 추진과제를 제시하였다.

비전	약자부터 촘촘하게 지속가능한 복지국가		
목표	국민 누구나 필요할 때 누리는 질 높은 사회서비스		
전략	다양한 서비스 확충	질 높은 서비스 제공	공급혁신 기반 조성
중점과제	① 신수요 대응 서비스 강화 ② 전 국민 서비스 확대 ③ 융합서비스 확충	④ 품질 관리 강화 ⑤ 규제 합리화 ⑥ 공급자 성장 지원	⑦ 기술개발 및 사업화 촉진 ⑧ 복지기술 활용 확산 ⑨ 제도적 기반 강화

[그림 14-4] 제1차 사회서비스 기본계획(2024~2028) 비전 및 추진방향

5) 사회서비스원

(1) 의의

사회서비스원은 기존에 민간이 제공하던 돌봄서비스를 공공이 직접 제공하기 위해 설립된 기관이다. 공공부문이 사회서비스를 직접 제공하고 지역사회 내 선도적 제공기관 역할을 수행함으로써, 사회서비스 공공성 강화 및 서비스 품질 향상을 위해 추진되었다.

또한 요양보호사, 장애인활동지원사, 보육교사 등 돌봄종사자의 처우를 향상시키고 노동환경을 개선하기 위한 목표도 지니고 있다. 2019년 서울과 경기, 대구, 경남 등 4개 광역지방자치단체에서 시범 운영된 뒤 2022년에 17개 광역자치단체로 확대되었다. 그러나 서울시는 2024년 5월 서울시사회서비스원을 해산하는 등 그 역할과 기능에 관해 여전히 다툼이 있다.

(2) 사회서비스원의 기능

사회서비스원은 우선 시·도지사가 공익법인으로 설립한 뒤 지방자치단체로부터 사회서비스 국공립 시설을 위탁받아 운영하고, 서비스 종사자들을 직접 고용하게 된다. 위탁은 새로 설치되는 국공립 시설을 우선 위탁받게 되며, 특히 서비스 수요가 많은 신규 국공립 어린이집과 공립요양시설은 필수적으로 운영한다.

또한 불법이 발생하거나 평가 결과가 저조한 국공립 시설, 시·군·구청장이 위탁하고자 하는 국공립 시설 등도 운영하게 된다. 이 밖에 사회서비스원은 지역사회 통합돌봄(커뮤니티케어) 체계의 하나로 종합재가센터를 설치하여 재가서비스를 직접 제공하게 된다. 종합재가센터에서는 장기요양, 노인돌봄, 장애인 활동지원 등 각종 지역사회 돌봄서비스를 통합 연계하여 제공한다.

(3) 사회서비스원의 역할

① 중앙사회서비스원 : 중앙사회서비스원은 「사회서비스 지원 및 사회서비스원 설립·운영에 관한 법률」에 따라 설립된 기관으로, 사회서비스의 품질을 제고

하고 시·도 서비스원의 설립과 운영을 지원하는 사회서비스정책 기획 및 지원 전문기관이다. 중앙사회서비스원의 업무는 다음과 같다.

- 사회서비스 품질향상을 위한 지원·관리 및 평가 등에 관한 사무
- 기본계획의 수립 지원
- 사회서비스 수급계획 및 사회서비스 관련 정책의 연구·조사·개발
- 사회서비스 종사자 처우 개선 등을 위한 사업
- 사회서비스 이용자의 권익 보호를 위한 사업
- 시·도 서비스원 설립 및 운영에 필요한 상담·자문 및 지원
- 중앙 사회서비스원 및 시·도 서비스원의 정책홍보, 시·도 서비스원 직원 교육 제공 및 지원
- 사회서비스와 관련하여 이 법 또는 다른 법률에서 위탁하는 사업
- 그 밖에 보건복지부장관이 사회서비스의 공공성 제고를 위하여 필요하다고 인정하는 사업

② **시·도 사회서비스원** : 시·도 사회서비스원은 다음의 사업을 할 수 있다.

- 「재난 및 안전관리 기본법」 제3조제1호에 따른 재난 등의 발생으로 아동·노인·장애인 등에게 돌봄 공백이 발생한 경우 긴급돌봄서비스의 제공
- 국가 또는 지방자치단체로부터 위탁받은 국공립 사회서비스 제공기관 운영
- 국가 또는 지방자치단체로부터 위탁받은 사회서비스 제공 또는 지원에 관한 사업
- 사회서비스 수급자의 욕구에 따른 종합적인 재가서비스 제공을 위한 사업
- 사회서비스 제공 및 운영 기관에 대한 재무·회계·법무·노무 등에 관한 각종 상담·자문
- 사회서비스 종사자의 처우 개선 및 고용 안정성 제고를 위한 사업의 지원
- 지역 내 사회서비스의 질 제고를 위한 연구·개발 및 교육사업의 지원
- 지역 내 사회서비스 수급계획 수립의 지원
- 새로운 사회서비스 도입을 위한 시범사업의 실시
- 그 밖에 시·도지사가 사회서비스 공공성 등의 제고를 위하여 필요하다고 인정하는 사업

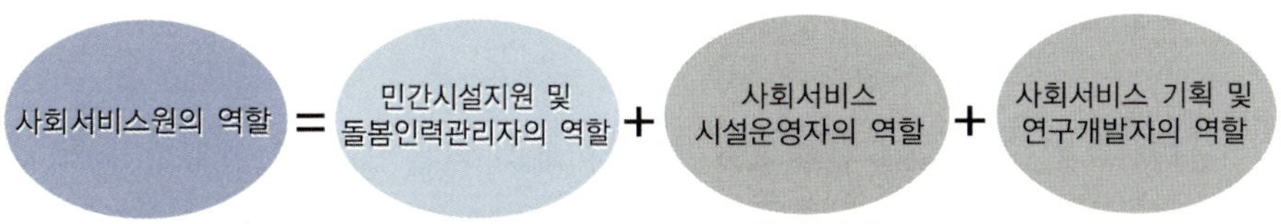

[그림 14-5] 사회서비스원의 역할

출처 : 김민주(2021), p. 395.

2 사회수당정책

1) 의의

사회수당(social allowances)은 노인수당, 아동수당, 장애수당 등과 같은 개별적인 제도를 총칭하는 것으로, 자산조사나 조건부과 없이 인구학적 기준에 따라 보편적으로 제공되는 급여를 말한다(노대명 외, 2009). 즉, 선별적 소득보장에 대비되는 보편적 소득보장정책으로 자산조사나 근로의무 같은 조건 없이 보편적 보장범위를 가지는 제도이다(정관영, 2020). 조세를 재원으로 하면서 자산조사 같은 요건이 없다는 측면에서 사회보험과 공공부조의 중간 형태라 할 수 있다.

사회수당은 흔히 데모그란트(demogrant)라고도 하는데, 데모그란트는 민중(demo)과 보조금(grant)의 합성어로 시민권을 가진 사람에게 보편적으로 제공되는 급여를 의미한다. 사회수당은 우리나라 사회보장기본법에서 사회보장의 한 유형으로 분류하고 있지는 않지만, 전 세계적으로 80여 개 국가가 운영하고 있으며 유럽 복지국가 대부분이 운영하고 있다.

가장 대표적인 사회수당인 아동수당은 주로 아동 수에 따라 수당이 지급되기 때문에 대부분의 국가에서 아동수당 혹은 가족수당이라는 형태로 지급되고 있다. 기초연금은 소득을 자격요건으로 하위 70%에 지급되어 일부 계층이 제외되므로 공공부조로 분류하기도 하지만 형태상 사회수당에 더 가깝다. 공공부조와 사회보험, 사회서비스라는 기존의 사회보험 분류체계가 시대 흐름에 맞지 않다고 할 수 있다.

2) 사회수당의 특징

사회수당의 개념적 특징은 다음과 같다(ISSA, 2002).

- 자산조사나 근로의무와 같은 조건을 부여하지 않는 보편적 소득보장제도이다.
- 역사적으로 인구학적 집단을 대상으로 하는 급여를 지칭한다.

- 급여측면에서 최저소득보장제도이다.
- 일정 기간 해당 지역에 거주한 주민에게 시민권에 따라 보장되는 소득보장제도이다.
- 조세(예산)에 기반한 소득보장제도로 소득재분배 기능이 있다.

3) 사회수당의 종류

(1) 아동수당

아동수당(children's allowances)은 흔히 가족수당이라고도 하는데, 아동을 양육하는 가정에 대해 국가가 양육비의 일부를 지급함으로써 아동의 생활보장을 위한 현금급여를 말한다. 이를 통해 가정생활에 안정을 기하고 다음 세대를 짊어질 아동들이 건전하게 육성되고 자질향상에 이바지할 목적으로 지급된다.

아동수당이 처음 제안된 것은 베버리지 보고서이다. 베버리지는 사회보험 이외에 완전고용, 국민보건서비스, 아동수당의 3가지를 함께 제안하였다. 그리고 실제 아동수당을 최초로 도입한 국가는 1926년 뉴질랜드이다. 이후 유럽 각국에서 도입되었고, 제2차 세계대전 이후부터 남미와 아프리카 등으로 확산되어 전 세계적인 보편수당으로 자리 잡게 되었다. 우리나라는 2018년 도입되었다.

〈표 14-5〉 아동수당 내용

구분	내용
지원대상	만 8세 미만의 모든 아동
지원내용	매달 25일에 아동 1인당 10만 원 지급

(2) 장애인연금과 부모급여, 양육수당

① 장애인연금은 근로능력의 상실 또는 현저한 감소로 인하여 줄어드는 소득과 장애로 인하여 추가로 드는 비용을 보전하기 위하여 중증장애인에게 매월 일정액의 연금을 지급하는 제도이고, ② 부모급여는 윤석열정부가 기존의 영아수당을 개편하여 만 0세 및 만 1세 아동을 돌보는 부모를 대상으로 2023년 1월부터 지급하는 사회수당이며, ③ 양육수당은 어린이집을 이용하지 않은 영유아에 대하여 영유아의 연령을

고려하여 양육에 필요한 비용을 지원하는 사회수당이다. 이외에도 ④ 최근 지방자치단체에서 경쟁적으로 도입하고 있는 출산지원(격려)금도 사회수당으로 분류될 수 있고, 상병수당이나 청년수당 등도 사회수당으로 볼 수 있다.

〈표 14-6〉 각종 사회수당

구분		내용
장애인연금	지원대상	18세 이상의 등록한 중증장애인 중 본인과 배우자의 소득인정액이 선정기준액 이하인 자
	지원내용	기초급여로 월 334,810원과 부가급여로 월 30,000~424,810원(소득 및 연령에 따라 차등)
부모급여	지원대상	2세 미만의 아동(0~23개월)
	지원내용	0세 1인당 월 100만원, 1세 1인당 월 50만원, 단 보육료나 종일제 아이돌봄 이용 시 바우처 전액 지원(2024년 기준)
양육수당	지원대상	어린이집, 유치원, 종일제 아이돌봄서비스 등을 이용하지 않고 가정에서 양육되는 영유아(장애인으로 등록된 영유아에게는 장애아동 양육수당이, 농어촌 지원 자격 요건을 갖춘 영유아에게는 농어촌양육수당이 지원)
	지원내용	아동의 월령에 따라 월 10~20만원씩 정액 지원(2024년 기준)

4) 기본소득

(1) 기본소득의 의의

기본소득(Basic Income)은 재산이나 소득, 노동 여부나 의사와 상관없이 모든 사회구성원에게 균등하게 지급되는 소득을 말한다. 사회수당의 한 유형이며, 흔히 시민소득(citizen's income) 또는 시민배당금(citizen's dividend)으로도 불린다. 기본소득은 국민들의 최소한의 인간다운 생활을 보장하기 위해 모든 이들에게 동일한 복지를 제공해야 한다는 보편적 복지의 개념이며, 기본소득은 가구가 아니라 개인에게 지급되며, 다른 소득 여부와 관계없고, 취업하려는 의지가 있다거나 노동을 했다는 등의 증명이 필요 없다는 점에서 기존의 사회보장제도와는 다르다. 기본소득의 특징은 다음과 같다(BIEN, 2018).

- 가구단위로 지급하지 않고 개인단위로 지급된다(개별성).
- 자격 심사 없이 모든 사람에게 지급된다(보편성).
- 수급의 대가로 노동이나 구직활동을 요구하지 않는다(무조건성).
- 한꺼번에 지급하지 않고 주기적으로 지급한다(정기성).
- 현금으로 지급한다(현금지급).

기본소득은 토머스 모어(Thomas More)의 소설 『유토피아(Utopia)』에 처음 등장하였으며, 2000년대 들어 논의가 급속히 확산되고 있다. 중앙정부 차원에서 핀란드가 2017~2018년 실업자 2,000명을 대상으로 월 560유로(약 75만 원)를 제공하는 기본소득 실험을 세계 최초로 진행하였다. 2년간 실시한 결과 기본소득이 실업자들의 행복감 증가 등 복지에 미치는 효과는 분명했으나 고용 촉진 효과는 크지 않다고 분석되었다. 스위스는 2016년 모든 성인에게 매달 300만 원 기본소득 지급에 관해 국민투표를 시행하였으나 반대 76.9%로 부결되었다.

정책사례 알래스카 영구기금배당과 신안군 햇빛연금

미국 알래스카는 '주(state)의 자원은 주민의 소유'라는 주 헌법에 따라 석유 등 천연자원 수입의 30%를 영구기금에 적립하고 금융상품에 투자해 1982년부터 영구기금배당금(PFD : Permanent Fund Dividend)을 1년 이상 거주한 모든 주민에게 조건 없이 매년 지급하고 있다. 배당금은 운용 실적에 따라 변동되며 1인당 지급액은 연 200만 원 정도이다. 전라남도 신안군은 2018년 '신재생에너지 개발이익공유 등에 관한 조례'를 제정하여 태양광발전에서 나온 수익으로 2021년부터 5개 섬 주민에게 햇빛연금을 지급하고 있다. 주민 협동조합이 신안군 보증으로 은행 대출로 발전회사 채권을 인수해 수익의 30%를 배당받는다. 주민은 가입비 1만원 말고는 아무런 부담이 없고, 1인당 분기에 10~60만 원 정도를 배당받는다. 2021년 시작하여 2024년 상반기까지 128억 원을 지급하였다. 신안군은 해상풍력단지를 만들어 모든 군민에게 1인당 월 50만 원을 추가 지급하는 바람연금을 기획하고 있다.

(2) 기본소득 유형

기본소득은 모든 사람들에게 기본급여를 지급한다는 점에서 동일하지만 급여수준과 지급방법에 따라 여러 형태의 기본소득으로 나누어 살펴볼 수 있다. 먼저 사회안전망 수준의 기본소득으로 각 국가의 사회안전망수준인 사회부조 및 사회보험제도를 대체는 방안이다. 둘째, 평균소득에 기초한 기본소득은 각 국가별 사회부조 및 사회보험제도를 대체하고 평균 소득의 일정수준을 보장하는 방안이라 말할 수 있다. 셋째, 부분적 기본소득은 각 국가별 사회부조 및 사회보험제도를 부분적으로 대체하고 이를 통해 평균 소득의 일정수준을 보장하는 방안이다. 이러한 기본소득 외에도 앳킨슨(A. Atkinson, 1993)은 "참여소득(participation income)"형태의 기본소득을 제안하기도 하였다. 그것은 국가별 사회보험 및 사회부조를 통합하는 기본소득을 의미하는 것으로 네 번째 형태라 할 수 있다(이명현, 2014).

(3) 기본소득 논의 배경

인공지능(AI)과 로봇 같은 첨단기술이 사람들의 일자리를 빼앗는 노동의 종말이 초래하면 거대 정보기술(IT) 기업은 막대한 이윤을 창출하지만 국민 대다수는 일자리를 잃게 되거나 빈곤층으로 전락할 위험성이 높아진다. 이러한 사회 양극화의 위험이 증가함에 따라 정부가 기본소득을 통해 모든 국민의 인간다운 생활을 보장해야 한다는 기본소득 논의가 확산되게 되었다.

기본소득 논의는 진보진영뿐만 아니라 프리드만(M. Friedman)과 하이에크(F. Hayek) 등의 보수경제학자들 역시 비슷한 주장을 하였다. 국민연금과 의료보험 같은 기존의 사회보장급여를 폐지하고 기본소득으로 그 금액에 상응하는 액수를 지급하는 것이 현물보조보다 현금급여가 경제적 효율성을 높일 수 있다는 것이다. 또한 선별적 복지를 취하더라도 완벽한 선별이 어려워 복지 사각지대가 발생하거나 부적격자로 인한 낭비 등을 고려하면 보편적 복지가 더 경제적이라는 이유이다. 모든 사회복지정책을 기본소득 하나로 단순화하면 사회복지직 공무원도 대폭 줄일 수 있고, 행정비용도 크게 절감할 수 있다는 것이다.

기본소득을 도입하는 방법은 다양하게 제시되고 있지만, 관건은 재원과 지속가능성이다. 스위스에서 국민투표로 기본소득 도입을 반대한 이유가 지금보다 세금을 두세 배 더 내야하고, 그럼에도 기존의 사회복지제도 상당수가 폐지되어야 하기 때문이다. 또한 기본소득 도입이 최저한의 인간다운 생활을 보장할 수 있지만 일하려는 근로의욕을 떨어뜨릴 수도 있다.

부록

기출문제

1. 공무원5급(행정고시) 논술식 기출문제
2. 사회복지사1급 및 공무원시험 기출문제

공무원5급(행정고시) 논술식 기출문제

1. 다음 글을 읽고 물음에 답하시오. ['24, 사회복지학]

경제협력개발기구(OECD, 2023)에 따르면 한국의 66세 이상 노인 인구의 소득빈곤율은 2020년 기준 40.4%로 회원국 노인 소득빈곤율 평균인 14.2%의 3배 수준에 달한다. 에스토니아(34.6%), 라트비아(32.2%), 리투아니아(27.0%), 미국(22.8%)이 우리나라의 뒤를 잇고 있다.

1) OECD 국가 중에서 우리나라 노인의 소득빈곤율이 가장 높은 이유를 사회구조적 차원에서 설명하시오. (20점)

2) 사회보장제도로서 기초연금의 도입 배경을 서술하시오. (10점)

2. 사회문제의 해결과 사회적 가치의 실현을 위해 시장과 국가의 관계를 조정하고 실패를 보완하는 제3섹터로서 사회적 경제조직의 역할과 관심이 증가하고 있다. 다음 물음에 답하시오. ['24, 사회정책]

1) 제3섹터로서 사회적 경제조직의 개념과 특징을 설명하고, '사회적기업', '협동조합', '자활기업', '마을기업'의 특징을 비교하여 제시하시오. (5점)

2) 사회적 경제조직에서 가치 지향성과 재정적 지속가능성의 관계를 논하고, 사회적 경제조직의 가치 지향성을 유지하면서 재정적 지속가능성을 담보하는 방안을 제시하시오. (10점)

3. 정책결정이란 권위 있는 정책결정자가 문제해결을 위한 여러 대안 가운데 하나를 선택하는 행위 또는 과정을 말한다. 이러한 정책 결정이 어떻게 이루어지는가를 설명하기 위한 다양한 이론 모형들이 있다. 다음 물음에 답하시오. ['23, 사회정책]

1) 정책결정 이론 모형 중 만족모형의 특징에 대해서 설명하시오. (5점)

2) 만족모형을 정책결정 과정에 적용할 때, 발생할 수 있는 한계점에 대해 논하시오. (10점)

4. 사회복지의 중요 가치 중 하나인 평등에 대해서 다양한 개념이 존재한다. 즉, 평등은 사회정의의 주요 요소지만 무엇이 얼마나 평등해야 하는가에 대해서는 다양한 견해가 있다. 다음 물음에 답하시오. ['22, 사회복지학]

1) 평등의 개념으로서 수량적 평등, 비례적 평등, 기회의 평등을 각각 설명하시오. (10점)

2) 기회의 평등과 결과의 평등을 둘러싼 논쟁도 존재한다. 평등한 분배에 대한 가치판단을 전제로 한 각각의 논제를 예를 들어 설명하시오. (20점)

3) 기회의 평등과 관련하여 적극적 우대조치(Affirmative Action)의 개념과 장·단점을 설명하시오. (10점)

5. '긴급복지지원제도'는 갑작스러운 위기상황으로 생계유지가 곤란한 저소득층에게 필요한 복지 서비스를 신속하게 지원해 위기 상황에서 벗어날 수 있도록 돕는 제도이다. 코로나19가 장기화됨에 따라 정부는 긴급복지지원 신청 자격을 완화하였다. 다음 물음에 답하시오. ['22, 사회복지학]

1) 긴급지원을 받을 수 있는 위기 상황을 정의하시오. (10점)

2) 긴급지원의 위기상황에 대한 지원 종류와 내용에 대해 설명하시오. (10점)

3) 긴급복지지원제도의 기본원칙을 설명하고, 긴급복지지원제도가 기본원칙과 관련하여 사회안전망으로서 어떤 기능을 하는지 설명하시오. (20점)

6. 마샬(T. H. Marshall)의 시민권 이론은 권리 측면에서 사회정책을 이해하는 분석 틀을 제공함으로써 사회정책의 발전에 기여했다는 평가를 받고 있다. 다음 물음에 답하시오. ['22, 사회정책]

1) 시민권 이론에서 설명하고 있는 3가지 권리에 대하여 설명하시오. (5점)

2) 시민권 이론이 사회정책을 통한 사회 불평등 완화에 기여할 수 있는 가능성과 한계를 설명하시오. (10점)

7. COVID-19 사태로 인해 다수의 국민들이 경제적인 어려움에 처하면서, 기본소득과 전국민 고용보험 도입에 대한 논의가 대두되고 있다. 다음 물음에 답하시오. ['20, 사회복지학]

1) 기본소득과 전국민 고용보험의 개념을 설명하시오. (10점)

2) 기본소득과 전국민 고용보험 도입에 대한 장점과 단점을 논하시오. (20점)

3) 기본소득과 전국민 고용보험 중 어느 제도가 더 먼저 도입되어야 된다고 생각하는지 그 이유와 근거를 제시하시오. (10점)

8. 사회보장급여의 유형으로는 현물급여, 현금급여, 바우처가 있다. 이들은 서로 다른 특징을 갖고 있다. 다음 물음에 답하시오. ['20, 사회복지학]

1) 현물급여, 현금급여, 바우처의 개념을 각각 설명하고, 인플레이션으로 소비자 물가지수가 상승되었을 경우 각 급여유형의 실제적인 가치에 대해 비교하시오. (15점)

2) 현물급여, 현금급여, 바우처를 수급자의 선택권과 정책의 효과성 측면에서 어떤 특징이 있는지 설명하시오. (15점)

사회복지사1급 및 공무원시험 기출문제

제1장 사회복지정책의 개념과 구성

01. 다음 중 사회복지정책이 필요한 이유를 모두 고른 것은? (21회)

ㄱ. 국민의 생존권 보장 ㄴ. 사회통합의 증진
ㄷ. 개인의 자립성 증진 ㄹ. 능력에 따른 분배

① ㄱ, ㄴ ② ㄴ, ㄷ
③ ㄴ, ㄹ ④ ㄱ, ㄴ, ㄷ
⑤ ㄱ, ㄷ, ㄹ

02. 사회복지정책의 특성에 관한 설명으로 옳지 않은 것은? (16회)

① 가치판단적 특성을 가진다.
② 국민의 최저생활을 보장한다.
③ 개인의 자립성을 증진시킨다.
④ 능력에 비례한 배분을 원칙으로 한다.
⑤ 경제의 자동안정장치(built-in-stabilizer) 기능을 수행한다.

정답 1. ④ 2. ④

제2장 사회복지정책의 가치와 사상

03. 사회복지의 가치에 대한 설명으로 옳은 것은? (24, 9급)

① 사회복지가 추구하는 자유는 적극적 자유가 아니라 소극적 자유이다.
② 수량적 평등은 가장 소극적인 평등 개념으로 공평한 기회의 제공을 강조한다.
③ 비례적 평등은 인간의 노력, 능력, 기여 등에 따라 사회적 자원을 다르게 분배하는 것을 평등으로 인식한다.
④ 기계적 연대는 노동분화의 수준이 높은 사회에서 나타난다.

04. 롤스(J. Rawls)의 정의론(공정으로서의 정의)에 관한 설명으로 옳은 것은? (21회)

① 제1원칙은 기본적 자유에 대한 동등한 권리이다.
② 기회의 균등보다는 결과의 평등이 더 중요하다.
③ 사회경제적 불평등은 어떠한 경우라도 허용될 수 없다.
④ 최대다수의 최대행복을 추구한다.
⑤ 정당한 소유와 합법적인 이전은 정의로운 결과를 가져온다.

05. 사회복지의 잔여적 관점과 제도적 관점에 대한 설명으로 옳은 것은? (23, 9급)

① 제도적 관점에서는 자산조사를 통해 선별적 급여를 제공한다.
② 잔여적 관점에서 사회복지급여 제공은 국가의 시혜가 아니라 수급자의 권리이다.
③ 제도적 관점에서는 사회복지를 일시적이고 보충적인 기능을 수행하는 제도로 인식한다.
④ 잔여적 관점에서는 가족이나 시장경제가 개인의 욕구를 적절하게 충족시키지 못하는 경우에만 사회복지서비스를 제공한다.

06. 사회복지의 가치 중 '자유'에 관한 설명으로 옳은 것은? (18회)

① 자유지상주의 관점에서는 적극적 자유를 옹호한다.
② 소극적 자유 보장을 위해서는 국가의 역할이 많을수록 좋다.
③ 적극적 자유의 관점에서 자유의 침해는 개인에게 필요한 자원이나 기회를 박탈당한 것을 의미한다.
④ 적극적 자유의 관점에서는 임차인의 주거 안정을 위해 임대인의 자유를 제약할 수 없다.
⑤ 개인의 행동에 대한 외적 강제가 없는 상태는 적극적 자유의 핵심이다.

07. 사회적 연대(social solidarity)에 관한 설명으로 옳지 않은 것은? (19회)

① 개인과 사회 간 이해의 대립현상이 발생할 경우 개인은 전체를 위하여 희생하여야 한다.
② 사회문제의 해결과정에서 조직 구성원 간 이타적 정신을 필요로 한다.
③ 특정한 사회적 위험으로 피해를 입은 소수를 위하여 다수가 그 비용을 공동으로 부담한다.
④ 사회문제에 대한 집단적 대처수단으로서 상부상조의 정신을 바탕으로 한다.
⑤ 공동체에 대한 개인의 연대 참여는 당사자의 자유의지에 달려 있다.

08. 사회복지의 이념에 대한 설명으로 옳지 않은 것은? (24, 9급)

① 페이비언 사회주의(Fabian Socialism)는 국가의 역할을 강조하지만, 복지국가에 반대한다.
② 중도노선(Middle Way)은 시장을 중시하지만, 자본주의의 문제해결을 위한 국가의 제한적인 역할도 인정한다.
③ 마르크스주의(Marxism)는 적극적 자유, 평등, 우애의 가치를 중시하지만, 복지국가를 비판한다.
④ 신우파(New Right)는 개인의 자유를 최우선시하는 이념으로, 복지 증대를 위한 국가의 역할에 대해 비판한다.

09. 조지와 윌딩(George & Wilding)이 제시한 사회복지 이념에 대한 설명으로 옳지 않은 것은? (22, 9급)

① 반집합주의는 국가의 개입이 시장경제의 효율성을 저해하므로 불평등을 완화하려는 복지국가에 찬성하지 않는다.
② 페이비언 사회주의는 평등과 공동체의 이익을 강조하며, 불평등을 완화하려는 국가의 개입을 지지한다.
③ 소극적 집합주의는 시장을 중시하며, 자본주의 체제의 조절능력을 믿어 복지국가에 반대한다.
④ 마르크스주의는 시장경제를 부정하고, 불평등을 자본주의체제의 붕괴로 해결할 수 있다고 믿으며 복지국가에 반대한다.

10. 조지와 윌딩(V. George & P. Wilding, 1976; 1994)의 사회복지모형에서 복지국가의 확대를 가장 지지하는 이념은? (20회)

① 신우파 ② 반집합주의
③ 마르크스주의 ④ 페이비언 사회주의
⑤ 녹색주의

11. 복지국가의 이론적 기초가 되는 케인즈(J. M. Keynes) 경제이론에 관한 설명으로 옳지 않은 것은? (17회)

① 고용이 증가하면 소득이 증가하고, 소득이 증가하면 유효수요가 증가한다.
② 유효수요가 감소하면 경기불황을 가져오고, 소득이 감소한다.
③ 저축이 증가하면 투자가 감소하고, 고용의 감소로 이어진다.
④ 유효수요가 증가하면 경기호황을 가져와 투자의 증가로 이어진다.
⑤ 소득이 증가하면 저축이 감소하고, 투자의 감소로 이어진다.

12. '제3의 길'이 지향하는 '사회투자국가'의 특징으로 옳은 것만을 모두 고르면? (22, 국가9급)

ㄱ. 기회의 평등보다는 결과의 평등을 중시한다.
ㄴ. 인적자본에 대한 투자와 교육을 강조한다.
ㄷ. 경제정책과 사회정책의 통합성을 강조하지만 사회정책을 경제정책보다 우선한다.
ㄹ. 시민은 노동을 통해 스스로 자신을 부양할 것을 강조한다.

① ㄱ, ㄷ ② ㄴ, ㄹ
③ ㄱ, ㄴ, ㄹ ④ ㄴ, ㄷ, ㄹ

정답 3. ③ 4. ① 5. ④ 6. ③ 7. ① 8. ① 9. ③ 10. ④ 11. ⑤ 12. ②

제3장 사회복지정책의 발달

13. 영국 구빈제도의 역사에 관한 설명으로 옳지 않은 것은? (21회)
   ① 1601년 엘리자베스 빈민법은 빈민을 노동능력 있는 빈민, 노동능력 없는 빈민, 빈곤 아동으로 분류하였다.
   ② 1662년 정주법은 부랑자들의 자유로운 이동을 금지하였다.
   ③ 1782년 길버트법은 원외구제를 허용하였다.
   ④ 1795년 스핀햄랜드법은 열등처우의 원칙을 명문화하였다.
   ⑤ 1834년 신빈민법은 노동능력이 있는 빈민에 대한 원외구제를 폐지하였다.

14. 사회복지역사에 관한 내용 중 연결이 옳은 것은? (18회)
   ① 엘리자베스 구빈법(1601) – 열등처우의 원칙
   ② 길버트법(1782) – 원외구제 허용
   ③ 비스마르크 3대 사회보험 – 질병보험, 실업보험, 노령폐질보험
   ④ 미국 사회보장법(1935) – 보편적 의료보험제도 도입
   ⑤ 베버리지 보고서(1942) – 소득비례방식의 사회보험 도입

15. 길버트법(Gilbert Act)에 대한 설명으로 옳은 것은? (23, 9급)
   ① 비인도적 빈민처우를 강화하였다.
   ② 노동능력이 있는 빈민에 대해 원외구제를 허용하였다.
   ③ 요보호빈곤아동에게 강제적으로 도제수습을 받도록 하였다.
   ④ 빈민 원인 조사를 위해 우애방문원(friendly visitors)의 역할을 강조하였다.

16. 베버리지 보고서에서 제시한 사회보험 운영의 기본 원칙이 아닌 것은? (23, 9급)
   ① 급여 충분성의 원칙
   ② 열등처우의 원칙
   ③ 정액 급여의 원칙
   ④ 행정책임 통합의 원칙

17. 베버리지(W. Beveridge)가 강조한 사회보험이 성공하기 위한 전제조건이 아닌 것은? (22, 국가9급)
   ① 실업수당으로 인한 재정손실을 감안한 완전고용
   ② 가족의 크기와 소득을 고려하여 결정하는 가족수당
   ③ 보편주의 원칙하의 비정액기여제와 최저수준의 선별급여제
   ④ 치료와 예방을 포괄적으로 제공하는 보건서비스

18. 영국의 신빈민법(1834)과 우리나라의 현재 국민기초생활보장제도에서 공통으로 나타나는 원칙은? (16회)
   ① 비례급여의 원칙 ② 원외구제의 원칙
   ③ 임금보조의 원칙 ④ 열등처우의 원칙
   ⑤ 비부양의무의 원칙

19. 1980년대 대처리즘과 레이거노믹스의 복지정책 기조가 아닌 것은? (20, 국가9급)
   ① 복지비용의 삭감 및 지출 구성의 변화
   ② 공공서비스를 포함한 공공부문의 국가책임 확대
   ③ 지방정부의 역할 축소
   ④ 기업에 대한 규제 완화

20. 서구 복지국가의 위기 이후 나타난 흐름에 관한 설명으로 옳지 않은 것은? (16회)
   ① 공공서비스의 시장화
   ② 노동시장의 유연화정책
   ③ 계층 간 소득 불평등 완화
   ④ 복지의 투자·생산적 성격 강조
   ⑤ 경제 활성화를 위한 법인세 인하

21. 사회복지정책의 발달 관련 이론에 대한 설명으로 옳지 않은 것은? (21, 9급)
   ① 이익집단론에 따르면 사회복지정책은 특정 이익집단의 이익에 부합하는 방향으로 수립되며, 이 과

정에서 이익집단 간에 이해관계가 상충할 경우 국가의 중재자 역할을 강조한다.
② 확산이론에 따르면 경제 수준이 낮은 국가가 선진 복지국가의 영향을 받아 사회보장을 확대한 경우, 이는 공간적 확산에 해당한다.
③ 음모이론에 따르면 사회복지정책의 주된 목적은 사회질서의 유지를 위한 사회통제에 있다.
④ 수렴이론에 따르면 산업기술이 발달할수록 사회복지가 발달하며, 한 국가의 복지수준은 해당 국가의 경제발전 수준에 따라 결정된다.

22. 사회복지정책의 발달이론 중 의회민주주의의 정착과 노동자계급의 조직화된 힘을 강조하는 이론은? (21회)

① 산업화론 ② 권력자원이론
③ 확산이론 ④ 사회양심이론
⑤ 국가중심이론

23. 사회복지발달이론에 관한 설명으로 옳지 않은 것은? (18회)

① 사회양심이론 – 사회복지는 이타주의가 제도화된 것임
② 수렴이론 – 산업화를 이룬 나라들은 사회복지제도를 도입하게 됨
③ 시민권론 – 마샬(T. H. Marshall)은 사회권(social right)을 복지권(welfare right)이라 함
④ 권력자원론 – 사회복지정책은 권력 엘리트의 산물임
⑤ 구조기능주의론 – 사회복지는 산업화, 도시화에 따른 사회문제에 대한 적응의 결과임

24. 사회복지정책의 발달이론에 관한 설명으로 옳지 않은 것은? (16회)

① 확산이론: 한 국가의 제도나 기술 혁신이 인근 국가에 영향을 준다.
② 음모이론: 사회복지정책에 대해 사회 안정과 질서 유지를 위한 하나의 수단으로 보았다.
③ 독점자본이론: 경제발전이 상당 수준에 이르면 사회복지 발전정도가 유사하게 나타난다.
④ 이익집단이론: 현대사회에서 귀속적 차이 등에 따른 집단들 간의 정치적 행위가 커지고 있다.
⑤ 사회양심이론: 인도주의에 입각한 사회적 의무감이 사회복지정책을 확대할 수 있다.

정답 13. ④ 14. ② 15. ② 16. ② 17. ③ 18. ④ 19. ② 20. ③ 21. ② 22. ② 23. ④ 24. ③

제4장 사회복지정책의 과정

25. 특정 현상을 사회문제로 규정하기 위한 조건에 해당하지 않는 것은? (23, 국가9급)

① 현상의 원인이 사회구조적 요인에서 기인해야 한다.
② 현상이 사회 구성원 다수에게 부정적인 영향을 미쳐야 한다.
③ 집단적인 사회적 행동을 통해서도 현상의 개선이 불가능해야 한다.
④ 다수의 사회 구성원 또는 사회적으로 영향력이 있는 사람들이 현상을 문제로 인식해야 한다.

26. 사회복지 정책결정 모형에 대한 설명으로 옳은 것만을 모두 고르면? (21, 9급)

ㄱ. 점증모형은 기존의 정책에서 소폭의 수정·보완을 통해 정책을 결정하는 모형이다.
ㄴ. 쓰레기통모형은 정책결정이 일정한 규칙에 따라 이루어지는 것이 아니라 문제, 해결책, 선택 기회, 참여자 등의 4요소가 우연히 만나게 될 때 정책결정이 이루어진다고 보는 모형이다.
ㄷ. 혼합모형은 최적모형과 점증모형을 절충하여 현실적으로 만족할만한 수준의 정책대안을 선택하는 모형이다.
ㄹ. 합리모형은 정책결정 체계의 성과를 최적화하기 위해 경제적 합리성과 직관, 창의력 등 초합리적 요소를 중요하게 간주하는 모형이다.

① ㄱ, ㄴ ② ㄷ, ㄹ
③ ㄱ, ㄴ, ㄷ ④ ㄴ, ㄷ, ㄹ

27. 정책결정 모형 중 드로어(Y. Dror)가 제시한 최적모형에 관한 설명으로 옳은 것을 모두 고른 것은? (21회)

ㄱ. 합리모형과 점증모형의 단순혼합이 아닌 정책성과를 최적화하려는 데 초점을 둔다.
ㄴ. 합리적 요소와 초합리적 요소를 다 고려하는 질적 모형이다.
ㄷ. 초합리성의 구체적인 달성 방법에 대한 명확한 설명이 제시되었다.
ㄹ. 정책결정을 체계론적 시각에서 파악한다.
ㅁ. 정책결정 과정에서 실현가능성이 낮다는 비판이 있다.

① ㄱ, ㄴ ② ㄱ, ㄷ, ㄹ
③ ㄱ, ㄴ, ㄹ, ㅁ ④ ㄱ, ㄷ, ㄹ, ㅁ
⑤ ㄴ, ㄷ, ㄹ, ㅁ

28. 킹돈(J. Kingdon)의 쓰레기통 모형에 관한 설명으로 옳은 것을 모두 고른 것은? (17회)

ㄱ. 정책결정은 조직화된 상태 속에서 나타나는 몇 가지 흐름에 의하여 체계적으로 이루어진다.
ㄴ. 정치의 흐름, 문제의 흐름, 정책대안의 흐름이 각각 따로 존재하며, 그 과정의 참여자도 다르다.
ㄷ. 정책의 흐름 속에 떠다니던 정책대안이 연결되어 정책결정의 기회를 맞는다.
ㄹ. 정치의 흐름 및 문제의 흐름 각각에 의하여 또는 이들의 결합에 의하여 정책아젠다가 결정된다.

① ㄱ, ㄴ ② ㄱ, ㄷ
③ ㄴ, ㄷ ④ ㄴ, ㄷ, ㄹ
⑤ ㄱ, ㄴ, ㄷ, ㄹ

29. 정책결정 이론모형에 관한 설명으로 옳지 않은 것은? (16회)

① 합리모형: 인간의 이성과 합리성을 전제로 최선의 정책대안을 찾을 수 있다고 가정한다.
② 혼합모형: 조직화된 무정부 상태 속에서 정책이 우연히 결정된다고 가정한다.
③ 최적모형: 체계론적 시각에서 정책성과를 최적화하려는 정책결정 모형이다.
④ 만족모형: 사람은 자신의 제한된 능력과 환경적 제약으로 모든 대안이 초래할 결과를 완전히 예측할 수는 없다.
⑤ 점증모형: 과거의 정책을 약간 수정한 정책결정이 이루어지고, 여론의 반응에 따라 정책수정을 반복한다.

정답 25. ③ 26. ① 27. ③ 28. ④ 29. ②

제5장 사회복지정책의 분석과 평가

30. 사회복지정책 평가가 갖는 특징으로 옳지 않은 것은? (21회)

① 정치적이다. ② 실용적이다.
③ 종합학문적이다. ④ 기술적이다.
⑤ 가치중립적이다.

31. 사회복지정책 평가유형에 관한 설명으로 옳은 것은? (19회)

① 과정평가는 정책집행 후에 평가하는 활동을 말한다.
② 결과평가는 정책집행 중간의 평가로 전략 설계의 수정보완을 하지 못한다.
③ 총괄평가는 정책이 집행되고 난 후 정책이 사회에 미친 영향을 평가하는 것이다.
④ 효율성평가는 정책집행의 결과에 따라 정책의 목적이 달성되었는지를 평가하는 것이다.
⑤ 효과성평가는 정책의 효과를 투입된 자원과 대비하는 평가이다.

32. 사회복지정책 평가가 필요한 이유를 모두 고른 것은? (17회)

ㄱ. 문제해결을 위한 정책결정에 필요한 정보를 얻기 위함
ㄴ. 기존 정책의 개선에 필요한 정보를 얻기 위함
ㄷ. 정책의 정당성 근거를 확보하기 위함
ㄹ. 정책평가는 사회복지정책 이론의 형성에 기여함

① ㄱ, ㄴ, ㄷ ② ㄱ, ㄴ, ㄹ
③ ㄱ, ㄷ, ㄹ ④ ㄴ, ㄷ, ㄹ
⑤ ㄱ, ㄴ, ㄷ, ㄹ

33. 사회복지정책분석에서 산물(product) 분석의 한계에 관한 설명으로 옳은 것은? (21회)

① 정해진 틀에 따라 사회복지정책 내용을 분석함으로써 적용된 사회적 가치를 평가하기 쉽다.
② 사회복지정책의 방향성을 제시하기가 용이하다.
③ 현행 사회복지정책에서 배제되고 차별받는 사람들의 욕구를 파악하기 쉽다.
④ 산물분석 결과는 기존의 사회주류적 입장을 대변할 가능성이 높다.
⑤ 사회복지정책의 구체적인 대안을 담아내기 쉽다.

34. 길버트(N. Gilbert)와 스펙트(H. Specht) 등의 사회복지정책 분석에 관한 설명으로 옳지 않은 것은? (19회)

① 과정분석은 정책형성에 영향을 미치는 사회정치적·기술적·방법적 변수를 중심으로 분석하는 접근방법이다.
② 산물분석은 정책선택에 관련된 여러 가지 쟁점을 분석하는 접근방법이다.
③ 성과분석은 실행된 정책이 낳은 결과를 기술하고 분석하는 접근방법이다.
④ 산물분석은 할당, 급여, 전달체계, 재정 차원으로 구분하여 분석한다.
⑤ 과정분석은 연구자의 주관을 배제해야 한다.

35. 사회복지정책을 분석하는 접근방법에 관한 설명으로 옳은 것은? (18회)

① 산물분석은 특정정책이 실행된 이후 그 결과를 분석·평가하는 데 관심을 둔다.
② 산물분석은 정책이 형성되는 사회정치적 맥락을 고찰한다.
③ 성과분석은 정책결정이라는 정책활동의 결과물에 대한 내용을 분석하는 것이다.
④ 과정분석은 정책 기획과정(planning process)을 거쳐 이끌어 낸 여러 정책대안을 분석한다.
⑤ 과정분석은 정책사정(policy assessment)이 어떻게 이루어지는지를 이해하기 위한 목적에서 이루어진다.

정답 30. ⑤ 31. ③ 32. ⑤ 33. ④ 34. ⑤ 35. ⑤

제6장 사회복지정책 주체

37. 사회복지 재화나 서비스를 국가가 제공해야 하는 이유가 아닌 것은? (20회)

① 사회복지의 공공재적 성격
② 전염병에 대한 치료의 긍정적 외부효과 발생
③ 질병의 위험에 대한 보험방식의 역선택 문제 해결
④ 경제성장의 낙수효과 발생
⑤ 의료서비스에 대한 정보의 비대칭 문제 해결

38. 사회복지급여 제공에서 국가 개입이 필요한 이유가 아닌 것은? (19, 9급)

① 사회복지급여의 외부효과
② 사회복지재화의 사유재적 성격
③ 대상자의 역의 선택
④ 대상자의 도덕적 해이

39. 복지다원주의 또는 복지혼합에 관한 설명으로 옳지 않은 것은? (22회)

① 국가는 복지의 주된 공급자로 인정하면서도 불평등을 야기하는 시장은 복지 공급자로 수용하지 않는다.
② 국가를 포함한 복지제공의 주체를 재구성하는 논리로 활용된다.
③ 비공식부문은 제도적 복지의 발달에도 불구하고 존재하는 비복지 문제에 대응하는 복지주체이다.
④ 시민사회는 사회적경제조직을 구성하여 지역사회에서 공급주체로 참여하는 역할을 한다.
⑤ 복지제공의 주체로 국가 외에 다른 주체를 수용한다는 점에서 복지국가를 비판하는 논리로 쓰인다.

40. 사회복지전달체계의 유형 중 민간부문 전달체계의 필요성으로 옳은 것은? (21, 9급)

① 다양한 사회복지서비스에 대한 선택의 기회 제공

② 평등과 사회적 적절성의 우선적 추구
③ 지속적이고 포괄적인 복지서비스 제공
④ 대량공급을 통한 규모의 경제 이점 실현

41. 사회복지정책의 주체 및 그 역할에 관한 설명으로 옳지 않은 것은? (21회)
① 긍정적 외부효과가 큰 영역은 민간부문이 담당하는 것이 바람직하다.
② 사회복지정책의 주체는 국가, 지방자치단체, 공공복지기관 등 다양하다.
③ 공공재적 성격이 강한 재화나 서비스는 공공부문이 개입하는 것이 바람직하다.
④ 정보의 비대칭성이 강한 영역은 정부가 개입하는 것이 바람직하다.
⑤ 민간복지기관은 정부 및 공공기관에 의하여 권한을 위임받은 경우 사회복지정책의 주체가 될 수 있다.

42. 기업복지의 장점에 해당하지 않는 것은? (20회)
① 조세방식보다 재분배효과가 크다.
② 노사관계의 안정화 기능을 수행한다.
③ 근로의욕을 고취하여 생산성이 향상하는 효과가 있다.
④ 기업에 대한 사회적 이미지를 제고하는 기능이 있다.
⑤ 기업의 입장에서 임금을 높여주는 것보다 조세부담의 측면에 유리하다.

43. 사회적 기업에 관한 설명으로 옳지 않은 것은? (17회)
① 사회적 목적 달성을 위하여 시장에서 영리활동을 하는 조직이다.
② 사회적 기업에는 자활공동체, 협동조합, 사회적 회사 등이 있다.
③ 사회적기업육성법에 따라 사회적 기업을 인증한다.
④ 사회적 기업은 사회복지사업법에 따른 사회복지시설이다.
⑤ 사회적 취약계층에 대한 일자리 창출 방안의 하나이다.

정답 37. ④ 38. ② 39. ① 40. ① 41. ① 42. ① 43. ④

제7장 사회복지정책 대상

44. 브래드쇼(Bradshaw)가 제시한 욕구에 대한 설명으로 옳은 것은? (24, 국가9급)
① 규범적 욕구(normative need)는 전문가 등이 정해 둔 바람직한 수준과 실제 상태의 차이를 포함한다.
② 감지적 욕구(felt need)는 규범적 욕구가 실제 상황에서 욕구 충족의 추구 행위로 나타난 것이다.
③ 비교적 욕구(comparative need)는 당사자의 주관적인 느낌에 따라 인식된다.
④ 표현적 욕구(expressed need)는 개인의 인식 정도에 따라 달라지는 상대적 욕구이다.

45. 매슬로우(Maslow)의 초기 연구에서 제시된 5단계 욕구위계론에 대한 설명으로 옳은 것은? (23, 국가9급)
① 자아실현의 욕구가 안전의 욕구보다 강도가 더 강하다.
② 존경의 욕구와 자아실현의 욕구는 성장욕구에 해당한다.
③ 소속감과 사랑의 욕구는 충족된 직후에 욕구의 강도가 더 강해진다.
④ 안전의 욕구가 일정 수준 충족되어야 소속감과 사랑의 욕구에 대한 동기가 부여된다.

46. 사회복지 대상자 선정 원칙인 선별주의와 보편주의에 대한 설명으로 옳지 않은 것은? (21, 9급)
① 선별주의는 보편주의에 비해 상대적으로 소득재분배의 효과가 크다.
② 선별주의에는 국민기초생활보장제도, 장애연금 등이 포함된다.
③ 보편주의는 일정 범주에 속하는 모든 사람에게 사회적 권리로 급여를 제공한다.

④ 보편주의는 선별주의에 비해 수급자 선정을 위한 행정적 비용이 적게 든다.

47. 윌렌스키(Wilensky)와 르보(Lebeaux)의 제도적 개념에 대한 설명으로 옳은 것은? (20, 9급)

① 제도적 개념에서는 가족 또는 시장 같은 다른 사회제도의 기능이 원활하게 수행되지 못할 때 사회복지 제도를 활용하는 것으로 본다.
② 제도적 개념에서의 사회복지는 보충적, 일시적, 대체적 성격을 지닌다.
③ 제도적 개념에서는 사회복지가 그 사회의 필수적이고 정상적인 제일선(first line)의 기능을 수행하는 것으로 이해한다.
④ 제도적 개념에서의 사회복지는 대상범위를 기준으로 볼 때 선별적 사회복지와 연결되어있다.

48. 선별주의에 근거한 제도에 해당하는 것을 모두 고른 것은? (19회, 1급)

ㄱ. 장애인연금	ㄴ. 아동수당
ㄷ. 기초연금	ㄹ. 의료급여

① ㄱ, ㄴ, ㄷ ② ㄱ, ㄴ, ㄹ
③ ㄱ, ㄷ, ㄹ ④ ㄴ, ㄷ, ㄹ
⑤ ㄱ, ㄴ, ㄷ, ㄹ

49. 사회복지정책의 수급조건에 해당하지 않는 것은? (19회)

① 연령 ② 자산조사
③ 기여 여부 ④ 진단평가
⑤ 최종 학력

50. 우리나라 사회복지정책의 대상 선정에 관한 설명으로 옳은 것은? (18회)

① 소득이나 자산을 조사하여 대상을 선정하는 것은 보편주의 원칙에 부합한다.
② 아동수당은 인구학적 기준을 적용한 제도이다.
③ 장애수당은 전문가의 진단을 고려하지 않는다.
④ 긴급복지지원제도는 보편주의 원칙에 부합한다.
⑤ 기초연금의 대상 선정기준에는 부양의무자 유무가 포함된다.

정답 44. ① 45. ④ 46. ②47. ③ 48. ③ 49. ⑤ 50. ②

제8장 사회복지정책 급여

51. 사회복지제도에서 현금급여를 현물급여보다 선호하는 이유로 옳지 않은 것은? (21, 국가9급)

① 수급자의 선택권 강화
② 행정 비용의 감소
③ 정책 목표의 특정화에 용이
④ 수급자 효용의 극대화

52. 사회보장 급여 중 현물급여가 아닌 것은? (22회)

① 산업재해보상보험의 요양급여
② 고용보험의 상병급여
③ 노인장기요양보험의 재가급여
④ 국민기초생활보장의 의료급여
⑤ 국민건강보험의 건강검진

53. 사회서비스 전자바우처에 관한 설명으로 옳지 않은 것은? (22회)

① 급여형태는 신용카드 또는 체크카드로 구현한 증서이다.
② 공급자 중심의 직접지원 또는 직접지불 방식이다.
③ 서비스 제공자의 도덕적 해이를 방지하기 위해 도입되었다.
④ 수요자의 선택권을 보장하기 위한 수단으로 활용되고 있다.
⑤ 금융기관 시스템을 활용하여 재정흐름의 투명성이 높아졌다.

54. 사회복지정책 급여의 적절성에 관한 설명으로 옳지 않은 것은? (21회)

① 인간다운 생활을 할 수 있는 수준의 급여를 제공하는 것을 말한다.
② 기초연금 지급액 인상은 적절성 수준을 높여줄 수 있다.
③ 급여를 받는 사람의 삶의 질에 대한 관심의 표현이다.
④ 일정한 수준의 물질적, 정신적 복지를 제공해야 한다는 것과 관련된다.
⑤ 적절성에 대한 기준은 시간과 환경에 따라 변하지 않는다.

55. 사회복지 급여 형태에 관한 설명으로 옳은 것은? (20회)

① 현금급여는 사회적 통제를 강조한다.
② 현물급여는 자기결정권을 강조한다.
③ 바우처는 공급자에게 보조금을 직접 지원한다.
④ 기회를 제공하는 프로그램의 예로 장애인의무고용제를 들 수 있다.
⑤ 소비자 선택권은 현금급여, 바우처, 현물급여 순서로 높아진다.

56. 사회복지급여의 하나인 증서(voucher)에 관한 설명으로 옳지 않은 것은? (16회)

① 현금급여에 비해 목표달성에 효과적이다.
② 현물급여에 비해 소비자의 선택권이 낮다.
③ 현물급여에 비해 공급자 간 경쟁을 유도하는데 유리하다.
④ 공급자가 소비자를 자의적으로 선택하는 현상이 발생할 수 있다.
⑤ 현물급여에 비해 서비스에 대한 충분한 정보접근이 이루어져야 한다.

정답 51. ③ 52. ② 53. ② 54. ⑤ 55. ④ 56. ②

제9장 사회복지정책 전달체계

57. 사회복지 전달체계 구축 시 고려해야 할 주요 원칙에 대한 설명으로 옳지 않은 것은? (21, 9급)

① 적절성이란 사회복지서비스의 양과 질 등이 클라이언트 문제해결에 충분할 만큼 제공되어야 하는 것이다.
② 지속성이란 클라이언트의 문제나 욕구 해결과정에서 제공되는 서비스의 종류와 내용이 달라져야 하는 경우 신규 서비스가 지속적으로 제공되어야 하는 것이다.
③ 평등성이란 사회복지서비스는 클라이언트의 연령, 성별, 지역, 종교 등을 막론하고 차별 없이 제공되어야 하는 것이다.
④ 통합성이란 클라이언트의 욕구는 다양하므로 이러한 욕구충족을 위해 포괄적이고 다양한 서비스가 제공되어야 하는 것이다.

58. 사회복지서비스 전달체계에 대한 설명으로 옳은 것만을 모두 고르면? (19, 9급)

ㄱ. 민간 전달체계는 이용자에게 폭넓은 서비스 선택권을 제공한다는 장점이 있다.
ㄴ. 사회복지법인은 비영리공익법인으로서 민법상 재단법인이나 사단법인에 비해 공공성이 강조되는 사회복지서비스 전달기관이다.
ㄷ. 중앙정부가 전달주체가 되면, 서비스의 접근성과 융통성이 커진다.
ㄹ. 공공기관이 제공하던 서비스를 민간기관에 이양 또는 위탁하는 민영화 추세가 강화되고 있다.

① ㄱ, ㄴ ② ㄱ, ㄴ, ㄹ
③ ㄱ, ㄷ, ㄹ ④ ㄴ, ㄷ, ㄹ

59. 희망복지지원단에 대한 설명으로 옳지 않은 것은? (19, 9급)

① 지방자치단체의 읍·면·동 행정복지센터에 설치되어 있다.
② 복합적 욕구를 가진 대상자에게 통합사례관리를 제공한다.
③ 자원의 총괄 관리 업무를 수행한다.
④ 지역사회보장협의체 및 지역 내 관련 기관과의 연계와 협력을 추진한다.

60. 사회복지전달체계에서 제공되는 재화나 서비스의 속성 등에 관한 설명으로 옳은 것은? (19회, 1급)

① 사회복지 재화나 서비스는 단일한 전달체계에서 독점적으로 제공하는 것이 바람직하다.
② 공공재적인 성격이 강한 재화나 서비스는 민간에서 제공하는 것이 바람직하다.
③ 사회복지의 재화나 서비스는 정보의 불완전성으로 인해 소비자들의 합리적 선택에 차이가 난다.
④ 공공부문의 전달체계는 경쟁체제가 이루어지기 때문에 효율적이다.
⑤ 사회복지 재화나 서비스는 수급자들에 의한 오용과 남용의 문제가 발생하지 않는다.

정답 57. ④ 58. ② 59. ① 60 ③

제10장 사회복지정책 재원

61. 조세와 사회보험료에 관한 설명으로 옳은 것은? (22회)

① 조세는 사회보험료에 비해 소득역진적이다.
② 조세와 사회보험료는 공통적으로 빈곤완화, 위험분산, 소득유지, 불평등 완화의 기능을 수행한다.
③ 조세와 사회보험료는 공통적으로 상한선이 있어서 고소득층에 유리하다.
④ 사회보험료를 조세로 보기는 하지만 임금으로 보지는 않는다.
⑤ 개인소득세는 누진성이 강하고 일반소비세는 역진성이 강하다.

62. 공적연금 재정의 운영방식에 대한 설명으로 옳지 않은 것은? (21, 국가9급)

① 부과방식은 현재의 근로세대가 현재의 퇴직세대의 연금급여 지출에 필요한 재원을 부담하는 방식이다.
② 부과방식은 적립방식에 비해 세대 간 소득재분배 효과가 낮다.
③ 적립방식은 가입자로부터 징수한 보험료를 기금으로 적립하였다가 추후 지급하는 방식이다.
④ 적립방식은 적립된 기금의 운용이 가능하며, 기금 투자로 인한 원금 손실의 위험이 존재한다.

63. 우리나라 사회보장제도 가운데 주요 재원조달방식이 다른 것은? (20, 9급)

① 국민기초생활보장제도
② 국민연금제도
③ 건강보험제도
④ 고용보험제도

64. 우리나라 근로장려세제(EITC)에 관한 설명으로 옳지 않은 것은? (22회)

① 소득재분배 효과를 기대할 수 있다.
② 근로능력이 있는 저소득층의 근로유인을 제고한다.
③ 소득과 재산보유상태 등을 반영하여 지급한다.
④ 근로장려금 모형은 점증구간, 평탄구간, 점감구간으로 되어 있다.
⑤ 사업자는 근로장려금을 받을 수 없다.

65. 사회복지의 민간재원에 관한 설명으로 옳은 것은? (22회)

① 사회복지의 민간재원에는 조세지출, 기부금, 기업복지, 퇴직금 등이 포함된다.
② 기부금 규모는 국세청이 추산한 액수보다 더 적을 것으로 추정된다.
③ 이용료는 클라이언트가 직접 지불한 것을 제외하고 사회보장기관 등의 제3자가 서비스 비용을 지불한 것을 의미한다.
④ 기업복지는 기업이 그 피용자들에게 제공하는 임금과 임금 외 급여 또는 부가급여를 의미한다.
⑤ 기업복지의 규모가 커질수록 노동자들 사이의 불평등이 증가한다.

66. 사회복지정책의 재정에 관한 설명으로 옳은 것은? (19회)

① 한국의 사회복지정책 재원은 주로 민간 기부금에

의존한다.

② 사회복지재정이 수행하는 기능 가운데 하나는 소득재분배이다.

③ 조세가 역진적일수록 소득재분배의 기능이 크다.

④ 한국의 조세부담률은 OECD 회원국가의 평균보다 높다.

⑤ 사회복지재원으로서 이용료는 연동제보다 정액제일 때 소득재분배 효과가 크다.

67. 사회보험료와 조세에 관한 설명으로 옳은 것을 모두 고른 것은? (18회)

ㄱ. 정률의 사회보험료는 소득세에 비해 역진적이다.
ㄴ. 사회보험료는 조세에 비해 징수에 대한 저항이 적다.
ㄷ. 소득세와 사회보험료 모두 소득이 높은 사람이 더 많이 부담한다.
ㄹ. 조세는 지불능력(capacity to pay)과 관련되어 있다.

① ㄱ, ㄴ　② ㄱ, ㄷ
③ ㄴ, ㄹ　④ ㄱ, ㄴ, ㄷ
⑤ ㄱ, ㄴ, ㄷ, ㄹ

68. 사회복지 재원 중 이용료에 관한 설명으로 옳지 않은 것은? (16회)

① 정부의 재정 부담을 완화하는 효과가 있다.

② 정액의 이용료는 소득재분배에 역진적이다.

③ 서비스 이용자의 도덕적 해이를 방지할 수 있다.

④ 저소득층의 서비스 접근성을 향상시킬 수 있다.

⑤ 이용자의 권리의식을 높여 서비스 질을 향상시킬 수 있다.

정답 61. ⑤ 62. ② 63. ① 64. ⑤ 65. ⑤ 66. ② 67 ②. 68. ④

제11장 복지국가와 빈곤

69. 소득재분배에 대한 설명으로 옳지 않은 것은? (20, 9급)

① 수직적 소득재분배는 고소득층에서 저소득층으로 소득이 이전되는 것을 의미한다.

② 수평적 소득재분배는 동일 계층 내에서 소득이 이전되는 것을 의미한다.

③ 세대 간의 소득재분배는 서로 다른 세대 간에 소득이 이전되는 것을 의미한다.

④ 시간적 소득재분배는 자녀세대의 소비를 위해서 자신의 미래 소비를 포기하고 소득을 이전하는 것을 의미한다.

70. 에스핑 안데르센(Esping-Andersen)의 복지국가 유형에 대한 설명으로 옳지 않은 것은? (24, 9급)

① 탈상품화의 정도는 사회민주주의 복지국가에서 가장 높다.

② 자유주의 복지국가에서는 공공부조의 비중이 상대적으로 높게 나타난다.

③ 조합주의(보수주의) 복지국가에서는 사회보험을 강조한다.

④ 계층화의 정도는 조합주의 복지국가보다 사회민주주의 복지국가에서 더 높다.

71. 에스핑 앤더슨(Esping-Andersen)이 분류한 복지국가 유형 중 탈상품화 정도가 가장 큰 유형부터 순서대로 바르게 나열한 것은? (24, 국가9급)

① 자유주의, 조합주의, 사회민주주의

② 자유주의, 사회민주주의, 조합주의

③ 사회민주주의, 조합주의, 자유주의

④ 사회민주주의, 자유주의, 조합주의

72. 빈곤과 불평등 측정에 관한 설명으로 옳은 것은? (18회)

① 완전 평등 사회에서 로렌츠곡선은 45° 각도의 직선과 거리가 가장 멀어진다.

② 지니계수의 최대값은 1, 최소값은 -1이다.

③ 빈곤갭은 빈곤선 이하에 속하는 인구가 전체인구에서 차지하는 비율을 의미한다.

④ 빈곤율은 빈곤선과 실제소득과의 격차를 반영한다.

⑤ 센(Sen) 지수는 빈곤집단 내의 불평등 정도를 반영한다.

73. 빈곤과 관련된 개념에 대한 설명으로 옳지 않은 것은? (20, 9급)

① 주관적 빈곤선은 적절한 생활수준을 유지하는 데 필요한 소득수준에 대한 개인들의 평가에 근거하여 결정된다.
② 빈곤율(poverty rate)은 빈곤개인이 전체인구에서 차지하는 비율로 정의된다.
③ 빈곤갭(poverty gap)은 모든 빈곤층의 소득을 빈곤선 수준으로 끌어올리는 데 필요한 총소득이다.
④ 상대빈곤은 최저생계비를 기준으로 결정된다.

74. 빈곤과 소득불평등의 측정에 관한 설명으로 옳은 것은? (22회)

① 반물량 방식은 엥겔계수를 활용하여 빈곤선을 추정한다.
② 상대적 빈곤은 생존에 필요한 생활수준이 최소한의 수준에 도달하지 못한 상태를 말한다.
③ 라이덴방식은 객관적 평가에 기초하여 빈곤선을 측정한다.
④ 빈곤율은 빈곤층의 소득을 빈곤선 수준으로 끌어올리는데 필요한 총소득을 나타낸다.
⑤ 지니계수가 1일 경우는 완전 평등한 분배상태를 의미한다.

75. 빈곤의 개념에 관한 설명으로 옳지 않은 것은? (20회)

① 상대적 빈곤은 한 사회의 평균적인 생활수준을 기준으로 정한다.
② 절대적 빈곤은 최소한의 생필품을 구입하는데 필요한 비용으로 정한다.
③ 반물량 방식은 모든 항목의 생계비를 계산하지 않고 엥겔계수를 활용하여 생계비를 추정한다.
④ 중위소득의 50%를 빈곤선으로 책정할 경우, 사회구성원 99명을 소득액 순으로 나열하여 이 중 50번째 사람의 소득 50%를 빈곤선으로 한다.
⑤ 상대적 박탈은 인간의 기본적 욕구의 기준을 생물학적 요인에만 초점을 둔다.

76. 에스핑 앤더슨(G. Esping-Andersen)의 복지국가 유형에 관한 설명으로 옳지 않은 것은? (16회)

① 자유주의 복지국가는 시장의 효율성을 중시한다.
② 자유주의 복지국가는 저소득층에 초점을 맞춘다.
③ 보수주의 복지국가는 개인책임과 자조의 원리를 강조한다.
④ 보수주의 복지국가는 사회적 지위에 따라 사회보험 혜택의 차이가 있다.
⑤ 사회민주주의 복지국가는 보편주의적 개입을 통해 가족과 시장을 대체하는 특성을 갖고 있다.

77. 소득불평등에 관한 설명으로 옳은 것을 모두 고른 것은? (16회)

ㄱ. 10분위 분배율은 그 비율이 낮을수록 소득분배가 평등하다.
ㄴ. 지니계수가 0.3에서 0.4로 상승했다면 소득불평등이 완화된 것이다.
ㄷ. 5분위 배율은 상위 20%의 소득을 하위 20%의 소득으로 나눈 비율이다.
ㄹ. 로렌츠 곡선(Lorenz curve)이 45° 선과 일치하면 소득분포가 완전히 균등하다.

① ㄱ, ㄴ ② ㄴ, ㄷ
③ ㄷ, ㄹ ④ ㄱ, ㄴ, ㄷ
⑤ ㄱ, ㄴ, ㄹ

78. 사회적 배제의 특성에 관한 설명으로 옳지 않은 것은? (22회)

① 문제의 초점을 소득의 결핍으로 제한한다.
② 빈곤에 대해 다차원적으로 접근하는 개념이다.
③ 빈곤의 역동성과 동태적 과정을 강조한다.
④ 개인과 집단의 박탈과 불평등을 유발하는 다양한 영역을 포괄한다.
⑤ 사회적 관계망으로부터의 단절 문제를 제기한다.

정답 69. ④ 70. ④ 71. ③ 72. ⑤ 73. ④ 74. ① 75. ⑤ 76. ③ 77. ③ 78. ①

제12장 공공부조정책

79. 공공부조, 사회보험, 사회수당의 특성에 관한 설명으로 옳지 않은 것은? (18회)

① 공공부조는 다른 두 제도에 비해 권리성이 약하다.
② 사회수당은 수평적 재분배 효과가 있다.
③ 사회보험의 급여조건은 보험료 기여조건과 함께 사회적 위험에 직면해야 하는 조건이 부가된다.
④ 사회수당은 기여 여부와 무관하게 지급된다.
⑤ 운영효율성은 세 제도 중 공공부조가 가장 높다.

80. 사회보험과 비교할 때 공공부조가 갖는 장점은? (16회)

① 높은 비용효과성
② 근로동기의 강화
③ 재정 예측의 용이성
④ 수평적 재분배의 효과
⑤ 높은 수급률(take-up rate)

81. 우리나라 공공부조제도에 관한 설명으로 옳지 않은 것은? (22회)

① 긴급복지지원제도는 현금급여와 민간기관 연계 등의 지원을 제공한다.
② 국민기초생활보장제도 부양의무자 기준은 복지사각지대 해소를 위해 단계적으로 완화되고 있다.
③ 긴급복지지원제도는 단기 지원의 원칙, 선심사 후지원의 원칙, 다른 법률 지원 우선의 원칙이 적용된다.
④ 의료급여 수급권자에는 「입양특례법」에 따라 국내 입양된 18세 미만의 아동이 포함된다.
⑤ 국민기초생활보장제도 급여 신청은 신청주의와 직권주의를 병행하고 있다.

82. 「국민기초생활 보장법」상 보장기관이 급여의 결정 및 실시 등에 사용하기 위하여 산출한 개별가구의 소득평가액과 재산의 소득환산액을 합산한 금액에 해당하는 용어는? (22, 9급)

① 소득인정액 ② 최저생계비
③ 최저보장수준 ④ 기준 중위소득

83. 「기초연금법」상 기초연금에 대한 설명으로 옳지 않은 것은? (22, 9급)

① 노인에게 안정적인 소득 기반을 제공함으로써 노인의 생활 안정을 지원하고 복지를 증진함을 목적으로 한다.
② 노령으로 인한 소득감소를 보전하기 위한 국민연금의 급여 유형 중 하나이다.
③ 「공무원연금법」에 따른 퇴직연금을 받는 사람에게는 지급하지 않는다.
④ 기준연금액은 그 전년도의 기준연금액에 대통령령으로 정하는 바에 따라 전국소비자물가변동률을 반영하여 매년 고시한다.

84. 국민기초생활보장제도에 대한 설명으로 옳지 않은 것은? (19, 9급)

① 수급자 선정 시 기준 중위소득을 활용한다.
② 소득인정액은 개별가구의 소득평가액과 재산의 소득환산액을 합산한 금액을 말한다.
③ 급여의 기준은 급여종류에 관계없이 동일한 선정기준이 적용된다.
④ 생계급여는 수급자가 희망하는 경우에 수급자를 보장시설이나 타인의 가정에 위탁하여 실시할 수 있다.

85. 의료급여제도에 대한 설명으로 옳은 것만을 모두 고르면? (23, 9급)

ㄱ. 「입양특례법」에 따라 국내에 입양된 18세 미만의 아동은 수급권자에 해당한다.
ㄴ. 소득 재분배기능과 위험 분산효과를 통하여 사회통합을 도모하는 사회보험제도이다.
ㄷ. 법률에 의한 강제 가입과 보험료 납부의 강제성을 가지고 있다.

① ㄱ ② ㄱ, ㄴ
③ ㄴ, ㄷ ④ ㄱ, ㄴ, ㄷ

86. 기초연금제도에 관한 설명으로 옳은 것은? (18회)

① 65세 이상 모든 고령자에게 제공하는 사회수당이다.
② 무기여방식의 노후 소득보장제도이다.
③ 기초연금액의 산정 시 국민연금급여액을 고려하지 않는다.
④ 기초연금액은 가구유형, 소득과 상관없이 동일하다.
⑤ 기초연금의 수급권자가 사망하면 유족급여를 지급한다.

정답 79. ⑤ 80. ① 81. ③ 82. ① 83. ② 84. ③ 85. ① 86. ②

제13장 사회보험정책

87. 우리나라의 사회보험 중 급여 수급자나 가족이 재원을 부담하지 않는 것은? (21, 9급)

① 국민연금 ② 고용보험
③ 국민건강보험 ④ 산업재해보상보험

88. 사회보험과 민간보험에 대한 설명으로 옳지 않은 것은? (24, 국가9급)

① 사회보험은 민간보험보다 가입의 강제성이 크다.
② 사회보험은 법령으로 보험료가 결정되고, 민간보험은 개인의 계약에 의해 보험료가 결정된다.
③ 사회보험은 재정의 완전적립이 필요하나, 민간보험은 완전적립이 필요하지 않다.
④ 사회보험은 물가상승에 따른 실질 가치 변동에 대한 보장성이 민간보험보다 높다.

89. 우리나라 사회보험의 운영 원리에 관한 설명으로 옳지 않은 것은? (21회)

① 수익자 부담 원칙을 전제로 하고 있다.
② 사회보험은 수평적 또는 수직적 재분배 기능이 있다.
③ 가입자의 보험료율은 사회보험 종류별로 다르다.
④ 사회보험급여는 피보험자와 보험자 간 계약에 의해 규정된 법적 권리이다.
⑤ 모든 사회보험 업무가 통합되어 1개 기관에서 운영된다.

90. 국민연금의 연금크레딧제도 중 가장 최근에 시행된 것은? (20회)

① 실업크레딧 ② 고용크레딧
③ 양육크레딧 ④ 군복무크레딧
⑤ 출산크레딧

91. 국민건강보험제도에 관한 설명으로 옳지 않은 것은? (18회)

① 사립학교교원의 보험료는 가입자 본인, 사용자, 국가가 분담한다.
② 직장가입자의 보수월액은 직장가입자가 지급받는 보수를 기준으로 하여 산정한다.
③ 직장가입자의 보험료율은 건강보험정책심의위원회에서 심의·의결한다.
④ 부가급여로 임신·출산 진료비, 장제비, 상병수당을 지급하고 있다.
⑤ 국민건강보험공단의 회계연도는 정부의 회계연도에 따른다.

92. 고용보험제도에 관한 설명으로 옳은 것은? (18회)

① 실업급여를 받을 권리는 양도 또는 압류하거나 담보로 제공할 수 없다.
② 구직급여의 급여일수는 대기기간을 포함하여 산정한다.
③ 육아휴직 시작일로부터 3개월까지는 월 통상임금의 100분의 50에 해당하는 금액을 지급한다.
④ 자영업자인 피보험자의 실업급여에는 구직급여, 연장급여, 조기재취업수당이 포함된다.
⑤ 65세 이후에 자영업을 개시한 사람에게도 구직급여를 적용한다.

93. 우리나라 고용보험과 산업재해보상보험에 관한 설명으로 옳은 것은? (21회, 9급)

① 소득활동 중 발생할 수 있는 소득상실 위험에 대한 사회안전망이라는 공통점을 가지고 있다.
② 구직급여는 구직활동 여부와 관계없이 지급된다.

③ 고용형태 및 근로시간에 관계없이 모든 근로자는 두 보험의 적용을 받는다.
④ 장해급여는 산업재해를 입은 모든 근로자에게 지급된다.
⑤ 두 보험의 가입자 보험료율은 동일하다.

94. 산업재해보상보험제도에 관한 설명으로 옳지 않은 것은? (18회)

① 근로복지공단은 보험급여를 결정하고 지급한다.
② 업무상의 재해란 업무상의 사유에 따른 근로자의 부상·질병·장해 또는 사망을 말한다.
③ 직장 내 괴롭힘, 고객의 폭언 등으로 인한 업무상 정신적 스트레스가 원인이 되어 발생한 질병은 업무상 재해로 인정되지 않는다.
④ 업무상 질병의 인정 여부를 심의하기 위하여 근로복지공단 소속 기관에 업무상질병판정위원회를 둔다.
⑤ 국민건강보험공단이 보험료를 징수한다.

95. 노인장기요양보험의 급여를 제공하는 장기요양기관이 아닌 것은? (17회)

① 노인요양시설 ② 주·야간보호시설
③ 노인요양병원 ④ 단기보호시설
⑤ 노인요양공동생활가정

정답 87. ④ 88. ③ 89. ⑤ 90. ① 91. ④ 92. ① 93. ① 94. ③ 95. ③

제14장 사회서비스정책과 사회수당정책

96. 사회서비스에 관한 설명으로 옳은 것은? (17회)

① 사회복지기관의 운영을 지원하는 서비스이다.
② 이윤추구를 일차적 목적으로 한다.
③ 사회적 욕구 충족에 초점을 둔다.
④ 사회서비스 대상자의 노동시장 참여를 강조하지 않는다.
⑤ 사회서비스의 수요자보다 공급자 지원을 증가시켰다.

97. 사회서비스 바우처에 대한 설명으로 옳지 않은 것은? (23, 9급)

① 공급자 재정지원방식이다.
② 공급자 간 경쟁을 촉진시켜 서비스 향상을 도모한다.
③ 특정한 재화나 서비스의 수요자에게 일정 금액의 구매권을 제공한다.
④ 일정한 용도 내에서는 현금 급여 방식처럼 소비자의 선택이 가능하다.

98. 사회보장기본법상 사회서비스에 관한 설명으로 옳지 않은 것은? (22회)

① 주체는 민간부문을 제외한 국가와 지방자치단체이다.
② 대상은 도움이 필요한 모든 국민이다.
③ 분야는 복지, 보건, 의료, 교육, 고용, 주거, 문화, 환경 등이다.
④ 상담, 재활, 돌봄, 정보의 제공, 관련시설의 이용, 역량개발, 사회참여 지원 등을 내용으로 한다.
⑤ 인간다운 생활을 보장하고 국민의 삶의 질이 향상되도록 지원하는 제도이다.

99. 우리나라에서 시행 중인 소득보장제도에 관한 설명으로 옳지 않은 것은? (21회)

① 기초연금은 노인의 생활안정 지원을 목적으로 한다.
② 장애정도가 심하지 않은 장애인은 장애인연금을 받을 수 없다.
③ 장애수당은 장애로 인해 발생하는 추가비용을 보전하기 위해 도입되었다.
④ 만 10세 아동은 아동수당을 받을 수 있다.
⑤ 저소득 한부모가족에게는 아동양육비가 지급될 수 있다.

100. 인구학적 기준에 따른 사회수당에 관한 설명으로 옳지 않은 것은? (16회)

① 운영효율성이 높다.

② 사회통합에 기여할 수 있다.
③ 낙인문제가 발생하지 않는다.
④ 사회적 적절성 가치 실현 정도가 높다.
⑤ 공공부조에 비해 근로동기 감소효과가 적다.

정답 96. ③ 97. ① 98. ① 99. ④ 100. ④

참고문헌

강근복, 권향원, 김재관, 박근후, 박정택(2022), **정책학(개정판)**, 대영문화사.

강종수(2012), 중소도시 지역사회자본이 복지 자원개발에 미치는 효과, **한국지역사회복지학**, 40: 239-262.

강종수(2014), 지역주민의 생활만족도에 미치는 사회자본의 효과, **한국산학기술학회논문지**, 15(2): 875-882.

강종수(2022), **산업복지론**, 양서원.

강종수(2024), **사회복지행정의 이해(3판)**, 학지사.

강종수, 김옥희(2010), 일자리사업 참여노인의 정신건강에 미치는 영향요인 연구, **노인복지연구**, 48: 279-298.

강혜규, 김형용, 박세경, 최현수, 김은지, 최은영, 황덕순, 김보영, 박수지(2007), 사회서비스 공급의 역할 분담 모형개발과 정책과제: 국가 · 시장 · 비영리민간의 재정분담 및 공급참여 방식, 한국보건사회연구원.

경향신문(2020), 피케티지수 급상승, 우려되는 한국의 불평등.

관계부처 합동(2009), 2009. 3. 12. 민생안정 긴급지원 대책.

관계부처합동(2009), 제3차 사회보장 장기발전방향.

관계부처합동(2014), 제1차 사회보장기본계획(2014~2018).

구인회, 손병돈, 안상훈(2010), **사회복지정책론**, 나남.

국회예산정책처(2021), OECD 주요국의 공공사회복지지출 현황, NABO FOCUS, 제30호.

권기헌(2018), **정책학강의**, 박영사.

기획재정부(2023), 2023-2027년 국가재정운용계획 주요내용.

김교성, 김종건, 안현미, 김성욱(2007), 우리나라 사회복지 자원총량 추계에 관한 연구, **한국사회복지학**, 59(4): 319-346.

김기태, 박병현, 최송식(2000), **사회복지의 이해**, 박영사.

김미곤(2000), 1999년 빈곤선 계측방식과 수준, **보건복지포럼**, 41: 5-16.

김민주(2021), **사회서비스론**, 공동체.

김상균, 주은선, 최유석, 이정호(1999), 우리나라 복지이념모형 구축을 위한 기초연구, **사회복지연구**, 14: 43-70.

김연명(2013), 한국 복지국가의 성격과 전망: 남부유럽복지체제와의 비교를 중심으로, **한국사회복지조사연구**, 36: 27-59.

김영순(1996), **복지국가의 위기와 재편: 영국과 스웨덴의 경험**, 서울대학교 출판부.

김영화, 박태정, 장경은(2023), **사회정의실현을 위한 사회복지정책론(제5판)**, 공동체.

김원섭(2023), 한국 복지체제 발전과 윤석열정부 복지정책의 방향: 사회보장정책을 중심으로, **분석과 대안, 7(1): 147-170.

김태성(1990), 사회복지발전의 결정요인 분석, **사회복지연구** 2: 67-94.

김태성, 김진수(2005), **사회보장론**, 청목출판사.

김태성, 손병돈(2007), **빈곤과 사회복지정책**, 청목출판사.

남궁근(2017), **정책학**, 법문사.

노대명, 여유진, 김태완, 원일(2009), 사회수당제도 도입타당성에 대한 연구, 한국보건사회연구원.

노병일(2022), **빈곤론(제2판)**, 공동체.

대한민국정부(2023), 2024년도 조세지출예산서.

데일리안(2022), [2022]국감 "지난해 우리나라 피케티지수 9.6배로 상승"... 부동산 급증.

박경일(2023), **사회복지정책론(제6판)**, 공동체.

박병현(2019), **사회복지정책론(개정5판): 이론과 분석**, 정민사.

박병현(2021), **사회복지정책의 논쟁적 이슈**, 양서원.

박병현, 김교성, 남찬섭(2007), **동아시아 사회복지 연구**, 공동체.

박윤영(2002), 국민기초생활보장법 제정과정에 관한 연구, **한국사회복지학**, 49: 264-295.

박주현(2021), **사회복지정책론**, 어가.

박홍윤, 박규동(2023), **정책평가론(개정판)**, 대영문화사.

보건복지부(2019), 제2차 사회보장기본계획(2019-2023), 보도자료.

보건복지부(2023), 2024년 보건복지부 예산 및 기금운용계획.

보건복지부(2024), 2024 지역사회서비스 투자사업 안내.

서진우, 강종수(2024), 군집분석을 활용한 도농 복합형 도시의 복지 유형화 논의: 인구학적 모형을 중심으로, **한국산학기술학회논문지**, 25(2): 352-362.

송근원(1994), **사회복지와 정책과정**, 대영문화사.

송근원, 김태성(1995), **사회복지정책론**, 나남출판.

송호근, 홍경준(2006), **복지국가의 태동**, 나남출판사.

안병영(1984), 복지국가의 태동과정의 비교연구: 독일과 영국의 예를 중심으로, **한국행정학보** 18(2): 423-444.

안병영(2000), 국민기초생활보장법의 제정과정에 관한 연구, **행정논총**, 389(1): 1-50.

안병영, 정무성, 신동면, 양재진(2018), **복지국가와 사회복지정책**, 다산출판사.

여유진, 김미곤(2007), 2007년 최저생계비계측조사연구. 한국보건사회연구원.

오세영(2020), **사회보장론(3판)**, 신정.

원석조(2023), **사회복지정책론(제11판)**, 지식터.

이명현(2014), **복지국가와 기본소득: 논쟁과 전략의 탐색**, 경북대학교출판부.

이봉주, 김용득, 김문근(2008), **사회복지서비스와 공급체계: 쟁점과 대안**, EM 커뮤니티.

이정우(2002), **사회복지정책**, 학지사.

이태수(2003), 조세지출(tax expenditure)을 통해 본 한국의 사회복지비용 규모에 관한 연구, **상황과 복지**, 16: 285-310.

전재일, 배일섭, 정영숙(2000), **사회복지정책론**, 형설출판사.

정경희, 이현주, 박세경, 김영순, 최은영, 이윤경, 최현우, 방효정(2006). **한국의 사회서비스 쟁점 및 발전**

전략, 한국보건사회연구원.

정관영(2020), 사회수당 개념과 사회수당청구권에 관하여, **사회보장법연구** 9(2): 175-213.

정영숙, 조덕호(2009), 라이덴(Leyden) 기법을 적용을 통한 농촌노인 가구의 최저생계비 측정: 연령별 특성과 가구규모 효과를 중심으로, **노인복지연구**(46): 105-126.

조영훈(2002), 생산적 복지론과 한국 복지국가의 미래, 김연명 편, **한국 복지국가 성격논쟁 I**, 인간과 복지.

최경구(2002), 생산적 복지에 관한 고찰: 한국적 복지체제의 전망, 한국복지연구원 편, **한국의 사회복지**, 유풍출판사.

최영준(2011), 한국 복지정책과 복지정치의 발전: 생산주의 복지체제의 진화, **아세아연구**, 54(2): 7-41.

최일섭, 최원규, 최성재, 이혜경, 윤찬영, 박종우, 김혜란, 감정기(2005), **사회문제와 사회복지**, 나남출판.

최창현, 김흥률, 왕재선(2018), **정책분석평가와 성과감사**, 윤성사.

한국보건사회연구원(2019), 사회보장 2040 및 제2차 사회보장기본계획 수립을 위한 연구.

한신실(2020), 한국은 어떤 복지국가로 성정해왔는가?, **한국사회정책**, 27(1): 153-185.

행정안전부(2024), 2024년도 예산 및 기금 개요.

현외성(2019), **사회복지정책강론**, 양서원.

희망복지지원단 중앙지원센터(2014), 희망복지지원단 통합사례관리 실천 가이드.

Alcock, P.(1994), *Understanding Poverty,* London: Macmillan.

Allison, G. T.(1971), *Essence of Decision,* Boston: Little, Brown and Co.

Almond, G. A. & Powell, G. B.(1978), *Comparative Politics: System, Process, and Policy,* Boston, Mass: Little, Brown.

Anderson, J. E.(2000), *Public Policy-making*(4th ed.), Boston: Houghton Mifflin Company.

Ashford, D. E.(1986), *The Emergence of Welfare State,* Oxford: Basil Blackwell.

Aspalter, C.(2006). The East Asian Welfare Model. *International Journal of Social Welfare, 15*(4): 290-301.

Atkinson, M. M. & Coleman, W. D.(1992), Policy Network, Policy Communities and the Problem of Governance, *Governance: An International Journal of Policy and Administration, 5*(2): 154-180.

Baker, J.(1979), Social Conscience and Social Policy, *Journal of Social Policy, 8*(2): 177-206.

Baldwin, R.(1995). *Rules and government,* Oxford: Oxford University Press.

Beveridge, W.(1958), *Social Insurance and Allied Services,* London: Her Majesty's Stationery Office.

Bonoli, G.(2007), Time matters postindustrialization, new social risks, and welfare state adaptation in advanced industrial democracies, *Comparative Political Studies, 40*(5): 495-520.

Bradshaw, J.(1999), The Nature of Poverty, in Ditch, J. (Eds.) *Introduction to Social Security,* London: Routledge & Kegan Paul.

Briggs, A.(1961), The Welfare State in Historical Perspective, *European Journal of Sociology, 2*: 221-258.

Carter, N.(2001), *The politics of the environment,* Cambridge: Cambridge University Press.

Cobb, R. W. & Elder, C. D.(1972), *Participation in American Politics,* Boston: Allyn and Bacon.

Cobb, R. W., Ross, J. K. & Ross, M. H.(1976), Agenda building as a comparative political process, *American Political Science Review, 70*(1): 126-138.

Coll, B. D.(1973), *Perspectives in Public Welfare: A History, U. S. Depament of Health*, Education and Welfare.

Collier, D. & Messick, R. E.(1975), Prerequisites Versus Diffusion: Testing Alternative Explanation of Social Security Adoption, *The American Political Science Review, 69*: 1299-1315.

Cook, F. L., Tyler, T. R., Goetz, E. G., Gordon, M. T., Protess, D., Leff, D. R. & Molotch, H. L.(1983), Media and agenda setting: effects on the public, interest groups leaders, policy makers and policy, *Public Opinion Quarterly, 47*: 16-35.

DiNitto, D. M.(1995), *Social Welfare: Politics and Public Policy,* Englewood Cliffs, NJ: Prentice Hall.

Dorey, P.(2005), *Policy making in Britain,* London: Sage Publications.

Dror, Y. C.(1968), *Public Policymaking Re-examined,* NY: Transaction Inc.

Dunn, W. N.(1981), *Public Policy Analysis,* Englewood Cliffs, NJ: Prentice Hall.

Dye, T. R.(1984), *Understanding Public Policy,* Englewood Cliffs, NJ: Prentice Hall.

Easton, D.(1953), *The Political System,* NY: Alfred A. Knopf.

Easton, D.(1965), *A Systems Analysis of Political Life*, NY: Wiley.

Esping-Andersen, G. (1990). *The Three Worlds of Welfare Capitalism,* Princeton: Princeton University Press.

Esping-Andersen, G. (1999). *Social Foundations of Postindustrial Economies,* Oxford University Press: Oxford.

Etzioni, A.(1967), Mixed-Scanning: A Third Approach to Decision-making, *Public Administration Review, 27*(5): 385-392.

Eyestone, R.(1978), *From Social Issues to Public Policy,* NY: John Wiley & Sons.

Fischer, F.(2003), *Reframing public policy,* Oxford: Oxford University Press.

Freeman, H. E., & Sherwood, C. C.(1970), *Social Research and Social Policy,* Englewood Cliffs, N.J.: Prentice Hall.

Friedlander, W. A. & Apte, R. Z.(1980), *Introduction to Social Welfare,* Englewood Cliffs, NJ: Prentice Hall.

Furniss, N. & Tilton, T.(1977), *The Case of the Welfare State,* India: Indiana University Press.

George, V. & Wilding, P.(1976), *Ideology and Social Welfare,* London: Routledge & Kegan Paul.

Giddens, A.(1998), **제3의 길**, 한상진 옮김, 생각의 나무.

Giddens, A.(2002), **제3의 길과 그 비판자들**, 박찬욱 역, 생각의나무.

Gil, D. G.(1992), Unraveling Social Policy: Theory, Analysis, and Political Action towards Social Equality, Cambridge, MA: Schenkman Publishing Company.

Gilbert, N. & Terrell, P.(1974), *Dimensions of Social Welfare Policy*, Englewood Cliffs, N.J.: Prentice Hall.

Gilbert, N. & Terrell, P.(2005), *Dimensions of Social Welfare Policy*, Pearson Education, 남찬섭, 유태균 역(2007). **사회복지정책론: 분석틀과 선택의 차원**, 나눔의 집.

Gilbert, N. & Terrell, P.(2013), *Dimensions of Social Welfare Policy*(8th eds.), Pearson Education, 남찬섭, 조성은, 김기태, 민기채, 김수정 역(2020). **사회복지정책론: 분석틀과 선택의 차원**, 지식공동체.

Gough, I.(1990), *The Political Economy of the Welfare State,* London: Macmillan.

Hall, P. A.(1993), Policy paradigms, social learning and the state: the case of economic policy making in Britain, *Comparative Politics, 25*: 275-296.

Hayes, M.(2007), Policy Making through Disjointed Incrementalism, *Public Administration and Public Policy, 123*: 39-60.

Hogwood, B. W. & Peters, B. G.(1982), The Dynamics of Policy Change: Policy Succession, *Policy*

Sciences, 14(3): 225-245.

Holliday, I.(2000). Productivist Welfare Capitalism: Social Policy in East Asia. *Political Studies. 48*(4): 706-723.

Howlett, M.(1991), Policy instruments, policy styles and policy implementation: national approaches to theories of instrument choice, *Policy Studies Journal, 19*(2): 1-21.

Huber, E. & Stephens, J. D.(2004), Partisan Governance, Women' s Employment an the Social Democracy Service State, *American Sociological Review, 65*(3): 323-342.

ISSA(2002), Social Security Programs throughout the World: Europe 2002, Geneve.

Jansson, B. S.(2008), *Becoming an Effective Policy Advocate*, CA: Thomson Brooks/Cole.

Jasson, B.(1984), *Theory and Practice of Social Welfare Policy*, California: Wadsworth Publishing Company.

Kahn, A.(1979), *Social Policy and Social Service,* NY: Random House.

Kindon, J. W.(1984), *Agenda, Alternatives, and Public Politics*, NY: Harper and Row.

Korpi, W.(1978), *The Working Class in Welfare Capitalism*, Routledge & Kagan Paul.

Korpi, W.(1984), *The Democratic Class Struggle*, London: Routledge & Kegan Paul.

kramer, R. M.(1981), *Voluntary Agencies in the Welfare State, Berkeley*, LA: University of California Press.

Lasswell, H. D. & Kaplan, A.(1970), *Power and Society*, New Haven: Yale University Press.

Lasswell, H. D.(1951), The Policy Orientation, In H. D. Lasswell & D. Lerners (eds.), *Policy Sciences: 3-15*. Stanford, C.A.: Stanford University Press.

Le Grand, J. & Bartlett, W.(1993), *Quasi-markets and Social Policy: The way forward?*, Basingstoke, UK: Macmillan Press.

Lenoir, René(1974), Les exclus: Un français sur dix. [The Excluded: One French Person out of Ten]. Paris: Seuil.

Levitt, B. and March, J. G.(1988), Organizational learning, *Annual Review of Sociology, 14*: 319-340.

Lindblom, C. E.(1959), The Science of "Muddling Through" , *Public Administration Review, 19*(2): 79-88.

Lowi, T. J.(1972), Four systems of policy, politics, and choice, *Public Administration Review, 32*(4): 298-310.

MaCarov, D.(1976), *The Design of Social Welfare,* NY: Holt, Rinehart and Winston Ltd.

Marsh, D. C.(1980), *The Welfare State*(2nd ed.), London and New York: Longman.

Marshall, T. H.(1950), *Citizenship and Social Class*, Cambridge: Cambridge University Press.

May, P. J.(1992), Policy Learning and Failure, *Journal of Public Policy, 12*(4): 331-354.

Miller, L.(1976), The Structural Determinants of the Welfare Effort: A Critique and a Contribution, *Social Service Review, 50*: 57-79.

Mishra, R.(1984), *The Welfare State*, Brighton: Wheatsheaf Books.

Morris, R.(1986), *Rethinking Social Welfare: Why Care for the Stranger?*, NY: Longman.

O' Conner, J.(1973), *The Fiscal Crisis of the State*, NY: St. Martin' s Press.

Okun, A.(1975), *Equality and Efficiency: The Big Tradeoff*, Washington, D.C.: Brookings Institution.

Orshansky, M.(1993), Measuring Poverty, *Public Welfare, 51*: 27-28.

Peirce, F. J.(1974), Functional Perspectives of Social Welfare, P. E. Weinberger (Eds.), *Perspectives on Social Welfare*, NY: Macmillan.

Pierson, C.(1991), Beyond the Welfare State? The New Political Economy of Welfare, Cambridge, UK: Polity Press.

Piketty, T.(2014), 21세기 자본, 장경덕 역, 글항아리.

Piven, F. & Cloward, R. A.(1971), *Regulating the Poor,* NY: Vintage.

Poppole, P. R. & Wildavsky, A.(1984), *Implementation,* Berkeley: University of California Press.

Pressman, J. L. & Wildavsky, A. B.(1973), *Implementation: How Great Expectations in Washington are Dashed in Oaklald: or, why It' s Amazing that Federal Programs Work at All*, University of California Press.

Prigmore, C. S. & Atherton, C. R.(1979), *Social Welfare Policy: Analysis and Formulation,* Lexington, MA: D. C Health and Company.

Rawls, J.(1971), *A Theory of Justice, Cambridge*, MA: Belknap Press.

Rejda, G. E.(1994), *Social Insurance and Economic Security*(5th ed.), Englewood Cliffs, UK: Polity Press.

Rhoads, S.(1985), *The Economist' s View of the World,* Cambridge University Press.

Rimlinger, G. V.(1971), *Welfare Policy and Industrilization in Europe, America and Russia*, NY: John Wiley and Sons.

Ripley, R. B. & Franklin, G. A.(1980), *Congress, the Bureaucracy, and Public Policy*, Dorsey Press.

Sabatier, P. A.(1988), An Advocacy Coalition Framework of Policy Change and the Role of Policy-Oriented Learning Therein, *Policy Sciences, 21*(2-3): 129-168.

Salamon, L. M.(1995), *Partners in Public Service: Government-Nonprofit Relations in the Modern Welfare State*, Baltimore and London: Johns Hopkins University Press.

Salisbury, R. H.(1968), The Analysis of Public Policy: A Search for Theories and Roles, *Political Science and Public Policy*, 154-175.

Segal, E. & Bruzuzy, S.(1998), *Social Welfare Policy, Programs, and Practices*, Itasca, IL: F. E. Peacock.

Sen, A.(2000), *Social Exclusion: Concept, Application and Scrutiny*. Manila: Asian Development Bank.

Sen, A.(2009). *The Idea of Justice*, NY: Harvard University Press.

Taylor-Gooby, P. F.(2004), *New risks, new welfare: the transformation of the European welfare state*, Oxford University Press.

Titmuss, R. M.(1974), *Social Policy: An Introduction*, London: Allen & Unwin.

Townsend, P.(1979), *Poverty in United Kingdom*, University of California Press.

Weisbrod, B. A.(1998), Institutional Form and Organizational Behavior, in Powell, W. & Clemens, E. (Eds.), *Private Action and the Public Good*, Yale University Press.

Whittaker, J. K.(1974), *Social Treatment: An Approach to Interpersonal Helping*, NY: Aldine.

Wildavsky, A.(1966), The Political Economy of Efficiency: Cost-Benefit Analysis, Systems Analysis and Program Budgeting, *Public Administrtion Review, 26*(4): 292-310.

Wilensky, H. L. & Lebeaux, C. N.(1958), *Industrial Society and Social Welfare*, NT: Russel Sage Foundation.

Zimmermann, W. & Knoepfel, P.(1997), Evaluation of the Federal Office of Environmental Protection: across two levels of government, in O. Rieper and J. Toulemond, *Politics and practices of intergovernmental evaluation*, New Brunswick, NJ/London: Transaction Publishers.

찾아보기

저/자/약/력

강종수(Kang Jong Soo)

e-mail: jskang@kangwon.ac.kr

강원대학교 사회복지학과 교수이며, 한국노동법률원 대표공인노무사이다. 대구대학교 산업복지학과 및 동 대학원을 졸업하고, 부산대학교 대학원 사회복지학과에서 사회복지학박사(사회복지정책 및 제도전공)를 취득하였다. 노무법인 정평(J&P) 대표공인노무사로 10년 일했고, 경남 · 강원사회복지공동모금회 배분부위원장, 사회복지시설평가위원, 한국연구재단 심사위원, 행정고시 및 사회복지사1급 출제위원, 한국사회복지학회와 한국사회복지행정학회, 한국지역사회복지학회, 한국노인복지학회 등의 이사와 감사, University of Washington 교환교수 등을 역임하였고, 현재 강원지방노동위원회 공익위원, KNU사회복지연구센터 총무위원장, 강원대학교 삼척교수회장이다. 저서로는 『사회복지행정의 이해(3판)』(학지사, 2024), 『사회복지조사론(4판)』(공동체, 2023), 『산업복지론』(양서원, 2022) 등이 있고, 〈2기 · 3기 강원도지역사회복지계획〉 등의 과제를 수행하였고, "군집분석을 활용한 도농 복합형 도시의 복지 유형화 논의"(2024), "장애인의 직무만족 변화궤적과 예측 요인"(2024), "The Effects of Shift Work and Emotional Labor on the Job Stress and Burnout of Resort Employees"(2022) 등의 논문이 있다. 앞으로도 사회복지정책과 행정을 연구하며 노동현장과 사회복지현장을 기쁘게 뛰어다닐 것이다.

저자의 블로그(blog.naver.com/nomu119)를 방문하시면 최신 사회복지정책 자료 및 기출문제 등을 보실 수 있고, 무료 노동상담을 받을 수 있습니다.

사회복지정책론

초판발행 2025년 1월 10일 **1판 1쇄 발행** | 2025년 9월 10일 **1판 2쇄 발행**

지은이 강종수
펴낸이 최용구 | **펴낸곳** 도서출판 **신정**
주소 (04316) 서울시 용산구 원효로 89길 19 (원효로1가)
전화 02)3211-4782, 0266(영업부), 3211-4783(편집부), 3211-4784(팩스)
이메일 shinjeong72@naver.com | **홈페이지** www.sjbook.co.kr
등록 2001년 5월 11일 제13-702호
기획마케팅 최용구 장만동 최충구 송대용 | **책임편집** 석기은 황가연

ISBN 978-89-5912-930-0 93330
정가 24,000원